CHRONOLOGIE

DE LA

PREMIÈRE CROISADE

(1094-1100)

PAR

H. HAGENMEYER

PARIS

ERNEST LEROUX, ÉDITEUR

28, RUE BONAPARTE, VIᵉ

—

1902

CHRONOLOGIE
DE LA PREMIÈRE CROISADE

(1094-1100)

[Extrait de la *Revue de l'Orient latin*, t. VI à VIII.]

CHRONOLOGIE

DE LA

PREMIÈRE CROISADE

(1094-1100)

PAR

H. HAGENMEYER

PARIS

ERNEST LEROUX, ÉDITEUR

28, RUE BONAPARTE, VIᵉ

1902

CHRONOLOGIE

DE LA PREMIÈRE CROISADE

(1094-1100)

En établissant la chronologie d'une entreprise dont la durée a été de plusieurs années, comme cela est le cas pour la première croisade, il va de soi que l'on se propose de mentionner seulement les dates des événements qui se rattachent étroitement à cette expédition et qui sont relatés à ce titre dans les sources. De plus, on ne peut songer à fixer la date que des seuls faits d'une certaine importance, soit que cette date se trouve mentionnée exactement dans les documents, soit qu'il faille la déterminer par des procédés indirects. A coup sûr, si l'on ne voulait mentionner que les premières, l'établissement d'une chronologie de la croisade n'exigerait guère de temps et ne comprendrait que quelques pages, puisque les relations et documents n'énoncent qu'un nombre de dates relativement restreint. Ainsi, dans les *Gesta Francorum et aliorum Hierosolymitanorum,* relation composée par un témoin oculaire de la croisade et dans laquelle on rencontre un nombre de dates plus grand que dans tous les autres récits, il ne s'en trouve au total que trente-quatre, lesquelles ont été presque toujours reproduites par les remanieurs des *Gesta,* dans leurs narrations plus développées. Il suit de là que, pour établir la date de la plupart des événements mentionnés, force est de recourir à des combinaisons, à des inductions ou aux approximations que peuvent fournir certains points de repère. Cette circonstance, jointe au fait que, dans les narrations postérieures, la mention ou la recherche des dates a trop souvent été négligée, rend très désirable la publication d'un résumé chronologique de la première croisade et en assurera l'utilité.

Dans le travail qui suit, je donnerai donc, d'après les sources, la série de tous les événements un peu importants de la croisade, en les classant chronologiquement, soit d'après les dates que fournissent les relations et les documents mêmes, soit par des déterminations indirectes. Pour toute la première partie de la croisade, antérieure à la réunion des divers contingents des croisés marchant vers l'Asie, je n'ai pas cru devoir établir de série chronologique spéciale à chacun de ces contingents ; je les ai tous compris dans une série unique. De cette façon, l'enchaînement des faits se trouve, à la vérité, rompu dans bien des cas ; car, tandis que sous telle rubrique il est question de l'armée de Boémond, sous la rubrique suivante il pourra être question de l'armée de Godefroi de Bouillon, et, dans la suivante, de l'armée de Raimond de Saint-Gilles, si les événements relatifs à chacune de ces armées ont coïncidé à peu de jours près. Mais cet inconvénient se trouvera en quelque sorte pallié par le soin que j'ai pris de réunir autant que possible, dans chaque rubrique, tous les faits connexes de l'événement principal auquel ladite rubrique est consacrée. Il ne sera donc pas trop difficile de suivre dans leur marche chacun des contingents particuliers et de reconstituer la suite des événements auxquels les uns ou les autres prirent part.

En ce qui concerne les faits que j'ai cru devoir mentionner dans ma *Chronologie,* je me suis borné à en donner l'indication sommaire, sous forme de regeste, en établissant avec toute l'exactitude possible leur date, et j'ai dû, pour ne pas sortir des limites d'un simple tableau chronologique, laisser en général de côté les faits secondaires. Au reste, je donne à maintes reprises au lecteur l'occasion de se remémorer ces menus faits, non cités expressément dans le Regeste, en mettant sous ses yeux des extraits des sources que je cite. Par exemple, en mentionnant, sous la rubrique n° 160, la reddition de Nicée par les Turcs aux Grecs, c'est-à-dire à l'empereur Alexis, je donne, parmi les références aux sources et dans mon commentaire, l'indication d'une série de faits qui permettent de suivre les divers incidents de la reddition. Dans ce même article, sous la rubrique consacrée à l'événement principal, on voit simplement que ledit événement eut lieu le 19 juin 1097; et les extraits donnés ensuite de l'*Historia* de Foucher et des lettres d'Étienne de Blois et d'Anselme de Ribemont servent à justifier cette date. D'une manière générale, les remarques que j'ajoute à l'indication des sources et des recensions, sont destinées à discuter l'exactitude de la date, pour autant qu'il n'y en a pas de mention directe et sûre dans les documents.

Il va de soi que, pour la fixation de la date de chaque événement, j'ai accordé le plus de crédit aux relations fournies par des témoins oculaires, comme le sont les *Gesta Francorum*, les *Histoires* de Raimond d'Aguilers, de Foucher, de Tudebode, la *Chronique lorraine* perdue où Albert d'Aix a puisé une grande partie de ses renseignements, les lettres d'Étienne de Blois, d'Anselme de Ribemont et de Boémond, etc. Cela était d'autant plus nécessaire que ces relations sont toujours plus fidèles que celles des auteurs qui, n'ayant pas assisté aux événements, en ont emprunté le récit aux sources originales, mais en les modifiant plus ou moins et en changeant parfois l'ordre des faits. En général, je donne tout d'abord le texte même de la source, et j'indique ensuite les relations qui en sont dérivées. Ainsi, à un extrait des *Gesta*, succède généralement une référence à Baudri de Dol, à Guibert, à l'*Historia belli sacri* (Tudebodus imitatus et continuatus), à Robert le Moine ou à Guillaume de Tyr.

En ce qui concerne les indications rangées sous la rubrique *Commentaire*, je devais accorder une attention particulière aux ouvrages qui traitent spécialement ou avec détail de l'événement formant l'objet de l'article même du Regeste et qui en établissent avec soin la chronologie. Je n'ai eu que rarement à mentionner les histoires des croisades de Maimbourg, de Maier, de Haken, de Heller, de Funk, et même de Michaud, car ces auteurs ont, comme par exprès, supprimé de leurs récits presque toutes les dates fournies par leurs sources. En revanche, les écrits de Wilken, de Peyré, de Sybel, de Riant, de Kugler, ainsi que mes éditions d'Ekkehard et des *Gesta* ont été l'objet de nombreuses références, parce que les uns et les autres fournissent continuellement des renseignements chronologiques.

Les sources originales de l'histoire de la croisade sont citées d'après l'édition de l'Académie ; l'*Alexias*, d'Anne Comnène, l'est, en général, d'après l'édition de Bonn. Pour les *Gesta Francorum*, qui sont publiés dans le *Recueil* de l'Académie sous le titre de « Tudebodus abbreviatus », j'ai ajouté à l'indication de la page, et entre parenthèses, le numéro du chapitre d'après mon édition. J'emploie, pour citer mes propres ouvrages, les abréviations suivantes : HG = *Gesta Francorum* (Heidelberg, 1889-1890) ; HE = Ekkehardi *Hierosolymita* (Tübingen, 1887) ; HP = *Peter der Eremite* (Leipzig, 1879). Je donne quelquefois, entre parenthèses, le renvoi à la traduction française de ce dernier livre, parue à Paris, en 1883, sous le titre : *Le vrai et le faux sur Pierre l'Ermite*. De même, pour l'*Histoire de la première croisade*, de Sybel, je donne, à côté du renvoi à la première édition (Düsseldorf, 1841), et entre parenthèses, le renvoi à la seconde (Leipzig, 1881).

1094-1095. — Pierre l'Ermite entreprend un pèlerinage en Palestine et revient en Occident sans avoir atteint son but. (1)

Sources : Albert d'Aix, *Historia Hierosol.*, l. I, c. ij : « Hic sacerdos, aliquot annis ante hujus viae initium, causa orationis Hierosolymam profectus est..... ». — *Historia belli sacri*, vel Tudebodus imitatus et continuatus (*Hist. occid. d. crois.*, III, 169 A). — *La chanson d'Antioche*, composée au commencement du xii⁰ siècle par le pèlerin Richard, publ. par P. Paris, t. I, p. 13, vers 170 et suiv. — Guill. de Tyr, *Hist. transmarina*, 1, c. xj. — Roger de Wendower, *Chron., sive flores historiarum;* éd. Coxe, II, 63 et suiv. — Mathieu Paris, *Chron. majora;* éd. Luard (1874), II, 48. — Jacques de Vitry, *Hist. orientalis*, c. 16. — Albéric de Trois-Fontaines, *Chron.*, sub an. 1094 (*Mon. Germ., SS.*, XXII, 500). — Anne Comnène, *Alexias* (*Hist. grecs d. crois.*, II, 3 ; éd. de Bonn, II, 29) : « Κελτός τις Πέτρος τοὔνομα, τὴν ἐπωνυμίαν Κουκού-πετρος, εἰς προσκύνησιν τοῦ ἁγίου Τάφου ἀπελθὼν καὶ πολλὰ δεινὰ πεπονθὼς παρὰ τῶν Τούρκων τε καὶ Σαρακηνῶν μόγις ἐπανῆλθεν εἰς τὰ ἴδια καὶ διαμαρτὼν τοῦ σχοποῦ οὐχ ἔφερεν, ἀλλ' αὖθις ἠϐούλετο τῆς αὐτῆς ἅψασθαι ὁδοῦ. »

Commentaire : Toutes les sources citées ci-dessus, à l'exception d'Anne Comnène, dépendent directement ou indirectement d'Albert d'Aix. Aucune ne donne exactement la date du pèlerinage de Pierre. Peut-être doit-on conclure du texte d'Albert d'Aix (*aliquot annis ante hujus viae initium*) que ce pèlerinage eut lieu dès avant l'année 1094. D'après Anne Comnène, Pierre n'aurait pas atteint la Palestine. Toutes les relations postérieures de la première croisade parlent de son pèlerinage. Le premier travail critique sur ce point est celui de Sybel dans sa *Gesch. des ersten Kreuzzuges* (1re éd., p. 239; 2e éd., pp. 79 et 196 et suiv.). Voy. aussi : Riant, *Inventaire des lettres historiques des croisades*, p. 92; — HE, 50, 107 et suiv.; — HP, 53 et suiv. (64 et suiv.); — HG, 106 et suiv.

1094-1095. — Des mendiants et des exilés de Jérusalem et d'Antioche portent à travers l'Occident leurs plaintes touchant leur propre sort et celui de leurs frères, et ils font connaître le misérable état des Lieux-Saints. Un nombre non moins grand de pèlerins revenant de Palestine confirment ces renseignements. (2)

Sources : Baudri de Dol, *Hist. Hierosol.* (*Hist. occid. d. crois.*, IV, 12 D-13 A) : « Videbamus aliquando cives ipsius Jerusalem inter nos mendicos et exsules. Videbamus indigenas Antiochiae, casum Locorum Sanctorum deplorantes. Aliqui condolebamus egenis. Id ipsum, siquidem per nostros, si revertebantur, peregrinos audiebamus..... »

Commentaire : Voy. Wilken, *Gesch. der Kreuzzüge*, I, 45; — Riant, *Inventaire des lettres historiques*, 93; — HP, 76 (90).

1095. — Disette dans les régions du nord de la France. (3)

Sources : Ekkehard, *Hierosolymita*, VIII, 1 : « Francigenis occidentalibus facile persuaderi poterat sua rura relinquere : nam Gallias per annos aliquot nunc seditio civilis, nunc fames, nunc mortalitas nimis afflixerat, postremo plaga illa, quae circa Nivalensem Sanctae Gertrudis ecclesiam orta est, usque ad vitae desperationem terruerat... » — Sigebert, *Chron.*, sub an. 1095 : « Annus calamitosus, multis fame laborantibus, pauperibus per furta et incendia ditiores graviter vexantibus.... » — Foucher de Chartres, *Hist. Hierosol.*, extr. du discours d'Urbain II à Clermont (*Hist. occid. d. crois.*, III, 323 B) : « His itaque iniquitatibus mundum vidistis diu confusum fuisse, adeo ut nullus in aliquibus provinciarum vestrarum locis per imbecillitatem forsitan justificationis vestrae vix tute per viam quis gradi audeat, quin vel die a praedonibus, vel nocte a latronibus aut vi aut ingenio maligno in domo vel extra subripiatur.... » — Guibert de Nogent (*Hist. occid. d. crois.*, IV, 142 B). — Bernold de S. Blaise, *Chron.*, sub an. 1094 (*Mon. Germ. SS.*, V, 161).

Commentaire : Voy. Wilken, *Gesch. der Kreuzzüge*, I, 61 et suiv.; — HE, 105 et suiv.; — HP, 111 (130); — Floto, *Kaiser Heinrich IV*, t. II, 355; — Sybel, *Gesch. d. ersten Kreuzz.*, 234 et suiv. (191 et suiv.). — Un tableau d'ensemble de toutes les calamités, qui firent non seulement de l'année 1098, mais encore des six années précédentes, des temps de misère, se trouve dans Wolff, *Die Bauernkreuzzüge des Jahres 1096* (Tubingue, 1891), p. 108-109.

1095, vers janvier. — Alexis Comnène s'adresse à Urbain II et aux fidèles d'Occident pour obtenir des secours contre les Infidèles.

(4)

Sources : Bernold de S. Blaise, *Chron.* (*Mon. Germ. SS.*, V, 161). — *Discours d'Urbain II*, dans Robert le Moine (*Hist. occid.*, III, 727). — Ekkehard, *Hierosol.*, V, 3 ; VI, 1 : « Alexius imperator non paucas epistolas Urbano papae direxit... » — Guibert de Nogent (*Hist. occid. d. crois.*, IV, 135). — Gislebert de Mons, *Chron. Hannoniae* (éd. Arndt, *Mon. Germ. SS.*, XXI, 56). — Othon de Freising, *Chron.*, VII, 2 (*Mon. Germ. SS.*, XX, 248).

Commentaire : Voy. Riant, *Inventaire*, 101 ; — HE, 81. — La date d'environ janvier peut être établie par ce fait qu'au mois de mars suivant des ambassadeurs d'Alexis assistèrent au concile de Plaisance.

1095, mars 1-7. — Synode de Plaisance. Il semble que, dans cette assemblée, les ambassadeurs d'Alexis sollicitèrent d'Urbain II et des peuples d'Occident des secours contre les Infidèles. (5)

Sources : Bernold, *Chron.*, an. 1095 (*Mon. Germ. SS.*, V, 161) : « Circa mediam quadragesimam.... » — Donizo, *Chron.* (*Mon. Germ. SS.*, XII, 394). — Mansi, *Concilia*, t. XX, 801. — Voici le texte de la chronique de Bernold relatif à cet événement : « Item legatio Constantinopolitani imperatoris ad hanc synodum pervenit, qui domnum papam omnesque Christi fideles suppliciter imploravit, ut aliquod auxilium sibi contra paganos pro defensione sanctae Ecclesiae conferrent, quam pagani jam pene in illis partibus deleverant, qui partes illas usque ad muros Constantinopolitanae civitatis obtinuerant. Ad hoc ergo auxilium domnus papa multos incitavit, ut etiam jurejurando promitterent, se illuc Deo annuente ituros, et eidem imperatori contra paganos pro posse suo fidelissimum adjutorium collaturos... »,

Commentaire : Voy. *L'art de vérifier les dates* (3ᵉ éd.), I,

183; — Jaffé, *Regesta* (2ᵉ éd.), I, 677; — Floto, *Heinrich IV*, t. II,
350 et suiv.; — Giesebrecht, *Gesch. der deutschen Kaizerzeit*,
III, 642; — Orderic Vital, *Hist. eccles.* (éd. Le Prévost, III, 461);
— Röhricht, *Beitræge zur Gesch. d. Kreuzzüge*, II, 21; — Riant,
Inventaire, n° XXXV, p. 101; — HE, 66; — HP, 72 (85); —
Kugler, *Gesch. der Kreuzzüge*, p. 435.

1095, avril 4. — Pluie d'étoiles. Gislebert, évêque de Lisieux,
établit une corrélation entre cet événement et la croisade
projetée.   (6)

Sources : Lupus Protosp., *Chron.* (Muratori, V, 47; *Mon. Germ.
SS.*, V, 51) : « Anno 1095, mense Aprilis in nocte, quinta feria,
subito visi sunt igniculi cadere de caelo quasi stellae, per totam
Apuliam, qui repleverunt universam superficiem terrae; et ex
tunc coeperunt Galliae populi pergere, imo totius Italiae, ad sepulcrum Domini, cum armis ferentes in humero dextro crucis vexillum... » — Hugues de Sainte-Marie, *Chron.* (*Hist. occid.*, V,
363 A) : « Anno 1095, cum esset luna xxv, stellae de caelo cadere
visae sunt, pridie nonas Aprilis, a media nocte usque ad auroram... » — Pierre diacre, *Chron.* (*Mon. Germ. SS.*, VII, 765).
— Sigebert, *Chron.*, sub an. 1095. — *Annales Parmenses.*, sub
an. 1096 (*Mon. Germ. SS.*, XVIII, 662). — Baudri de Dol. (*Hist.
occid. d. crois.*, IV, 16 F). — Guibert de Nogent (*ibid.*, 149 F). —
Ekkehard, *Hierosolymita*, X, 3 : «... plérumque faculas per aerem
volitantes vidisse nos... » — Orderic Vital, *Hist. eccles.* (éd. Le
Prévost, III, 462) : « Gislebertus, Lexoviensis episcopus, senex
medicus, singulis noctibus sidera diu contemplari solebat, et cur-
sus eorum, utpote sagax horoscopus, callide denotabat. Is itaque
prodigium astrorum physicus sollicite prospexit, vigilemque, qui
curiam suam, aliis dormientibus, custodiebat, advocavit. Videsne,
inquit, Gualteri, hoc spectabile signum? At ille : Domine, video;
sed quid portendat, nescio. Senex ait : Transmigratio populorum
de regno in regnum, ut opinor, praefiguratur. Multi autem abi-
bunt qui nunquam redibunt, donec ad proprias absides astra
redeant, unde nunc, ut nobis videtur, liquido labant. Alii vero
permanebunt in loco sublimi et sancto, velut stellae fulgentes in
firmamento. Galterius itaque Cormeliensis post multum tempus
mihi retulit quod ab ore prudentis archiatri de discursu stellarum
audivit, in eodem modo quo res monstruosa contigit. »

Commentaire : Voy. Michaud, I, 73; — Le Prévost, dans l'éd.
de l'*Hist. eccles.* d'Orderic Vital, III, 462; — Sybel, *Gesch. des
1ten Kreuzzuges*, 234 (192); — *Rec. des hist. des crois.*, *Hist.
occid.*, V, 362; — Wilken (I, 75) fixe par erreur l'événement au
25 avril 1095.

1095, vers le 15 juin. — Urbain II se rend à Verceil.   (7)

Sources : Albert d'Aix, I, v : « ...qua de causa [*scil.* peregrinationis] sollicitus [Urbanus] venit ad civitatem Vercellas, transactisque Alpibus, conventum totius occidentalis Franciae et concilium apud Podium civitatem Sanctae Mariae fieri decrevit. Deinde ad Clarummontem in Arvernis proficiscitur..... » — Guil. de Tyr, I, xiv.

Commentaire : Voy. Wilken, I, 51 ; — Peyré, I, 52. — Le séjour d'Urbain II à Verceil, que relatent seuls Albert d'Aix, et, d'après lui, Guillaume de Tyr, ne peut guère avoir eu lieu qu'en juin 1095, à savoir après son séjour à Milan, qui eut lieu à la fin de mai, et avant le commencement de juillet, époque où il se trouvait à Asti. Jaffé ne l'a pas mentionné dans ses *Regesta pontif.* (I, 680). Voy. en outre, sur ce point, l'article suivant (nº 8). — Urbain II se proposait alors de partir pour la France, où il comptait s'occuper entre autres choses de la croisade projetée. En ce qui concerne son voyage, je ne mentionne dans la présente *Chronologie* que les localités où nous pouvons savoir de source certaine que le pape s'employa en faveur de la croisade. Il est probable cependant que, dans toutes celles où il passa, il mit son influence au service de l'entreprise. Sur son itinéraire pendant les années 1095 et 1096, on peut consulter le *Rec. des hist. de France*, t. XIV, pp. 681 et suiv.; — Devic et Vaissète, *Hist. gén. de Languedoc*, II, 288 et suiv.; — Montalembert, *Les moines d'Occident*, VIII, 163 et suiv., et surtout Jaffé, *Regesta pontif.*, nᵒˢ 4148-4182 (nouv. éd., nᵒˢ 5539-5674). — Voy. aussi : HE, 87 ; HP, 72 ; HG, 102.

1095, août 15. — Urbain II séjourne au Puy, d'où il invite Lambert, évêque d'Arras, à assister au concile qui doit se tenir à Clermont, « in octavis S. Martini » (18 novembre).   (8)

Sources : Bernold de S. Blaise, *Chron.*, sub an. 1095 : «... in Assumptione ipsius [S. Mariae] pervenit... » — Albert d'Aix, I, v (cf. l'article précédent). — Cafaro, *Liberatio civ. Orient.* (*Hist. occid. d. crois*, V, 49 A). — *Epistola Urbani II ad Lambertum* : «... xviij kal. Sept. » (Baluze, *Misc.*, II, 136; D. Bouquet, XIV, 754; d'Achery, *Spicilegium*, III, 424; Mansi, *Concilia*, XX, 694; Migne, *Patr. lat.*, CLI, 422).

Commentaire : Voy. Jaffé, *Regesta*, nº 4168 (n. éd., 5570); — Wilken, I, 51; — Peyré, I, 52; — HE, 87; — Riant, *Inventaire*, p. 107; — *Hist. occid. d. crois.*, V, 49, note 1. — Les paroles d'Albert d'Aix ne signifient pas qu'un concile général ait été tenu au Puy, mais seulement qu'il fut décidé dans cette assemblée qu'un concile général serait tenu en France. Ce concile eut lieu à Clermont-Ferrant. — Guillaume de Tyr développe le texte d'Albert d'Aix en disant que les localités choisies pour la réunion du concile général furent successivement Vézelay, Le Puy et enfin

Clermont. Mais rien, dans le texte d'Albert, n'indique ce choix successif. Dans la lettre, ci-dessus citée, par laquelle Urbain II invite l'évêque Lambert à assister au concile, il n'est question ni de la Palestine ni de la croisade. Riant (loc. cit.) suppose que Cafaro a confondu Le Puy et Clermont.

1095, novembre 18-28 — Concile de Clermont en Auvergne, dans lequel la croisade, proposée par Urbain II, fut décidée. Au cours des séances qui eurent lieu pendant la première semaine, quelques canons furent édictés, et l'avant-dernier jour, soit le 27 novembre, le concile tint une réunion publique, en plein air, dans laquelle le pape prononça sa fameuse harangue en faveur de la croisade. (9)

Sources : *Epistola Urbani ad Lambertum :* « Noverit dilectio tua nos in proximo novembri, in octava videlicet S. Martini apud Clarummontem, annuente Domino, synodale concilium statuisse, ad quod tuam providentiam incitamus..... » — Bernold de S. Blaise, *Chron.,* sub an. 1095 : «... in octava S. Martini. » — Hugues de Fleury, *Chron.* (*Hist. occ. d. crois., V,* p. 363 A) : « Urbanus papa venit in Galliam et magnum apud Clarummontem concilium, mense novembri, celebravit. » — *Narratio Floriac.* (*ibid., V,* 356 A). — Anonyme rhénan, *Hist. Godefridi* (*ibid., V,* 442 C). — Orderic Vital, *Hist. ecclés.,* III, 463. — *Narratio de itinere Lamberti ad conc. Claromont.* (Mansi *Concilia,* XX, 695) : «... deinde dominus papa iv kal. Dec. (28 nov.) concilium concludens..... » — *Gesta Atreb.* (Baluze, *Miscellanea,* II, 137). — *Notitiae duae Lemovic. de praedic. crucis in Aquitania* (*Hist. occid. d. crois., V,* 350 A-D). — Guibert de Nogent, *Gesta Dei per Francos* (*Hist. occid. d. crois.,* IV, 140 H) «... concilium quod Claromonti habitum citra beati Martini octavas novembri mense consederat. » — Sur le concile même et le discours du pape voir les récits des témoins oculaires : Foucher de Chartres (*Hist. occid. d. crois.,* III, 321 et suiv.); — Robert le Moine (*ibid.,* III, 727-730); — Guibert de Nogent et Baudri de Dol (*ibid.,* IV, 12-16, 137-140).

Commentaire : Voy. Mailly, *L'esprit des croisades,* III, 118; — *L'art de vérifier les dates,* 3ᵉ éd., I, 183 ; — *Hist. litt. de la Fr.,* VIII, 525; — Wilken, I, 51 ; — Haken, *Gemælde der Kreuzzüge nach Palaestina* (Francfort, 1808), I, 86; — Sybel, *Gesch. d. ersten Kreuzzugs,* 225; — Michaud, *Hist. des crois.,* I, 59 et suiv. (184); — Hefele, *Concil. Gesch.,* V, 194 et suiv. ; — Floto, *Kaiser Heinrich IV,* t. II, 352 et suiv.; — Giesebrecht, III, 644 et suiv. ; — Röhricht, *Beiträge,* II, 22-24; — Peyré, I, 53; — Muralt, *Essai de chronogr.,* II, 74; — Jaffé, *Regesta,* I, 681; — HE, 85 et suiv.; — HP, 72 (85); — Riant, *Inventaire,* 107 et suiv. ; — Wolff, *Bauern-*

kreuzzüge, 123 ; — Crégut, *Le concile de Clermont en 1095*, p. 105 et suiv. — D'après l'*Hist. Monast. nov. Pictav.* (Martène, *Thesaurus anecdot.*, III, 1220), le concile aurait duré du 25 au 29 novembre : « ...concilium egit vii° kal. Dec. usque iii° kal. [ejusdem mensis]. » Mais les dates que nous avons indiquées ci-dessus doivent être préférées. C'est de Robert le Moine, témoin oculaire et auriculaire, que nous tenons le renseignement concernant la date du jour (27 nov.) où Urbain II prononça son discours : « ... ad sua itaque reversus est unusquisque laïcorum, et Urbanus papa in crastinum residere fecit conventum episcoporum. » Ce « conventus episcoporum » eut donc lieu postérieurement au jour (27 nov.) où l'assemblée publique fut terminée et où les laïques reprirent le chemin de leurs foyers. — Sur la valeur des récits des témoins oculaires, voy. HE, 90.

1095, novembre 27. — Pendant le séjour du pape à Clermont, Adhémar, évêque du Puy, est désigné par le pontife comme son représentant à la croisade projetée.   (10)

> **Sources :** Baudri de Dol. (*Hist. occid. d. crois.*, IV, 15 G) : « Inter omnes autem, nobis videntibus, episcopus Podiensis ad dominum papam vultu jocundus accessit et genu flexo licentiam et benedictionem eundi poposcit et impetravit ; insuper et ab apostolico mandatum promeruit, ut omnes ei obedirent et ipse pro officio suo in omnibus exercitui patrocinaretur. » — Robert le Moine (*Hist. occid. d. crois.*, III, 731 et suiv.). — *Hist. belli sacri* (*ibid.*, III, 171). — Foucher (*ibid.*, 324 et suiv.). — Bartolf de Nangis, *Gesta Franc. Hierus. expugnantium* (*ibid.*, 492 B). — Raoul de Caen (*ibid.*, 653, 654) : « ...Appodiensis episcopus quem papa Urbanus tanquam alterum eumdem exercitui praefecerat... » — Guibert de Nogent (*ibid.*, IV, 140 G) : « ... ad extremum, Podiensis urbis episcopo curam super eadem expeditione regenda contulit. » — *Epistola Urbani* (*Arch. de l'Or. lat.*, I, 220 ; cf. plus loin, à la date de 1095, fin décembre). — Ekkehard, *Hierosolymita*, c. VI, 6. — Guill. de Tyr, I, xvj.
>
> **Commentaire :** Voy. Mailly, *L'esprit des crois.*, III, 159 ; — Wilken, *Gesch. d. Kreuzz.*, I, 55 ; — Michaud, *Hist. des crois.*, I, 65 ; — Peyré, *Hist. de la 1re crois.*, I, 62 ; — Sybel, *Gesch. des 1ten Kreuzz.*, 227 (186) ; — Riant, *Inventaire*, 113 ; — HE, 100 ; — HG, 132. — La nomination d'Adhémar comme représentant du pape, eut lieu après le discours d'Urbain II, donc le 27 novembre, jour de la clôture du Concile.

1095, novembre 27. — Des envoyés de Raimond de Saint-Gilles se présentent inopinément devant le pape et l'informent que leur maître se propose de prendre part à la croisade.   (11)

Sources : Baudri de Dol (*Hist. occid. d. crois.*, IV, 16 B) : « Dum haec agerentur, ecce ex improviso adfuerunt legati comitis Tolosani, Raimundi scilicet de S. Egidio, qui ipsum iturum jamque sibi crucem coaptasse papae retulerunt. » — Orderic Vital, *Hist. eccles.* (éd. Le Prévost, III, 469).

Commentaire : Voy. Mailly, *L'esprit des crois.*, III, 160 ; — *Hist. gén. de Languedoc*, t. II (Paris, 1733), p. 289 ; — Michaud, I, 65 ; — Wilken, I, 55 ; — Peyré, I, 62 ; — Sybel, 228 (186) ; — HE, 88 ; — HG, 131 ; — Riant, dans *Hist. occid. d. crois.*, V, 48, note *a*. — Le récit de Baudri nous montre que l'arrivée des envoyés de Raimond eut lieu immédiatement après celle d'Adhémar, donc le 27 novembre. Je ne vois pas sur quels indices se fondent les auteurs de l'*Hist. du Languedoc* pour dire (t. II, p. 289) que l'arrivée des envoyés de Raimond eut lieu « *peu de jours* après la publication de la croisade ».

1095, décembre. — Menaces contre les Juifs, en France, de la part des croisés ; lettres des Juifs de France à leurs coreligionnaires des bords du Rhin.   (12)

Sources : Ozar Tob (*Magazin f. die Wiss. des Judentums*, herausg. von Berliner u. Hoffmann [Erlangen, 1878], p. 87.) — L'Anonyme de Mayence-Darmtadt (cf. n° 25), publ. par Neubauer et Stern, dans les *Quellen zur Gesch. d. Juden in Deutschland* (1892), II, 169, et par Mannheimer, *Die Judenverfolgungen in Speier, Worms u. Mainz* (Darmstadt, 1877), p. 11.

Commentaire : Voy. Aronius, *Regesten zur Gesch. d. Juden in Deutschland*, p. 82, n° 177. — Riant, *Inventaire*, 111.

1095, début de décembre. — Pierre l'Ermite commence dans le Berry sa prédication de la croisade.   (13)

Source : Albert d'Aix, I, ij : « Hujus viae constantiam primum adhortatus est in Beru, regione praefati regni [Francorum], factus praedicator in crucis admonitione et sermone. »

Commentaire : Voy. HP, 108, 125 (126, 145). J'ai montré dans ce livre qu'un laps de temps plus considérable pouvait s'être écoulé entre le premier pèlerinage de Pierre en Palestine et sa première apparition dans le Berry (voy. aussi ci-dessus, à la date 1094-1095). Ce que l'on peut admettre avec certitude, c'est que son apparition en qualité de prédicateur de la croisade, mission à laquelle il avait été appelé par le pape, n'eut lieu qu'après le concile de Clermont. Albert d'Aix, en plaçant le récit de la prédication de Pierre après celui de son premier pèlerinage en Terre-Sainte, n'est point en désaccord avec ce que nous disons ici.

1095, déc. 23-1096, janv. 6. — Urbain II séjourne à Limoges, où

s'était réunie une nombreuse assemblée, à l'occasion des persécutions dirigées contre les chrétiens d'Orient. Il passe les
fêtes de Noël dans cette ville.   (14)

> Sources : *Notitiae duae Lemovicenses* (*Hist. occid. d. crois.*,
> V, 350 D, 352 A, D, E) : « Exinde [*scil.* post Clarom. concilium]
> venit [papa] Lemovicas... » «...Factus est conventus permaximus
> in hac civitate Lemovicensi diversi ordinis utriusque sexus et aeta-
> tis.... Praecipua tamen adventus illius causa exstitit, quia ecclesia
> Christi gensque christiana in partibus Orientis a perfida Saraceno-
> rum natione pervasa nimiumque afflicta sub gravi persecutione
> manebat....» «.... Mense Decembris, x kal. Januarii (23 déc. 1095),
> venit Urbanus in civitate Lemovicensi.... Christi Domini nativi-
> tatem celebraverunt. » — *Gaufridi dictamen de primordiis
> ecclesiae Castal.* (*ibid.*, 348 B) : «... pervenit Lemovicas.... astan-
> tes populos satis honeste exhortabatur de Jerosolimitano itinere... »
> — Bernold de S. Blaise, *Chron.*, an. 1095. — Riant, *Inventaire*, 110.
> **Commentaire** : Voy. Jaffé, *Regesta*, I, 683. — *Hist. occid. d.
> crois.*, V, lxxxij-lxxxix ; — HP, 127 (148) ; — Riant, *Inventaire*,
> 109 ; — Arbellot, *Les chevaliers limousins à la première croi-
> sade*, pp. 5 et 67. — Damberger, *Synchronist. Gesch. d. Kirche
> im Mittelalter* (1854), VII, 216.

1095, fin décembre. — Urbain II adresse une bulle aux princes et
au peuple de Flandre, dans laquelle il fixe au 15 août 1096 le
départ des croisés pour l'Orient et désigne Adhémar du Puy
comme son représentant à la croisade.   (15)

> Sources : *Lettre d'Urbain II* (*Arch. de l'Or. latin*, I, 220) :
> «... qui belli societatem inire voluerint sciant Ademarum in
> B. Mariae Assumptione profecturum ejusque comitatui tunc se
> adherere posse. »
> **Commentaire** : Voy. Riant, *Inventaire*, 113. — Ruinart, *Vita
> Urbani II*, c. 240. — Ruinart donne comme date de la rédaction
> de cet acte le 6-12 février 1096, et Riant suppose qu'il a pu avoir
> sous les yeux un exemplaire daté de la lettre d'Urbain II, alors
> que dans tous les manuscrits parvenus jusqu'à nous la date
> manque. Mais il est bien possible aussi que l'indication de Ruinart
> se fonde sur une simple conjecture. Jaffé (I, 683) date la pièce de
> fin décembre 1096 et c'est son calcul que j'ai adopté.

1095, décembre 31. — Frumold, chanoine et trésorier de l'église
cathédrale de Cologne, abandonne ses biens à l'abbaye de
Brauweiler et reçoit de l'abbé, pour son pèlerinage en Terre-
Sainte, trois marcs d'or pur et dix marcs d'argent. Il s'engage,
s'il revient vivant de son voyage, à entrer comme moine à
Brauweiler.   (16)

Source : *Chron. Brunwylarense*, publ. par Eckertz, dans les *Fontes adhuc inediti rerum Rhenan.*, II, 151 et suiv.

Commentaire : Voy. Röhricht, *Beitræge*, II, 302 ; — HP, 133 (157).

1096, janvier. — Les Juifs de Mayence répondent à la lettre de leurs coreligionnaires de France, menacés par les croisés. (17)

Sources : Voy. les documents cités au n° 12.

1096, février 6-12. — Urbain II séjourne à Angers et y prêche la croisade.   (18)

Source : *Gesta Andegavensium* (*Hist. occid. d. crois.*, V, 345 A) : « In fine anni 1095, adpropinquante Quadragesima, venit Andegavim papa romanus Urbanus et admonuit gentem nostram ut irent Jerusalem expugnaturi gentilem populum, qui civitatem illam et totam terram christianorum usque Constantinopolim occupaverant. Tunc, in Septuagesima (= 10 févr. 1096), dedicata est ecclesia S. Nicolai ab ipso papa, et corpus avunculi mei Gosfridi translatum de capitulo in eandem ecclesiam. »

Commentaire : Voy. Sybel, 229 (187) ; — Riant, *Inventaire*, 113 et suiv. ; — Damberger, VII, 216 ; *Kritik*, 44 ; — HP, 370. L'époque pendant laquelle Urbain II séjourna à Angers peut s'établir d'après Jaffé, *Regesta*, 5614-5617 (4201-4204).

1096, février 10. — Urbain II donne mission à Robert d'Arbrissel de prêcher la croisade.   (19)

Source : Baudri de Dol, *Vita b. Roberti de Arbrissello*, c. II, n. 14-15, dans les *Acta SS. Bollandi*, 23 févr., III, 695 (611), et HP, 370 : « Contigit in illis diebus ut romanus pontifex Urbanus II, urgente temporis necessitate, in Gallias devenerit et ad Andegavos declinaverit ; audivit de Roberto : non enim abscondi debebat tanta lucerna sub modio ; accersiri eum mandavit ejusque colloquium desideranter cupivit. Celebrare ibi habuit solennem cujusdam ecclesiae dedicationem, ad quam confluxisse putares totam orbis amplitudinem. In tanto conventu Robertum loqui praecepit..... cujus verba valde papae complacuerunt.....; imperat denique et injungit ei praedicationis officium.... »

Commentaire : Voy. Potthast, *Bibl. histor.*, II, 1550 ; — HP, 370 ; — La date ci-dessus nous est fournie par la mention d'un événement qui coïncida avec la prédication de la croisade par Robert, à savoir la dédicace de l'église S. Nicolas, laquelle, d'après les *Gesta Andegav.* (voy. n° 18), eut lieu le 10 février. Il est surprenant que Dom Plaine, dans son travail intitulé : *De vita et gestis B. Roberti Arbrissellensis* (*Stud. und Mitteilungen aus* *dem Benedict. und dem Cisterc. Orden*, 4ter Jahrg., t. II, an. 1885, p. 64 et suiv.), n'ait fourni aucun renseignement sur la prédication de la croisade par Robert.

1096, février 11. — Assemblée de princes français à Paris. En présence du roi Philippe, qui venait d'être excommunié à Plaisance et à Clermont, ils délibèrent sur le projet de croisade.
(20)

> **Source :** Guibert de Nogent (*Hist. occid. d. crois.*, IV, 149 E) : « Eo tempore cum inter regni primates super hac expeditione res fieret et colloquium ab eis cum Hugone magno, sub Philippi regis praesentia, Parisius haberetur, mense februario, iijo idus eiusdem, luna eclipsim patiens ante noctis medium..... »
> **Commentaire :** Voy. Sybel, 273 (225); — HE, 86; — *Hist. occid. d. crois.*, IV, 149, note c.

1096, début de mars. — Gautier-sans-Avoir part pour l'Orient avec une troupe de soldats francs.
(21)

> **Source :** Albert d'Aix, I, vj (*Hist. occid. d. crois.*, IV, 274) : « Octavo die mensis martii, Walterus, cognomento Senzavohir, cum magna societate Francigenarum peditum, solummodo viij habens equites, ex admonitione Petri Heremitae in initio viae Jherusalem intravit Ungariam. » — Guil. de Tyr, I, xviij (*Hist. occid. d. crois.*, I, 47) : « Anno 1096, mense martio, viija die mensis, quidam Galterius, cognomento Sansaveir....., primus iter arripuit et pertransiens Teutonicorum regnum in Hungariam descendit. » — Orderic Vital, *Hist. eccles.*, IX, 4 (éd. Le Prévost, III, 478). — *Itinerario della gran militia* (*Hist. occid. d. crois.*, V, 666). . .
> **Commentaire :** Voy. : Mailly, *L'esprit des crois.*, III, 199; — Wilken, I, 79; — Sybel, 249 (206); — Peyré, I, 74; — Muralt, *Essai de chronogr.*, II, 75; — Krebs, *Zur Kritik Alberts v. Aachen*, p. 3; — Wolff, *Bauernkreuzzüge*, 38. — Le renseignement fourni par Albert d'Aix, d'après lequel Gautier aurait atteint la Hongrie dès le 8 mars, est rectifié par Orderic Vital, qui nous apprend que Gautier quitta Cologne huit jours avant Pierre l'Ermite, c'est-à-dire vers le 1er mars (cf. le numéro suivant). Il ne peut, par conséquent, être arrivé en Hongrie le 8 mars. Sans doute, au lieu de « martii », il faut lire « maii ». Sur ce point, voy. HP, 108, 132 et Wolff, ouvr. cité, 35, 38. — Si Gautier s'était trouvé au début de mars en Hongrie, il aurait fallu qu'il partît de France en janvier au moins, ce qui serait en contradiction avec le témoignage de Foucher, lequel nous apprend (*Hist. occid. d. crois.*, III, 327 B) que les premières bandes qui partirent pour l'Orient se mirent en route au mois de mars 1096.

C'est sans doute sur cette indication de Foucher que Guillaume de Tyr a rectifié le texte d'Albert d'Aix en plaçant au mois de mars non l'entrée de Gautier en Hongrie, mais son départ de France.

1096, mars 8. — Départ de Pierre l'Ermite pour l'Orient, avec une troupe de 15,000 cavaliers et fantassins. (22)

Sources : Orderic Vital, *Hist. eccles.*, IX, 4 (éd. Le Prévost, III, 477) : « Anno 1096, indictione vi[a], mense martio, Petrus de Acheris, monachus... de Francia peregre perrexit, et Galterium de Pexejo cum nepotibus suis Galterio sine habere et Guillelmo, Simone et Mattheo, aliisque praeclaris Gallorum militibus et peditibus fere 15,000 secum adduxit. » — Albert d'Aix, I, vij (*Hist. occid. d. crois.*, IV, 276) : « Post haec [i. e. quae de peregrinatione Walteri dicenda erant], non longi temporis intervallo, Petrus praedictus et exercitus illius... continuabat pariter viam Jherusalem. » — Guillaume de Tyr, I, xix.

Commentaire : Voy. Wilken, I, 78 ; — Michaud, I, 79 ; — Sybel, 243 (203) ; — Kugler, *Gesch. d. Kreuzzüge*, 20 ; — HP, 55, 108, 128 (156) ; — Wolff, *Bauernkreuzzüge*, 127. — D'après Orderic Vital, Pierre l'Ermite et Gautier-sans-Avoir seraient partis en même temps pour l'Orient et se seraient tout d'abord dirigés sur Cologne, où ils se rencontrèrent, puis se seraient séparés peu après et auraient gagné séparément Constantinople, Gautier marchant le premier et Pierre suivant à quelque distance avec sa troupe.

1096, mars 16-22. — Urbain II tient un synode à Tours, dans lequel il confirme les décisions des conciles précédents et en particulier celles du concile de Clermont. (23)

Sources : Bernold de S. Blaise, *Chron.* (*Mon. Germ. SS.*, V, 464) : « In tertia ebdomada Quadragesimae, dominus papa synodum celebravit cum diversarum episcopis provinciarum in civitate Turonensi, ubi iterum praeteritorum statuta conciliorum generalis synodi assensione roboravit. » — Orderic Vital (éd. Le Prévost, III, 476) : « Urbanus papa in sequenti Quadragesima aliud concilium tenuit et ea unde apud Clarummontem tractaverat, confirmavit. » — *Gesta Andegavensium* (*Hist. occid. d. crois.*, V, 345 C).

Commentaire : Voy. *L'art de vérifier les dates*, 3e éd., I, 183. — Riant, *Inventaire*, 116 ; — Damberger, *Synchron. Gesch. d. Kirche im Mittelalter*, VII, 217 ; — HE, 102 ; — Jaffé, *Regesta*, nos 5621-5630 (4208-4213) ; — Giesebrecht, *Gesch. d. deutschen Kaiserzeit*, III, 649, 1137.

1096, printemps. — Godefroi de Bouillon aurait déclaré qu'il veu-

gerait le sang du Christ par le sang des Juifs et qu'il extermi-
nerait ceux-ci jusqu'au dernier. Kalonymos, chef de la communauté juive de Mayence, aurait fait connaître ce propos à
l'empereur Henri IV, qui aurait alors invité les princes,
évêques et comtes, et, en particulier, Godefroi, à protéger les
Juifs. Là-dessus, Godefroi aurait affirmé qu'il n'avait jamais
eu la pensée de faire le moindre mal aux Juifs. Sur cette
déclaration on lui fit présent de 500 pièces d'argent à Cologne,
et de 500 également à Mayence, et il promit de protéger les
Juifs. Néanmoins les menaces contre ces derniers se produisirent de nouveau avec une extrême violence.   (24)

> **Sources** : *Relation* de Salomon bar Simeon, publ. d'après le
> ms. n° 28 du Collège juif de Londres, par Neubauer et Stern
> (*Quellen z. Gesch. d. Juden*, II, an. 1892, p. 87); — Aronius,
> *Regesten z. Gesch. d. Juden im frænkischen und deutschen
> Reiche bis zum Jahre 1273* (Berlin, 1887-1890), p. 82, n° 178.
> **Commentaire** : Voy. Bresslau, dans les *Quellen z. Gesch. d.
> Juden*, II, xxix; — Baer (*ibid.*, p. 87). — Ce que l'on peut dire de
> certain, au sujet de ces persécutions contre les Juifs, c'est qu'elles
> étaient terminées lorsque, dans l'été de 1096, Godefroi de Bouillon
> partit pour l'Orient, et qu'aucune relation ne mentionne de vio-
> lences exercées contre eux par les gens de Godefroi. On a encore
> un autre témoignage concernant les efforts de l'empereur Henri IV
> pour les protéger, c'est celui d'Ekkehard, *Chron.*, sub an. 1098
> (*Mon. Germ. SS.*, VI, 208). Nous avons placé au printemps de
> 1096 les événements ci-dessus, parce que, d'après la relation de
> Salomon b. Siméon (p. 87), les plaintes à l'empereur auraient été
> formulées par Rabbi Kalonymus, chef des Juifs de Mayence, qui
> mourut le 27 mai 1096, à Mayence, pendant la persécution qu'y souf-
> frirent les Juifs (cf. Salomon b. Siméon, 112), et parce que, suivant
> le même Salomon, les ordres de l'empereur n'empêchèrent pas que
> d'effroyables massacres se produisissent.

1096, printemps. — Persécutions contre les Juifs à Metz et dans
les villes rhénanes, Spire, Worms, Mayence, Cologne, Neuss,
Coblentz, Andernach, Xanten, Moers, Kerpen, Gheldres,
Trèves, et dans les régions de la Souabe, de la Bavière (Ratisbonne) et de la Bohême (Prague), parcourues par les
bandes de croisés.   (25)

> **Sources** : *Relation* de Salomon bar Siméon; publ. d'après le
> ms. n° 28 du Collège juif de Londres, par Neubauer et Stern,
> dans les *Quellen sur Gesch. der Juden*, t. II (1892), pp. 1-35,
> 81-152. — *Relation* d'Eliézer bar Nathan (publ. d'après quatre
> mss., par Neubauer et Stern, *ibid.*, pp. 36-46, 153-168). — *Rela-*

tion de l'anonyme de Mayence, publ. d'après le ms. orient. n° 25
de Darmstädt, par M. Mannheimer, *Die Judenverfolgungen in
Speyer, Worms und Mainz, im Jahre 1096* (ouvr. paru en 1877),
et par Neubauer et Stern, dans les *Quellen zur Gesch. d. Juden,*
II, 47-57, 169-186. — *Relation* d'Éphraïm bar Jacob, publ. par Neubauer et Stern (*ibid.*, II, 58-75, 187-213). — *Das Martyrologium
des Nürnberger Memorbuches,* publ. par Salfeld dans les *Quellen
z. Gesch. d. Juden,* t. III (Berlin, 1898) et contenant, pp. 1-94, le
texte hébreu de ce document; pp. 95-308, une version allemande
avec notes critiques, et, pp. 309-439, des appendices et digressions.
— Neubauer, *Le Memorbuch de Mayence (Rev. des études
juives,* t. IV, an. 1882, pp. 1-30). — Aronius, *Regesten z. Gesch.
d. Juden,* pp. 83-95, n°s 181-206. — Rabbi Joseph ha Cohen, *Emek
habacha,* aus dem Hebr. ins Deutsche übertragen von M. Wiener
(Leipzig, 1858) : contient, pp. 1-147, une version allemande de ce
document, et, pp. 148-220, des notes explicatives. — Jellinek,
Zur Gesch. d. Kreuzzüge nach handschr. hebr. Quellen (Leipzig,
1854). — Albert d'Aix, I, xxvij (*Hist. occid. d. crois.,* IV, 292).
— *Gesta Trevirorum (Mon. Germ. SS.,* VIII, 190 et suiv.). —
Sigebert de Gembloux, *Chron.,* sub an. 1096. — Cosmas Prag.,
Chron., sub an. 1096. — Bernold de S. Blaise, *Chron.,* sub an.
1096. — *Annales Wirziburg. (Mon. Germ. SS.,* II, 246). —
Annalista Saxo, sub an. 1096. — *Notitiae duae Lemovicenses de
praedic. crucis in Aquitania (Hist. occid. d. crois.,* V, 351 A). —
Anonym. Florin., *Brevis narratio b. sacri (ibid.,* 371 C). —
Itinerario della gran militia (ibid., 671 F.).

Commentaire : Voy. Maimbourg, *Hist. d. crois.,* I, 56; —
Mailly, *L'esprit d. crois.,* III, 243; — Wilken, I, 97; — Michaud,
I, 89; — Raumer, I, 60; — Haken, *Gemälde d. Kreuzzüge,* I,
122; — Damberger, *Synchron. Gesch. der Kirche,* VII, 228; —
Giesebrecht, *Gesch. d. deutschen Kaiserzeit,* III, 656; — HE,
128; — HP, 140 (163); — Röhricht, *Beiträge,* II, 31, 48; —
Graetz, *Gesch. d. Juden,* VI, 175 et suiv.; — Floto, *Heinrich IV,*
II, 362; — Neubauer et Stern, *Hebr. Berichte über die Juden-
verfolgungen während d. Kreuzzüge* (dans les *Quellen z. Gesch.
d. Juden,* II, 1-122); — Wolff, *Bauernkreuzzüge,* 168 et suiv. —
Tandis qu'en se référant aux sources hébraïques citées ci-dessus,
il est facile de déterminer la date des persécutions contre les
Juifs à Spire, Worms, Mayence, Cologne, Neuss, Coblenz, Andernach, Xanten, Moers, au contraire, toute indication précise
nous fait défaut en ce qui concerne Metz, Trèves, Kerpen,
Gheldre, Ratisbonne et Prague. Mais on peut conjecturer que
toutes ces persécutions éclatèrent au printemps et au début de
l'été 1096. Salomon bar Siméon dit, en effet, à ce sujet (ouvr.
et éd. cités, p. 131) : « Et de même que les ennemis des Juifs
[à savoir les croisés] commirent des atrocités dans ces communautés [à savoir Spire, Worms, etc.], de même ils agirent à l'égard

des communautés d'autres villes, telles que Trèves, Metz, Ratisbonne, Prague et Pappenheim. Mais toutes sanctifièrent également le grand et fécond nom d'amour et de solidarité. Et tout cela arriva dans la même année (4856 après la création du monde) et à la même époque de l'année. »

1096, printemps. — Persécution des Juifs à Metz. Vingt-deux juifs sont tués, et parmi eux Rabbi Samuel ha Cohen, percepteur de la communauté.   (26)

> **Sources :** Salomon bar Siméon, éd. citée, p. 137. — Eliézer bar Nathan, éd. citée, p. 167. — Aronius, *Regesten,* p. 83, n° 181.
>
> **Commentaire :** Voy. Carmoly, *Die Mærtyrer von Metz im Jahre 1096* (dans l'*Israelit,* VII, 494); — *Martyrol. d. Nürnb. Memorbuches,* éd. Salfeld, p. 140. — D'après la lettre des communautés juives de France avisant les communautés rhénanes des menaces exercées contre elles par les croisés (cf. ci-dessus, n° 12), on pourrait conjecturer que la persécution des Juifs à Metz fut antérieure à celle de Spire, laquelle se produisit le 3 mai. Cependant, il n'est pas indiqué expressément dans ladite lettre que les Juifs de France eussent déjà été l'objet de *massacres;* il y est dit seulement qu'ils en étaient *menacés.* Peut-être donc les massacres de Metz n'eurent-ils lieu qu'en mai ou même plus tard. — Salfeld (ouvr. cité) pense également qu'il n'y a aucune raison de placer la persécution des Juifs de Metz avant le mois de juin 1096, vu que les dates des persécutions de Spire et de Trèves sont certaines et ne peuvent être changées par conjecture.

1096, début d'avril. — Arrivée de Pierre l'Ermite à Trèves. Il remet aux Juifs de cette ville une lettre de leurs coreligionnaires de France leur recommandant de fournir des subsistances à son armée, ce qui fut fait.   (27)

> **Sources :** Salomon bar Siméon (l. c., p. 25, 131) : « On m'a raconté ce qui s'est passé à Trèves. Le quinzième jour du mois de Nissan, le premier jour de la Pâque, arriva un messager de France vers nos amis; c'était un apôtre chrétien, nommé Petron, qui était moine, et que l'on appelait le prélat Pierre. Quand il arriva à Trèves, avec une grande quantité de gens qui l'accompagnaient, pour, de là, continuer sa route vers Jérusalem, il était porteur d'une lettre des Juifs de France, invitant les Juifs de toutes les localités où sa marche le conduirait, à lui fournir des vivres, parce qu'étant moine et jouissant d'une grande considération, il ferait du bien à Israël. Les Juifs firent donc des présents à Pierre qui continua sa route avec les siens. »
>
> **Commentaire :** Le 15 Nissan tombait, en 1096, le 10 avril. — D'après Orderic Vital (éd. Le Prévost, III, 478), Pierre l'Er-

mite séjourna à Cologne du 12 au 19 avril. Si, le 10 avril, il était encore à Trèves, on devrait admettre qu'il franchit en deux jours une distance d'au moins 130 kilomètres, ce qui n'est pas absolument impossible, mais est en tout cas bien invraisemblable. Je pense donc qu'il vaut mieux placer son séjour à Trèves quelques jours avant le 10 avril, et supposer que l'auteur du récit ci-dessus, Salomon b. Siméon, qui tenait ses renseignements d'un tiers, a voulu simplement, en donnant la date du 15 Nissan, indiquer que l'événement en question s'était passé aux environs de Pâques.

1096, avril 12. — Achard de Montmerle, au moment de partir pour la croisade, engage à l'abbé Hugue de Cluny et à ses moines, contre versement d'une somme de 2,000 sous de monnaie lyonnaise et quatre mulets, tout son patrimoine, lequel resterait la propriété perpétuelle de l'abbaye de Cluny si lui-même mourait pendant la croisade, ou se fixait en Orient.   (28)

Source : Archives de Cluny, Cartulaire B (document publ. dans le *Rec. des chartes de l'abbaye de Cluny* [*Doc. inédits de l'hist. de Fr.*], t. V, pp. 51-53).

Commentaire : Voy. Peyré, II, 466 ; — HG, 137, 457. — D'après les *Gesta Francorum*, c. xxxvii, 5 (*Hist. occid. d. crois.*, III, 159), Achard fut tué le 18 juin 1099 dans les environs de Jaffa.

1096, avril 12-19. — Séjour de Pierre l'Ermite à Cologne, où il prêche la croisade, pendant que Gautier-sans-Avoir avec son armée reprend (vers le 15 avril) sa marche vers l'Orient.   (29)

Source : Orderic Vital (éd. Le Prévost, III, 478) : « Deinde, sabbato Paschae, Coloniam venit [Petrus], ibique septimana Paschae requievit, sed a bono opere non cessavit.... ; porro superbi Francigenae, dum Petrus Coloniae remaneret et verbum Dei praedicando phalanges suas augere et corroborare vellet, illum expectare noluerunt, sed iter coeptum per Hungariam aggressi sunt. »

Commentaire : Voy. Wilken, I, 79 ; — Sybel, 248 (206) ; — Peyré, I, 73 ; — Wolff, *Bauernkreuzzüge*, 35, 129 ; — HP, 133, 165 (157, 196).

1096, mai 3. — L'armée d'Emicho, composée d'Allemands, massacre à Spire dix Juifs. Une Juive de la même ville se suicide. Le reste de la communauté juive est protégé par l'évêque Jean qui condamne les meurtriers à avoir les mains coupées.   (30)

Sources : Salomon bar Siméon, éd. citée, p. 84 : « Le jour du

Sabbat, le 8 Ijar (= 3 mai), les ennemis assaillirent la communauté de Spire et tuèrent onze saintes personnes. » — Éliézer bar Nathan, éd. citée, p. 154, 166. — Anonyme de Mayence-Darmstadt (*Quellen z. Gesch. d. Juden*, II, 171) : «'Lorsque l'évêque Jean apprit la chose, il fit réunir les Juifs dans sa maison et les sauva des mains des ennemis. Il fit saisir quelques-uns des meurtriers auxquels, par son ordre, on coupa les mains. » — Aronius, *Regesten*, p. 84, n° 183. — Albert d'Aix, I, xxviij : «Emico, cum nimia Teutonicorum manu.... » — Bernold de S. Blaise, *Chron.*, sub an. 1096.

Commentaire : Voy. Giesebrecht, *Gesch. d. deutschen Kaiserzeit*, III, 656. — Damberger, *Synchron. Gesch.*, VII, 228 ; — HE, 128 ; — Röhricht, *Beiträge zur Gesch. d. Kreuzzüge*, II, 31. — Wiener, *Gesch. d. Juden in Speyer* (*Frankel's Monatschrift*, XII, 263) ; — Graetz, *Gesch. d. Juden* (2ᵉ éd.), VI, 395 ; — Salfeld, *Martyrol. d. Nürnb. Memorb.* (*Quellen z. Gesch. d. Juden*, III, 101). — D'après la *Relation* de l'anonyme de Mayence-Darmstadt, p. 14 (cf. ci-dessus, dans le commentaire de l'article 25), le massacre des Juifs de Spire aurait eu lieu le 8 Adar (= 3 mars), ce qui me paraît provenir d'une erreur de plume. L'*Emek habacha* (éd. Wiener, cf. ci-dessus, n° 25) donne faussement la date du 6 mai. — C'est l'Anonyme de Mayence-Darmstadt qui nous fait connaître le passage d'Emicho à Spire. — Albert d'Aix nous apprend que l'armée de ce chef était composée surtout d'Allemands. D'après une addition à la *Chronique* de Bernold de S. Blaise, l'évêque Jean, indigné des persécutions contre les Juifs et gagné par leur argent, aurait fait mettre à mort quelques chrétiens.

1096, mai 18. — Commencement des persécutions contre les Juifs à Worms. Les meurtriers donnent pour prétexte que les Juifs auraient noyé un chrétien et mêlé l'eau dans laquelle il avait séjourné à celle des fontaines de la ville. (31)

Sources : Salomon bar Siméon, éd. citée, p. 84 : « Le 23 Ijar » (= 18 mai), ils assaillirent la communauté de Worms. » — Anonyme de Mayence-Darmstadt, p. 172. — *Emek habacha*, éd. Wiener, p. 9, 153. — Aronius, *Regesten*, p. 85, n° 184. — *Martyrol. d. Nürnberg. Memorb.* (éd. Salfeld, p. 102) : « ..... 23 Ijar 4856 » = 18 mai 1096.

Commentaire : Voy. Giesebrecht, *Gesch. d. deutschen Kaiserzeit*, III, 656 ; — Damberger, *Synchron. Gesch.*, VII, 228 ; — Wiener, *Emek habacha*; Notes, p. 153 ; — Röhricht, *Beiträge zur Gesch. der Kreuzzüge*, II, 31. — Le 18 mai était un dimanche, et l'Anonyme de Mayence-Darmstadt dit aussi que la persécution commença un dimanche, mais en donnant comme date le 10 Ijar (= 5 mai), qui était non un dimanche, mais un lundi. De même, l'indication fournie par Lewysohn (*Frankel's Monatschrift*, 1856,

p. 171), d'après laquelle la persécution aurait commencé le 20 mai, paraît erronée.

1096, mai 20. — Les croisés, avec l'aide de quelques habitants des environs de Worms, prennent d'assaut le palais épiscopal et tuent un grand nombre de Juifs qui s'y étaient réfugiés. (32)

Sources : Anonyme de Mayence-Darmstadt (*Quellen z. Gesch. d. Juden*, II, 174) : « Le 25 du mois d'Ijar (= 20 mai 1096), les croisés et les habitants de la ville dirent : Voici, il y a là, dans la cour du palais de l'évêque et dans ses appartements, beaucoup de Juifs qui ont échappé ; nous allons nous venger sur eux. Et des gens se rassemblèrent de tous les villages environnants et se joignirent aux croisés et aux habitants de la ville pour assiéger et combattre les Juifs. Une lutte acharnée eut lieu jusqu'au moment où les appartements dans lesquels se trouvaient les fils de la Sainte alliance furent envahis... Là furent mis à mort les membres les plus notables de la communauté. » — Salomon bar Siméon (éd. citée, p. 84) : « Après 7 jours, au jour du renouvellement de la lune du mois de Siwan (= 25 mai), le jour où Israël était arrivé au Sinaï pour y recevoir la *Thora*, les Juifs qui se trouvaient dans le palais épiscopal furent soumis à des épreuves effrayantes. » — Eliézer bar Nathan, éd. citée, p. 156. — *Emek habacha*, éd. citée, p. 10.

Commentaire : — La date du 20 mai est donnée par l'Anonyme de Mayence-Darmstadt seul. D'après Salomon b. Siméon, Éliézer b. Nathan et l'*Emek habacha*, le massacre des Juifs qui s'étaient réfugiés dans le palais épiscopal eut lieu le 1er Siwan, c'est-à-dire le 25 mai. Cette date pourrait s'accorder avec celle de l'Anonyme, si l'on voulait admettre que le siège du palais dura du 20 au 25 mai. Mais comme, le 25 mai, le comte Emicho se trouvait déjà à Mayence (voy. plus loin n° 35) et que, d'autre part, selon toute vraisemblance, il présida lui-même au tumulte de Worms, nous pensons qu'il faut accorder la préférence à la date fournie par l'Anonyme et considérer comme inexacte celle du 25 mai.

1096, mai 21. — Gautier-sans-Avoir atteint la Hongrie avec son armée. (33)

Source : Orderic Vital (éd. Le Prévost, III, 478) : « ... iter coeptum per Hungariam aggressi sunt. »
Commentaire : Voy. HP, 137. — Nous avons adopté la date assignée par Wolff à cet événement. Cf. ci-dessus, n°s 21, 29.

1096, mai 23. — Les croisés obligent les Juifs de Ratisbonne à subir le baptême. Mais sitôt après leur départ, les Juifs retournent à leur croyance première. (34)

Sources : *Memorbuch de Mayence* (publ. par Neubauer dans *Rev. des études juives*, IV, 14) : « ... A Ratisbonne le 28 Ijar (= 23 mai 1096). » — Salomon b. Siméon, éd. citée, p. 137 : « Les membres de la communauté de Ratisbonne furent tous contraints au baptême, car ils pensaient bien que sans cela ils n'échapperaient pas au massacre. Même les habitants de la ville, contre lesquels les croisés et la populace se réunirent, les obligèrent à se faire baptiser. On les plaça dans une rivière, on fit sur l'eau le signe de la croix et on les y baptisa tous en une fois, en présence du peuple. Mais, plus tard, ils retournèrent à leur foi. » — Aronius, *Regesten*, p. 92, n° 199. — Eliézer b. Nathan, éd. citée, p. 167.

Commentaire : Voy. Schudt, *Jüdische Merkwürdigkeiten*, IV, 230 ; — Wiener, *Emek habacha*; Notes, p. 159 ; — Train, *Die wichtigsten Thatsachen aus d. Gesch d. Juden in Regensburg* (dans la *Zeitschr. f. d. hist. Theol.*, VII, 39-138) ; — *Martyrol. d. Nürnb. Memorbuches,* éd. Salfeld, p. 151.

1096, mai 25. — Arrivée du comte Emicho et de ses gens devant Mayence. (35)

Sources : Salomon b. Siméon, éd. citée, p. 92 : « Le jour du renouvellement de la lune du mois de Siwan (= 25 mai), arriva le comte Emicho, l'ennemi de tous les Juifs, avec sa grande armée, et il campa avec les croisés et le peuple [de pèlerins] en dehors de la ville, sous des tentes ; car on avait fermé devant lui les portes de la ville... Ce fut le plus terrible de tous nos oppresseurs ; il n'épargnait ni vieillards, ni jeunes filles, et n'avait de compassion ni pour la souffrance, ni pour la faiblesse, ni pour la maladie... Ils campèrent pendant deux jours hors de la ville. » — Anonyme de Mayence-Darmstadt, éd. citée, p. 178. — Aronius, *Regesten,* p. 86, n° 185.

Commentaire : Voy. Mannheimer, *Die Judenverfolgungen in Speyer, Worms und Mains* (1877), p. 22.

1096, mai 27. — Les Mayençais ouvrent leurs portes à Emicho et à ses gens. Les Juifs s'étaient réfugiés dans le palais de l'évêque Rothard. Mais cet édifice fut pris d'assaut et les croisés s'y livrèrent à un épouvantable massacre de Juifs. Un grand nombre de gens furent tués et une partie importante de la ville fut détruite. (36)

Sources : Salomon b. Siméon, éd. citée, p. 87 : « Le troisième jour de Siwan (= 27 mai)..... vers midi, Emicho, le scélérat et l'ennemi des Juifs, arriva avec toute son armée devant les portes de la ville, qui lui furent ouvertes par les habitants. » — Eliézer bar Nathan, éd. citée, p. 157. — Anonyme de Mayence-Darm-

stadt, éd. citée, p. 178. — *Emek habacha*, éd. Wiener, p. 10.
— Aronius, *Regesten*, p. 86, n° 185. — *Martyrol. d. Nürnberg.*
Memorbuches, éd. Salfeld, p. 113. — *Annal. Saxo*, ad an. 1096 :
«... fuerat haec caedes Judaeorum ante dominicam Pentecosten,
feria 3 (= 27 mai). — Albert d'Aix, I, xxvij : « Post haec, viam
insistentes in multitudine gravi Moguntiam pervenerunt, ubi comes
Emicho... cum nimia Teutonicorum manu praestolabatur adventum peregrinorum, de diversis locis regia via illic confluentium.
Judaei vero civitatis .... ad episcopum Rothardum confugiunt, thesauros infinitos in custodiam illius reponentes, multumque de protectione ejus confidentes....: Verum Emicho et caetera manus,
habito consilio, orto sole diei, in sagittis et lanceís in palatio
Judaeos assiliunt, quos... expugnatos ad septingentos peremerunt...
Judaei vero videntes christianos hostes in se suosque parvulos
insurgere et nulli aetati parcere, ipsi quoque in se suosque confratres, natosque, mulieres, matres et sorores irruerunt et mutua
caede peremerunt. » — Görz, *Mittelrheinische Regesten*, I, 430.
— *Memorbuch de Mayence* (éd. Neubauer, dans la *Rev. des
études juives*, IV, 10) : «... le mardi 3 Siwan 1096. » — *Annales
Wirzib.*, sub an. 1096 (*Mon. Germ. SS.*, II, 246).

Commentaire : Voy. Mailly, *L'esprit d. crois.*, IV, 244; —
Wilken, I, 97; — Giesebrecht, *Gesch. d. deutschen Kaiserzeit*,
III, 656; — Peyré, I, 130. — Damberger, *Synchron. Gesch.*, VII,
229, et *Kritik*, 49; — Floto, *Heinrich IV*, t. II, 362; — HE, 128;
— Sybel, 245 (203); — HP, 138 (164); — Röhricht. *Beiträge*, II,
31; — Wolff, *Bauernkreuzzüge*, 164. — D'après l'Annaliste
Saxon, environ 900 Juifs trouvèrent la mort dans les massacres
de Mayence; d'après les *Annales de Wurzbourg*, il y en eut 1,014
de tués; d'après l'*Emek habacha*, 1,800; d'après Albert d'Aix
(I, xxviij), 700; d'après Salomon b. Siméon (p. 98), 1,100 tombèrent
en une seule journée. Ce sont les *Annales de Wurzbourg* qui
nous apprennent qu'une partie de la ville fut détruite; Salomon
(p. 106) dit que les Juifs eux-mêmes incendièrent leurs maisons
et la synagogue.

1096, mai 29. — La nouvelle des massacres des Juifs de Mayence
parvient à Cologne. Les Juifs de cette dernière ville se réfugient alors dans les maisons de chrétiens bien disposés pour
eux.   (37)

Sources : Salomon b. Siméon, éd. citée, p. 116 : « Le cinquième jour de Siwan, pendant le repos de la fête de Pentecôte
(= 29 mai)....., la terrible nouvelle arriva à Cologne. Lorsque
les Juifs apprirent que les communautés [de Spire, Worms et
Mayence] avaient été détruites, chaque Israélite se réfugia chez
quelque chrétien de sa connaissance et y resta pendant les deux

jours de la fête de Pentecôte. » — Eliézer b. Nathan, éd. citée,
p. 159. — *Emek habacha,* éd. Wiener, p. 11. — Aronius, *Regesten,* p. 89, n° 188.

Commentaire : Voy. le numéro suivant.

1096, mai 29. — Massacre des Juifs de Cologne, lequel dure pendant tout le mois de juin. Rabbi Isak et une femme juive sont égorgés dans une église chrétienne. Environ 200 Juifs qui avaient tenté de s'enfuir à Neuss sur un bateau sont également mis à mort et tous leurs biens sont saisis.   (38)

Sources : Salomon b. Siméon (*Quellen z. Gesch. d. Juden,* II, p. 111) : « Là aussi on commença à massacrer, depuis la fête de Pentecôte (= 30 mai 1096), jusqu'au huitième jour du mois de Tammus (= 1er juillet). Le troisième jour de la fête de Pentecôte (= 1er juin), vers le matin, le bruit se répandit que les ennemis avaient attaqué les Juifs, qu'ils détruisaient leurs maisons, volaient et pillaient leurs biens. Ils démolirent la synagogue, en tirèrent les rôles de la Thora, dont ils firent l'objet de leurs risées et qu'ils dispersèrent dans les rues. Ce jour-là (1er juin), ils se saisirent de Mose Isak au moment où il sortait de sa maison et le conduisirent dans leur église; mais il cracha devant eux et leur croix et les injuria; alors ils le mirent à mort..... Une femme estimée, du nom de Rebecca..... fut aussi tuée par eux..... Les autres membres de la communauté s'étaient réfugiés dans les maisons de chrétiens de leur connaissance et y restèrent jusqu'à ce que l'évêque les fît transporter dans ses villages, le 10 du mois de Siwan (= 3 juin). Il les répartit entre sept localités qui lui appartenaient, afin de leur sauver la vie. Ceux-ci y restèrent jusqu'au jour du renouvellement de la lune du mois de Tammus, s'attendant chaque jour à être massacrés, et ils jeûnèrent tous les jours, même pendant les deux jours du renouvellement de la lune de Tammus, à savoir le lundi et le mardi (= 23 et 24 juin), et pendant le jour suivant (= 25 juin). » — Eliézer bar Nathan, éd. citée, p. 166. — Albert d'Aix, I, xxvj : « Haec strages Judaeorum primum in civitate Coloniensi a civibus acta est, qui subito irruentes in modicam manum illorum, plurimos gravi vulnere detruncaverunt, domos et synagogas illorum subverterunt, plurimum pecuniae inter se dividentes. Hac ergo crudelitate visa, circiter 200 in silentio noctis Nussiam navigio fugam inierunt, quos peregrini et crucesignati comperientes, nec unum quidem vivum reliquerunt sed simili mulctatos strage, rebus omnibus spoliaverunt. » — *Emek habacha,* éd. Wiener, p. 11. — Aronius, *Regesten,* p. 89, n° 188; — *Martyrol. d. Nürnb. Memorb.,* éd. Salfeld, p. 109.

Commentaire : Voy. Wilken, I, 97; — Ennen, *Gesch. der Stadt Köln* (1863), I, 349; — Weyden, *Gesch. d. Juden in Köln* (1867), p. 77 et suiv.; — HP, 140 (164); — Graetz, *Gesch. d. Juden* (2e éd.),

VI, 397; — HE, 128; — Rœhricht, *Beiträge*, II, 31, qui se trompe probablement en disant que la persécution dès Juifs à Cologne ne dura que huit jours. Albert d'Aix, lorsqu'il dit que la persécution contre les Juifs commença dans la ville de Cologne, se met en contradiction avec les renseignements donnés par des sources juives tout à fait dignes de foi. Si on s'en tenait à ce qu'il raconte, il faudrait supposer qu'il y eut deux massacres à Cologne, et ce fait, s'il se fût produit, n'eût pas été passé sous silence par les chroniqueurs juifs. D'après Salomon b. Siméon et Éliezer b. Nathan, il n'y aurait eu que deux juifs tués à Cologne, et ces auteurs ne parlent nullement des 200 qui, d'après Albert d'Aix, auraient été mis à mort, tandis qu'ils tâchaient de gagner Neuss par eau. Le renseignement que donne Albert d'Aix à ce sujet ne doit donc être accepté que sous réserves.

1096, mai 30. — Persécution des Juifs à Prague, très probablement par les bandes de Folkmar. (39)

Sources : Cosmas Pragensis, *Chron.*, III, 4 (*Mon. Germ. SS.*, IX, 103) : « Quidam ex eis per hanc nostram terram dum transirent, permittente Deo, inruerunt super Judaeos et eos invitos baptizabant, contradicentes vero trucidabant. Videns autem Cosmas episcopus contra statuta canonum haec ita fieri, zelo justitiae ductus frustra temptavit prohibere ne eos invitos baptizarent, qui non habuit qui eum adjuvarent. » — Salomon bar Siméon (*Quellen z. Gesch. d. Juden*, II, 25) ; — Éliézer bar Nathan (*ibid.*, II, 46). — *Memorbuch de Mayence* (*Rev. des études juives*, IV, 14) : « ... le jour de Schebouoth (= 30 mai 1096 ?). » — Ekkehard, *Hierosolymita*, XII, 1 : « ... plebs Folcmarum per Bohemiam sequens... » — Aronius, *Regesten*, p. 93, n° 202 ; p. 95, n° 206.

Commentaire : Voy. Giesebrecht, ouvr. cité, III, 656 ; — Sybel, 244 (202) ; — *Emek habacha*, 159 ; — Palacky, *Gesch. v. Bœhmen*, I, 343 ; — Wertheimer, *Die Juden in Oesterreich*, II, 227 ; — HE, 123 ; — Rœhricht, *Beiträge*, II, 31 ; — HP, 140 (165) ; — Wolff, *Bauernkreuzzüge*, 92, 154 ; — Kohl, *Gesch. d. Mittelalters* (1881), p. 15 ; — *Martyrol. d. Nürnb. Memorb.*, éd. Salfeld, p. 151.

1096, juin. — Persécution dés Juifs à Trèves. A l'approche des croisés quelques Juifs tuent leurs coreligionnaires ; d'autres, et en particulier des femmes, se jettent dans la Moselle. Un certain nombre sont accueillis par l'archevêque Gilbert dans son palais fortifié. (40)

Sources : Salomon b. Siméon, éd. citée, p. 123-137. — *Gesta Treviror. contin.*, I, 17 (*Mon. Germ. SS.*, VIII, 190). — Aronius, *Regesten*, p. 89, n° 189. — *Martyrologium*, éd. Salfeld, p. 140.

Commentaire : Voy. Wilken, I, 97 ; — Graetz, *Gesch. der Juden*, VI, 2ᵉ éd. p. 93, 401 ; — Brisch, *Gesch. d. Juden in Köln*, I, 36 ; — Depping, *Die Juden im Mittelalter*, 112 ; — *Emek haba-cha*, éd. Wiener, 158. — La date de l'évènement nous est fournie par Salomon b. Siméon, qui indique le 1ᵉʳ jour de la Pentecôte 1096, c'est-à-dire le 1ᵉʳ juin, comme le jour où les juifs de Trèves, par crainte des ennemis qui approchaient, se réfugièrent dans le palais épiscopal. La persécution dura au moins pendant toute la première moitié du mois de juin.

1096, vers le 11 juin. — Gautier-sans-Avoir passe devant Semlin, où quelques traînards de son armée sont pillés par les Hongrois.   (41)

> **Source** : Albert d'Aix, I, vij (cf. nᵒ 42).
> **Commentaire** : Voy. Wilken, I, 82 ; — Peyré, I, 78 ; — Wolff, *Bauernkreuzzüge*, 37, 133.

1096, vers le 22 juin. — Attaque de Semlin (Malavilla) par Pierre l'Ermite et défaite des Hongrois, dont un grand nombre sont tués. Pierre séjourne à Semlin, pendant cinq jours, à savoir jusqu'au 26 juin.   (42)

> **Source** : Albert d'Aix, I, vij : «... ad Malavillam venientes, con-socii illius arma et spolia xvj sociorum Walteri in moenibus pen-dentia aspexerunt, quos paulo ante retardatos Ungari in dolo spo-liare praesumpserant. Petrus... socios ad vindictam admonet......; Ceciderunt illic circiter iv milia Ungarorum, peregrinorum c tan-tum. Hac Petrus adepta victoria, cum universis suis in eodem castello Malavillae diebus mansit v, propter abundantiam alimento-rum quam ibi reperit ».
> **Commentaire** : Voy. Wilken, I, 83 ; — Muralt, *Essai de chro-nogr.*, II, 74 ; — Wolff, *Bauernkreuzzüge*, 36, 145 ; — HP, 143, 162 (170, 162).

1096, juin 24 (mardi). — Persécution des Juifs à Neuss, où les croisés mettent à mort le juif Samuel ben Ascher avec ses deux fils.   (43)

> **Sources** : Salomon bar Siméon, éd. citée, p. 117 : «.Le troisième jour, ceux du village de Neuss furent tués. Il y avait ce jour-là une fête (= la Saint-Jean, 24 juin), à l'occasion de laquelle tous les habitants des villages voisins s'étaient réunis... » — Éliéser bar Nathan, éd. citée, p. 160 : « Ce même jour, arrivèrent les enne-mis qui étaient munis du signe de la croix. D'autres encore se joignirent à eux, car c'était le jour de la fête de Saint-Jean, et ils se réunirent dans le village de Neuss.... » — *Emek habacha*, éd.

Wiener, p. 12 : «... le deuxième jour du renouvellement de la lune (= mercredi 25 juin)... » — Aronius, *Regesten*, p. 91, n° 190.

Commentaire : Voy. *Emek habacha*, éd. Wiener, p. 155 ; — Neubauer et Stern, dans les *Quellen zur Gesch. d. Juden*, II, 117. — La date du 25 juin fournie par l'*Emek habacha* est inexacte, ainsi que celle du 26 juin donnée par Aronius ; la fête de Saint-Jean est, en effet, le 24.

1096, juin 25 (mercredi). — Persécution des Juifs à Wevelinghoven (au sud de Neuss), où beaucoup d'entre eux se suicidèrent, tandis que d'autres furent noyés.   (44)

Sources : Salomon bar Siméon, éd. citée, p. 118. — Éliéser bar Nathan, éd. citée, p. 160 : «... le lendemain [à savoir le lendemain de la fête de saint Jean, où les croisés étaient arrivés dans le village], les ennemis se levèrent et les hommes les plus pieux du village de Wevelinghoven furent tués. » — *Emek habacha*, éd. Wiener, p. 12. — Aronius, *Regesten*, p. 91, n° 192 : «... le 27 juin. »

Commentaire : Voy. *Emek habacha*, éd. Wiener, p. 156 ; — Neubauer et Stern, dans les *Quellen zur Gesch. d. Juden*, II, 117 ; — Wolff, *Bauernkreuzzüge*, p. 166. — La date du 27 juin, donnée par Aronius, est inexacte.

1096, juin 26 et 27 (jeudi et vendredi). — Persécution des Juifs à Altenahr par les croisés. La communauté juive, qui comptait 300 personnes, est mise à mort par ses chefs pour lui éviter de tomber aux mains des ennemis. Seuls deux jeunes gens et deux enfants ont la vie sauve.   (45)

Sources : Salomon bar Siméon, éd. citée, p. 121 : « Le troisième jour du mois de Tammus, un mercredi [en réalité, un jeudi], furent massacrées les pieuses personnes de la ville d'Altenahr. Fort peu échappèrent à la mort ; et le quatrième jour du même mois, un jeudi [en réalité, un vendredi], les ennemis s'assemblèrent en tumulte contre les saints d'Altenahr dans l'intention de les tourmenter par de grandes et dures souffrances, et de les contraindre ainsi à se laisser baptiser. Lorsque les chefs de la communauté eurent connaissance de la chose, ils firent pénitence devant leur Créateur et se résolurent à désigner cinq hommes pieux, courageux et craignant Dieu pour mettre à mort leurs coreligionnaires. Il y avait là 300 personnes notables, ressortissant de la communauté de Cologne, lesquelles furent toutes mises à mort. Il n'en échappa aucune. » — Éliéser bar Nathan, éd. citée, p. 162, dit la même chose, mais sans indiquer que les 300 Juifs massacrés fussent de Cologne. — *Emek habacha*, éd. Wiener, p. 13. — Aronius, *Regesten*, p. 91, n° 193.

Commentaire : Voy. *Emek habacha*, éd. Wiener, p. 157 ; — Neubauer et Stern, dans les *Quellen zur Gesch. d. Juden*, II, 121 ; — Wolff, *Bauernkreuzzüge*, 168. — Il est surprenant que le Martyrologe du mémorial de Nüremberg ne dise rien de cette persécution des juifs d'Altenahr, en 1096.

1096, juin 27. — Persécution des Juifs à Xanten : la communauté presque entière est massacrée.   (46)

Sources : Salomon b. Siméon, éd. citée, p. 123. — Éliézer b. Nathan, éd. citée, p. 162 : «.... le même jour (= vendredi, 27 juin), la fatalité atteignit les pieuses gens de Xanten ; au commencement du Sabbat, on les attaqua et on les massacra... » — *Emek habacha*, éd. Wiener, p. 14. — Aronius, *Regesten*, p. 91, n° 195.

Commentaire : Voy. Neubauer et Stern, dans les *Quellen zur Gesch. d. Juden*, II, 123.

1096, juin 27-juillet 2. — Marche de Pierre l'Ermite à travers les forêts de la Hongrie, jusqu'à Nisch.   (47)

Source : Albert d'Aix, I, viij : « Transactis abhinc (c'est-à-dire depuis la bataille devant Semlin ; cf. n° 42) sex diebus...., Petrus ingentia et spaciosissima nemora Bulgarorum ingreditur.... et sic, vij diebus in saltu spaciosissimo expletis, ipse cum suis urbem Nisch, muris munitissimam, applicuit. »

Commentaire : Voy. Wolff, *Bauernkreuzzüge*, 36, 146 ; — HP, 167 (199).

1096, juin 29-juillet 1. — Persécution des Juifs à Moers. Une partie d'entre eux est massacrée par les croisés ; ceux auxquels on laisse la vie sont baptisés par force et soumis à toutes sortes d'injures.   (48)

Sources : Éliézer b. Nathan, éd. citée, p. 163 : « Le septième jour du mois de Tammus (= 30 juin), les ennemis s'élevèrent contre le pauvre peuple opprimé de la ville de Moers. » — Salomon b. Siméon, éd. citée, p. 127 : «... c'était le dimanche du mois de Tammuz (= 29 juin)...... » — *Emek habacha*, éd. Wiener, p. 14. — Aronius, *Regesten*, p. 92, n° 196.

Commentaire : Voy. Neubauer et Stern, dans les *Quellen zur Gesch. d. Juden*, II, 127. — A propos de l'absence de la date de jour dans la *Relation* de Salomon b. Siméon, les éditeurs de ce texte, MM. Neubauer et Stern, disent : « Le dimanche indiqué doit correspondre au 6 du mois de Tammus (= 29 juin). Cependant la *Relation* d'Eliézer b. Nathan, place la persécution de Moers au 7 du mois de Tammus (= 30 juin). » — D'après Wiener, dans son édition de l'*Emek habacha,* le 7ᵉ jour du mois de Tammus correspondrait non au 30 juin mais au 1ᵉʳ juillet 1096.

1096, fin juin. — Destruction des bandes de Folkmar près de Neitra, en Hongrie.   (49)

> **Source :** Ekkehard, *Hierosolymita*, I, 7 : « ... ad xɪj milia per Saxoniam atque Boemiam a quodam presbitero Folcmaro ducti sunt... » ; — Id., *ibid.*, XII, 1 : « .... apud Nitram, Pannoniae civitatem, seditione concitata, partim captivitate partim ferro disperierunt. »
>
> **Commentaire :** Voy. Peyré, I, 127 ; — HE, 123 ; — Wolff, *Bauernkreuzzüge*, 92, 95, 153 ; — Sybel, 244 (202). — Folkmar s'étant trouvé à Prague le 30 mai 1096 (cf. ci-dessus; n° 39), la destruction de son armée près de Neitra, qu'Ekkehard est seul à mentionner, ne peut guère avoir eu lieu avant la fin de juin. — Wolff prétend (loc. cit.) que Folkmar entra en Hongrie dès le 3 juin et que la destruction de son armée eut lieu le 9 du même mois. Cela n'est guère admissible.

1096, début de juillet. — Défaite de Gottschalk à Martins, en Hongrie. Il s'était dirigé vers ce pays à travers la France orientale, la basse Bavière et la Norique, le long du Danube.   (50)

> **Sources :** Ekkehard, *Hierosolymita*, I, 7 ; XII, 2 : « Nonnulli a Godescalco presbitero per Orientalem Franciam ducti sunt. Postquam, non sine damno orientalis Noricae, Ungariam cum suis intravit, munitionem in arce quadam constituere, et in ipsis locatis praesidiis, per reliquum vulgus Pannonias circumcirca vastare cepit. Quo nimirum oppido ab indigenis capto, turba multa trucidata, grex reliquus dispersus ipseque turpiter fugatus est. » — Albert d'Aix, I, xxviij : « Exercitus Godescalci in campo Belegrave, secus oratorium S. Martini, conglobati sunt... Ungari caedem immanissimam in eos exercebant, adeo ut, sicut hi pro vero affirmant, qui praesentes vix evaserunt, exstinctis et occisis corporibus et sanguine tota planities Belegrave occuparetur et pauci ab hoc martyrio liberarentur. »
>
> **Commentaire :** Voy. HE, 124 et suiv. ; — Wilken, I, 94 ; — Peyré, I, 125 ; — Sybel, 244 (202); — Wolff, *Bauernkreuzzüge*, 96, 56. — Wolff conjecture que la défaite de l'armée de Gottschalk eut lieu vers le 12 juin 1096.

1096, vers le 3-4 juillet. — Séjour de Pierre l'Ermite à Nisch ; attaque des Bulgares contre les croisés qui perdent beaucoup de monde.   (51)

> **Source :** Albert d'Aix, I, ix-xij : « ... in mense Julio haec adversa

illis contigerant, quando hac in regione frumenta et segetes maturae jam ad messem flavescunt. »

Commentaire : Voy. Wilken, I, 84 ; — Peyré, I, 88 ; — Sybel, 248 (206) ; — Wolff, *Bauernkreuzzüge*, 148 ; — HP, 147 et suiv., 162 (199). — Albert d'Aix raconte en détail les incidents du séjour de Pierre et de son armée à Nisch. Le combat avec les Bulgares eut lieu vers le 4 juillet ; les croisés s'enfuirent et se dispersèrent ; ils ne se réunirent de nouveau que trois jours après (*ibid.*, I, xij).

1096, vers le 4 juillet. — Mort de Gautier de Pexejo à Philippopoli.   (52)

Source : Orderic Vital, *Chron.* (éd. Le Prévost, III, 479) : « Mense Julio, Galterius de Pexejo Phinopoli in Bulgaria obiit, et signum S. Crucis post mortem in carne ejus apparuit. Dux autem et episcopus urbis, hoc signo audito, foras egressi sunt, et Galteri corpus cum civibus cunctis reverenter in urbem transferentes sepelierunt, aliisque peregrinis aditum urbis, quem antea inter-dixerunt, et mercatum concesserunt. »

Commentaire : Voy. Peyré, I, 81 ; — Wolff, *Bauernkreuzzüge*, 37 ; — HP, 138 (163). — Gautier de Pexejo avait fait route avec Gautier-sans-Avoir. Celui-ci arriva à Constantinople vers le 20 juillet, et l'on peut conjecturer que la marche de son armée de Philippopoli à Constantinople exigea seize jours environ.

1096, juillet 6-14. — Urbain II tient un concile à Nîmes, dans
lequel on s'occupe, entre autres choses, de la délivrance de la
Terre-Sainte.   (53)

Sources : *Fragm. hist. Franc.*, sub an. 1096 (Duchesne, *Hist. Franc. SS.*, IV, 90), identique avec un passage correspondant de la *Narratio Floriac.* (*Hist. occid. d. crois.*, V, 356) : « In sequenti quoque anno apud Nemausum aliud congregavit in mense Julio concilium.... Exhortatur ut fidelibus viris, malignorum [Turco-rum] violentia oppressis, succurrant, et, ne nomen Christi Orien-tis in regionibus occidatur, quibus valent viribus adjuvent. » — Bernold de S. Blaise, *Chron.*, sub an. 1096. — *Bulle d'Urbain II*, 20 juil. 1096 (*Analecta juris pontif.*, X, 551) : « .... Acta est hujusmodi negotii definitio apud Nemausum, v idus Julii ; datum xnj kal. Augusti. »

Commentaire : Voy. *L'art de vérifier les dates*, I, 183 ; — *Hist. litt. de la France*, VIII, 528 ; — Riant, *Inventaire*, 119 ; — Sybel, 229 (187) ; — Jaffé, *Regesta*, 2ᵉ éd., I, 688. — Les déci-sions du concile ont été publiées par d'Achery, *Spicil.*, I, 628, et Mansi, *Concilia*, XX, 933.

1096, juillet 12-14. — Séjour de Pierre l'Ermite à Sophia, où il rencontre des envoyés de l'empereur Alexis.   (54)

Source : Albert d'Aix, I, xij, xiij.

Commentaire : Voy. Wolff, *Bauernkreuzzüge*, 35, 150 ; — Jirecek, *Die Heerstrassen*, 89. — Pour se rendre de Nisch à Sophia l'armée de Pierre dut bien employer au moins huit jours, eu égard à la configuration montagneuse de la contrée qu'elle eut à traverser.

1096, juillet 17-18. — Séjour de Pierre l'Ermite à Philippopoli, d'où il part pour Andrinople, le 19 juillet. (55)

Source : Albert d'Aix, I, 15 : «... ad urbem Phinopolim cum omni populo secessit...; deinde post tertiam lucem, hilaris migrans, Adrianopolim secessit ».

Commentaire : Voy. HP, 168, 374 (182) ; — Wolff, *Bauernkreuzzüge*, 36.

1096, vers le 20 juillet. — Gautier-sans-Avoir arrive à Constantinople. (56)

Source : Orderic Vital, *Hist. eccles.* (éd. Le Prévost, III, 149) : « Transito Danubio per Bulgariam usque in Constantinopolim venerunt, ibique praestolantes sequentibus Alemannis cum Petro sociati sunt. »

Commentaire : Voy. HP, 138, 172 ; — Wolff, *Bauernkreuzzüge*, 37. — Gautier-sans-Avoir ne peut guère être arrivé à Constantinople longtemps avant Pierre l'Ermite, lequel y parvint le 1er août (cf. n° 59). La date approximative que nous pouvons assigner à son arrivée nous a servi de point de repère pour établir celle de la mort de son oncle, Gautier de Pexejo, à Philippopoli (cf. ci-dessus, n° 52).

1096, juillet 22. — Urbain II confirme, à Avignon, la donation par le comte Raimond de Toulouse, à l'abbaye de Saint-Gilles, de tous ses droits et biens dans le val Flaviana et au dehors, donation que celui-ci avait faite, le 12 juillet 1096, en prévision de son voyage en Orient, par devant le Pape et pour la rédemption de ses péchés. (57)

Source : Le document est publié dans : D'Achery, *Spicil.*, 2e éd., I, 630 ; D. Bouquet, XIV, 723 ; Mansi, *Concilia*, XX, 938 ; *Hist. du Languedoc*, II, Preuves, p. 342 (nouv. éd., V, 744) ; Migne, *Patrol. lat.*, CLI, 477 : « Comes nimirum Tholosanorum ac Ruthenensium et marchio provinciae Raimundus.... honores omnes ad beatum Aegidium pertinentes tam in valle Flaviana quam extrinsecus quicquid juste sive injuste videbatur tenere, omnes rectas sive pravas consuetudines, quas ipsius antecessores aut ipse habuerant, ob honorem Dei et B. Aegidii reverentiam dereliquit ; quam

videlicet missionem apud Nemausense concilium, jurans in manu
nostra, Odiloni abbati et ejus fratribus fecit, in Hierosolymitanam
expeditionem iturus..... Datum per manum Joannis, S. R. E.
diaconi cardinalis ac bibliothecarii, apud Avenionem in monaste-
rio S. Andreae, xi kal. Aug., indict. iv, incarnat. dominicae anno
MXCVI, pontificatus autem domni Urbani II papae ix. »

Commentaire : Voy. *Hist. de Languedoc*, II, 342; — Peyré, II,
468 et suiv. ; — Sybel, 275 (227); — Jaffé, *Regesta*, I, 2ᵉ éd.,
nº 5659 (4237); — Gigalski, *Bruno, Bischof von Segni, Abt in
Monte Cassino* (1898), p. 48.

1096, vers le 24-25 juillet. — Séjour de Pierre l'Ermite à Andrinople, d'où il repart, vers le 26 juillet pour Constantinople. (58)

> **Source :** Albert d'Aix, I, xv : «... migrans Adrianopolim seces-
> sit, ubi ij solum modo diebus hospitio remoratus extra muros urbis,
> tertia luce exorta inde recessit. »
>
> **Commentaire :** Voy. HP, 168 (183) ; — Wolff, *Bauernkreuz-
> züge*, 36.

1096, août 1ᵉʳ. — Arrivée de Pierre l'Ermite à Constantinople. (59)

> **Sources :** *Gesta Francor. et alior. Hierosol.*, II, 2 (éd. Bon-
> gars, p. 1) : « Petrus vero venit Constantinopolim, kal. Augusti, et
> cum eo maxima gens Alamannorum. » — Tudebode, mss. C et D
> de l'éd. Académique (p. 11). — Guibert de Nogent (*Hist. occid. d.
> crois.*, IV, 143 E) : «. . . In kalendis Augustalibus Constantino-
> politanam attigit urbem.
>
> **Commentaire :** Voy. Wilken, I, 88; — Muralt, *Essai de chro-
> nogr. byz.*, II, 75; — Floto, *Kaiser Heinrich IV*, 364; — HP, 165,
> 346 (201) ; — HG, 110 ; — Wolff, *Bauernkreuzzüge*, 36, 151. —
> Certains manuscrits des *Gesta* et les auteurs qui les ont utilisés
> donnent la date du 3 des calendes d'août, c'est-à-dire du 30 juillet.
> Mais nous avons préféré celle du 1ᵉʳ août qui est fournie par les
> plus anciens manuscrits. Il semble que l'indication : « III kal. »
> vienne de ce qu'on a pris pour un chiffre la dernière lettre du mot
> qui précède : Constantinopolim. Je m'en tiens donc à la date du
> 1ᵉʳ août que j'avais donnée dans mon édition du *Hierosolymita*
> d'Ekkehard, p. 53, et qu'avait également adoptée Sybel dans la
> 1ʳᵉ édition de son *Hist. de la 1ʳᵉ croisade ;* et j'abandonne de
> nouveau la date du 3 des calendes d'août que j'avais ensuite pré-
> férée (HP, 165) de même que Sybel, dans sa 2ᵐᵉ édition (p. 257), et
> Muralt, t. II, p. 75. — Ainsi Pierre avait mis trois mois et onze
> jours (20 avril-30 juil. 1096) à parcourir la distance qui sépare
> Cologne de Constantinople.

1096, 2 août. — Audience accordée par l'empereur Alexis à
Pierre l'Ermite. (60)

Source : Albert d'Aix, I, xiv : « Secunda legatio imperatoris sollicitabat Petrum ut Constantinopolim iter maturaret, quia fervebat imperator desiderio videndi eundem Petrum propter famam quam de illo audierat. Ut, autem ventum est Constantinopolim, exercitus Petri jussus est procul a civitate hospitari.... Petrus vero in praesentiam imperatoris cum solo Folchero introducitur a legatis ipsius imperatoris, uti videret si esset sicut fama de illo erat. Petrus vero introiens ad imperatorem confidenter, in nomine Domini Jesu Cristi salutat... »

Commentaire : Voy. Wilken, I, 88 ; — Peyré, I, 98 ; — Sybel, 250 (207) ; — HP, 174 (206). — Le récit d'Albert d'Aix permet d'affirmer que l'audience accordée par Alexis à Pierre eut lieu sinon dès le 1er août, jour de l'arrivée de ce dernier à Constantinople, du moins le lendemain au plus tard.

1096, août 6-7. — L'armée de Pierre l'Ermite traverse le Bosphore et prend, le long de la côte de Bithynie, la route de Nicomédie et de Civitot. (61)

Source : Albert d'Aix, I, xv : « Deinde diebus v completis, tentoria sua amoventes, brachium maris S. Georgii navigio et auxilio imperatoris superant et terminos Cappadociae [*sic, pour* Bithyniae] intrantes per montana ingressi sunt Nicomediam, ibidem pernoctantes. Et post haec ad portum qui vocatur Civitot castrametati sunt. »

Commentaire : Voy. Sybel, 251 (208) ; — Muralt, *Essai de chronogr. byz.*, II, 75 ; — HP, 108, 165, 176 (206, 211) ; — HG, 114 ; — Wolff, *Bauernkreuzzüge*, 38. — Le passage du Bosphore eut lieu après une halte de cinq jours à Constantinople, donc le 6 ou le 7 août, et il est probable qu'il dura encore un ou même plusieurs jours. Muralt qui, dans son *Essai de chronographie*, place au 30 juillet l'arrivée de Pierre à Constantinople, lui fait traverser le Bosphore le 5 août. J'avais moi-même adopté par erreur cette date dans mon *Pierre l'Ermite*, p. 165 (206).

1096, vers le 10 août. — Pierre l'Ermite arrive avec ses bandes à Nicomédie. (62)

Sources : Albert d'Aix, I, xv (cf. ci-dessus, nº 61). — *Gesta*, 122 (II, 4) : « Tandem pervenerunt Nicomediam, ubi divisi sunt Longobardi et Alemanni a Francis. »

Commentaire : Voy. HG, 115 ; — Wolff, *Bauernkreuzzüge*, 39. — La distance qui sépare Nicomédie de Constantinople étant d'environ 25 lieues, on doit supposer que l'armée de Pierre mit au moins trois jours pour la franchir ; d'autant plus qu'elle ne prit pas la route directe par mer, mais suivit, depuis Scutari, la côte par voie de terre.

1096, vers le 11 août. — Pierre l'Ermite arrive à Civitot, où il séjourne jusque dans la seconde moitié de septembre.   (63)

> Source : Albert d'Aix, I, xv (cf. n° 61); I, xvj : « ... et curriculo duorum mensium illic [*i. e.* Civitot] in pace et laetitia epulati moram fecerunt. »
>
> Commentaire : Voy. HP, 185 (213); — Krebs, *Zur Kritik Albert's von Aachen*, p. 9; — HG, 115. — D'après les *Gesta* (II, 4, 5), dès le milieu de septembre une grande partie de l'armée de Pierre leva le camp et alla assiéger le château de Xerigordos, puis se livra au pillage. Ce renseignement ne contredit pas formellement celui d'Albert d'Aix; mais il le rectifie sur un point, à savoir que le séjour de l'armée de Pierre à Civitot ne fut pas absolument tranquille et pacifique.

1096, vers le milieu d'août. — Destruction de l'armée d'Emicho près de Wieselburg en Hongrie.   (64)

> Sources : Ekkehard, *Hierosolymita*, XII, 4-7. — Albert d'Aix, I, xxv-xxx.
>
> Commentaire : Voy. Wilken, I, 99; — Peyré, I, 136; — Sybel, 248 (205); — HE, 128 et suiv.; — Wolff, *Bauernkreuzzüge*, 101 et suiv., 172 et suiv.

1096, août 15. — Date extrême fixée par Urbain II au départ d'Adhémar du Puy pour l'Orient.   (65)

> Source : *Lettre d'Urbain II aux princes de Flandre* (Riant, *Inventaire*, 220) : « Si quibus autem vestrum Deus hoc votum inspiraverit, sciant eum [*scil.* Ademarum] in beatae Mariae Assumptione cum Dei adjutorio profecturum ejusque comitatui tunc se adherere posse. »
>
> Commentaire : Voy. Ruinart, *Vita Urbani II*, c. 240 (Migne, *Patr. lat.*, CLI, 193). — Il n'est dit nulle part d'une manière formelle que cette date du 15 août 1096 eût été désignée comme celle où les croisés devaient se mettre en marche; ce dut être cependant la date officiellement assignée à leur départ. Riant (*Inventaire*, 114) a donc raison de dire : « Tous les chefs de bande, partis auparavant, ont contrevenu aux ordres du S. Siège et couru au devant des désastres qui les attendaient. » Il n'est du reste pas probable qu'Adhémar lui-même se soit mis en route vers cette date du 15 août, car on ne peut guère admettre que les Provençaux aient employé quatre mois pour arriver en Esclavonie. Adhémar partit avec Raimond de Toulouse, et celui-ci, on le sait, ne termina ses armements que vers le mois d'octobre, date à laquelle il se rendit à l'abbaye de la Chaise-Dieu, pour adresser des prières à son patron S. Robert, demanda une relique de ce

saint, pria un moine de l'abbaye de la lui garder et commença
ensuite son voyage (*Acta SS. ord. S. Bened.*, saec. VI, part. II,
p. 215 et suiv.). — Sybel, 275 (227). — L'*Art de vérifier les dates*
(II, 294) dit que Raimond partit seulement vers la fin d'octobre.

1096, vers le 15 août. — Hugues le Grand écrit à l'empereur Alexis
Comnène pour lui annoncer sa prochaine arrivée à Constantinople, et il demande qu'on lui fasse dans cette ville un
accueil en rapport avec sa dignité. (66)

> **Source :** Anne Comnène, *Alexias*, X, 7 (*Hist. gr. d. crois.*,
> II, 10 ; éd. de Bonn, II, 37).
> **Commentaire :** Voy. Raumer, *Gesch. d. Hohenstaufen*, I, 65 ;
> — Wilken, *Rer. ab. Alex.*, p. 309 ; — Oster, *Anna Komnena*,
> II, 19 ; — Sybel, 314 (261) ; — Riant, *Inventaire*, 121 ; — Krebs,
> *Zur Kritik Albert's von Aachen*, 20. — On peut douter que
> Hugues ait écrit la lettre dont parle Anne Comnène. Cependant
> Riant a cherché à en démontrer l'existence réelle. Si son opinion
> est fondée, la lettre fut certainement écrite avant que Hugues
> eût quitté la France. D'après l'*Art de vérifier les dates* (3e éd.,
> II, 705), Hugues serait parti en avril 1096 ; cependant aucune
> source ne fournit de renseignement précis à ce sujet.

1096, vers le 15 août. — Godefroi de Bouillon part pour l'Orient
avec une armée d'environ 30,000 fantassins et 10,000 chevaliers, parmi lesquels on distinguait entre autres son frère
Baudouin, Garnier de Grey, Baudouin du Bourg, Reinhart de
Toul, Dudon de Cons, Henri d'Ascha. Avant de partir, il avait
engagé à Richer, évêque de Liège, son château de Bouillon et
avait vendu ses possessions de Mosay et de Stenay. (67)

> **Sources :** Albert d'Aix, II, 1 : « .....eodem anno, medio mensis
> Augusti, viam recto itinere in Jerusalem facientes... » — Guill.
> de Tyr, II, 1 : « ...anno 1096, xva die mensis Augusti... » — *Codex
> Ambianensis* (Riant, *Exuviae*, I, 193). — Laurent de Liège, *Gesta
> episcop. Virdun.* (*Mon. Germ. SS.*, X, 486). — Gilles d'Orval,
> *Gesta pontif. Leod.*, 1048-1251 (Chapeaville, *Qui Gesta... Leod.
> scripserunt*, II, 40, et D. Bouquet, XIII, 605). — *Cantat. S. Hu-
> berti* (Reiffenberg, *Monuments pour servir à l'hist. des prov.
> de Namur*, etc., VII, 340). — Anne Comnène, *Alex.*, l. X, c. 9
> (éd. de Bonn, II, 46) : « ὁ Κόμης Γοντοφρὲ διαπεράσας μεθ' ἑτέρων
> Κομήτων καὶ στρατεύματος ἱππέων μὲν 10,000, πεζῶν δὲ 70,000. »
> **Commentaire :** Voy. Maimbourg, *Hist. d. crois.* (Paris, 1675),
> I, 69 ; — Haken, *Gemælde d. Kreuzzüge*, I, 136 ; — Wilken, I,
> 102 ; — Peyré, I, 147 ; — Sybel, 257 (214) ; — Muralt, *Essai de
> chronogr.*, II, 75 ; — Vétault, *Godefroi de Bouillon*, 85 ; — Reiffen-

berg, *Monuments*, V, xxxvij ; — HP, 206 (242) ; — HG, 140 ; —
— HE, 134. — La date du départ de Godefroi ne peut être établie
exactement au moyen des documents cités ci-dessus. Les historiens qui ont indiqué la date du 15 août se sont appuyés uniquement sur le renseignement fourni par Albert d'Aix et sur la bulle d'Urbain II aux princes flamands (cf. ci-dessus, n° 15). D'après Ceillier (*Hist. gén. des auteurs sacrés*, XXI, 146) et l'*Hist. litt. de la France* (VIII, 604), Godefroi se serait mis en route dès le printemps de 1096. — Anne Comnène seule donne un chiffre précis. Mais je suis disposé à croire que ce chiffre est exagéré et qu'il en faut rabattre environ la moitié. — Sur les historiens qui ont parlé du départ de Godefroi, voy. HG, 107 et suiv.

1096, septembre. — Boémond et Tancrède, à la sollicitation des croisés qui traversent la Pouille, laissent le duc Roger continuer seul le siège d'Amalfi, et se joignent eux-mêmes à la croisade. (68)

> **Sources :** Lupus Protospatharius, *Annales* (*Mon. Germ. SS.*, V, 51) : « Rogerius, comes Siciliae, cum 20 milibus Saracenorum et cum innumera multitudine aliarum gentium et universi comites Apuliae obsederunt Amalphim, et cum ibi perseverarent, subito, inspiratione Dei, Boamundus cum aliis comitibus et plus quam mille equitibus, facientibus sibi signum crucis super pannos in humero dextro, reliquerunt obsidionem. » — *Gesta*, IV, 1 : « Bellipotens Boamundus, qui erat in obsidione Malfi, Scafardi Pontis, audiens venisse innumerabilem gentem Christianorum de Francis ituram ad Domini Sepulcrum et paratam ad proelium contra gentem paganorum, coepit diligenter inquirere quae arma pugnandi haec gens deferat..... Mox sancto commotus Spiritu jussit pretiosissimum pallium quod apud se habebat incidi, totumque statim in cruces expendit. Coepit tunc ad eum vehementer concurrere maxima pars militum qui erant in obsidione illa, adeo ut Rogerius comes pene solus remanserit. Denique, reversus iterum in terram suam, Boamundus diligenter honestavit sese ad incipiendum S. Sepulcri iter. » — Tudebode (*Hist. occid. d. crois.*, t. III, p. 15). — Robert le Moine (*ibid.*, p. 740 E). — Baudri de Dol (*ibid.*, IV, p. 21 A). — Guibert de Nogent (*ibid.*, p. 151). — *Hist. Nicaena vel Antiochena* (*ibid.*, V, 143). — *Anon. rhénan, Hist. Godefridi* (*ibid.*, 445 C.). — Orderic Vital (éd. Le Prévost, III, 487).
>
> **Commentaire :** Voy. Wilken, I, 123 ; — Michaud, I, 106 ; — Peyré, I, 172 ; — Sybel, 280 (231) ; — HG, 147. — Les premiers contingents arrivés de France étaient certainement parvenus dans l'Italie méridionale dès le mois de septembre 1096.

1096, septembre ou octobre. — Robert, duc de Normandie, Robert, duc de Flandre, et Étienne, comte de Blois, partent pour l'Orient avec leurs gens; après avoir fait route séparément, ils se réunissent, en avril et mai 1097, devant Nicée. (69)

Source : Foucher de Chartres (éd. citée, p. 328 A). — Les ms. A, B, F, G, N, de l'histoire de Foucher et les recensions de Bongars et de Duchesne fixent le départ de ces trois princes au mois de septembre. Dans les autres manuscrits, soit C, D, E, H, I, K, L, M, on lit : « mense octobri ». — Sur la réunion à Nicée, Foucher s'exprime ainsi (p. 328 C) : « ... qui tamen in unum exercitum non sunt congregati, donec ad Nicaeam urbem pervenimus. »

Commentaire : Voy. *L'Art de vérifier les dates* (éd. de 1784), II, 615, 849; — Peyré, I, 161; — HE, 134; — HG, 134 et suiv.

1096, du 9 au 30 sept. — Godefroi de Bouillon campe avec son armée à Tulina. (70)

Sources : Albert d'Aix, II, ɪ : « Anno eodem, medio mensis Augusti, viam recto itinere in Jerusalem facientes, in terram Osterrich ad civitatem Tollenburch, ubi fluvius Lintax regnum Galliæ terminat et dividit, hospitio resederunt curriculo trium hebdomadarum mensis Septembris. » — Guill. de Tyr, II, ɪ : « Hi omnes, xxᵃ Septembris die, in provinciam quæ dicitur Osterrich ad locum qui dicitur Tollenburch pervenerunt. »

Commentaire : Krebs (*Zur Kritik Alberts von Aachen*, p. 16) parle de la façon suivante du séjour de Godefroi en Autriche : « La localité de Tollenburg, dont parle Albert d'Aix, n'est ni Bruck sur la Leitha, ni Altenburg en Hongrie, comme le supposent les éditeurs du *Rec. des hist. des croisades;* ce serait, suivant une hypothèse très plausible de Kugler, la ville de Tulina, qui est située plus à l'ouest de Vienne. La marche que suivit ensuite Godefroi ne permet pas d'identifier Tollenburg avec la localité hongroise d'Altenburg. » J'ajoute, qu'il serait presque impossible d'admettre que le voyage de Godefroi depuis la Lorraine jusqu'à Altenburg en Hongrie n'ait duré que trois semaines, car certainement ce voyage ne s'effectua pas à marche forcée. Je ne puis dire si Guillaume de Tyr a eu sous les yeux une source autre qu'Albert d'Aix. Mais je suis disposé à croire qu'il aura remarqué le désaccord existant entre le renseignement fourni par Albert au sujet de l'époque du départ de Godefroi et celui que donne ce même auteur sur l'époque de l'arrivée à la frontière de Hongrie, parce qu'il savait que la distance entre la Lorraine et la Hongrie ne pouvait avoir été parcourue en trois semaines par une armée nombreuse. Si cependant on préfère s'en tenir à ce que dit Guillaume de Tyr et rejeter le témoignage d'Albert, il faudra admettre en même temps que l'arrêt à Tulina a duré du 20 septembre au 11 octobre.

1096, vers le 9 sept. — Urbain II, conformément au désir des Génois, envoie à Gênes Hugues, évêque de Grenoble, et Guillaume, évêque d'Orange, qui prêchent avec beaucoup de succès la croisade dans cette ville. (71)

> **Source :** Cafaro, *Liberatio civ. Orientis* (*Hist. occid. des crois.*, V, 49 D) : « Ante enim quam praedicti principes de partibus illis in quibus crucem et apostolicam benedictionem susceperant, recessissent, apostolicus duos episcopos, scilicet Gratianopolitanum, et Aurisiacensem prece eorum Januam misit. Episcopi Januam sine mora venerunt, in ecclesia beati Siri populum Januensem insimul primitus venire fecerunt, ibique apostolicam legationem de servitio Dei et S. Sepulcri, sicuti apostolicus preceperat, in remissione omnium peccatorum narraverunt, ita ut ad deliberandam viam Sepulcri Domini cum galeis ad orientales partes irent..... Apostolica legatione audita, multi de melioribus Januensibus illa die crucem susceperunt. »
>
> **Commentaire :** Voy. Riant, *Inventaire,* 119, et *Hist. occid. des crois.*, V, 49. — Guillaume d'Orange assistait au concile de Plaisance et accompagna Urbain II dans son voyage en France (cf. HG, 103 et 409). Ce n'est donc point à cette époque qu'eut lieu sa mission à Gênes. La mission des deux évêques doit être postérieure au voyage d'Urbain II. Le 9 septembre, ce pontife était de retour à Asti. Comme Guillaume d'Orange partit pour l'Orient avec le contingent des Provençaux, la prédication de la croisade qu'il fit à Gênes avec son collègue de Grenoble ne peut être placée que dans l'arrière été de l'année 1096.

1096, septembre 19. — Dans un bref adressé, de Pavie, à la fraction du clergé et du peuple de Bologne qui lui était restée fidèle, Urbain II promet la rémission de leurs péchés à tous ceux qui prendront part à la croisade. Toutefois, il défend aux clercs et aux moines qui n'en auraient pas reçu l'autorisation de leurs évêques et de leurs abbés de prendre part à l'expédition ; il le défend de même aux hommes nouvellement mariés, dans le cas où leurs femmes ne seraient pas consentantes. (72)

> **Source :** *Lettre d'Urbain II aux Bolonais* (dans Savioli, *Annali Bolognesi*, 1784, I, ii, 137; dans Migne, *Patrol. lat.*, CLI, 483; et fragmentairement dans Riant, *Inventaire*, 115).
>
> **Commentaire :** Voy. Jaffé, *Regesta*, 5670 (4245) ; — Rœhricht, *Beitræge*, II, 46, observation 15; — Riant, *Inventaire*, 121.

1096, vers le 20 septembre. — Une troupe de croisés lombards et allemands quitte le camp de Civitot sous la conduite d'un certain Renaud, pour aller piller les environs de Nicée. (73)

Sources : *Gesta*, 122 (II, 4) : « Elegerunt Lombardi et Longobardi seniorem super se, cui nomen Rainaldus, Alamanni similiter, et intraverunt in Romaniam et per iv dies ierunt ultra Nicenam urbem, inveneruntque quoddam castrum, cui nomen Exerogorgo, quod erat vacuum gente, et apprehenderunt illud, in quo invenerunt satis frumenti et vini et carnis et omnium bonorum abundantiam... » — Albert d'Aix, I, xvj : « Videntes autem Teutonici quia Romanis Francigenis res prospere successit, accensi et ipsi rapinarum avaritia, ad iii milia in unum conferuntur peditum, equites cc tantum... per eadem montana ingressi ad castellum quoddam Solimanni...... venerunt. »

Commentaire : Voy. Krebs, *Zur Kritik Albert's von Aachen*, 9; — HP, 189 (223); — HG, 115-119. — La date indiquée pour cet événement se détermine par le calcul suivant : le 29 septembre (voy. n° 76), la bande en question fut mise en déroute près de Xerigordos et refoulée dans le château. D'après le texte ci-dessus des *Gesta*, elle mit au moins quatre jours pour parcourir la route entre le camp de Civitot et Xerigordos. Suivant Albert d'Aix (I, 17), Soliman (ou son lieutenant Elchanès) serait arrivé à Nicée, avec une armée, deux jours après la garnison de Xerigordos, chassée par ladite bande, et serait reparti au bout de trois jours pour Xerigordos dans l'intention d'assiéger cette place. Ce dernier événement eut lieu le 29 septembre. Donc, entre le départ des croisés lombards et allemands du camp de Civitot jusqu'au siège de Xerigordos par Soliman (29 sept.), il se passa neuf jours. Ce départ eut lieu par conséquent le 20 septembre.

1096, vers le 24 sept. — Occupation du château de Xerigordos par la bande de croisés lombards et allemands, partis le 20 septembre de Civitot.
(74)

Sources : *Gesta*, 122 (II, 4); cf. n° 73. — Albert d'Aix, I, xvj : « Aggressi sunt... praefatum castellum quousque habitatores illius expugnatos percusserunt in ore gladii, Graecis christianis solummodo parcentes..... Expugnato praesidio et habitatoribus ejus expulsis, in abundantia alimentorum illic reperta laetati sunt. » — Anne Comnène, *Alex.*, l. X, c. 6 (éd. de Bonn, II, 33; *Hist. gr. d. crois.*, I, ii, 8 A) : « Λόγου δὲ ἀναμεταξὺ αὐτῶν τε καὶ τῶν μὴ σὺν αὐτοῖς ἀπελθόντων κινηθέντος..., κἀντεῦθεν [*scil.* Helenopoli] ἀψιμαχίας ἀμφοῖν γενομένης οἱ τολμητίαι Νορμάνοι ἀποκριθέντες αὖθις τὴν Ξερίγορδον καταλαβόντες ἐξ ἐφόδου κατέσχον. »

Commentaire : Voy. Kugler, *Kaiser Alexius* (*Forsch. zur deutschen Gesch.*, XXIII, 492); — HG, 117. — Sur la contradiction existant entre le témoignage d'Albert d'Aix et celui des *Gesta* (le premier disant, comme Anne Comnène, que le château de Xerigordos fut pris de force par les croisés, tandis que les *Gesta* affirment qu'il fut trouvé vide), voy. HG, 117 et suiv.

1096, septembre 26. — Elchanès arrive à Nicée avec une armée réunie dans l'Asie-Mineure.   (75)

> **Source :** Albert d'Aix, I, xvij : « Post duos dies Teutonicorum victoriae ad urbem Nicaeam revertitur [Solimanus] de terra longinqua cum adunatione validissima. »
> **Commentaire :** Voy. HG, 118 et suiv. — D'après Anne Comnène (cf. n° 76) ce n'est pas Soliman, mais Elchanès qui se rend à Nicée avec une armée.

1096, septembre 29 (jour de la fête de saint Michel). — Défaite des croisés lombards et allemands devant Xerigordos et début du siège de ce château par les Turcs.   (76)

> **Sources :** *Gesta*, 122 (II, 5) : « Venientes vero Turci in die dedicationis S. Michaelis, invenerunt Rainaldum et qui cum eo erant, occideruntque Turci multos ex eis, alii qui remanserant vivi fugerunt in castrum, quod confestim Turci obsederunt eisque aquam abstulerunt. » — Albert d'Aix, I, xvij : « Deinde tertiae diei solo orto (après l'arrivée à Nicée), Solimannus cum omni comitatu suo castrametatus a Nicaea praesidio, quod Teutonici invaserant, applicuit. » — Anne Comnène, *Alex.*, l. X, c. 6 (éd. de Bonn, II, 34; *Hist. gr. d. crois.*, I, ii, 8 A) : « Μαθὼν δὲ τὸ γεγονός ὁ Σουλτὰν κατ' αὐτῶν μετὰ ἀποχρώσης δυνάμεως ἐκπέμπει τὸν Ἐλχάνην. Ὁ δὲ καταλαβὼν αἱρεῖ μὲν τὴν Ξερίγορδον, τῶν δὲ Νορμάνων τοὺς μὲν ξιφῶν παρανάλωμα ἐποιήσατο, τοὺς δὲ καὶ ζωγριὰν ἦγε μελετήσας ἅμα καὶ κατὰ τῶν συναπολειφθέντων τῷ Κουκουπέτρῳ. »
> **Commentaire :** Voy. Wolff, *Bauernkreuzzüge*, 183 et suiv.; — HP, 190 (225); — HG, 119.

1096, début d'octobre. — Pierre l'Ermite se rend de Civitot à Constantinople.   (77)

> **Sources :** Albert d'Aix, I, xviij : « Ante hos enim dies (c'est-à-dire avant la prise de Xerigordos par les Turcs; cf. n° 79), Petrus Constantinopolim ad imperatorem migraverat pro exercitu suo rogaturus, ut illis venditionem necessariorum alleviaret. » — *Gesta*, 122 (II, 8) : « Petrus vero heremita paulo ante (c'est-à-dire peu avant l'attaque du camp de Civitot par les Turcs; cf. n° 84) ierat Constantinopolim, eo quod nequibat refrenare illam diversam gentem, quae nec illum, nec verba ejus audire volebat. »
> **Commentaire :** Voy. Wolff, *Bauernkreuzzüge*, 185; — HP, 192 (227); — HG, 124. — Albert d'Aix dit formellement que Pierre se rendit à Constantinople avant la prise de Xerigordos par les Turcs, donc avant le 7 octobre 1096, renseignement qui, d'ailleurs, n'est pas en contradiction absolue avec celui des *Gesta*.

1096, octobre. — Hugues le Grand et Guillaume « Marchisi filius »
se transportent de Bari à Dyrrachium, où ils sont faits prisonniers par le commandant de la place.   (78)

> Sources : *Gesta*, 123 (III, 3) : « Hugo magnus et Willelmus
> Marchisi filius, intraverunt mare ad portum Bari, et transfretantes
> venerunt Durachium. Audiens vero dux illius loci hos pruden-
> tissimos viros illuc esse applicatos, mox mala cogitatio cor ejus
> tetigit, illosque apprehendit ac jussit Constantinopolim imperatori
> caute duci, quo ei fidelitatem facerent. » — Foucher de Chartres
> (*Hist. occid. des crois.*, III, 327 D). — Anne Comnène (*Hist.
> grecs des crois.*, 11, 12; éd. de Bonn, II, 37).
>
> Commentaire : Voy. Krebs, *Zur Kritik Alberts von Aachen*,
> 20; — Peyré, I, 163; — Sybel, 314 (261); — HG, 138. — Hugues
> le Grand, au moment de son départ de France, probablement en
> août 1098, avait annoncé à l'empereur Alexis son départ pour la
> Terre-Sainte. Il l'avait avisé qu'il passerait par Constantinople
> et avait demandé à être reçu dans cette ville avec des honneurs
> dignes de son rang (voy. ci-dessus, n° 66). Il se rendit à Bari
> en traversant l'Italie. On ne peut préciser l'époque où il passa à
> Dyrrachium, mais ce fut probablement en octobre. Peyré se
> trompe en plaçant son départ de Bari à la fin de novembre 1098
> (voy. ci-dessous, n° 93). Sur son arrestation au moment du
> débarquement à Dyrrachium, voy. HG, 138.

1096, octobre 7. — Elchanès, chef des Turcs, occupe Xerigordos,
après un siège de huit jours, et taille en pièces la bande de
croisés commandée par Renaud.   (79)

> Sources : Albert d'Aix, I, xvij; — *Gesta*, 122 (II, 6) : « ...haec
> tribulatio fuit per viij dies. » — Baudri de Dol (*Hist. occid. des
> crois.*, IV, 19); Guibert (*ibid.*, III, 146); Tudebode (*ibid.*, 12) ne
> font que copier les *Gesta*. — Anne Comnène, *loc. cit.* (cf. n° 76).
>
> Commentaire : Voy. Muralt, *Essai de chronogr. byzantine*,
> II, 76; — Krebs, *Zur Kritik Albert's von Aachen*, 10; — HG,
> 121. — Sur le siège de Xerigordos et la prise de ce château, voy.
> HP, 189 (225); HG, 121. Le siège dura huit jours, donc du
> 29 septembre au 7 octobre. Muralt se trompe en plaçant au
> 29 septembre l'occupation du château par les Turcs. Il a été
> induit en erreur par l'imprécision du texte d'Albert d'Aix, qui, à
> la vérité, ne parle pas formellement d'un siège de huit jours, mais
> dont le récit montre bien que le château ne fut occupé qu'au
> bout de plusieurs jours.

1096, vers le 9 octobre. — Les croisés campés à Civitot sont
informés de la prise de Xerigordos par les Turcs et de la

destruction de la bande de Renaud. Une fausse nouvelle leur avait fait croire que celui-ci s'était emparé de Nicée. (80)

> **Sources :** Albert d'Aix, I, xviij : « ...fama tam crudelissima necis Teutonicorum perlata est in castris Petri. » — Anne Comnène, *Alexias*, l. X, c. 6 (*Hist. grecs des crois.*, I, ii, 8 ; éd. de Bonn, II, 34).
> **Commentaire :** Voy. HP, 191 (226). — La date donnée ci-dessus repose sur une simple conjecture, à savoir que la nouvelle de la prise de Xerigordos, survenue le 7 octobre, mit deux jours environ à parvenir à Civitot.

1096, octobre 9 et jours suivants. — Les croisés campés à Civitot discutent le projet d'une attaque contre les Turcs de Nicée. Sur la proposition de Gautier-sans-Avoir, ils décident de différer toute résolution sur ce point jusqu'au retour de Pierre l'Ermite. (81)

> **Source :** Albert d'Aix, I, xviij : « Hoc infortunio suorum moti, saepius consiliis inter se utuntur, utrum recenter in ultionem illarum insurgerent, an Petrum operirentur. Consilium autem inter se habentibus, Walterus Senzavehor omnino se in ultionem fratrum ire contradixit, donec ...praesentia Petri adesset, cujus consilio omnia acturi essent. »
> **Commentaire :** Voy. HP, 192 (227).

1096, octobre 17. — Elchanès part de Nicée contre les croisés campés à Civitot et fait faire des reconnaissances dans la contrée voisine de Nicomédie. A ce moment, on attendait toujours à Civitot que Pierre fût revenu de Constantinople. (82)

> **Source :** Albert d'Aix, I, xviij : « Hoc consilio Walteri (cf. ci-dessus, n° 81) sedatus est populus, octo diebus prestolans adventum Petri ; sed nequaquam adhuc potuit ab imperatore redeundi licentiam habere. Octavo dehinc die, Turci viri militares surrexerunt ab urbe Nicaea numero C, regionem et urbes in montanis sitas perlustrantes, scire et intelligere volentes de praeda et rapinis quas Galli adduxerant. »
> **Commentaire :** Voy. HP, 193 (228) ; — HG, 129. — La nouvelle *de la prise de Xerigordos ne peut pas avoir été connue à Civitot* avant le 9 octobre 1096. Quand elle y parvint vers ce jour-là, on agita la question d'une attaque immédiate contre les Turcs. Gautier-sans-Avoir s'y opposa. Pendant huit jours, donc jusqu'au 17 octobre, on attendit vainement le retour de Pierre l'Ermite. Ce dut être vers cette dernière date qu'Elchanès envoya des reconnaissances dans la contrée, et que probablement il partit lui-même de Nicée avec le reste de son armée.

1096, octobre 17. — Les Turcs se saisissent de quelques croisés, qui vagabondaient, et ils les décapitent. (83)

Source : Albert d'Aix, I, xviij : « Ipsa die plurimos peregrinos hac et illac vagantes diversis in locis decollasse perhibentur. »

Commentaire : Par les mots *ipsa die*, il faut entendre le jour même où quelques Turcs partirent de Nicée en reconnaissance, donc le 17 octobre.

1096, octobre 21. — Gautier-sans-Avoir part avec son armée pour Nicée. Cette armée est défaite au bord de la rivière du Dragon. Attaque du camp de Civitot par les Turcs. (84)

Sources : Albert d'Aix, I, 19 : « Surgente primo diluculo quartae diei, per universa castra jubentur armari equites et pedites....; soli inermes et infirmi cum femineo sexu innumerabiles in castro relicti sunt. Armati ad xxv milia peditum et D equites loricatos viam insistunt ad urbem Nicaeam... Solimanus cum omni comitatu suo eandem silvam ex fronte altera intraverat a Nicaea urbe descendens... Universi peregrini in fugam versi sunt, accelerantes iter versus Civitot, eadem via qua venerant... Turci gaudentes prospero successu victoriae, tentoria intrantes, quotquot repererunt gladio extinxerunt. » — *Gesta*, 122 (II, 8); — *Chronique de Zimmern*, I, 85 [52] (dans les *Arch. de l'Or. lat.*, II, 29); — Anne Comnène (*Hist. gr. d. crois.*, I, ii, 7; éd. de Bonn, II, 33).

Commentaire : Voy. Wilken, I, 92 et suiv.; — Sybel, 254 (211); — Peyré, I, 117 et suiv.; — Wolff, *Bauernkreuzzüge*, 186; — HP, 191 et suiv. (226 et suiv.); — HG, 124 et suiv. — Albert d'Aix, par l'expression, *quartae diei*, n'a pu désigner le quatrième jour de la semaine, à savoir le mercredi; car, dans ce cas, au lieu de *diei*, il aurait employé le terme *feriae*, comme il le fait par exemple au l. IV, c. 27 : « *sequenti die, quae est sexta feria...* », et au l. VI, c. 6 : « *tertia feria, in secunda hebdomada mensis Junii...* » Donc ici *quarta dies* doit signifier le quatrième jour après le départ de Nicée de l'armée turque envoyée contre les Croisés, départ qui, nous l'avons vu, eut lieu le 17 octobre. Si, par l'expression *quartae diei*, Albert d'Aix avait voulu désigner le quatrième jour de la semaine, toutes nos déductions se trouveraient fausses, car en 1096, le 21 octobre tombait un dimanche. Muralt se trompe en fixant au 7 octobre la défaite des Croisés à Civitot.

1096, octobre 21. — Trois mille croisés se réfugient dans un château voisin de Civitot, que les Turcs viennent assiéger vers midi. (85)

Sources : Albert d'Aix, I, xxj : « Est autem supra littus maris juxta praedictum Civitot praesidium quoddam antiquum et desertum, ad quod 3.000 peregrinorum fugam adripientes, ingressi sunt dirutum praesidium pro spe defensionis... » — Id., I, 22 : « Jam sol mediam diem peregerat, quando haec tria milia praesidium ingressi a Turcis obsessi sunt. » — *Gesta*, 122 (II, 9) : « Illi vero qui evadere potuerunt Cyvito fugerunt ; alii praecipitabant se in mare ; alii latebant in silvis et montanis. Turci vero persequentes illos in castrum, adunaverunt ligna, ut eos comburerent. »

Commentaire : Voy. HP, 197 (232) ; — HG, 127.

1096, octobre 21-22. — Pendant la nuit, un message apporté à Pierre l'Ermite à Constantinople, lui apprend que son armée est mise en grand péril par l'attaque des Turcs.   (86)

Source : Albert d'Aix, I, xxij : « Quidam Graecus fidelis et catholicus, noctu navigio mare transiens, Petro, in civitate regia reperto, omnia pericula eorum retulit. »

Commentaire : Voy. HP, 197 (233). — D'après Anne Comnène, liv. X, ch. 6 (éd. de Bonn, II, 35), et Robert le Moine (*Hist. occid. d. crois.*, III, 734), Pierre se serait trouvé au nombre des croisés attaqués dans la localité d'Helenopolis, près du camp de Civitot, et aurait réussi à s'enfuir. Toutefois les témoignages des *Gesta* (cf. ci-dessus, n° 77) et d'Albert d'Aix doivent venir en première ligne.

1096, octobre 22. — Pierre l'Ermite est reçu en audience par l'empereur Alexis et lui expose les malheurs des croisés campés à Civitot.   (87)

Source : Albert d'Aix, I, **xxij** : « Petrus lugens et dolens imperatorem humiliter deprecatur quatenus misellis peregrinis paucis, tot milium reliquiis, in nomine Jesu Christi subveniat. »

Commentaire : Voy. HP, 197 (233) ; — HG, 129.

1096, octobre 23. — L'empereur Alexis envoie Euphorbenus dans la région de Nicomédie pour porter aide aux croisés dispersés ou enfermés dans Civitot.   (88)

Sources : Albert d'Aix, I, xxij : « Imperator, audito Petro de casu et obsidione suorum, praecepit sub omni festinatione trans brachium maris fugitivis et obsessis christianis subvenire et Turcos ab obsidione expugnatos effugare. » — Anne Comnène, *Alexias*, l. X, c. 6 (*Hist. grecs d. crois.*, I, ii, 9 ; éd. de Bonn, II, 35) : « Παραχρῆμα τοίνυν μεταπεμψάμενος τὸν Καταχαλὼν Κωνσταντῖνον τὸν Εὐφορβηνὸν οὗ ὁ λόγος ἐν πολλοῖς ἤδη ἐμνήσθη, ἀποχρώσας δυνάμεις ἐν ναυσὶ πολεμικαῖς ἐμβαλὼν διαπόντιον εἰς ἀρωγὴν αὐτοῦ πέπομφε. »

Commentaire : Voy. HP, 197 (233) ; — HG, 128. — Alexis s'étant rendu aussitôt aux sollicitations de Pierre, on peut admettre que les secours envoyés par lui aux croisés furent mis en route le 23 octobre au plus tard.

1096, octobre 23-24. — Pendant la nuit, les Turcs lèvent le siège du château voisin de Civitot et rentrent à Nicée.   **(89)**

Sources : Albert d'Aix, I, xxij : « Turci autem, imperatoris edicto comperto, media nocte cum captivis christianis et spoliis plurimis a praesidio se moverunt, et sic inclusi et obsessi peregrini milites ab impiis liberati sunt. » — Anne Comnène, X, 6 (éd. de Bonn, II, 36, 1) : « Θεασάμενοι δὲ τοῦτον οἱ Τοῦρκοι καταλαβόντα φυγαδείᾳ ἐχρή-σαντο. »

Commentaire : Voy. HP, 198 (233) ; — HG, 128.

1096, vers le 25 octobre. — Robert de Normandie, Étienne de Blois et Robert de Flandre, en route pour l'Orient, se rencontrent à Lucques avec le pape Urbain II, qui leur donne sa bénédiction.   **(90)**

Sources : Foucher de Chartres (*Hist. occid. des crois.*, III, 329 A) : « Cum usque Luccam pervenissemus, invenimus prope illam Urbanum apostolicum, cum quo locuti sunt Robertus Normannus et Stephanus Blesensis comites, nos quoque ceteri qui voluimus, et ab eo benedictione suscepta, Romam gaudenter ivimus. » — Théodore de Pœhlde, *Narratio profect. Godefridi* (*Hist. occid. des crois.*, V, 190 E).

Commentaire : Voy. *L'art de vérifier les dates*, II, 705 ; — Peyré, I, 162 ; — Sybel, 332 (276) ; — Giesebrecht, *Gesch. d. deutschen Kaiserzeit*, III, 651 ; — Jaffé, *Regesta*, I, 690 ; — HG., 135.

1096, vers le 26 octobre. — Boémond de Pouille part, de Bari probablement, et se rend à Aulona. Quelques contingents de son armée abordent à Dyrrachium et dans d'autres localités.   **(91)**

Sources : *Hist. belli sacri*, c. 7, 8 (*Hist. occid. d. crois.*, III, 177) : « ...alii vero qui ante transierant mare, promiserunt Boamundo quod eum expectarent in Bulgaria... Postquam cognoverunt dominum Boamundum transfretasse, venerunt festinanter ad eum ad Ebelonam in Omnium Sanctorum festivitate. » — Albert d'Aix, II, xviij : « Boamundus x milia habens equitum et plurimas copias peditum, per Valonam et Durax et ceteras civitates regis Bulgarorum descendens... »

Commentaire : Voy. Wilken, I, 124 ; — Peyré, I, 176 ; — Michaud, I, 107 ; — HG, 152, 156. — La date à laquelle Boémond

quitta La Pouille pour se rendre en Bulgarie peut se déduire de
ce fait, mentionné par l'*Historia b. sacri,* que, dès la fête de la
Toussaint, il se trouvait à Aulona. En effet, son voyage d'Italie
jusque dans cette localité dut durer cinq jours au plus. L'hypothèse formulée par Krebs (*Zur Kritik Alberts von Aachen,* 21),
d'après il laquelle se serait embarqué au plus tôt vers le début de
décembre, n'est point justifiée. Krebs n'a probablement pas connu
le texte de l'*Hist. b. sacri.* C'est sans raison, également, que
Krebs (ouvr. cité, p. 47) révoque en doute l'assertion d'Albert
d'Aix au sujet du passage à Dyrrachium d'une partie de l'armée
de Boémond. Cette assertion semble confirmée par l'*Hist. b. sacri,*
d'où il ressort qu'une partie de l'armée de Boémond ne se rendit
pas à Aulona.

1096, vers le 28 octobre. — L'armée de Robert de Normandie,
d'Étienne de Blois et de Robert de Flandre rencontre à Rome
un accueil plein de malveillance. Leurs vies sont même
menacées, par suite du conflit entre les partisans de Guibert
et ceux d'Urbain II. Ils quittent la Ville Sainte avec terreur.
(92)

> **Sources :** Foucher de Chartres (*Hist. occid. des crois.,* III,
> 329 A) : « .....ab Urbano apud Luccam benedictione suscepta
> Romam gaudentes ivimus. Et cum in basilica S. Petri introisse-
> mus, invenimus ante altare homines Guiberti papae stolidi, qui
> oblationes altari superpositas, gladios suos in manibus tenentes
> inique arripiebant; alii vero super trabes ipsius monasterii cursi-
> tabant et inde deorsum ubi prostrati orabamus lapides jaciebant...
> Proinde satis doluimus..... » — Théodore de Pœhlde, *Narratio
> profect. Godefridi (Hist. occid. des crois.,* V, 190 E).
> **Commentaire :** Voy. Peyré, I, 162; — Sybel, 332 (276); —
> Giesebrecht, *Gesch. d. deutschen Kaiserzeit,* III, 651; — Jaffé,
> *Regesta* (2ᵉ éd.), I, 690; — HG, 135.

1096, novembre. — Arrivée de Hugues le Grand à Constantinople,
où il avait été amené par Butumitis, envoyé de l'empereur
Alexis.   (93)

> **Sources :** Foucher de Chartres (éd. citée, 327 D) : « Hugo
> magnus apud Duratium captus est et usque ad imperatorem Cons-
> tantinopolitanum perductus, ubi per aliquantum temporis non
> omnino liber moratus est. » — Anne Comnène, *Alexias,* l. X, c. 8
> (*Hist. gr. d. crois.,* 12 ; éd. de Bonn, II, 39, 10) : « Ἅπαντα δὲ
> μεμαθηκὼς ὁ αὐτοκράτωρ ὀξέως τὸν Βουτουμίτην πέμπει πρὸς τὴν Ἐπί-
> δαμνον, ἣν πολλάκις Δυρράχιον κατωνομάσαμεν, ἐφ' ᾧ τὸν Οὖβον ἀναλα-
> βέσθαι καὶ μὴ τὴν εὐθεῖαν βαδίσαι, ἀλλὰ παρεκκλῖναι καὶ διὰ τῆς Φιλιππου-
> πόλεως αὐτὸν ἀγαγεῖν εἰς τὴν μεγαλόπολιν. »

Commentaire : Voy. Sybel, 315 (261) ; — HG, 140 ; — Krebs, *Zur Kritik Alberts v. Aachen*, 19. — En ce qui concerne l'époque de l'arrivée de Hugues à Constantinople, il est certain qu'il y parvint avant Godefroi de Bouillon, donc avant le 23 décembre 1096. De plus, il avait dû s'arrêter pendant un temps relativement long à Dyrrachium ; car, dès avant l'époque où il se mit en route pour Constantinople, l'empereur avait été avisé de son débarquement sur la côte illyrienne et avait envoyé au devant de lui Butumitis pour l'accompagner jusqu'à Constantinople. On peut donc fixer approximativement au mois de novembre l'époque de son entrée dans cette ville. Ainsi, Peyré se trompe en disant (I, 163) que Hugues quitta Bari vers la fin de novembre, car, dans ce cas, il n'aurait pu arriver à Constantinople avant le 23 décembre. Sybel est plus exact lorsqu'il dit que l'on ne peut déterminer d'une façon précise la date de l'entrée de Hugues dans cette ville, mais que ce dut être en novembre ou en décembre.

1096, début de novembre. — Robert de Normandie, Robert de Flandre, Étienne de Blois et Guillaume « Marchisi filius », en route pour la Palestine, passent au monastère du Mont-Cassin.   (94)

Sources : Pierre diacre, *Chron. Cassin. (Mon. Germ., SS.,* VII, 765) : « Tertia autem pars per antiquam stratam Romam venit cum Rotberto scilicet Flandrensi et Rotberto, comite Normanniae, et Hugone qui vocatus est magnus et Guillelmo Marchisii filio, cum aliis pluribus, qui videlicet omnes per nostrum Casinense monasterium transeuntes et Benedicto patri et fratribus se plurimum commendantes Barium profecti sunt. » — *Lettre II d'Alexis Comnène à Oderisio* (Riant, dans *Alexii ad Robertum Flandr. epist. spuria,* p. 43).

Commentaire : Voy. Tosti, *Storia di monte Casino,* II, 17 ; — Riant, *Inventaire,* 137. — La lettre d'Alexis à Oderisio, sans mentionner expressément les princes croisés qui passèrent au Mont-Cassin, indique bien que plusieurs d'entre eux s'y arrêtèrent.

1096, début de novembre. — Godefroi de Bouillon, parti de Belgrade, s'avance à travers les forêts de la Bulgarie vers Nisch. Au moment d'entrer dans la forêt bulgare, il rencontre des envoyés d'Alexis.   (95)

Source : Albert d'Aix, II, vij : « Dux et omnis exercitus illius in villa Belegravae Bulgarorum hospitio pernoctarunt, quam Petrus et illius exercitus non longe ante depraedati combusserant. Mane autem facto, sylvas immensas et inauditas regni Bulgarorum ingressi sunt, ubi legati imperatoris illis occurrerunt. »

Commentaire : Voy. HG, 140 ; — Krebs, *Zur Krtitk Alberts*

von Aachen, 19. — Seul Albert d'Aix nous renseigne sur la
marche de Godefroi jusqu'à Constantinople. Si l'on tient compte
de l'époque de l'arrivée de Godefroi dans cette ville (23 déc.) et de
ses arrêts dans les principales villes de Bulgarie (4 jours à Nisch ;
quotquot dies à Sofia; 8 jours à Philippopoli), son passage dans la
forêt bulgare peut être fixé au début de novembre.

1096, novembre 1. — Séjour de Boémond à Aulona, où d'autres
contingents de son armée, partis avant lui, viennent le rejoindre.   (96)

> **Sources :** *Hist. b. sacri*, c. 8 (*Hist. occid. d. crois.*, III, 177) ;
> — Albert d'Aix, II, xviij. — Cf. ci-dessus, nº 91.
> **Commentaire :** Voy. Krebs, ouvr. cité, 47 ; — HG, 156.

1096, vers le 6 novembre. — Boémond campe à Wojutza, où,
après quelques jours d'attente, toutes ses troupes le rejoi-
gnent. Quand celles-ci sont rassemblées, il leur donne des
instructions sur la façon dont elles doivent se comporter dans
leur marche à travers l'empire grec.   (97)

> **Source :** *Gesta*, 124 (IV, 3) : « Deinde descendentes in vallem
> de Andronopoli, expectaverunt gentem suam, donec omnes pariter
> transfretassent. Tunc Boamundus ordinavit concilium cum sua
> gente, confortans et monens omnes : nolite depraedare terram
> istam, quia Christianorum est, et nemo accipiat plus nisi quod ei
> sufficiat ad edendum pro benedictione. »
> **Commentaire :** Voy. Knapp, *Reisen durch die Balkanhalbin-
> sel*, p. 35; — HG, 156. — Par l'expression *descendentes*, il faut
> entendre que Boémond, depuis Aulona, prit la direction du nord
> en descendant par la vallée de la Wojutza, pour y attendre
> celles de ses troupes qui avaient quitté la Pouille après lui.
> Ainsi les divers contingents de son armée n'avaient point tous
> passé la mer en même temps, et l'on doit présumer qu'ils avaient
> abordé non dans le même port, mais en diverses localités.

1096, vers le 7-12 novembre. — Arrivée et séjour de Godefroi de
Bouillon à Nisch.   (98)

> **Source :** Albert d'Aix, II, vij, « ...pervenerunt Nish praesi-
> dium ; illic per dies iv recreati sunt. »
> **Commentaire :** Voy. HG, 140.

1096, vers le 15 novembre. — Boémond lève le camp de la vallée
de la Wojutza et se dirige vers Castoria.   (99)

> **Source :** *Gesta*, 124 (IV, 4) : « Tunc exeuntes inde, venerunt

per nimiam plenitudinem de villa in villam, de civitate in civitatem, de castello in castellum, quousque pervenimus Castoriam » (cf. plus loin, n° 108).

Commentaire : Voy. Knapp, *Reisen durch die Balkanhalbinsel*, 35 ; — HG, 159. — Si l'on considère que Boémond a parcouru, de Noël 1096 à avril 1097, le chemin trois fois plus long qui sépare Castoria de Rodosto, on peut conjecturer qu'il mit environ cinq semaines à franchir la distance entre Aulona et Castoria, et placer par conséquent vers le 15 novembre son départ de la vallée de la Wojutza.

1096, vers le 16-20 novembre. — Arrivée et séjour de l'armée de Godefroi à Sterniz (Sofia). (100)

> **Source :** Albert d'Aix, I, vij : « Dux cum omni exercitu Sterniz profectus est... ; dehinc post aliquot dies discendens... »
> **Commentaire :** Voy. HG, 140.

1096, fin novembre et début de décembre. — Les contingents de Robert de Flandre, d'Étienne de Blois et de Robert de Normandie arrivent en Calabre. Les deux premiers passent ensuite en Grèce, le dernier hiverne en Calabre. Un grand nombre de croisés, terrifiés par les souffrances déjà endurées, renoncent à poursuivre la croisade et reprennent le chemin de leurs foyers. (101)

> **Source :** Foucher de Chartres (*Hist. occid. des crois.*, III, 329 D, « ...nos autem, per mediam Campaniam euntes, venimus Barum... deinde portum adeuntes, transfretare tunc putavimus. Sed obsistentibus nautis... tempore tunc hiemali imminente, quod nobis nocuum objecerunt, oportuit Robertum, comitem Normanniae, in Calabriam secedere et toto tempore brumali illic hiemare. Tunc tamen, Robertus comes Flandriae, cum cohorte sua transfretavit. Tunc vero plurimi de plebe, desolati, inopiam etiam futuram metuentes, arcubus suis ibi venditis et baculis peregrinationis resumtis ad domos suas ignavi regressi sunt. »
> **Commentaire :** Voy. Wilken, I, 145 ; — Peyré, I, 166 et suiv. ; — Sybel, 332 (277) ; — HG, 135.

1096, entre le 26 nov. et le 3 déc. — Arrivée et arrêt de Godefroi de Bouillon à Philippopoli. (102)

> **Source :** Albert d'Aix, I, vij : « ...ad Phinopolim civitatem praeclaram descendens, illic similiter ex imperatoris dono omnem abundantiam necessariorum habuit per viij dies. »
> **Commentaire :** Voy. HG, 140 ; — Krebs, *Zur Kritik Alberts von Aachen*, 22.

1096, début de décembre. — Robert de Flandre, séjournant en Pouille avant son départ pour la Bulgarie, acquiert de son gendre, Roger Bursa, duc de Pouille, de précieuses reliques, qu'il envoie en Flandre à sa femme Clémence. (103)

> **Source :** *Charte de Clémence, comitesse de Flandre*, du 8 octobre 1097 (Coussemaker, *Doc. relat. à la Flandre maritime, extraits du Cartulaire de l'abbaye de Watten* [dans les *Annales du comité flamand de France*, t. V, p. 357 et suiv.]) : « Cum [Robertus], agens iter, fines Apuliae intraret..., hoc solum ab eo [duce Apuliae] exegit, ut ei quam preciosissimas conferret reliquias, quas mihi transmittere disposuerat. Contulit ei de capillis beatissimae Dei genitricis..., de corporibus SS. Matthaei, apostoli, et confessoris Christi Nicolai, quorum corpora non dubium est in Apulia contineri. »
>
> **Commentaire :** Voy. Coussemaker, loc. cit. ; — Riant, *Inventaire*, p. 159. — L'envoi des reliques dut avoir lieu pendant le court séjour de Robert en Pouille, et avant son départ pour la Bulgarie.

1096, vers le 8 décembre. — Arrivée de l'armée de Godefroi à Andrinople. (104)

> **Source :** Albert d'Aix, I, viij : « Dux [Godefridus] Adrianopolim profectus est, ubi quodam flumine natatu equorum superato, tentoriis positis pernoctavit. »
>
> **Commentaire :** Voy. HG, 140 ; — Krebs, *Zur Kritik Alberts v. Aachen*, 22.

1096, vers le 12-20 décembre. — Arrivée et séjour de l'armée de Godefroi à Salabria (Silibri), dont elle dévaste les environs. (105)

> **Source :** Albert d'Aix, I, viij : « Deinde exsurgentes et Salabriam properantes, tentoria posuerunt per amoena loca pratorum........ per dies viij illic moram facientes, totam regionem illam depopulati sunt. »
>
> **Commentaire :** Voy. Knapp, *Reisen durch die Balkanhalbinsel*, 34 ; — HG, 141 ; — Krebs, *Zur Kritik Alberts von Aachen*, 22.

1096, vers le 20 décembre, à 1097, vers le 31 janv. — Raimond de Saint-Gilles avec l'armée des Provençaux fait route à travers la Dalmatie. (106)

> **Sources :** Raimond d'Aguilers (*Hist. occid. d. crois.*, III, 235 A) : « Illi igitur Sclavoniam ingressi, multa dispendia itineris passi sunt, maxime propter hiemem quae tunc erat... » — Id. (*ibid.*,

236 C) : « ....xl fere dies in Sclavonia fuimus. » — *Gesta,* 123 (III,
1) : « Secunda pars intravit in Sclavoniae partes, scilicet comes de
S. Egidio Raimundus, et Podiensis episcopus. »

Commentaire : Voy. Wilken, I, 129 ; — Peyré, I, 190 ; — Knapp,
Reisen durch d. Balkanhalbinsel, 44 ; — Sybel, 329 (274) ; — HG,
130 et suiv. ; — Damberger, *Synchron. Gesch. d. Kirche im Mittelalter* (1854), VII, 258. — Sur l'époque où Raimond quitta la Pro-
vence, voy. ci-dessus, n° 65.

1096, décembre 23. — Godefroi de Bouillon arrive avec son armée
devant Constantinople. Il y dresse son camp et s'abstient de
tout acte de violence jusqu'après les fêtes de Noël.   (107)

Sources : *Gesta,* 123 (III, 4) : « Dux Godefridus primus omnium
seniorum Constantinopolim venit cum magno exercitu duobus diebus ante Natale Domini nostri, et hospitatus est extra urbem, donec
iniquus imperator jussit eum hospitari in burgo urbis. » — Albert
d'Aix, II, 10 : « Erat Natalis Domini......; his ergo iv diebus sanctis
in omni quietate et jucunditate resederunt ante urbis moenia Constantinopoli, et continuerunt manus suas ab omni praeda et injuria. »
— Tudebode (*Hist. occid. d. crois.,* III, 14). — Baudri de Dol (*ibid.,*
IV, 21 et suiv.). — *Hist. b. sacri,* c. 6 (*ibid.,* III, p. 176). — Robert
le Moine (*ibid.,* III, 743 C). — Orderic Vital, *Hist. eccles.* (éd. Le
Prévost, III, 492). — Guil. de Tyr, II, c. 6 (*Hist. occid. d. crois.,*
I, 81). — Anon. rhénan., *Hist. Godefridi* (*ibid.,* V, 442 E, 446 A).

Commentaire : Voy. Peyré, I, 157 ; — HG, 140 ; — Muralt,
Essai de chronogr., II, 77 ; — HE, 134 ; — Kugler, *Gottfried v.
Bouillon,* 13 ; — Damberger, *Synchron. Gesch. d. Mittelalters,*
VII, 250 ; — Kohl, *Gesch. d. Mittelalters,* 18.

1096, décembre 25. — Boémond et ses compagnons célèbrent les
fêtes de Noël à Castoria. Ils y restent plusieurs jours, et, comme
les habitants ne leur fournissent pas de vivres, ils prennent
de force ce dont ils ont besoin pour leur subsistance.   (108)

Source : *Gesta,* 124 (IV, 4) : « Pervenimus Castoriam, ibique
Nativitatem Domini sollemniter celebravimus, fuimusque ibi per
plures dies et quaesivimus mercatum ; sed ipsi noluerunt nobis
assentire, eo quod valde timebant nos, non putantes nos esse peregrinos, sed velle populari terram et occidere illos. Quapropter
apprehendebamus boves, equos et asinos et omnia, quae invenie-
bamus. » — Robert le Moine (*Hist. occid. d. crois.,* III, 745 B). —
Orderic Vital, *Hist. eccles.* (éd. Le Prévost, III, 494). — Tudebode
(*Hist. occid. d. crois.,* III, 16). — *Hist. b. sacri,* c. 9 (*ibid.,*
p. 177). — Baudri de Dol (*ibid.,* IV, 23 A). — Guibert de Nogent
(*ibid.,* 152 G).

Commentaire : Voy. Wilken, I, 125 ; — Sybel, 327 (272) ; —

Peyré, I, 177 ; — HG, 158 et suiv. ; — Muralt, *Essai de chronogr.*, II, 77.

1096, décembre 29. — Godefroi de Bouillon va s'établir avec son armée dans les faubourgs de Constantinople situés le long de la mer.   (109)

Sources : Albert d'Aix, II, xj : « Post quatuor dies (cf. n° 107), legatio imperatoris processit ad ducem, quatenus castra moveret et intra palatia, quae in littore brachii maris sita erant, cum exercitu suo hospitaretur propter medios algores nivis et hiemis, qui pluviali tempore inminebant, ne tentoria eorum madefacta et attrita deperirent. Cessit tandem dux et caeteri comprimores imperatoris voluntati. » — *Gesta*, 123, (III, 4) ; cf. n° 107. — Tudebode (*Hist. occid. d. crois.*, III, 14). — Baudri de Dol (*ibid.*, IV, 21 G). — *Hist. b. sacri*, c. 6 (*ibid.*, III, 176). — Robert le Moine (*ibid* , III, 743 C).

Commentaire : Voy. Krebs, *Zur Kritik Alberts von Aachen*, 33 ; — HG, 141. — Albert d'Aix disant que l'établissement de l'armée de Godefroi dans les faubourgs de Constantinople eut lieu quatre jours après Noël, on doit le placer, semble-t-il, au 29 décembre. Krebs, toutefois, adopte la date du 28, pour faire concorder le renseignement en question avec d'autres indications chronologiques du même auteur.

1097, janvier 13. — Combat entre les soldats d'Alexis et ceux de Godefroi de Bouillon sous les murs de Constantinople. Pillage des palais situés sur la Corne d'Or.   (110)

Sources : Albert d'Aix, II, xij, xiij. — *Gesta*, 123 (III, 5). — *Hist. b. sacri*, c. 6 (*Hist. occid. d. crois.*, III, 176). — Robert le Moine (*ibid.*, III, 743). — Baudri de Dol (*ibid.*, IV, 22 A). — Guibert de Nogent (*ibid.*, 154 E). — *Hist. Godefridi* (*ibid.*, V, 446 A). — Ekkehard, *Hierosolymita*, XIII, 3. — Anne Comnène, *Alexias*, X, 9 (éd. de Bonn, II, 49, 12 ; *Hist. grecs des crois.*, I, II, 20) : « ...ὁπόσοι εὖνοι περὶ τὸν αὐτοκράτορα, τὴν πέμπτην ἐκείνην φανταζόμενοι, καθ' ἣν ἡ τῆς πόλεως γέγονεν ἅλωσις, καὶ δεδιότες διὰ τοῦτο τὴν ἐνισταμένην ἡμέραν, μή τις ἔκτισις τῶν τότε γεγενημένων συμβαίη... πέμπτη γὰρ ἦν τῆς μεγίστης καὶ ἁγίας τῶν ἑβδομάδων, ἐν ᾗ ὁ Σωτὴρ τὸν ἐπονείδιστον ὑπὲρ ἁπάντων ὑπέστη θάνατον. »

Commentaire : Voy. Wilken, I, 115 et suiv. ; — Sybel, 321 (267) ; — Kugler, *Peter d. Eremite und Albert von Aachen* (*Hist. Zeitschr.*, t. XLIV, p. 38 et suiv.) ; — Id., *Kaiser Alexius und Albert von Aachen* (*Forsch. z. deutschen Gesch.*, t. XXIII, 498) ; — Id., *Albert von Aachen*, p. 15 et suiv. ; — Krebs, *Zur Kritik Alberts von Aachen*, 33 et suiv. ; — HE, 138 ; — HG, 145. — Anne Comnène et Albert d'Aix sont les auteurs qui s'étendent le plus sur ce combat. D'après le renseignement très précis fourni par Anne Comnène il aurait eu lieu le cinquième jour de la semaine sainte, donc le jeudi 2 avril 1097. D'après Albert d'Aix il se serait produit assez longtemps avant, à savoir le 13 janvier 1097. Suivant le même auteur et les *Gesta*, Godefroi était arrivé à Constantinople le 23 décembre (cf. ci-dessus, n° 107); il y célébra la fête de Noël, et, quatre jours après, donc le 29 décembre, il alla occuper avec son armée les faubourgs situés sur la rive de la Corne d'Or (cf. ci-dessus, n° 109). Ensuite, quinze jours se passèrent en négociations entre Alexis et Godefroi, au lendemain desquelles (*quadam die*), semble-t-il, donc le 13 janvier 1097, eut lieu le combat en question. Longtemps, la date donnée par Anne Comnène avait été admise sans objection. Mais, récemment, Kugler et, après lui, Krebs en ont contesté l'exactitude et se sont rangés à la chronologie d'Albert d'Aix en appuyant par une forte raison leur avis. D'après eux, Anne Comnène aurait été suggestionnée par le souvenir d'un autre jeudi saint où s'étaient passés de mémorables événements, le jeudi saint de l'année 1081, dans lequel son père avait détrôné Nicéphore et où avait eu lieu le pillage de Constantinople par les mercenaires du nord. Ce pillage, qui avait laissé une forte impression dans son esprit, marquait pour elle une date funeste. Au début de l'année 1097, un danger de même nature menaça Constantinople et lui rappela le fatal jeudi saint de l'année 1081. Ce souvenir, joint à sa négligence habituelle à l'égard de la chronologie, lui fit rapprocher les deux événements, et l'amena à assigner au second la date diaire du premier. L'argumentation de Kugler me paraît démonstrative, et bien que, dans Albert d'Aix, l'indication de la date de jour soit beaucoup moins précise que dans Anne Comnène, j'estime que c'est son témoignage qui est conforme à la réalité et que le combat livré dans les faubourgs de C. P. entre les soldats d'Alexis et ceux de Godefroi eut bien lieu au mois de janvier. Le récit d'Albert, on en a l'impression en le lisant, est fondé sur des renseignements originaux, tandis que la relation d'Anne Comnène, en ce qui concerne précisément l'arrivée des croisés à Constantinople, dénote une évidente confusion. Ainsi, d'après elle, Boémond serait arrivé dans cette ville le dernier de tous les croisés, alors qu'il est certain, au contraire, qu'il y arriva le premier après Godefroi. Si, malgré ces raisons, l'on s'en tient à la date fournie par Anne Comnène, il faut alors rejeter complètement tout ce que dit Albert, car les deux récits sont en contradiction formelle. Le renseignement fourni par Anne Comnène, suivant lequel Alexis aurait enjoint à ses soldats de ne commettre aucun acte de violence à l'égard des Latins pendant la semaine sainte, afin de ne pas profaner les fêtes chrétiennes, tandis que les Latins auraient choisi le jeudi saint pour engager leur attaque, ce renseignement est motivé par la tendance d'Anne Comnène à représenter son père comme un homme particulièrement pieux, qui n'eût point livré un combat pendant la semaine sainte s'il n'y avait été forcé par l'agression des Latins. Elle s'efforçait de l'innocenter de l'accusation d'avoir commencé le combat; tandis que, de leur côté, les historiens occidentaux, et spécialement Albert d'Aix et l'auteur des *Gesta,* faisaient peser sur lui la responsabilité de l'événement, en déclarant qu'il avait donné l'ordre de l'attaque. — Muralt (*Essai de chronogr.*, p. 78) se trompe en assignant au combat la date du 3 avril, et celle du 4 avril à la conclusion de la paix.

1097, janvier 14-19. — Dévastation des environs de Constantinople par les soldats de Godefroi de Bouillon.   (111)

> **Sources :** Albert d'Aix, II, xiv : « Crastina vero luce exorta, ex praecepto ducis exsurgens populus, terram et regnum imperatoris perlustrans, curriculo dierum sex graviter depraedatus est. » *Gesta,* 123 (III, 7) : « ..... reversusque dux ad sua tentoria mansit inibi per v dies, donec pactum iniit cum imperatore ... » — Tudebode (*Hist. occid. d. crois.,* III, 15). — Baudri de Dol (*ibid.,* IV, 22 D).
>
> **Commentaire :** Voy. Wilken, I, 117 ; — Sybel, 321 (267) ; — Kugler, dans ses ouvrages cités sous le n° 110 ; — Krebs, *Zur Kritik Alberts v. Aachen,* 35 : « Ainsi, d'après les *Gesta,* le conflit aurait duré cinq jours, et, d'après Albert d'Aix, six jours avant la conclusion de la paix. Ces deux données ne sont pas en contradiction absolue; leur diversité peut s'expliquer par une différence d'appréciation en ce qui touche le moment précis où commencèrent et finirent les hostilités ». — HG, 146.

1097, vers le 20 janvier. — Des ambassadeurs de Boémond se trouvent à Constantinople. Ils en repartent sous la conduite d'un fonctionnaire du palais impérial.   (112)

> **Sources :** *Gesta,* 124 (V, 1) : « Mandavit imperator simul cum nostris nuntiis uni ex suis, quem valde diligebat, quem et corpalatium vocant, ut nos secure deduceret per terram suam, donec veniremus Constantinopolim. » — Albert d'Aix, II, xiv : « Vix post hanc ducis responsionem, legati imperatoris recesserant, et ecce quidam alii legati ad eundem ducem venientes ex parte Boemudi...; a duce benigne commendati in terram Apuliae reversi sunt. »
>
> **Commentaire :** Voy. Wilken, I, 117 ; — Sybel, 324 (270); — Kugler, *Kaiser Alexius und Albert von Aachen (Forsch. zur deutschen, Gesch.,* XXIII, 498); — HG, 163. — Les *Gesta* et Albert d'Aix s'accordent pour attester que des envoyés de Boémond vinrent à Constantinople vers Alexis. Mais ce que raconte Albert sur leur attitude à l'égard de l'empereur et de Godefroi de

Bouillon est grandement suspect; la politique de Boémond ne peut avoir été celle qu'il décrit. Voy. à ce sujet HG, 137. Suivant les *Gesta* les envoyés de Boémond à Constantinople furent de retour vers ce prince postérieurement à la bataille du Wardar, donc après le 18 février 1097. Leur départ de Constantinople peut donc être placé approximativement dans la seconde quinzaine de janvier.

1097, janvier 20. — Godefroi de Bouillon se rend en audience auprès d'Alexis, après avoir reçu en ôtage le fils de celui-ci, Jean Comnène. L'accord entre les deux princes est signé. (113)

Sources : Albert d'Aix, II, xv, xvj : « Imperator..... ducem ac ejus amicos amplius de concordia solicitabat, quatenus, si ei placari vellet et terram ejus pacifice pertransire, sibi vero facie ad faciem praesentari in colloquio, dilectissimum filium suum, Johannem nomine, sibi obsidem daret et omnia necessaria cum emendi licentia sibi suisque accommodaret... Dux... universum populum admonens, ut pacifici essent et sine seditione necessaria emerent. Crastina vero luce exorta, Cunonem, comitem de Monte acuto, et Baldewinum de Burg....jussit coram adesse, quos ad suscipiendum obsidem filium imperatoris confidenter direxit. Quod actum est..... Dux sine dilatione navigio per brachium maris Constantinopolim advectus est, et... audacter curiam imperatoris ingressus..... » « Imperator.... ducem.... benigne suscepit... Dux placatus et illectus non solum se ei in filium, sicut mos est terrae, sed etiam in vasallum junctis manibus reddidit, cum universis primis qui tunc aderant et postea subsecuti sunt.» — *Gesta,* 123 (III, 7); cf. nᵒˢ 111 et 120. — Tudebode (*Hist. occid. d. crois.,* III, 15). — Baudri de Dol (*ibid.,* IV, 22 D). — Guibert de Nogent (*ibid.,* 148 A). — Anne Comnène, X, 9 (*Hist. gr. d. crois.,* I, ii, 25; éd. de Bonn, II, 54).

Commentaire : Voy. les ouvrages cités dans le *Commentaire* du nᵒ 111. — On a vu ci-dessus (nᵒ 110), que le combat livré par les croisés aux troupes impériales sous les murs de Constantinople eut lieu le 13 janvier 1097. Ensuite, les environs de la ville furent pendant six jours mis au pillage, et ces six jours Godefroi les passa dans sa tente, en dehors des faubourgs de la ville (voy. nᵒ 111). Il fut, à ce moment, instamment sollicité de conclure la paix par l'empereur, qui lui envoya son fils en otage. Il se rendit alors auprès d'Alexis et le traité fut conclu. D'après Albert d'Aix, son entrevue avec Alexis eut lieu immédiatement après les six jours que dura le pillage autour de Constantinople, donc au plus tard le 20 janvier.

1097, janvier 21. — Godefroi de Bouillon fait savoir à son armée qu'il a conclu un accord avec l'empereur Alexis.   (114)

Source : Albert d'Aix, II, 17 : « Altera dehinc die, acclamatum est jussu ducis per universum exercitum ut pax et honor imperatori et omnibus suis deinceps exhiberetur, et justitia servaretur in omni mensura venditionis et emtionis. Imperator similiter interdixit in omni regno suo sub judicio vitae, ne quis noceret aut defraudaret quenquam de exercitu..... precium vero alleviaretur. »

Commentaire : Voy. Wilken, I, 120 ; — Peyré, I, 235 ; — Krebs, *Zur Kritik Alberts v. Aachen,* 46. — Par « altera die », il faut entendre le lendemain du jour où l'accord en question avait été conclu (cf. n° 113).

1097, du 21 janvier, environ, au milieu de mai. — Alexis envoie chaque semaine à l'armée de Godefroi des subsides en argent.
(115)

Source : Albert d'Aix, II, 16 : « Sic vero imperatore ac duce perfectae fidei et amicitiae vinculo insolubili innodatis, a tempore Dominicae incarnationis, quo haec concordia contigit, usque ante paucos dies Pentecostes, per singulas hebdomadas, iv viri, aureis byzanteis onerati, cum x modiis monetae Tartaron de domo imperatoris duci mittebantur, quibus milites sustentari possent. »

Commentaire : Voy. Wilken, I, 120 ; — Peyré, I, 234 ; — Kugler, *Peter d. Eremite u. Albert v. Aachen* (Sybels *Hist. Zeitschr.*, t. XLIV, p. 36) ; — Id., *Kaiser Alexius u. Albert v. Aachen* (*Forsch. z. deutschen Gesch.*, t. XXIII, p. 498) ; — Krebs, *Zur Kritik Alberts v. Aachen,* 32 et suiv. — Peyré (loc. cit.) interprète l'expression : *tempore Dominicae incarnationis*, par la date du 25 mars 1097, qui est celle de l'Annonciation, à l'occasion de laquelle on aurait aussi fêté l'incarnation de J.-C. Ce serait ce même jour, selon le même auteur, qu'aurait été conclu l'accord entre Alexis et Godefroi. Mais nulle part on ne trouve que ledit accord ait été conclu à la date du 25 mars. Guillaume de Tyr, interprète les termes : *tempus Dominicae incarnationis* par la fête de l'Épiphanie, c'est-à-dire le 6 janvier ; mais il n'a sans doute pas pris garde que sa source, Albert d'Aix, ne sait rien d'un traité entre Alexis et Godefroi avant la seconde quinzaine de janvier, et que les subsides de l'empereur à Godefroi ne furent envoyés qu'après l'accord conclu entre les deux princes. Je me range donc à l'opinion de Kugler, d'après lequel les mots *tempus Dominicae incarnationis* doivent s'appliquer à la période des fêtes de la Nativité par laquelle se termine le temps de l'Épiphanie. On ne peut supposer aucune erreur de la part d'Albert d'Aix, quand il dit que l'emploi des subsides cessa quelques jours seulement avant la Pentecôte. Nous ne voyons pas pourquoi, en effet, ces subsides n'auraient pas été les très bienvenus dans l'armée de Godefroi, quand même elle se trouvait déjà campée devant Nicée.

1097, fin janvier. — Les Provençaux arrivent à Scutari en Dalmatie, où le comte Raimond fait amitié avec le roi des Slaves. Malgré ce pacte, les soldats du comte sont maltraités par les Slaves.   (116)

    Sources : Raimond d'Aguilers (*Hist. occid. des crois.*, III, 236 E) : « Tandem post multa laborum ad regem Sclavorum apud Scodram venimus; cum eo comes fraternitatem confirmavit et multa ei tribuit, ut exercitus secure emere et quaerere necessaria posset, nam satis pacis petitae nos poenituit, cum per ejus occasionem Sclavi, solito se more furentes, nostros interficiunt et quae poterant ab inermibus abripiunt. Quaesivimus locum fugae non ultionis. » — Guillaume de Tyr, II, xvij.

    Commentaire : Voy. Wilken, I, 130; — Peyré, I, 192; — Knapp, *Reisen durch die Balkanhalbinsel*, 47; — HG, 131. — Raimond d'Aguilers dit formellement qu'on était en hiver lorsque les Provençaux traversèrent l'Esclavonie et que leur marche à travers ce pays dura 40 jours (cf. n° 106). Leur arrivée à Scutari dut donc avoir lieu vers la fin de janvier.

1097, début de février. — Arrivée de Raimond et de ses Provençaux à Durazzo, où leur sont apportés des sauf-conduits de la part de l'empereur Alexis. Ils n'en sont pas moins exposés à des attaques tout le long de leur route. Le frère de l'évêque Adhémar, nommé Hugues de Monteil, étant tombé malade, est obligé de s'arrêter à Durazzo.   (117)

    Sources : Raimond d'Aguilers (*Hist. occid. des crois.*, III, 236 G) : « Venimus Dirachium... Habuimus obviam litteras imperatoris de pace, de fraternitate, et, ut ita dicam, de filiatione. Haec autem verbotenus; nam ante et retro, dextrorsum et sinistrorsum Turci et Comani, Husi et Tanaces, Pincenati et Bulgari nobis insidiabantur... » — Id. (*ibid.*, 238 F) : « Post haec episcopus [Adhemarus] consecutus est nos cum fratre suo, quem infirmum dimiserat Dirachii. » — Guil. de Tyr., II, xviij.

    Commentaire : Voy. Wilken, I, 130; — Peyré, I, 193; — Knapp, *Reisen durch die Balkanhalbinsel*, 48.

1097, milieu de février. — Marche des Provençaux à travers la Pélagonie (Ochrida, Bitolia). L'évêque Adhémar est blessé dangereusement et dépouillé par des Petchénègues.   (118)

    Sources : Raimond d'Aguilers (*Hist. occid. des crois.*, III, 237 A) : « Quadam autem die, cum essemus in valle Pelagoniae, episcopus Podiensis, gratia convenienter hospitandi, cum paulisper a castris discessisset, a Pincenatis captus est, qui dejicientes eum de mulá, spoliaverunt et in capite graviter eum percusserunt. » — Guillaume de Tyr, II, xviij.

Commentaire : Voy. Wilken, I, 131 ; — Peyré, I, 194 ; — Knapp, *Reisen durch die Balkanhalbinsel*, 48 ; — HG, 160.

1097, février 18 (mercredi des Cendres). — Combat du comte de Russignolo et de Tancrède contre les troupes grecques, sur la rivière du Wardar. Boémond apprend de prisonniers que l'agression dirigée contre les croisés par les troupes grecques s'est faite en vertu d'un ordre de l'empereur.   (119)

Sources : *Gesta*, 124 (IV, 6-8) : « Hoc bellum factum est in iv[a] feria, quae est caput jejunii. » — Tudebode (*Hist. occid. d. crois.*, III, 16, 17). — Robert le Moine (*ibid.*, III, 746). — *Hist. b. sacri*, c. 10 (*ibid.*, III, 177). — Guibert de Nogent (*ibid.*, IV, 153 E). — Baudri de Dol (*ibid.*, 23, 24). — Orderic Vidal, *Hist. eccles.* (éd. Le Prévost, III, 496). — Guil. de Tyr, II, xiv. — *Itinerario della gran militia* (*Hist. occid. d. crois.*, V, 682 F).

Commentaire : Voy. Wilken, I, 126 ; — Sybel, 327 (272) ; — Peyré, I, 183 ; — Knapp, *Reisen durch die Balkanhalbinsel*, 36 ; — Damberger, *Synchron. Gesch. d. Kirche im Mittelalter*, VII, 256 ; — HG, 160 et suiv. — Dans les *Hist. occid. d. crois.*, V, 371, la note : *non die 21 sed 16 febr. 1097*, qui prétend rectifier un passage de l'Anonymus Florin. commet une erreur. — Muralt se trompe également en plaçant le combat à la date du 1er février 1097.

1097, vers le 20 février. — L'armée de Godefroi de Bouillon se transporte sur la côte de Bithynie, à la suite d'une demande en ce sens faite par Alexis à Godefroi et après le consentement de celui-ci.   (120)

Sources : Albert d'Aix, II, xvij : « .... Quadragesimali tempore inchoante, imperator ducem admonuit..., deprecans quatenus transfretaret et in terram Cappadociae tabernacula collocaret, propter aedificia quae populus incorrigibilis destruebat ; quod dux benigne annuit ac trajecto flumine, alio in littore, in pratis Cappadociae, ipse et universus populus castris positis commorati sunt. » — *Gesta*, 123 (III, 7) : « Reversusque dux ad sua tentoria, mansit inibi per v. dies, donec pactum iniit cum imperatore, dixitque illi imperator ut transfretaret brachium S. Georgii, promisitque eum habere omnem mercatum ibi sicut est Constantinopoli et pauperibus eleemosynam erogare, unde potuisset vivere. » — Tudebode (*Hist. occid. d. crois.*, III, 15). — Baudri de Dol (*ibid.*, IV, 22 E). — Guibert de Nogent (*ibid.*, 148 A). — *Hist. b. sacri*, c. 6 (*ibid.*, III, 176). — Orderic Vital, *Hist. eccles.* (éd. Le Prévost, III, 494). — Guill. de Tyr, II, xij.

Commentaire : Voy. Wilken, I, 120 ; — Sybel, 324 (269) ; — Krebs, *Zur Kritik Alberts v. Aachen*, 46 ; — Peyré, I, 237 ; — HG, 147. — D'après Sybel, le transfert de l'armée de Godefroi sur la côte de Bithynie aurait eu lieu seulement du 8 au 10 avril ; mais Sybel déduit cette date de celle (2 avril) qu'Anne Comnène assigne au combat entre les croisés et les soldats d'Alexis. Or, j'ai démontré que cette date était fausse. Peyré, lui aussi, fixe aux premiers jours d'avril le passage de l'armée des croisés sur la côte d'Asie-Mineure. — Dans mon édition des *Gesta*, j'avais moi-même estimé que cet événement avait dû suivre immédiatement l'accord du 21 janvier entre Alexis et Godefroi. Mais, je crois que cette supposition n'est pas fondée et qu'il faut s'en tenir, sur le point en question, au renseignement précis fourni par Albert d'Aix.

1097, vers le 20 février. — Les ambassadeurs envoyés par Boémond à l'empereur Alexis rentrent dans leur camp en compagnie d'un fonctionnaire impérial. (121)

> **Sources** : *Gesta*, 124 (V, 1) ; cf. nº 112. — Albert d'Aix, II, xiv.
> **Commentaire** : Voy. HG, 163. — Guillaume de Tyr (II, xiv) et Wilken (I, 125) se trompent en disant que les ambassadeurs rentrèrent au camp de Boémond après la bataille du Wardar (cf. nº 119). Le texte des *Gesta* s'oppose absolument à ce que l'on adopte leur chronologie sur ce point.

1097, fin février. — Sur l'opposition indignée de Boémond, Tancrède et les autres chefs des Normands renoncent à une attaque qu'ils avaient projetée contre un certain château. Le lendemain, les habitants dudit château se présentent devant Boémond qui les reçoit avec bienveillance et les laisse s'en retourner librement. (122)

> **Source** : *Gesta*, 125 (V, 2) : « Voluerunt nostri quoddam castrum aggredi et apprehendere eo quod erat plenum omnibus bonis. Sed vir prudens Boamundus noluit consentire. Unde valde iratus est propter hoc cum Tancredo et aliis omnibus. Hoc factum est vespere. Mane vero facto, exierunt habitatores castri et cum processione deferentes in manibus cruces venerunt in praesentiam Boamundi. Ipse vero gaudens recepit eos et cum laetitia abire permisit illos. » — *Hist. b. sacri*, c. 11 (*Hist. occid. d. crois.*, III, 178). — Baudri de Dol (*ibid.*, IV, 24 C). — Guibert de Nogent (*ibid.*, 153 G).
> **Commentaire** : Voy. Peyré, I, 184 ; — Sybel, 327 (272) ; — HG, 164. — L'événement en question eut lieu très peu de temps après la bataille du Wardar, et antérieurement à l'arrivée de l'armée normande à Serra. Il se passa donc entre le 18 et le 28 février,

et probablement à une date très rapprochée de cette dernière. Le nom du château n'est donné par aucune source.

1097, fin février. — Arrivée de Boémond et de son armée à Serra. Négociation avec deux ambassadeurs impériaux, à propos du bétail dont les croisés s'étaient emparés pendant leur marche sur les terres de l'empire grec. (123)

> **Sources :** *Gesta*, 125 (V, 3) : « Deinde venimus ad quandam urbem quae dicitur Serra, ubi nostra fiximus tentoria et sat habuimus mercatum illis diebus conveniens; ibique Boamundus optime concordatus est cum duobus corpalatiis, et pro amicitia eorum et pro justitia terrae jussit reddi omnia animalia quae nostri depraedata tenebant; et corpalatius illi promiserat missos retro mandare et hominibus illis animalia per ordinem reddi. » — *Hist. b. sacri*, c. 11 (*Hist. occid. d. crois.*, III, 178). — Baudri de Dol (*ibid.*, IV, 24 D). — Guibert de Nogent (*ibid.*, 154 A). — Orderic Vital, *Hist. eccles.* (éd. Le Prévost, III, 498).
>
> **Commentaire :** Voy. Peyré, I, 185; — Knapp, *Reisen durch die Balkanhalbinsel*, 50; — HG, 165.

1097, vers fin février. — Arrivée des Provençaux devant Bucinat, et combat avec les Petchénègues. Raimond de Saint-Gilles reçoit de l'empereur Alexis des assurances de paix. (124)

> **Sources :** Raimond d'Aguilers (*Hist. occid. d. crois.* III, 237 A). « Taliter per insidias cum venissemus ad quoddam castrum quod vocatur Bucinat, didicit comes quod in augustiis cujusdam montis Pincenati exercitum nostrum aggredi vellent : qui cum militibus quibusdam in occultis remanens, Pincenatis occurrit atque, pluribus interfectis, ceteros in fugam vertit. Occurrebant interea pacificae litterae imperatoris; circumdabant nos undique hostes imperatoriis dolis. » — Tudebode (*Hist. occid. d. crois.*, III, 19). — *Hist. b. sacri*, c. 14 (*ibid.*, p. 179).
>
> **Commentaire :** Voy. Peyré, I, 194. — Au sujet de la localité de Bucinat, Knapp (*Reisen*, 48, 50) dit ceci : « Le nom de Bucinat est à tel point corrompu et la position de cette place est si mal déterminée, que, si l'on peut conjecturer l'emplacement qu'elle occupait, il est impossible d'autre part de l'établir d'une façon précise. Il est également difficile de désigner les passages des montagnes dans lesquels Raimond rencontra les Petchénègues. » Je crois pour ma part que Bucinat doit être Vodena et que les montagnes dont parle Raimond d'Aguilers sont celles qui limitent du côté de Salonique la grande plaine du Wardar.

1097, début de mars. — Arrivée des Provençaux devant Thessalonique, où l'évêque Adhémar tombe malade et s'arrête. (125)

Source : Raimond d'Aguilers (*Hist. occid. d. crois.*, III, 237 C) : « Cum vero venissemus Thessalonicam, infirmatus est episcopus et remansit cum paucis infra civitatem. »

Commentaire : Voy. Peyré, I, 194. — De Thessalonique à Constantinople il y a 136 lieues. Les Provençaux étant arrivés à Constantinople fin avril, si l'on prend comme moyenne de la route parcourue journellement par leur armée depuis Thessalonique, une distance de 5 lieues, on peut fixer au 8 mars environ la date de leur séjour dans cette dernière ville.

1097, fin mars. — Au commencement du printemps, Robert de Normandie et Étienne de Blois, qui avaient hiverné en Pouille, font leurs préparatifs de départ et embarquent leurs troupes.

(126)

Source : Foucher de Chartres (*Hist. occid. d. crois.*, III, 330 A); cf. ci-dessous, n° 130.

Commentaire : Voy. Peyré, I, 168; — Sybel, 332 (277).

1097, avril 1. — L'armée de Boémond arrive devant Ruskoï et y établit son camp.

(127)

Sources : *Gesta*, 125, (V, 4) : « Deinde pervenimus de castello in castellum et de villa in villam ad Rusam civitatem..., ibique nostros tetendimus papiliones in iv^a feria ante Cenam Domini. » — Robert le Moine (*Hist. occid. d. crois.*, III, 747 B). — Baudri de Dol (*ibid.*, IV, 24 F.). — Orderic Vital, *Hist. eccles.* (éd. Le Prévost, III, 498). — Guibert de Nogent (*Hist. occid. d. crois.*, IV, 154 B) : « ...ibi, triduo ante Cenae Dominicae diem, castra posuere. » — *Hist. b. sacri*, c. 11 (*Hist. occid. d. crois.*, III, 178) : « ...ibi nostros tendimus papiliones in iij^a feria ante Cenam Domini. »

Commentaire : Voy. Peyré, I, 185; — Muralt, *Essai de chronogr. byzant.*, II, 75; — HG, 166. — *Cena Domini* est le jeudi saint, et la quatrième férie avant cette fête est le mercredi de la semaine sainte, qui, en 1097, tombait le 1er avril. Tous les manuscrits des *Gesta*, ainsi que les dérivés de ce texte donnent cette date. La date *tertia feria*, c'est-à-dire le mardi 31 mars, donnée par Guibert et par l'*Historia b. sacri*, doit donc être considérée comme inexacte et repose ou sur un calcul erroné ou sur une mauvaise lecture.

1097, avril 2. — Boémond, sollicité par une ambassade impériale de se rendre en audience auprès d'Alexis, part de son camp de Ruskoï pour Constantinople avec une faible escorte. (128)

Sources : *Gesta*, 125 (V, 4) : « ... ibi [i. e. Rusae] etiam doctus

Boamundus totam gentem suam dimisit, perrexitque loqui cum imperatore Constantinopolim, suisque hominibus imperavit dicens : *Modeste appropinquate civitatem ; ego autem ibo prius ;* qui et duxit secum paucos milites. » — Robert le Moine (*Hist. occid. d. crois.*, III, 747 B). — Tudebode (*ibid.*, 18). — *Hist. b. sacri*, c. 11 (*ibid.*, 178). — Baudri de Dol (*ibid.*, IV, 24 F). — Guibert de Nogent (*ibid.*, 154 B). — Orderic Vital, *Hist. eccles.* (éd. Le Prévost, III, 499). — Albert d'Aix, II, xviij : « Cui [Boamundo] dux [Godefridus] ex rogatu imperatoris, cum xx primoribus de suo assumtis exercitu, occurrit, ut eum ad imperatoris praesentiam sub firma fide introduceret, priusquam arma reponerent aut tentoria collocarent. » — Guillaume de Tyr, II, xv : « [Boamundus] ad urbem coepit appropinquare. Cumque in vicinio esset constitutus, v^a feria ante Paschalem solemnitatem [2 avril 1097], suscepta iterum imperatoris legatione, persuadente, ut, dimisso exercitu, ad se cum paucis et familiaribus suis ingrederetur, abstitit aliquantulum et effectui mancipare quod praecipiebatur distulit, suspectam illius habens malitiam. »

Commentaire : Voy. Wilken, I, 126 ; — Sybel, 327 (273) ; — Peyré, I, 185 et suiv., 241 ; — Muralt, *Essai de chronogr.*, II, 78 ; — Krebs, *Zur Kritik Alberts v. Aachen*, 47 ; — Kugler, *Kaiser Alexius u. Albert v. Aachen* (*Forsch. z. d. Gesch.*, XXIII, 496 et suiv.); — HG, 167. — Les renseignements fournis par Guillaume de Tyr reposent sur une fusion de ceux des *Gesta* avec ceux d'Albert d'Aix, en ce qui concerne ce fait, sans doute exact, que Boémond en consentant à quitter son armée et à se rendre à Constantinople avec quelques compagnons, aurait agi seulement à la suite d'une invitation de l'empereur; il en est de même en ce qui touche le renseignement d'après lequel Boémond ne serait resté que fort peu de temps à Ruskoï (Rossa, Rusa) vers son armée avant de se mettre en route pour Constantinople, détail qui est à peine indiqué par les *Gesta*. Nous pensons qu'en dehors des *Gesta* et d'Albert, Guillaume de Tyr a eu sous les yeux une troisième source, qui lui a fourni la date : v^a *feria ante Paschalem solemnitatem.*

1097, avril 3. — Tancrède avec les gens de Boémond s'écarte de la route suivie par l'armée des croisés et, étant entré dans une vallée fertile et riche en vivres, il y célèbre la fête de Pâques.
(129)

Sources : *Gesta*, 125 (V, 5) : « Tancredus remansit caput militiae Christi, vidensque peregrinos cibos emere, ait intra se, quod exiret extra viam et tunc populum conduceret, ubi feliciter viveret. Denique intravit in vallem quamdam plenam omnibus bonis, quae corporalibus nutrimentis sunt congrua, in qua pascha Domini devotissime celebravimus. » — Robert le Moine (*Hist. occid. d.*

crois., III, 747 C). — *Hist. b. sacri*, c. 12 (*ibid.*, 178); — Baudri de Dol (*ibid.*, IV, 24 G). — Guibert de Nogent (*ibid.*, 154 C). — Orderic Vital (éd. citée, III, 499).

Commentaire : Voy. Sybel, 327 (273); — Peyré, I, 186; — HG, 167; — Klein, *Raimund von Aguilers*, 108. — Le départ de Tancrède dut avoir lieu tout de suite après celui de Boémond, et avant Pàques (5 avril), donc le 3 ou le 4 avril. La localité où il s'arrêta est peut-être celle d'Apros, aujourd'hui Ainadschik, que cite Anne Comnène, *Alexias*, X, 11 (éd. de Bonn, II, 60).

1097, avril 5 (jour de Pâques). — Robert de Normandie et Étienne de Blois s'embarquent à Brindisi pour traverser l'Adriatique.
(130)

Sources : Foucher de Chartres (*Hist. occid. d. crois.*, III, 330 A). « Anno Domini 1097, reducente verno tempore mensem Martium, comes statim Normannus et comes Stephanus Blesensis cum suis omnibus, qui similiter tempus exspectaverant opportunum, mare repetierunt. Et classe parata, nonas Aprilis, quod tunc die S. Paschae accidit, apud portum Brundusium rates conscenderunt. » — Bartolf de Nangis (*Hist. occid. d. crois.*, III, 493 E). — Théodore de Pœhlde, *Narratio de profect. Godefridi* (*ibid.*, V, 191 A). — Guil. de Tyr, II, xxij.

Commentaire : Voy. Mailly, *L'esprit d. crois.*, III, 446; — Peyré, I, 168; — Le Prévost, dans son édition de l'*Hist. eccles.* d'Orderic Vital, III, 497; — Sybel, 332 (277); — Damberger, *Synchron. Gesch. d. Kirche*, VIII, 269; — HG, 135, 185.

1097, avril 5 (jour de Pâques). — Un vaisseau portant 400 croisés, fait naufrage dans les eaux de Brindisi. Un grand nombre d'autres pèlerins qui, se trouvant sur la rive, sont témoins de la catastrophe, en éprouvent une telle épouvante qu'ils abandonnent la croisade et rentrent chez eux.
(131)

Sources : Foucher de Chartres (*Hist. occid. d. crois.*, III, 330 B) : « O quam incognita et investigabilia Dei sunt judicia! Vidimus enim unam navim inter ceteras quae quasi non impediente aliqua occasione per medium eventu subito prope litus subcrepuit, unde cccc utriusque sexus demersi perierunt.....; quod infortunium dum videremus, pavore grandi confusi sumus in tantum ut plerique corde debiles nondum naves ingressi ad domos suas repedarent, peregrinatione dimissa, dicentes nunquam amplius in aquam sic deceptricem se infigere. » — Théodore de Pœhlde, *Narratio de profect. Godefridi ducis* (*ibid.*, V, 191 B).

Commentaire : Voy. Wilken, I, 145; — Peyré, I, 168; — Floto, *Kaiser Heinrich IV*, II, 363; — HG, 135.

1097, vers le 8 avril. — Tancrède, avec l'armée de Boémond, part de Ruskoï pour Constantinople.   (132)

> **Sources :** Voy. ci-dessous, n° 142.
>
> **Commentaire :** Voy. également ci-dessous, n° 142. — L'armée de Boémond, sous la conduite de Tancrède, défila le 26 avril devant Constantinople. Elle avait célébré la fête de Pâques à Ruskoï (5 avril), et elle avait dû se mettre en marche dans la semaine suivante, suivant les instructions de Boémond : « modeste appropinquante civitatem [Constantinopolim]. »

1097, avril 9. — Robert de Normandie et Étienne de Blois abordent sur la côte d'Épire à dix milles environ de Durazzo.   (133)

> **Sources :** Foucher de Chartres (*Hist. occid. d. crois.*, III, 330 E) : « Cumque per iij dies fluctibus in altis, jam vento deficiente, detineremur, iv° die prope urbem Duratium, x milliariis, ut aestimo, interstantibus, terram adepti sumus; duo tamen portus classem nostram susceperunt. » — Bartolf de Nangis (*Hist. occid. d. crois.*, III, 493 E). — Théodore, moine de Pœhlde, *Narratio de profectione Godefridi ducis* (*Hist. occid. d. crois.*, V, 191 E).
>
> **Commentaire :** Voy. Peyré, I, 169 ; — HG, 135.

1097, vers le 10 avril. — Boémond arrive à Constantinople et y est reçu en audience par l'empereur Alexis, auprès duquel il se rencontre avec Godefroi de Bouillon et Baudouin, frère de celui-ci.   (134)

> **Sources :** *Gesta*, 125 (VI, 1) : « Cum imperator audisset Boamundum ad se venisse, jussit eum honorabiliter recipi et caute hospitari extra urbem. Quo hospitato, malignus imperator misit pro eo ut veniret loqui simul secreto secum. Illuc quoque venit dux Godefridus cum fratre suo. » — Tudebode, *Hist. occid. d. crois.*, III, 18). — Robert le Moine (*ibid.*, 748 C). — Baudri de Dol (*ibid.*, IV, 25 A). — Guibert de Nogent (*ibid.*, 154 D, E). — Orderic Vital, *Hist. eccles.* (éd. Le Prévost, III, 499). — *Hist. b. sacri*, c. 13 (*Hist. occ. d. crois.*, III, 178). — Albert d'Aix, II, xviij. — Guillaume de Tyr, II, xv. — Anne Comnène, X, xj (éd. de Bonn, II, p. 60 et suiv.).
>
> **Commentaire :** Voy. Wilken, I, 126 ; — Michaud, I, 115 ; — Sybel, 328 (273) ; — Peyré, I, 241 ; — Muralt, *Essai de chronogr.*, II, 79 ; — Kugler, *Kaiser Alexius und Albert v. Aachen* (*Forsch. z. deutschen Gesch.*, XXIII, 497) ; — HG, 168 et suiv. — La route de Ruskoï à Constantinople est longue d'environ 51 lieues. Si l'on compte par jour dix heures de marche, que put effectuer Boémond avec son escorte de cavaliers, on doit supposer que ce prince arriva à Constantinople vers le 10 avril. D'après Albert

d'Aix, avant de se présenter devant l'empereur, il aurait eu une entrevue avec Godefroi de Bouillon. Dans mon édition des *Gesta*, j'ai admis que Boémond avait pu franchir en trois jours la distance entre Ruskoï et Constantinople. Mais je crois devoir abandonner cette opinion, car il est peu vraisemblable qu'il ait parcouru en moyenne 17 lieues par jour.

1097, vers le 12 avril. — Pendant la marche de Robert de Normandie et d'Étienne de Blois de la côte épirote à travers la Bulgarie, un assez grand nombre de croisés se noient en franchissant le fleuve de Devol. (135)

> **Sources** : Foucher de Chartres (*Hist. occid. d. crois.*, III, 330 F) : « Itaque Bulgarorum regiones per montium praerupta et loca satis deserta perreximus. Demonis ad flumen rapidum tunc venimus omnes, quod ab incolis loci sic vocitatur et merito ; vidimus enim in illo quam plures de plebe, dum vadare pedetentim sperabant, torrentis impetu forti, quos nullus cernentium juvare poterat, mersu perire repentino. Qua de re lacrymas multas ibi pie dimisimus, et nisi equites cum equis dextrariis opem peditibus ferrent, multi simili modo vitam illic perderent. » — Bartolf de Nangis (*ibid.*, III, 493 F.) : « ... flumen Diaboli. » — Théodore, moine de Pœhlde, *Narratio de profectione Godefridi ducis* (*ibid.*, V, 191 F.).
>
> **Commentaire** : Voy. Peyré, I, 169 ; — Knapp, *Reisen durch d. Balkanhalbinsel*, 40, 42. — Selon toute vraisemblance, l'accident en question se produisit dans l'armée de Robert au commencement de la marche de cette armée en Bulgarie. Mais il est possible que Foucher ait confondu le Devol avec le fleuve Scumbi, lequel coule un peu plus au nord, dans la direction de l'ouest également. Ce serait donc dans le Scumbi qu'aurait eu lieu la noyade.

1097, vers le 12 avril. — Occupation de la ville bulgare de Rossa (Ruskoï ; cf. n° 128) par les Provençaux de Raimond de Saint-Gilles. (136)

> **Sources** : Raimond d'Aguilers (*Hist. occid. d. crois.*, III, 237 D) : « Post haec, venimus ad quamdam civitatem, nomine Rossam, ubi cum manifeste cives ejus in nos multa mala molirentur, paulisper nostra solita patientia displicuit. Itaque, arreptis armis, diruuntur antemuralia ; capitur ingens praeda et civitas in deditionem ; atque illatis signis in civitatem et acclamata « Tolosa » quod erat signum clamoris comitis, discessimus. » — Tudebode (*ibid.*, 20). — *Historia b. sacri*, c. 15 (*ibid.*, 179).
>
> **Commentaire** : Voy. Wilken, I, 131 ; — Peyré, I, 194 et suiv. — De Thessalonique, où les croisés provençaux arrivèrent vers le 8 mars (voy. ci-dessus, n° 125), à Ruskoï, il y a environ 84 heures

de marche; on peut donc admettre qu'ils parvinrent dans la seconde
de ces villes quelques jours avant la mi-avril.

1097, vers le 18 avril. — Arrivée des Provençaux à Rodosto. Le
comte Raimond y rencontre les ambassadeurs qu'il avait
envoyés auprès d'Alexis, accompagnés d'une ambassade
impériale. Ces personnages l'ayant informé que l'empereur
l'appelait à Constantinople, il part aussitôt avec une faible
escorte, laissant son armée en arrière. (137)

> **Sources :** Raimond d'Aguilers (*Hist. occid. d. crois.*, III, 237 E):
> « Venimus ad aliam civitatem, nomine Rodestol, ubi cum milites de
> roga imperatoris vindictam suam contra nos agere quaererent,
> multi ex ipsis interfecti sunt et aliquantula capta praeda. Venerunt
> ibi nobis legati nostri, quos praemiseramus ad imperatorem... ; eo
> verba legatorum imperatoris et nostrorum pervenerunt, ut comes,
> relicto exercitu, solus cum paucis et inermis ad imperatorem festi-
> naret... Victus tandem comes est, ut, hac sola vice relicto praesi-
> dio in castris, exercitum praecederet, et sic Constantinopolim iner-
> mis venit. » — Tudebode (*ibid.*, 20). — *Hist. b. sacri*, c. 15
> (*ibid.*, 179). — Guillaume de Tyr, II, xviij.
>
> **Commentaire :** Voy. Wilken, 131 ; — Peyré, I, 195 ; — HG, 169.
> — Rodosto est distant d'environ 20 heures de marche de Ruskoï,
> où Raimond était arrivé vers le 12 avril. Son armée, après être
> restée quelques jours à Ruskoï, put franchir cette distance en
> trois jours.

1097, vers le 20 avril. — Pendant l'absence de Raimond de Saint-
Gilles, son armée est attaquée par les Impériaux. (138)

> **Sources :** Raimond d'Aguilers (*Hist. occid. d. crois.*, III, 238 E):
> « Interea comes, audita morte suorum et fuga, se proditum esse
> credidit, et imperatorem Alexium per quosdam principes de nostro
> exercitu factae proditionis commonefacit. » — Guillaume de Tyr,
> II, xix.
>
> **Commentaire :** Voy. Wilken, I, 132 ; — Peyré, I, 251 ; —
> Sybel, 330 (275) ; — Cl. Klein, *Raimund von Aguilers*, 106. —
> L'attaque des Impériaux contre les Provençaux se produisit après
> que Raimond eut quitté Rodosto, et peut-être alors qu'il était déjà
> arrivé à Constantinople. Lorsque, parvenu dans cette ville, il
> entra en pourparlers avec l'empereur, il connaissait déjà le fait,
> ainsi qu'en témoigne son chapelain Raimond non seulement dans
> le passage ci-dessus cité, mais encore en d'autres endroits de son
> récit, où il dit que beaucoup de nobles chevaliers provençaux
> avaient été tués et que l'armée avait été sur le point de s'enfuir
> en déroute.

1097, vers le 21 avril. — Le comte Raimond arrive avec quelques
compagnons à Constantinople et se loge dans les faubourgs.
(139)

> **Sources :** Raimond d'Aguilers (*Hist. occid. des crois.*, III, 237 E ;
> cf. n° 137). — *Gesta*, 126 (VI, 5) : « Comes autem S. Egidii erat
> hospitatus extra urbem in burgo, gensque sua remanserat retro. »
> — Tudebode (*Hist. occid. d. crois.*, III, 20) : « Comes dimisit
> exercitum et properavit Constantinopolim; ibique loquitur cum
> imperatore. » — Baudri de Dol (*ibid.*, IV, 25 A). — Guibert de
> Nogent (*ibid.*, 154 E).
>
> **Commentaire :** Voy. Peyré, I, 196; — Sybel, 329 (274); —
> HG, 169 ; — Klein, *Raimund von Aguilers*, 106. — Suivant
> Peyré, Raimond « dut arriver [à C. P.] vers le milieu du mois
> d'avril 1097 ». D'après Sybel, il serait difficile de déterminer
> l'époque où Raimond parvint à Constantinople; mais on peut
> conjecturer que ce fut dans la seconde quinzaine d'avril, car son
> armée, qui y vint après lui, s'y trouvait déjà au début de mai (cf.
> toutefois à ce sujet, plus loin, n° 143). De Rodosto à Constanti-
> nople, il y a 31 heures de marche, que Raimond put certaine-
> ment faire en quatre jours (cf. n° 137), puisque, comme le
> disent Raimond d'Aguilers et Tudebode, il fit la route en grande
> hâte. Guillaume de Tyr dit aussi (II, xviij) : « Rodostum a Cons-
> tantinopolim itinere dierum iv distans. »

1097, vers le 22 avril. — Audience accordée à Raimond de Saint-
Gilles par l'empereur Alexis. Sur la question du serment de
vassalité à prêter par le second, les deux interlocuteurs ne
peuvent s'entendre.   (140)

> **Sources :** Raimond d'Aguilers (*Hist. occid. d. crois.*, III,
> 238 C) : « Honorificentissime ab imperatore et principibus suis
> suscepto comite, postulat imperator a comite hominium et jura-
> menta quae ceteri principes ei fecerant. Respondit comes se ideo
> non venisse, ut dominum alium faceret, aut alii militaret, nisi
> illi propter quem patriam et bona patriae suae dimiserat. » —
> Tudebode (*ibid.*, 20); — *Gesta*, 126 (VI, 5).
>
> **Commentaire :** Voy. Wilken, I, 132; — Sybel, 329 (274); —
> HG, 173. — Les négociations entre Alexis et Raimond de Saint-
> Gilles se prolongèrent apparemment encore quelques jours après
> la première audience impériale, jusqu'à la conclusion d'un accord
> (cf. ci-dessous, n° 141). Les *Gesta* (126 [IV, 5]) indiquent aussi
> ce délai par les mots : *et dum imperator haec mandabat, comes
> meditabatur qualiter vindictam de imperatoris exercitu habere
> posset*, que Raimond d'Aguilers leur a empruntés. Les négocia-
> tions se terminèrent après l'arrivée (vers le 26 avril) des croisés
> provençaux à Constantinople.

1097, avril 26. — Raimond de Saint-Gilles, sur les exhortations de Godefroi de Bouillon, de Robert de Flandre et de Boémond, finit par promettre à l'empereur qu'il n'attentera ni à son honneur ni à sa vie. Alexis se déclare satisfait par cette promesse.   (141)

> **Sources :** *Gesta*, 126 (VI, 5) : « Comes Raimundus, accepto consilio a suis, Alexio vitam et honorem juravit... Tunc gens domini Boamundi appropinquavit Constantinopolim »; cf. n° 142. — Raimond d'Aguilers (*Hist. occid. d. crois.*, III, 238 F-I). — Tudebode (*ibid.*, 21, 22). — Baudri de Dol (*ibid.*, IV, 25 F). — Guibert (*ibid.*, 155 E). — *Hist. b. sacri*, c. 18 (*ibid.*, III, 179). — Albert d'Aix, II, xx; cf. n° 147.
>
> **Commentaire :** Voy. Wilken, 1, 133; — Sybel, 331 (275); — Peyré, I, 255 et suiv.; — HG, 174. — D'après le récit d'Albert d'Aix, Raimond de Saint-Gilles resta encore quinze jours à Constantinople après s'être reconnu le vassal d'Alexis (cf. ci-dessus, n° 145). Le 16 mai, il arriva devant Nicée, et sa marche de Constantinople jusqu'à cette ville ne dura vraisemblablement pas plus de dix jours; de telle sorte qu'il dut partir de C. P. vers le 10. Le quinzième jour avant cette dernière date est le 26 avril.

1097, avril 26. — L'armée de Boémond arrive à Constantinople sous la conduite de Tancrède et poursuit sans arrêt sa marche vers la côte de Bithynie.   (142)

> **Sources :** Albert d'Aix, II, xviij : « Interea, dum haec ad ducem cum imperatore agerentur et S. Pascha jam tribus septimanis evolutis processisset, Boemundus, x milia habens equitum et plurimas copias peditum, ante muros civitatis Constantinopolis adstitit. » — *Gesta*, 126 (VII, 1) : « Tunc gens domini Boamundi appropinquavit Constantinopoli. Tancredus et Richardus de Principatu propter jusjurandum imperatoris latenter transfretaverunt Brachium et fere omnis gens Boamundi juxta illos. Et mox exercitus comitis S. Aegidii appropinquavit Constantinopoli »; cf. Id., II, xix. — Raoul de Caen, c. 12 (*Hist. occid. d. crois.*, III, 613); — Guibert de Nogent (*ibid.*, IV, 155 G). — *Hist. b. sacri*, c. 19 (*ibid.*, III, 180). — Guillaume de Tyr, II, xv.
>
> **Commentaire :** Voy. Wilken, I, 128; — Sybel, 331 (276); — Peyré, I, 247; — Muralt, *Essai de chronogr.*, II, 79; — Krebs, *Zur Kritik Alberts v. Aachen*, 47; — Cl. Klein, *Raimund von Aguilers*, 108 et suiv.; — HG, 167, 175, 315. — Le mot *tunc* des *Gesta* se rapporte aux négociations entre Raimond de Saint-Gilles et Alexis, rapportées immédiatement auparavant, lesquelles n'étaient point encore terminées. Raimond d'Aguilers dit (cf. n° 143) qu'à l'époque de ces négociations l'armée des Provençaux

était déjà arrivée à Constantinople, toutefois après celle de Boémond. C'est également ce qu'indique le texte des *Gesta*. Les mots d'Albert d'Aix : *tribus septimanis evolutis* permettent de fixer au 26 avril la date de l'arrivée de l'armée de Boémond à Constantinople. Sur le départ de cette armée de Ruskoï, voy. ci-dessus, n° 132.

1097, vers le 27 avril. — Arrivée devant Constantinople de l'armée de Raimond de Saint-Gilles. (143)

    Sources : *Gesta*, 126 (VII, 1); cf. n° 142. — *Hist. b. sacri*, c. 19 (*Hist. occid. d. crois.*, III, 180). — Guibert de Nogent (*ibid.*, IV, 155 G). — Baudri de Dol (*ibid.*, 26 A).
    Commentaire : Voy. HG , 175, 176. — D'après les *Gesta*, il ne se passa que fort peu de temps entre l'arrivée, devant Constantinople, des troupes de Boémond et des Provençaux. L'armée de Boémond continua aussitôt sa marche sous le commandement de Tancrède; tandis que les Provençaux établirent leur camp sous les murs de la ville et y restèrent jusque vers le 10 mai (cf. plus loin, n° 148).

1097, vers le 30 avril. — Arrivée à Constantinople d'Adhémar, évêque du Puy, qui était demeuré malade à Thessalonique, et de son frère Guillaume-Hugues de Monteil, qui, tombé malade également, était resté à Durazzo. (144)

    Source : Raimond d'Aguilers (*Hist. occid. d. crois.*, III, 238 F) : « Interea exercitus noster Constantinopolim venit, et post haec episcopus consecutus est nos cum fratre suo, quem infirmum dimiserat Dirachii. »
    Commentaire : Voy. Peyré, I, 196 ; — *Hist. occid.*, III, 238 n.

1097, mai 1-3. — Séjour de Godefroi de Bouillon et de Tancrède à Nicomédie. Dans les environs de cette ville, Pierre l'Ermite les rejoint. Trois mille hommes, armés de haches et d'épées, sont envoyés du côté de Nicée pour frayer la route à l'armée. (145)

    Sources : *Gesta*, 126 (VII, 2) : « Vir prudens Boamundus remansit cum imperatore, ut cum eo consilium acciperet quomodo mandarent mercatum gentibus, quae erant ultra Nicaeam. Dux itaque Godefridus ivit prius Nicomediam simul cum Tancredo et aliis omnibus, fueruntque ibi per iij dies. Videns vero dux quod nulla via pateret......, misit ante se tria milia hominum cum securibus et gladiis, qui inciderent et aperirent hanc viam, quae patefacta staret nostris peregrinis usque Nicaenam urbem. » — Robert le Moine (*Hist. occid. d. crois.*, III, 755 A). — Baudri de Dol (*ibid.*,

IV, 26 A). — Guibert de Nogent (*ibid.*, 155 H). — *Hist. b. sacri,*
c. 19 (*ibid.*, III, p. 180). — Orderic Vidal, *Hist. eccles.* (éd.
Le Prévost, III, 500). — Albert d'Aix, II, xx : « Ibidem Rufinel,
Petrus Eremita, praestolatus principes, cum paucis reliquis suae
attritae multitudinis adjunctus est. »

    Commentaire : Voy. Mailly, *L'esprit d. crois.*, III, 443. —
Wilken, I, 138 ; — Peyré, I, 272 ; — Sybel, 334 (278) ; — Muralt,
Essai de chronogr. byz., II, 79 ; — Damberger, *Synchron. Gesch.
d. Kirche,* VII, 263 ; — HG, 177. — La date du séjour de Godefroi
et de Tancrède à Nicomédie se déduit des deux constatations
suivantes : 1° Guibert de Nogent nous apprend (cf. ci-dessous,
n° 146) que Godefroi, en partant de Nicomédie, mit trois jours
pour atteindre Nicée ; 2° les *Gesta* et Anselme de Ribemont
disent (voy. n° 147) qu'il arriva à Nicée le 6 mai. Sur la question
de savoir si Rufinel doit être identifié avec Nicomédie ou si c'est
une localité voisine, voy. Krebs, *Zur Kritik Alberts v. Aachen,*
p. 48, et Tomaschek, *Zur histor. Topographie von Kleinasien*
(Vienne, 1891), p. 4. En ce qui concerne la valeur du témoignage
d'Albert d'Aix touchant le fait relatif à Pierre l'Ermite, voy.
HP, 208.

1097, mai 4-6. — Godefroi de Bouillon, Tancrède, Robert de Flandre, Hugues le Grand et Baudouin font route de Nicomédie à
Nicée.   (146)

    Source : Guibert de Nogent (*Hist. occid. d. crois.*, IV, 156 C).
« Pridieque Maii nonas, circa urbis territorium castra sedere, tertio ex quo a Nichomedia recesserant die. »

    Commentaire : Voy. Peyré, I, 274 ; — HG, 177. — Le rensei-
gnement fourni par Guibert n'a rien de suspect. Les chefs croisés,
ci-dessus nommés, étant arrivés à Nicée le 6 mai (voy. n° 147),
seraient donc partis de Nicomédie le 4.

1097, mai 6. — Arrivée de Godefroi, de Tancrède, de Robert de
Flandre et de leurs gens devant Nicée.   (147)

    Sources : *Gesta*, 126 (VIII, 3) : « Interea pervenimus ad
Nicaeam, quae est caput totius Romaniae, in iv° die pridie nonas
maii. » — Robert le Moine (*Hist. occid. d. crois.*, III, 755 D),
qui donne la même date. — *Hist. b. sacri,* c. 20 (*ibid.*, 180). —
Tudebode (*ibid.*, 22). — Baudri de Dol (*ibid.*, IV, 26 C). — Guibert
de Nogent (*ibid.*, 156 C). — *Lettre d'Anselme de Ribemont à
Manassès, archev. de Reims* (Riant, *Inventaire*, 221) : « Inde
castra moventes, Nicaeam ij nonas Maii obsedimus. » — Orderic
Vital, *Hist. eccles.* (éd. Le Prévost, III, 500).

    Commentaire : Voy. Maimbourg, *Hist. d. crois.*, I, 95 ; —
Ceillier, *Hist. gén. des auteurs sacrés*, XXI, 146 ; — Mailly,
L'esprit d. crois., III, 444 ; — Peyré, I, 274 ; — Sybel, 334 (278).

— *Hist. occid. d. crois.*, III, 239 ; — HE, 141 et suiv. ; — HG, 178, 515. — Wilken (I, 138) se trompe en assignant au 5 mai la date de l'arrivée des premiers croisés devant Nicée. Rœhricht (*Beitræge*, II, 33) et Kohl (*Gesch. d. Mittelalters*) sont également dans l'erreur en fixant cet événement au 4 mai.

1097, vers le 10 mai. — Raimond de Saint-Gilles, ayant séjourné à Constantinople encore près de quinze jours après la conclusion de son accord avec Alexis, se met en route pour Nicée.
(148)

Sources : Albert d'Aix, II, xx : « Raimundus gratiosus et dilectus factus imperatori, diebus xv Constantinopoli moram fecit, plurimum honoris et doni ab imperatore consecutus, sub fide et sacramento homo illius factus. » — *Gesta*, 126 (VII, 1) : « Et mox exercitus comitis S. Aegidii appropinquavit Constantinopoli. Comes vero remansit ibi cum ipsa sua gente. »

Commentaire : Le séjour de Raimond à Constantinople dura du 21 avril au 10 mai ; mais le texte d'Albert ne signifie pas qu'après son accord avec Alexis, Raimond soit resté encore pendant quinze jours l'hôte de ce prince. Il arriva devant Nicée le 16 mai (voy. ci-dessous, n° 150), et, comme il ne dut pas mettre plus de six jours à franchir la distance qui sépare cette ville de Constantinople, on peut fixer au 10 mai environ son départ de la capitale de l'empire grec.

1097, mai 14-28. — Séjour de Robert de Normandie et d'Étienne de Blois à Constantinople. Ce dernier est logé pendant dix jours dans le palais impérial.
(149)

Sources : Foucher de Chartres (*Hist. occid. d. crois.*, III, 351 B) : « Constantinopolim pervenimus, ante quam urbem tentoriis nostris extensis, per xiv dies lassitudinem nostram alleviavimus. » — Albert d'Aix, II, xxj : « In his diebus, Robertus, Nortmannorum comes, Stephanus Blesensis, Eustachius, frater praedicti ducis, cum ingenti manu equitum et peditum similiter affuerunt ; qui et ipsi cum imperatore foedus et amicitiam ineuntes, hominesque illius in fidei juramento facti, nimiis donis ab eo honestati sunt. Dux vero et qui cum eo erant, interea Nicaeam urbem adierunt. » — *Lettre d'Étienne de Blois à sa femme Adèle* (*Hist. occid. d. crois.*, III, 886 B) : « Post dies vero x per quos me secum venerabilissime habuit [Alexius], ab eo quasi a patre discessi. »

Commentaire : Voy. Maimbourg, *Hist. d. crois.*, I, 98 ; — Wilken, I, 145 ; — Sybel, 332 (277) ; — Krebs, *Zur Kritik Alberts v. Aachen*, 50 ; — HG, 135, 176, 184. — Foucher disant (voy. ci-desous, n° 153) que Robert de Normandie et Étienne de Blois arrivèrent devant Nicée dans la première semaine de juin, leur arrêt de quatorze jours à Constantinople dut avoir lieu du 14 au 28 mai environ.

1097, mai 14 (jour de l'Ascension). — Commencement du siège de Nicée et première attaque des croisés contre cette ville. (150)

> **Sources :** *Gesta,* 126 (VIII, 1) : « In die autem Ascensionis Domini coepimus urbem circumquaque invadere et aedificare instrumenta lignorum atque turres ligneas, quo possemus murales turres sternere. Tam fortiter et tam acriter adgredimur urbem per ij dies, ut etiam foderemus murum urbis. » — Tudebode (*Hist. occid. d. crois.,* III, 22); — *Hist. b. sacri,* c. 20 (*ibid.,* 180). — Robert le Moine (*ibid.,* 756 A). — Baudri de Dol (*ibid.,* IV, 26 D). — Guibert de Nogent (*ibid.,* 156 D). — Orderic Vital, *Hist. eccles.* (éd. Le Prévost, III, 501). — Foucher de Chartres (*Hist. occid. d. crois.,* III, 332 C). — *Hist. Godefridi* (*ibid.,* V, 451 A).

> **Commentaire :** Voy. Peyré, I, 285, lequel dit : « Les huit premiers jours qui suivirent l'arrivée des croisés se passèrent dans ces préparatifs, et le jeudi, jour de l'Ascension, 14 mai 1097, les croisés se trouvèrent en mesure d'entreprendre activement les opérations du siège. » — Rœhricht, *Beitraege,* II, 33 ; — Muralt, *Essai de chronogr.,* II, 79 ; — Kugler, *Gesch. d. Kreuzzüge,* 38 ; — Arbellot, *Les chevaliers limousins à la première croisade* (Paris, 1881), p. 16 ; — Kohl, *Gesch. d. Mittelalters,* 21 ; — HE, 142 ; — HP, 211 ; — HG, 179. — L'éditeur de l'*Hist. eccles.* d'Orderic Vital, M. Le Prévost, se trompe en disant que l'Ascension tomba en 1097 le 7 mai.

1097, mai 15. — Deux messagers envoyés par Soliman à Nicée, pour informer les habitants de cette ville qu'il se portera à leur secours le lendemain, sont pris par les Francs. L'un est tué dans la lutte, l'autre gardé prisonnier. Là-dessus, Godefroi, Boémond et Robert de Flandre envoient des messagers au devant de Raimond de Saint-Gilles, alors en route vers Nicée, pour l'inviter à presser sa marche. (151)

> **Sources :** Albert d'Aix, II, xxv-xxvj : « Quarta die obsidionis transacta, idem Solimanus duos ex suis sub falsa specie christiana in morem peregrinorum ad explorandum virtutem et actus christiani exercitus direxit; qui custodibus arcis et defensoribus Nicaeae urbis nuncia deferrent ..... Viri duo praemissi ... a custodibus christianis capti et retenti sunt, quorum alter in impetu occisus est, alter ad praesentiam christianorum principum adductus est..... Fatetur se a Solymano missum, quem jugis montium

cum innumerabili gente hospitatum et adeo vicinum asserit, ut in crastino die circa horam tertiam eum ad pugnam credant affuturum... Dux Godefridus, Boemundus, Robertus Flandrensis et universi qui aderant comiti Reimundo tota nocte hac legationem direxerunt, quatenus plus solito viam maturaret, si cum Turcis bellum committere vellet et sociis subvenire. » — Guil. de Tyr, III, iij.

Commentaire : Wilken, I, 141 ; — Peyré, I, 286 ; — Sybel, 339 (283) ; — Krebs, *Zur Kritik Alberts v. Aachen*, 51. — La date *quarta die obsidionis*, donnée par Albert d'Aix, peut indiquer ou le 9 ou le 17 mai, suivant que l'on fait commencer le siège le 6, jour de l'arrivée des premiers croisés, ou le 14, jour dans lequel on commença l'attaque de la place. Mais cette indication chronologique ne paraît pas exacte. En effet, le premier combat entre les croisés et l'armée turque de secours, qui, selon l'indication d'Albert d'Aix, devrait être placé au lendemain (*die crastina*), eut lieu en réalité le 16 mai (voy. ci-dessous, nº 152). Il est bien possible, au surplus, que le récit d'Albert d'Aix, relatif aux deux messagers de Soliman n'ait rien d'historique.

1097, mai 16 (samedi après l'Ascension). — Arrivée de Raimond de Saint-Gilles et des Provençaux devant Nicée. Victoire des croisés sur l'armée des Seldjoukides envoyée au secours de la place. (152)

Sources : *Gesta*, 126 (VIII, 2) : « ...quae porta ipsa die a comite S. Aegidii, in die sabbati post Ascensionem Domini, et episcopo Podiensi hospitata fuit. Qui comes veniens ex alia parte, protectus divina virtute, ac terrenis fulgebat armis cum suo fortissimo exercitu. Hic itaque invenit contra nos venientes Turcos. Qui... vehementer irruit super illos atque superavit, dederuntque fugam, et fuit mortua maxima pars illorum. » — Tudebode (*Hist. occid. d. crois.*, III, 23). — *Hist. b. sacri*, c. 20 (*ibid.*, 180). — Baudri de Dol (*ibid.*, IV, 26 G). — Guibert de Nogent (*ibid.*, 156 F). — Orderic Vital, *Hist. eccles.* (éd. Le Prévost, III, 501). « Ipso enim die, sabbato scilicet post Ascensionem, Podiensis episcopus et Tolosanus comes illuc advenerant. » — Raimond d'Aguilers (*Hist. occid. d. crois.*, III, 239 A). — *Lettre d'Anselme de Ribemont à Manassès* (Riant, *Inventaire*, 223) : « Nostri autem cum victoria regressi et multa capita palis et hastis infixa portantes, xvij kal. Junii (= 16 mai) laetum in populo Dei spectaculum reddiderunt. » — Albert d'Aix, II, xxvj. — Guill. de Tyr, III, iij.

Commentaire : Voy. Wilken, I, 142 ; — Peyré, I, 288, 294 ; — Michaud, I, 124 ; — Sybel, 338 (281). — Muralt, *Essai de chronogr.*, II, 80. — Damberger, *Synchron. Gesch. d. Kirche*, VII, 266 ; — Krebs, *Zur Kritik Alberts v. Aachen*, 51 ; — Kohl, *Gesch. d.*

Mittelalters, 21 ; — HG, 180. — Le calcul de Sybel et de Damberger, qui placent le combat au dimanche 18 mai, est faux ; et je me suis trompé moi aussi à ce sujet en le plaçant au 17, dans mon édition d'Ekkehard, p. 142. Il en est de même du renseignement fourni par l'Anonyme de Fleury (*Hist. occid. d. crois.*, V, 371), qui met l'événement au 5 mars.

1097, mai 29. — Robert de Normandie et Étienne de Blois quittent Constantinople pour se rendre à Nicée.   (153)

> **Sources :** *Lettre d'Étienne de Blois à sa femme Adèle* (*Hist. occid. d. crois.*, III, 886 B, C) : « [Imperator] mihi naves praecepit praeparari per quas tranquillum maris brachium ....citissime transivi.... Ad Nicomediam ...iter nostrum direximus ; deinde ad maximam urbem Nicaeam, Deum benedicentes cucurrimus....., ubi infinitum Dei exercitum per iv septimanas cum Nicaenis mortiferum conflictum habere reperimus. » — Foucher de Chartres (*ibid.*, 332 E) : « Cumque audissent qui Nicaeam obsidebant venire principes nostros, comitem scilicet Normannorum, Stephanumque Blesensem, gaudentes eis et nobis obviam venerunt et usque ad locum in quo tentoria nostra extendimus, ante urbem in partem australem deduxerunt... » — Id. (*ibid.*, 333 A) : « Nos quippe, in hebdomada Junii prima, postremi ad obsidionem venimus. »
>
> **Commentaire :** Voy. Mailly, *L'esprit d. crois.*, III, 453 ; — Wilken, I, 145 ; — Peyré, I, 301 ; — Sybel, 340 (283) ; — Krebs, *Zur Kritik Alberts v. Aachen*, 54 ; — HE, 142 ; — HG, 184. — D'après le renseignement de Foucher, Robert de Normandie et Étienne de Blois arrivèrent à Nicée dans la première semaine de juin. D'autre part, Étienne nous dit dans sa lettre qu'au moment de son arrivée à Nicée les autres croisés s'y trouvaient déjà depuis quatre semaines. En s'en tenant rigoureusement à ces données, on peut conclure que les deux princes atteignirent Nicée le 3 juin, puisque les premières bandes de croisés y étaient parvenues le 6 mai (cf. ci-dessus, n° 147). Aucun document ne nous apprend quelle fut la durée du voyage de Robert et d'Étienne, de Constantinople à Nicée. Mais, comme Étienne dit que son passage de la mer de Marmara fut très rapide, on ne risque pas de se tromper beaucoup en admettant que le voyage en question dura cinq jours, et que, par conséquent, le départ de Constantinople eut lieu le 29 mai (cf. ci-dessus, n° 149).

1097, mai 30. — Étienne de Blois et Robert de Normandie, dans leur marche de Constantinople à Nicée, trouvent gisants aux environs de Nicomédie les ossements des croisés qui y avaient été massacrés au mois d'octobre précédent.   (154)

Sources : Foucher de Chartres (*Hist. occid. d. crois.*, III, 332 D) : « O quot capita caesa et ossa occisorum ultra Nicomediam prope mare illud in campis jacentium tunc invenimus! quos ipso anno ignaros et usui sagittario modernos Turci peremerant. Unde moti pietate lacrymas multas ibi perfudimus. » — Anne Comnène, *Alexias*, X, 6 (*Hist. gr. d. crois.*, I, ii, 9 ; éd. de Bonn, II, 35, 10).

Commentaire : Voy. HP, 210 (248) ; — HG, 182. — Les premières bandes des croisés, qui, se rendant de Constantinople à Nicée, avaient passé par Nicomédie, s'étaient sans doute trouvées, elles aussi, en face de cet affreux spectacle. Mais Foucher n'en parle qu'à propos de l'armée de Robert de Normandie, dont il faisait lui-même partie.

1097, juin 3. — Arrivée de Robert de Normandie et d'Étienne de Blois devant Nicée.   (155)

Sources : Les mêmes que celles citées au n° 153.

Commentaire : Voy., outre les auteurs cités au n° 153, l'*Histoire des croisades*, de Maimbourg, I, 99.

1097, juin 10. — Une partie du rempart de Nicée, du côté est, miné par les Francs, s'écroule, ce qui remplit de terreur les habitants. Cependant, pendant la nuit, la brèche est réparée.   (156)

Sources : *Gesta*, 127 (VIII, 4) : « Denique comes S. Egidii et episcopus Podiensis consiliati sunt in unum, qualiter facerent suffodi quandam turrim quae erat ante tentoria eorum. Ordinati sunt homines, qui hanc suffodiant, et arbalistae et sagittarii, qui eos undique defendant. Foderunt illam usque ad radices muri, submiseruntque postes et ligna, ac deinde miserunt ignem. Sero autem facto, cecidit turris jam in nocte ; sed, quia nox erat, non potuerunt proeliari cum illis. Nocte vero illa, surrexerunt festinanter Turci et restauraverunt murum tam fortiter ut, veniente die, nemo posset eos laedere ex illa parte. » — Tudebode (*Hist. occid. d. crois.*, III, 23). — *Hist. belli sacri*, col. 21 (*ibid.*, 181). — Baudri de Dol (*ibid.*, IV, 27 D, E). — Guibert de Nogent (*ibid.*, 157 A). — Raoul de Caen, c. 17 (*ibid.*, III, 618). — Raimond d'Aguilers (*ibid.*, III, 239 E) : « Nam murus e contra firmissimus erat, et viriliter sagittis et machinis defendebatur. Sic pro nihilo hebdomadibus v pugnatum est. Tandem, per Dei voluntatem, quidam de familia episcopi et comitis satis periculose ad angularem turrim, quae respicit ad austrum, accedentes, post vim facta testudine, unam de turribus cavare coeperunt et cavando ad terram prostraverunt. Itaque capta esset civitas, nisi noctis tenebrae obstitissent. Instauratus est autem murus per noctem, et laborem pristinum nobis inane reddidit. Attamen eo metu perterrita civitas ad deditionem sui coacta est. » — Albert d'Aix, II, xxxv, xxxvj. — Anne Comnène, l. XI, c. 1 (éd. de Bonn, II, 74; *Hist. grecs d. crois.*, I, 11, 40). — Guill. de Tyr, III, viij, x.

Commentaire : Voy. Mailly, *L'esprit d. crois.*, III, 488; — Wilken, I, 149; — Sybel, 341 (284), 343 (286); — Peyré, I, 298, 310; — Damberger, *Synchron. Gesch. d. Kirche*, VII, 271; — Krebs, *Zur Kritik Alberts v. Aachen*, 55; — Kugler, *Albert v. Aachen*, 27; — HG, 183. — La date du 10 juin que nous assignons à l'événement en question n'est nullement certaine. Les *Gesta* placent la chute de la tour avant l'arrivée de Robert de Normandie et d'Étienne de Blois, donc avant le 3 juin. Suivant Albert d'Aix ç'aurait été le dernier événement important qui amena la reddition de la ville. Guillaume de Tyr a tiré de ces deux renseignements contradictoires un récit où règne la confusion ; tout d'abord, il raconte la chute de la tour comme ayant eu lieu avant l'occupation du lac; et, plus loin, il la place après. Krebs et Kugler tiennent pour l'absolue exactitude du récit d'Albert d'Aix. Sybel lui aussi croit que la chute de la tour eut lieu tout à la fin du siège. Il est impossible, en fait, de donner une date précise. Seul Raimond d'Aguilers fournit une indication chronologique pas trop vague, lorsqu'il dit que le siège durait depuis cinq semaines lorsque l'on commença à miner la tour. D'après Krebs (ouvr. cité, p. 56), le siège ayant commencé le 17 mai, la chute de la tour devrait avoir eu lieu le 21 juin, ce qui est impossible, puisque, dès le 19, la ville avait capitulé. On arrive à un meilleur résultat en adoptant comme limite extrême pour le commencement du siège la date du 14 mai. Il est bien possible que Raimond, ayant sous les yeux les *Gesta*, ait, comme son modèle, fait partir de cette date le commencement du siège. En comptant de là cinq semaines nous arrivons au 18 juin. Rien ne dit toutefois que Raimond d'Aguilers n'ait pas fait commencer ce laps de temps de cinq semaines à l'époque où les premiers contingents de croisés arrivèrent devant Nicée, donc au 6 mai. Il n'ignorait pas, en effet, que, dès avant le 16 mai, date de l'arrivée des Provençaux, Godefroi et Boémond avaient commencé les opérations du siège. Il dit, en effet (*ibid.*, p. 239): *Praecesserant enim comitem [Raimundum] dux et Boemundus atque alii principes, et obsidioni operam dabant.* Dans ce cas, on pourrait admettre, pour la chute de la tour, la date du 10 juin. J'ai montré, dans mon édition des *Gesta* (p. 185), que rien, dans cette œuvre, ne s'oppose à l'adoption de cette dernière date.

1097, vers le 11 juin. — Réunion des chefs croisés et envoi d'une députation auprès d'Alexis pour lui demander de faire transporter sur le lac Askanius des bateaux qui concourraient au siège de Nicée.   (157)

Sources : *Gesta*, 127 (VIII, 6) : « Tunc nostri majores, consiliati in unum, miserunt nuntios Constantinopolim, dicturos imperatori ut faceret naves conduci ad Civitot, ubi portus est, atque juberet congregari boves, qui eas traherent per montanas et silvas usque approximent lacui, quod continuo factum est, suosque Turcopulos mandavit cum eis. » — *Hist. b. sacri*, c. 23 (*Hist. occid. d. crois.*, III, 181). — Baudri de Dol (*ibid.*, IV, 29 C). — Guibert de Nogent (*ibid.*, 159 B). — Anne Comnène, *Alexias*, l. XI, c. 2 (éd. de Bonn, II, 75). — Albert d'Aix, II, xxxij : « Magnis et parvis in unum vocatis, decretum est communi consilio, ut ad portum Civitot innumerabiles copiae equestris et pedestris vulgi mitterentur, qui naves a domino imperatore impetratas..... a mari per siccum iter vehiculis, arte lignorum aptatis funibus canabinis et loris taureis humero et collo hominum et equorum impositis usque ad lacum Nicaeae perducere valerent ; quod factum est. » — Guill. de Tyr, III, vij. — *Balduini III hist. Nicaena vel Antiochena* (*Hist. occid. d. crois.*, V, 147 D). — Voy. aussi les documents cités sous le n° 158.

Commentaire : Voy. Wilken, I, 147 ; — Peyré, I, 311 et suiv. ; — Sybel, 342 (285) ; — Krebs, *Zur Kritik Albert's v. Aachen*, 54. — Kugler, *Albert v. Aachen*, 28 ; — HG, 188 et suiv. — La date exacte de l'événement en question n'est formulée nulle part. En tous cas, il dut avoir lieu après l'investissement complet de la ville par les Franks et l'arrivée de leurs derniers contingents, donc après le 3 juin. Nous ne nous trompons sans doute pas de beaucoup en le plaçant au 11 juin, à savoir sept jours avant la venue des bateaux devant Nicée (voy. ci-dessous, n° 158), ce délai de sept jours nous paraissant suffisant pour le voyage des messagers francs de Nicée à Pelekanum, où séjournait l'empereur et pour l'envoi des vaisseaux grecs au lac de Nicée (cf. ci-dessous, n° 158).

1097, juin 17. — Arrivée des bateaux envoyés par Alexis au secours des croisés devant Nicée. Dans la nuit du 17 au 18 juin ces bateaux sont mis à flot sur le lac Askanius.   (158)

Sources : *Gesta* 127 (VIII, 7) : « Die vero, quo naves fuerant conductae, noluerunt eas statim mittere in lacum ; sed nocte superveniente miserunt eas in ipsum lacum, plenas Turcopolis bene ornatis armis. » — *Hist. b. sacri*, c. 23 (*Hist. occid. d. crois.*, III, 181). — Robert le Moine (*ibid.*, 757 F, 758 A). — Baudri de Dol (*ibid.*, IV, 29 D) ; — Guibert de Nogent (*ibid.*, 159 C). — Orderic Vital, *Hist. eccles.* (éd. Le Prévost, III, 504). — Foucher de Chartres (*Hist. occid. d. crois.*, III, 333 F) :

« Tunc naviculas aliquantas de Civitot usque Nicaeam cum bobus et funibus per terram attraximus, quas in lacum juxta urbem imposuimus ad custodiendum urbis introitum, ne alimentis civitas muniretur. » — Albert d'Aix, II, xxxij : « ...noctis in silentio viam vij miliarium trahentes has naves... quae numerum centum virorum capere poterant, orto sole ad praedictum locum applicuerunt, has in littore et undis reponentes. » — Guill. de Tyr, III, vij. — Anonyme rhénan, *Hist. Godefridi* (*Hist. occid. d. crois.*, V, 452 F). — *Balduini III Hist. Nicaena vel Antiochena* (*ibid.*, 148 C). — Anne Comnène, *Alexias*, l. XI, c. 2 (éd. de Bonn, II, 75).

Commentaire : Voy. les ouvrages cités sous le n° 157. — Alexis, à ce moment, ne se trouvait pas à Constantinople, mais à Pelekanum, localité près de Mesampola, l'actuel Sambali; et il s'y était rendu avec une partie de son armée, afin de pouvoir mieux suivre les incidents du siège de Nicée. Anne Comnène (l. X, c. 11 et l. XI, c. 2; éd. de Bonn, II, 67-75; *Hist. gr. d. crois.*, II, ii, 36-41) donne à ce sujet des renseignements circonstanciés. Il semble qu'Alexis ait tout de suite donné satisfaction à la demande des Francs, dont les messagers arrivèrent auprès de lui au plus tôt le 12 juin. La préparation des bateaux s'étant faite ensuite en grande hâte, on peut supposer que le convoi fut prêt le 14. Enfin, la capitulation de Nicée eut lieu le 19 juin (voy. ci-dessous, n° 160), et l'arrivée des bateaux devant cette ville deux jours avant, donc le 17. La nuit pendant laquelle on mit ceux-ci à flot sur le lac ne peut être que celle du 17 au 18.

1097, matin du 18 juin. — Les Francs et les Grecs attaquent Nicée par terre et par eau. Les navires envoyés par Alexis sont mis en bataille contre la ville et y portent l'épouvante. L'entrée de la place est accordée à Butumitès. (159)

Sources : *Gesta*, 127 (VIII, 7). « Summo autem diluculo, stabant naves optime ordinatae per lacum, properantes contra urbem. Videntes eas Turci mirabantur, ignorantes an esset eorum gens, an imperatoris. Postquam autem cognoverunt esse gentem imperatoris, timuerunt usque ad mortem. » — Robert le Moine (*Hist. occid. d. crois.*, III, 758 A). — *Hist. b. sacri*, c. 23 (*ibid.*, 181). — Baudri de Dol (*ibid.*, IV, 29 F). — Guibert de Nogent (*ibid.*, 159 C). — Albert d'Aix, II, xxxiij : « Sic lacu navali obsidione praeoccupato et militum illic in flumine loricata manu, in lanceis, arcu et sagittis armata, relicta, comes Raymundus et sui satellittes... assultus et lapidum jactus multiplicant, Turcos non parce vexant et impugnant, ariete ferrato muros crebra hominum vociferatione impellentes. » — Guill. de Tyr, III, viij. — Anne Comnène, *Alexias*, XI, c. 2 (éd. de Bonn, II, 75) : « Ἐνεδίδουν τὴν εἴσελευσιν τῷ Βουτουμίτῃ. »

Commentaire : Voy. Wilken, I, 149; — Peyré, I, 313; — Sybel, 342 (285); — Kugler, *Albert v. Aachen*, 29 et suiv. — Riant, *Inventaire*, 149; — HG, 190 et suiv. — Cette attaque de Nicée, à laquelle prirent part les Francs et les Grecs, fut surtout menée par les bateaux qu'Alexis avait envoyés à Nicée sous la conduite de Butumitès, chef des Turcopoles. Elle ne peut avoir eu lieu que le matin du 18 juin. Lorsque, après une rude attaque par terre et par mer, les vaisseaux grecs approchèrent des murs de la place, les habitants, raconte Anne Comnène, entrèrent en pourparlers avec Butumitès, qui leur fit connaître les conditions de leur reddition, formulées par l'empereur, et fut alors autorisé par eux à entrer dans la ville avec les équipages de sa flotte. Cela se passait le 18 juin. En effet, Butumitès ayant invité le chef grec Tang, qui était resté avec les troupes impériales parmi les assiégeants, à recommencer l'attaque dès le lendemain matin (ἀνίσχοντος ἡλίου), cette nouvelle attaque eut lieu le 19 juin, et se termina le jour même par la capitulation de la place (voy. n° 160).

1097, juin 19. — Capitulation de Nicée, opérée par les Turcs entre les mains des Grecs, c'est-à-dire de l'empereur Alexis. Butumitès arbore dans la ville les étendards impériaux. Les troupes grecques pénètrent à l'intérieur des murs, tandis que l'entrée de la place est interdit aux Francs.   (160)

Sources : Foucher de Chartres (*Hist. occid. d. crois.*, III, 333 G) : « Cum per v septimanas obsidione urbem fatigassemus [14 mai-18 juin], facto interim prolocutu per internuntios apud imperatorem, callide ei reddiderunt urbem, cum jam vi et ingenio valde esset coercita. Tunc Turci intromiserunt in eam Turcopulos ab imperatore illuc missos, qui urbem cum pecunia interna imperatori, sicut eis praeceperat, servaverunt. Die siquidem illo, quo Nicaea sic est comprehensa, sive reddita, Junius mensis solstitio repercussus est. » — Bartolf de Nangis (*ibid.*, III, 495 C). — *Lettre d'Étienne de Blois à sa femme Adèle* (*ibid.*, 887 A) : « Turci timore subacti urbem imperatori per nuntios reddiderunt, ea conditione ut nudos de civitate eis liceret per conductum exire et vivi in vinculis imperatoris haberentur... Sic reddita est maxima Nicaea, xiij kal. Julii. » — *Lettre d'Anselme de Ribemont à Manassès* (Riant, *Inventaire*, 222) : « Obsessi autem diurno atque nocturno impetu fugati, vellent nollent civitatem xiij kal. Julii reddiderunt. Tunc per muros cum crucibus et signis imperialibus christiani incedentes, civitatem domino reconciliaverunt. » — *Gesta*, 127 (VIII, 9) : « ...fuimus in obsidione illa per vij hebdomadas et iij dies. » — Tudebode (*Hist. occid. d. crois.*, III, 24) : « ... fuerunt in illa obsidione per vij hebdomadas. » — Robert le

Moine (*ibid.*, 758 D). — *Hist. b. sacri*, c. 24 (*ibid.*, 182). — Baudri de Dol (*ibid.*, IV, 30 D). — Guibert de Nogent (*ibid.*, 159 F). — Albert d'Aix, II, xxxviij. — Guill. de Tyr, III, xij. — Ekkehard, *Hierosolymita*, XIV, ı (*Hist. occid. d. crois.*, V, 22 A). — *Balduini III hist. Nicaena vel Antiochena* (*ibid.*, 148 F). — Henri de Huntingdon (*ibid.*, 375 B). — *Li estoire de Jerusalem* (*ibid.*, 629 E). — Anne Comnène, l. XI, c. 2 (éd. de Bonn, II, 78, 5) : « Ἔνθεν δ'ὁ Βουτουμίτης εἰς τὰς ἐπάλξεις (propugnacula) ἀνεληλυθὼς καὶ τὰ σκῆπτρα καὶ τὰς σημαίας περὶ τὰ τείχη καταστήσας μετὰ βυκίνων καὶ σαλπίγγων ἀνευφήμει τὸν αὐτοκράτορα..... τὰς κλεῖς τοίνυν ταυτησὶ τῆς πύλης αὐτὸς ἔχων. »

Commentaire : Voy. Sybel, 345 (288); — Rœhricht, *Beitræge*, II, 34; — Riant, *Inventaire*, 151; — HE, 143; -- HP, 211 (250); — Kohl, *Gesch. d. Mittelalters*, 21; — HG, 194; — *Hist. occid. d. crois.*, V, 370, 629, note 4. — Tous ces ouvrages donnent la date exacte du 19 juin pour la prise de Nicée. Anselme de Ribemont et Étienne de Blois, en plaçant l'événement à cette date du 19 juin, permettent de rectifier, sans aucun doute possible, Foucher de Chartres qui lui assigne la date du 20 juin. Toutes les dates données par d'autres auteurs sont erronées, ainsi celle du 21 mai indiquée par Muralt (*Essai de chronogr. byz.*, 80); celle du 20 juin qu'adoptent, en s'appuyant sur Guillaume de Tyr, Wilken, I, 150; Peyré, I, 316; Ceillier, *Hist. gén. des aut. sacrés*, XXI, 146; *L'art de vérifier les dates*, II, 615; *Hist. occid. d. crois.*, III, 24, 182, 239, 334, 495, 618, 758; IV, 30, 150; Arbellot, *Les chevaliers limousins à la première croisade*, 17; celle du 10 juin que donne Damberger (*Synchron. Gesch. d. Kirche im Mittelalter*, VII, 271). De même sont erronés les renseignements des *Gesta* et de leurs dérivés qui font durer le siège de Nicée pendant sept semaines ou sept semaines et trois jours. — Sur les événements qui précédèrent et sur ceux qui suivirent immédiatement la prise de Nicée, voy. HG, 161 et suiv.

1097, vers le 22 juin. — Les chefs des croisés se rendent auprès d'Alexis à Pelekanum, pour le féliciter de la prise de Nicée et prendre congé de lui, tandis qu'Étienne de Blois et Raimond de Saint-Gilles restent à Nicée pour la défense du çamp des Francs. (161)

Sources : *Lettre I d'Étienne de Blois* (*Hist. occid. d. crois.*, t. III, 887 B) : « In marina quadam insula prope nos imperator secessit, ad quam omnes principes nostri praeter me et comitem S. Aegidii cucurrerunt, ut cum eo de tanta victoria congratularentur, quos omnes nimio, ut debuit, affectu recepit; et quia, ne casu superveniret civitati et exercitui nostro inimicissima Turcorum turba, me remansisse apud urbem audivit, gavisus est valde. » — Anne Comnène, l. XI, 3 (éd. de Bonn, t. II, p. 82) :

« Ὁ δὲ αὐτοκράτωρ ἔτι περὶ τὸν Πελεκάνον διατρίβων... ἐνετείλατο διὰ γραμμάτων τῷ Βουτουμίτῃ, συμβουλεῦσαι ἅπασι κοινῶς τοῖς κόμησι, μὴ πρό τοῦ συντάξασθαι τῷ βασιλεῖ τῆς πρὸς Ἀντιόχειαν φερούσης ἅψεσθαι..... Καταλαβόντας δὲ τούτους τὸν Πελεκάνον ὁ αὐτοκράτωρ μεγαλοπρεπῶς δέχεται πολλῆς κηδεμονίας ἀξιώσας. »

Commentaire : Voy. Mailly, *L'esprit des crois.*, IV, 1 ; — Wilken, 1, 152 ; — Peyré, I, 319 ; — Sybel, 347 (289) ; — HG, 195. — Les croisés n'étant restés campés devant Nicée que jusqu'au 26 juin, leur visite à Alexis dut avoir lieu tout de suite après la reddition de la ville.

1097, vers le 24 juin. — Étienne de Blois donne par lettre à sa femme Adèle des nouvelles de ce qui lui est arrivé à Constantinople et à Nicée. En terminant, il lui dit que les croisés parviendront à Jérusalem dans cinq semaines, s'ils ne se trouvent pas arrêtés devant Antioche.   (162)

Source : *Lettre I d'Étienne de Blois* (Bernier, *Hist. de Blois*, p. xxiv ; Mabillon, *Mus. ital.*, I, ii, 237 ; *Hist., occid. d. crois.*, III, 885) : « Dico tibi, mi dilecta, quia de saepedicta Nicaea usque Jerusalem per v septimanas pervenimus, nisi Antiochia obstiterit nobis. »

Commentaire : Voy. *Hist. litt. de la Fr.*, IX, 271 ; — Mailly, I, lxij ; — Michaud, *Biblioth., d. crois.*, I, 345 ; — Sybel, 9 (9) ; — Peyré, II, 471 ; — *Hist., occid. d. crois.*, III, lv ; — HE, 253 ; — HG, 186 ; — Riant, *Inventaire*, 150 : « La lettre doit être placée entre le 17 et le 27 juin 1097. » — La lettre d'Étienne fut écrite immédiatement après la prise de Nicée et avant le départ des croisés pour Dorylée, donc vers le 24 juin 1097. Ce n'était pas la première qu'il écrivait à sa femme depuis son départ de France. Au début, il exprime la crainte qu'une lettre précédente, qu'il lui avait adressée de Constantinople et dans laquelle il lui racontait les incidents de son voyage jusqu'à son arrivée dans cette ville, ne lui fût point parvenue, et c'est pour cela, dit-il, qu'il lui écrit de nouveau. Il lui écrivit une troisième fois devant Antioche.

1097, vers le 25 juin. — Sur le conseil d'Alexis, les croisés envoient une ambassade en Égypte.   (163)

Source : *Hist. belli sacri*, c. 22 (*Hist. occid. d. crois.*, t. III, p. 181) : « Statimque consiliati sunt principes nostri in unum, uti legatos in Babyloniam, consilio imperatoris mandarent Ammirario. Elegerunt continuo hos, Ugonem de Bellafayre et Bertrannum de Scabrica et Petrum de Picca, ejus capellanum. Vocatis vero istis, dederunt eis verba in hunc modum : Ite in protectione Dei per mare in Babyloniam, ad Ammirarium nostras ferre litteras..... Videat qualiter erga nos agere vult, aut christianitatem recipere et esse una nobiscum ut frater atque amicus, aut si paganorum vult amicitiam habere, et obviam nobis ad bellum exire. »

Commentaire : Voy. Sybel, 319 (201) ; — Peyré, I, 307 ; — Riant, *Inventaire*, 146 ; — HE, 169. — Seule, l'*Historia belli sacri* parle de cette ambassade des croisés au sultan d'Égypte, sans donner d'ailleurs de renseignements précis sur l'époque où les ambassadeurs partirent. Toutefois, je ne crois pas que la chose ait eu lieu avant la prise de Nicée. L'*Historia b. sacri* mentionne cet envoi immédiatement avant son récit de la prise de la ville, et immédiatement après celui de la chute de la tour, survenue le 10 juin (voy. ci-dessus, nᵒ 156). Comme l'*Historia* dit expressément que l'ambassade fut envoyée sur le conseil d'Alexis ; comme, d'autre part, après la prise de Nicée la confiance des croisés dans la victoire et le succès final de l'expédition était grandement augmentée, je pense que l'envoi de l'ambassade dut avoir lieu non le 12 juin, comme l'a supposé Riant, mais après le retour dans leur camp des chefs francs qui s'étaient rendus auprès d'Alexis. Mathieu d'Édesse parle d'une lettre qui fut adressée par les princes croisés au roi d'Arménie Thoros (*Hist. armén. d. crois.*, I, 30). L'envoi de cette lettre eut-il lieu à la même époque, ou ne se fit-il que plus tard, lorsque l'armée était déjà entrée en Cappadoce? Il est difficile de trancher cette question. Riant date du 12 juin la lettre à Thoros, comme l'envoi de l'ambassade en Égypte.

1097, juin 26. — Une partie des croisés, entre autres les Normands, parmi lesquels se trouvait l'auteur des *Gesta Francorum*, lève le camp de Nicée et se dirige vers le pont du fleuve Geuksu, qu'elle atteint le même jour.   (164)

Sources : *Gesta*, 128 (IX, 2, 3) : « Prima die qua recessimus a civitate [Nicaea], venimus ad quendam pontem [26 juin]. Ibi remansimus per duos dies [27 et 28 juin]. Tertia autem die [29 juin], priusquam lux coepisset oriri, surrexerunt nostri, et quia nox erat non viderunt tenere unam viam, sed sunt divisi per ij agmina et venerunt divisi per duos dies [29 et 30 juin]. Tertia die [1 juil.] irruerunt Turci super Boemundum... Hoc bellum factum est primo die Julii. » — Tudebode (*Hist. occid. d. crois.*, III, p. 24). — *Hist. b. sacri*, c. 25 (*ibid.*, p. 182). — Baudri de Dol (*ibid.*, IV, 33 A). — Orderic Vital, *Hist. eccles.* (éd. Le Prévost, III, 507). — Guibert de Nogent (*Hist. occid. d. crois.*, IV, 160 A). — Anne Comnène, l. XI, 3 (éd. de Bonn, II, 84) : « Ὁ δέ γε Τατίκιος μετὰ τοῦ ὑπ' αὐτὸν στρατοῦ καὶ οἱ κόμητες ἅπαντες καὶ τὰ.... Κελτικὰ πλήθη ἐν δυσὶν ἡμέραις τὰς Λεύκας καταλαβόντες. »

Commentaire : Voy. Wilken, I, 154 ; — Haken, *Gemælde d. Kreuzzüge*, I, 213 ; — Raumer, *Gesch. d. Hohenstaufen*, I, 94 ; — Sybel, 349 (291) ; — Peyré, I, 327 ; — HE, 144 ; — HG, 195 ; — Kohl, *Gesch. d. Mittelalters*, 21 ; — Von der Golz, *Der erste Eisenbahnzug in Angora* (*Allgemeine Zeitung*, 1893, Beilage, n° 11); — Poujoulat, *Voyage à Constantinople et dans l'Asie Mineure* (Bruxelles, 1841), lettre X, p. 85. — Les diverses relations ne concordent pas quant à la date à laquelle les croisés quittèrent Nicée. Foucher indique le 29 juillet (voy. n° 167), la *Lettre I d'Anselme de Ribemont* et Raimond d'Aguilers donnent le 28 du même mois, et les *Gesta*, d'une façon indirecte, le 26. Il n'en faut pas conclure nécessairement à une erreur de la part de tels ou tels de ces écrits ; il est plus naturel de supposer que les contingents des croisés ne partirent pas tous en même temps ou le même jour de Nicée, ce qui eût été au surplus impossible, étant donné le nombre considérable des soldats. Peyré et Le Prévost, sans raison précise, adoptent la date du 25 juin. Celle du 27 juin, que j'avais admise dans mon édition des *Gesta*, p. 195, est également fausse. Celle du 26 se déduit de ce que disent les *Gesta* du jour de la bataille de Dorylée, laquelle, d'après ce texte, eut lieu le 1er juillet. Suivant Anne Comnène, l'armée entière aurait mis deux jours pour atteindre Λεύκα, ce qui n'implique nullement qu'une partie de cette armée n'y soit pas arrivée dès le premier jour après son départ de Nicée. C'est probablement à une simple erreur de plume qu'il faut attribuer la date du 5 juillet (*tertio nonas Julii*) fournie par Bartolf de Nangis (*Hist. occid. d. crois.*, III, 495 D).

1097, vers le 27 juin. — Les chefs des croisés, de retour de leur visite à Alexis Comnène, renvoient Anselme de Ribemont vers ce prince, pour traiter de leurs intérêts communs.   (165)

> **Source.** *Lettre I d'Anselme de Ribemont* (Riant, *Inventaire*, p. 222) : « Ea die (c'est-à-dire le 1er juillet, jour de la bataille de Dorylée), regressus sum ab imperatore ad quem me miserant principes pro communi utilitate. »
>
> **Commentaire :** Voy. Riant, *Inventaire*, p. 166. — Dans la partie de la lettre qui précède le passage ci-dessus, Anselme avait parlé de la bataille de Dorylée, livrée le 1er juillet; c'est vraisemblablement ce jour-là qu'il avait quitté Pelekanum, où séjournait Alexis, pour rejoindre l'armée. Son départ pour aller trouver l'empereur grec dut avoir lieu vers la fin de juin, après que les chefs croisés, qui s'étaient rendus eux-mêmes à Pelekanum vers le 25 juin, furent rentrés à Nicée, et probablement avant le jour où les Normands partirent de Nicée, c'est-à-dire avant le 26 juin.

1097, juin 28. — L'armée des Provençaux quitte Nicée.   (166)

> **Sources :** Raimond d'Aguilers (*Hist. occid. d. crois.*, III, 240 D) : « Profecti igitur a Nicaea civitate in Romaniam [28 juin], secunda die [29 juin] temere Boemundus cum quibusdam principibus a comite et episcopo ac duce digressus est; cumque in die tertia digressionis suae tentoria disponeret figere, 150000 Turcorum in pugnam adventare conspiciunt [1er juillet]. » — *Lettre I*

d'Anselme de Ribemont (Riant, *Inventaire*, 222) : « A Nicaea autem iv kal. Julii [28 juin] castra moventes, tribus diebus iter carpentes [28-30 juin], ivᵃ die [1ᵉʳ juillet] iterum Turci partem minoris nostri exercitus adgrediuntur. »

Commentaire : Voy. HG, 195 ; — Von der Goltz, *Der erste Eisenbahnzug in Angora* (*Allgem. Zeitg.*, 1893, Beilage 11). — Raimond d'Aguilers, chapelain de Raimond de Toulouse, se trouvait sans doute avec les Provençaux, qui, le jour même de leur départ de Nicée, atteignirent le pont du Geuksu, situé un peu avant Lefke (l'ancien Λεύκα), non loin de l'endroit où le Geuksu se jette dans le Sakaria. Ils y rejoignirent les Normands et le reste des croisés partis avant eux de Nicée.

1097, juin 29. — L'armée des croisés, qui, pendant les jours précédents, s'était concentrée près du pont du Geuksu (Gallus), aux environs de Lefke, poursuit en deux détachements sa marche vers l'intérieur de l'Asie-Mineure.   (167)

Sources : Raimond d'Aguilers (*Hist. occid. d. crois.*, III, 240 D ; cf. ci-dessus, nº 166). — *Gesta*, 128 (IX, 2, 3) ; cf. nº 164. — *Lettre 1 d'Anselme de Ribemont* (Riant, *Inventaire*, 222). — Foucher de Chartres (*Hist. occid.*, III, 334 A) : « Cum igitur barones nostri ab imperatore concessum abeundi accepissent, iiiº kal. Julii a Nicaea discessimus, interiores Romaniae partes adituri. Sed cum per duos dies [29-30 juin] iter egissemus nostrum, nuntiatum nobis est quod Turci, praetensis nobis insidiis, in planis per quae transituros nos putabant, proeliaturi exspectabant..... Mane autem, quod accidit kal. Julii..., adversus eos ordinate ire coepimus. » — Albert d'Aix, II, xxxviij : « Biduo autem communi agmine gradientes, decreverunt tanti exercitus divisionem fieri... Convenerunt inter ij montium apices, ubi per pontem flumine quodam superato, Boamundus prorsus cum suis sequacibus turmis a duce Godefrido dissociatur. »

Commentaire : Voy. Mailly, *L'esprit des croisades*, IV, 4 ; — Sybel, 350 (292) : « Fulcher und Anna (ce qui par rapport à cette dernière n'est pas exact ; cf. nº 164) rechnen den Marsch erst von dieser Stelle (Lefke) an ; man sieht dass die Pilger noch nahe bei Nicaea gestanden haben müssen. » — Peyré, 1, 324 ; — HG, 196. — La concentration des croisés s'était faite aux environs de Lefke, le Λεύκα d'Anne Comnène. De là, ils reprirent leur marche le 29 juin, date que fournissent indirectement toutes les sources. Toutes les sources également nous apprennent que, pendant les deux jours suivants, ils marchèrent séparés en deux détachements et que, le troisième jour, ils furent attaqués par les Turcs.

1097, juin 30. — Le soir, des espions de l'un des détachements des croisés ayant aperçu, aux abords du camp, des Turcs qui paraissaient animés d'intentions hostiles, on prend immédiatement contre ceux-ci des mesures de précaution.   (168)

Source : Foucher (*Hist. occid.*, III, 334 B; cf. n° 167) : «... cum per duos dies iter egissemus nostrum.....; sed cum inde vespere illo [c'est-à-dire le soir du 1ᵉʳ juillet] speculatores nostri plures ex illis a longe adspexissent, statim nos inde munierunt : propterea nostra tentoria nocte illa conservari undique vigilibus fecimus. Mane autem quod accidit kal. Julii, etc... — Bartolf de Naugis (*ibid.*, 495 E).

Commentaire : Voy. Sybel, 351 (293); — Peyré, I, 331; — Damberger, *Synchron. Gesch. d. Kirche im Mittelalter*, VII, 272.

1097, juillet 1 (mercredi). — Combat entre les croisés et les Turcs dans la région de Dorylée. Le combat commence le matin, après 8 heures. L'après-midi, à 2 heures, les Turcs sont mis en fuite, après l'arrivée sur le champ de bataille de Hugues le Grand, de Raimond de Saint-Gilles et de Godefroi, qui depuis deux jours s'étaient éloignés par une autre route et que Boémond fit rappeler en toute hâte. La poursuite des Turcs par les Francs dure jusqu'à la nuit.   (169)

Sources : *Gesta*, 128 (IX, 3-12) : « Tertia vero die [= 1ᵉʳ juillet], irruerunt Turci vehementer super Boemundum et eos qui cum eo erant.....; nosque illos persecuti sumus, occidentes tota una die... Ab hora tertia [8-9 heures du matin] usque in horam nonam [2-3 heures après midi] perduravit haec pugna..... Hoc bellum factum est primo die Julii ». — *Lettre I d'Anselme de Ribemont* (Riant, *Inventaire*, 122 ; cf. ci-dessus, n° 166). — Foucher (*Hist. occid.*, III, 334 C) : « Mane autem, quod accidit kal. Julii, sumptis armis adversus eos ordinate ire coepimus. Hora itaque diei secunda, ecce praecursores Turcorum speculatoribus nostris appropiaverunt..... Nobis tunc deerant dux Godefridus et comes Raimundus atque Hugo Magnus, qui per duos dies, nescio qua de causa, se a nobis subtraxerant cum gente magna nostrorum, tramite bifurco... Quia tarde legatos nostros inde habuerunt, ideo nobis tarde succurrerunt..... Visis consociis nostris qui postremi ad adjuvandum nos properabant, laudando Deum, audaciam resumpsimus..... Heu ! quot de nostris die illo post nos lente venientes in via occiderunt. A prima siquidem hora diei usque ad sextam nos angustiae coercuerunt... Alii de rebus eorum (*scil.* Turcorum) camelos et equos plures oneraverunt..., alii vero Turcos fugientes usque ad mortem persecuti sunt. » — Raimond d'Aguilers (*ibid.*, 240 D) : «... cumque in die iii^a digressionis suae (la séparation des croisés en deux corps) tentoria disponeret figere, CL milia Turcorum in pugnam adventare conspiciunt. » — *Gesta Adhemari* (*ibid.*, V, 354 F) : « Capta autem civitate, direxerunt viam suam per mediam Romaniam, ubi in campo vocato Florido repererunt Turcos armatos sine numero..... Commiserunt proelium a mane usque ad vesperam. » — Anne Comnène, l. XI, 3 (éd. de Bonn, II, 84 ; *Hist. gr. d. crois.*, I, 48) : « Περὶ τὰς τοῦ Δορυλαίου πεδιάδας ». — *Lettre de Boémond au pape Urbain II* (dans Foucher, *Hist. occid.*, III, 350 F) : « Cum igitur capta Nicaea, illam maximam multitudinem Turcorum in kal. Julii nobis obviam in valle Dorotillae devicimus et illum magnum Solimanum fugavimus..... » — Mathieu d'Édesse (*Hist. arm. d. crois.*, I, 28). — Guillaume de Tyr, III, xiij-xiv.

Commentaire : Voy. Maimbourg, I, 105-114 ; — Mailly, IV, 9-25 ; — Wilken, I, 154 ; — Haken, *Gemälde d. Kreuzzüge*, I, 215 ; — Michaud, I, 131 ; — Sybel, 78, 352 (67, 294) ; — Peyré, I, 338 ; — Le Prévost, dans son éd. d'Orderic Vital, III, 508 ; — Damberger, *Synchron. Gesch.*, VII, 273 et suiv. ; — Muralt, *Essai de chronogr.*, II, 80 ; — Rœhricht, *Beitræge*, II, 34 ; — Heermann, *Gefechtsführung abendl. Heere im Orient in d. Epoche d. ersten Kreuzz.* (1888), pp. 5-24 ; — Kohl, *Gesch. d. Mittelalters*, 22 ; Arbellot, *Les chevaliers limousins à la Ire crois.* (1881), p. 17 ; — P. Meyer, *Fragm. d'une chanson d'Antioche* (*Arch. de l'Or. lat.*, II, ii, 470) ; — HE, 144 ; — HG, 197-208 ; — Kugler, *Gesch. d. Kreuzzüge*, 40 ; — Riant, *Inventaire*, 152-165 ; — Von der Golz, *Der erste Eisenbahnzug in Angora* (*Allgem. Zeitg.*, 1893, Beilage 11) ; — Krumbacher, *Gesch. d. byz. Literatur*, 2e éd., p. 1019. — Le récit de la bataille livrée par les croisés à Soliman, le 1er juillet 1097, se trouve dans presque toutes les histoires, tant anciennes que modernes, de la croisade. Je ne puis m'expliquer comment Haken est arrivé à fixer la date de cet événement au 12 juillet. Tout a été dit sur les divers incidents de la bataille, mais on peut encore discuter sur l'emplacement exact où elle fut livrée. On la désigne généralement sous l'appellation de « bataille de Dorylée », et l'on identifie Dorylée avec la localité moderne d'Eskishehir. Cependant Naumann dit : (*Vom goldenen Horn bis zu den Quellen des Euphrat*, Münich, 1893, p. 106) : « Sur l'emplacement du moderne Eskishehir, il est impossible de découvrir aucune trace de l'antique Dorylée. Peut-être cette dernière ville se trouvait-elle à 3 kilom. plus au nord, à l'endroit où dans la grande plaine s'élève la colline de Sharügüt. » Il est impossible au surplus que la bataille ait été livrée dans les environs immédiats de Dorylée, car celle-ci est éloignée de près de 22 heures de marche du pont du Karasu (cf. ci-dessus, nº 167), et les croisés ne pouvaient encore y être parvenus. Mais von der Golz est certainement dans l'erreur lorsqu'il exprime l'opinion que les chrétiens adoptèrent le nom de Dorylée parce que cette ville était la première qu'ils devaient atteindre après avoir quitté Nicée. En effet, aucun des chroniqueurs francs, ni des témoins oculaires de l'expédition ne paraît avoir connu le nom de Dorylée. Tous donnent à la localité où eut lieu la bataille d'autres noms, qui ne répondent d'ailleurs à aucun endroit connu. La lettre des princes croisés, reproduite par Foucher (éd. citée, 350 F.), l'appelle : « Vallis Dorotillac »; Baudri de Dol, ms. G. (éd. citée, p. 36) : « Vallis Phinagonia » ; Raimond d'Aguilers (éd. citée, p. 240 D) et les *Gesta Adhemari Podiensis* (éd. citée, p. 354 F) : « campus Floridus » ; Albert d'Aix (II, xxxviij) : « vallis de Degorganhi, quae a modernis Ozellis nuncupatur. » Seule Anne Comnène indique la ville de Dorylée, mais sans que l'on puisse inférer de ses paroles que la bataille se soit livrée dans les environs immédiats de cette ville, comme Sybel l'a admis tout à fait arbitrairement [*Gesch. d. 1ten Kreuzzuges*, 351 (293)]. Elle dit, en effet : « Περὶ τὰς τοῦ Δορυλαίου πεδιάδας » c'est-à-dire aux environs de la plaine de Dorylée. Or cette plaine comprend un grand espace de pays (voy. la carte dans l'ouvr. ci-dessus de Naumann). Je me range tout à fait à l'opinion de von der Goiz, qui pense que la bataille eut lieu assez loin de Dorylée, à savoir sur la route entre Nicée et Dorylée, peut-être près de Bosuzuk, peut-être près de Inönnu. — Voy. ce que j'ai dit à ce sujet dans mon édition des *Gesta*, p. 198.

1097, juillet 1-3. — Les croisés établissent leur camp sur le champ de bataille (près du Karasu), et s'occupent d'ensevelir leurs morts.   (170)

Sources : Foucher de Chartres (éd. citée, p. 336 B) : « Die crastino et tertio Turci non cessaverunt fugere, quamvis eos nullus, nisi Deus, amplius fugaret. » — Albert d'Aix, II, xliij : « Hoc tam crudeli certamine finito, circa flumen quoddam et ejus carectum christiani milites spatio trium dierum quieverunt curantes corpora nimis fessa ex abundantia escarum quas Turci occisi et fugitivi reliquerant. Episcopi, presbyteri monachi, qui aderant, corpora occisorum terrae tradiderunt, animas fideles eorum in manu Jesu Christi precibus et psalmis commendantes. » — Id., III, i : « Quartae imminente lucis crepusculo, Francigenae castra moverunt. » — *La Chanson d'Antioche*, III, 14 (éd. de Paulin, Paris, t. I, p. 163) : « Al demain parson l'aube levèrent Borguignon ... Ce fut un samedi, que de fi le set on ... » — Guillaume de Tyr, III, xvj : « Ibi per triduum moram sibi et equis suis fecerunt necessariam. » — Robert le Moine (*Hist. occid. d. crois.*, III, 764 E) : « Altera autem die, quae erat tertia mensis Julii, tentoria summo mane defixerunt et vestigia Turcorum fugientium sequi festinaverunt. »

Commentaire : Voy. Wilken, I, 157 ; — Haken, *Gemælde d. Kreuzzüge*, I, 224 ; — Damberger, *Synchron. Gesch.*, VII, 277 ; — HG, 210. — Le jour de la bataille fut le mercredi 1er juillet. D'après Robert le Moine, les croisés se seraient remis en marche *tertia die mensis Julii*, c'est-à-dire le vendredi 3 juillet. D'après Albert, ils demeurèrent trois jours sur le champ de bataille, soit le mercredi 1er juillet, le jeudi et le vendredi, et ils se remirent en route le samedi. Ce renseignement est confirmé indirectement par le texte de Foucher. Michaud (I, 138), Peyré (I, 365) et Le Prévost (éd. d'Orderic Vital, III, 512) adoptent la donnée inexacte que fournit Robert le Moine.

1097, juillet 3. — Anselme de Ribemont rejoint l'armée, après avoir accompli la mission dont les chefs croisés l'avaient chargé auprès d'Alexis. (171)

> **Source :** Cf. n° 165.
>
> **Commentaire :** On voit par le contenu de la lettre d'Anselme (cf. n° 165) que ce personnage n'assista pas à la bataille livrée près de Dorylée. Il dut rejoindre l'armée des croisés la veille du jour où ceux-ci reprirent leur marche, c'est-à-dire le 3 juillet.

1097, juillet 4. — L'armée entière des croisés quitte le champ de bataille du Karasu (Dorylée) et continue sa marche à travers l'Asie-Mineure. Pendant les deux premiers jours de route, ils trouvent sur leur chemin des cadavres de chevaux et de cavaliers turcs, frappés pendant la poursuite. (172)

> **Sources :** Cf. n° 170. — Raimond d'Aguilers (éd. citée, 240 G) : «... per primam et alteram diem juxta viam equos inimicorum mortuos cum dominis ipsis reperimus. »
>
> **Commentaire :** Voy. n° 170. — La Chanson d'Antioche, en donnant le samedi comme le jour du départ de l'armée, a probablement suivi Albert d'Aix qui fournit la même date de jour.

1097, juillet 4. — Soliman II, fuyant devant les Turcs, rencontre une armée arabe, forte de 10,000 hommes, qui venait à son secours. Ce renfort, en apprenant sa défaite, rebrousse chemin et se disperse. (173)

> **Sources :** *Gesta*, 130 (X, 1) : « Postquam vero Turci omnino fuerunt devicti, per iv dies et noctes fugientes huc et illuc, contigit ut Solimanus, dux illorum, filius Solimani veteris, fugeret de Nicea, qui invenit x milia Arabum, qui dixerunt ei : O infelix et infelicior omnibus gentilibus! cur tremefactus fugis ? Quibus Solimanus lacrimabiliter respondit.... At illi, audientes talia, retrorsum verterunt dorsa et se expanderunt per universam Romaniam. » — Tudebode (*Hist. occid. d. crois.*, III, 28). — *Hist. b. sacri* c. 29 (*ibid.*, p. 183). — Robert le Moine (éd. citée, p. 764 F., 765 F) : «... nunc iva dies est ex quo [nos Solimanus] a facie eorum [*scil.* Francorum] fugere coepimus. » — Baudri de Dol (éd. citée, p. 36 E). — Guibert (éd. citée, p. 163 A). — Orderic Vital, *Hist. eccles.* (éd. Le Prévost, III, 512).

Commentaire : Voy. Mailly, *L'esprit d. crois.*, IV, 29 ; — Peyré, I, 363 ; — HG, 43, 209. — La déroute complète des Turcs, d'après les *Gesta*, eut lieu dans la bataille du 1er juillet, dont le récit, dans les *Gesta*, est placé immédiatement avant le passage ci-dessus. La rencontre entre Soliman et les renforts arabes dut donc avoir lieu le 4 ou le 5 juillet.

1097, vers le 15 juillet. — Une flotte génoise part pour l'Orient avec un grand nombre de Génois qui avaient pris la croix.

(174)

Source : Cafaro, *Liberatio civit. Orientis* (*Hist. occid. d. crois.*, V, 49 E) : « Multi de melioribus Januensibus illa die (cf. n° 71) crucem susceperunt, scilicet isti : Anselmus Rascherius, Obertus, Lamberti de Marino filius..... et reliqui plures, qui tanti fuerunt quod xij galeas et sandanum [= navis oneraria] unum de fortissimis bellatoribus viris armaverunt, et mense Julii versus Orientales partes iter inceperunt. »
Commentaire : Voy. Heyd, *Gesch. d. Levantehandels,* I, 147 ; — HG, 278. — La flotte génoise arriva en novembre 1097 au port Saint-Siméon (voy. plus loin, n° 210).

1097, vers le 31 juillet. — Arrivée de l'armée chrétienne à Antioche de Pisidie, après une marche dans laquelle elle avait grandement souffert de la disette et perdu bon nombre de soldats et de bêtes de somme.   (175)

Sources : Foucher de Chartres (éd. citée, p. 336 D) : « Tum iter nostrum modeste calcavimus : die uno sitim gravissimam tolerantes, qua viri aliquanti et mulieres valde vexati exstincti sunt... Tunc venimus Antiochiam, quam parvam praenominant, in provincia Pisidiae, deinde Iconium, in quibus regionibus saepissime pane cibariisque satis indiguimus ; nam Romaniam, quae terra est optima et valde fertilis bonorum omnium, invenimus nimis a Turcis vastatam et depopulatam. » — Bartolf de Nangis (*Hist. occid. d. crois.*, III, 496 E). — *Gesta*, 130 (X, 3) : « Nos itaque persequebamur eos [Turcos] per deserta et in aquosam et inhabitabilem terram, ex qua vix vivi evasimus vel exivimus. Fames vero et sitis undique coartabant nos, nihilque penitus nobis erat ad edendum, nisi forte vellentes et fricantes spicas manibus nostris, tali cibo quam miserrime vivebamus. Illic fuit mortua maxima pars nostrorum equitum ». — Robert le Moine (*Hist. occid. d. crois.*, III, 766 C). — Tudebode (*ibid.*, 27 C). — *Hist. b. sacri,* c. 29 (*ibid.*, 184). — Baudri de Dol (*ibid.*, IV, 36 B). — Guibert de Nogent (*ibid.*, 163 G). — Orderic Vital (éd. Le Prévost, III, 512). — Accolti (*Hist. occid d. crois.*, V, 564 B). — *Hist. Nicaena vel Antiochena* (*ibid.*, 149 E). — Albert d'Aix, III, nj : « Dux Godefridus, Boemundus, Robertus, Reymundus regia via a longe sequebantur et Antiochiam minorem reclinantes... hospitio nona diei hora moram facere decreverunt. » — Guill. de Tyr, III, xvj.

Commentaire : Voy. Michaud, I, 139 ; — Peyré, I, 368 ; — Sybel, 358 (299) ; — Kugler, *Albert v. Aachen*, p. 36 ; — HE, 144 ; — HG, 211 et suiv. — De Bozujuk, où les croisés se trouvaient au début de juillet, jusqu'à Antioche de Pisidie, dont les ruines se voient aux environs de l'actuel Jalovatz, il y a environ 260 kilomètres, soit approximativement cinquante-deux heures de marche. Étant données les chaleurs de l'été, l'armée ne put s'avancer qu'avec lenteur, ce que d'ailleurs Foucher dit expressément. On peut donc présumer qu'elle ne fit en moyenne pas plus de 10 kilomètres par jour.

1097, vers le 1ᵉʳ août. — Godefroi de Bouillon, chassant dans les environs d'Antioche de Pisidie, est blessé grièvement par un ours.   (176)

Sources : Albert d'Aix, III, iv : « Antiochiam minorem reclinantes, hospitio..... facere decreverunt (cf. nᵒ 175).....; illic accubantes..... silvam aptissimam venatibus reperientes..... Godefridus ursum... respicit, etc., etc. ». — Guibert de Nogent (éd. citée, p. 230 B). — Guillaume de Tyr, III, xvij.

Commentaire : Voy. Mailly, *L'esprit d. crois.*, IV, 52 ; — Wilken, I, 159 ; — Michaud, I, 140 ; — Peyré, I, 372 ; — Sybel, 78 (67). — Beyer, *Vita Godefridi Bullion.*, p. 38 ; — Kugler, *Albert v. Aachen*, 37 ; — Kugler, *Gottfried von Bouillon*, dans l'*Hist. Taschenbuch*, de Raumer, 6ᵉ sér., VI, 17. — Le combat de Godefroi et de l'ours, raconté en détail par Albert d'Aix, est révoqué en doute par Sybel, mais considéré comme parfaitement authentique par Kugler.

1097, vers le 5 août. — Raimond de Toulouse tombe dangereusement malade.   (177)

Sources : Raimond d'Aguilers (éd. citée, 241 A) : « Devictis et profligatis Turcis, pacifice et alacriter per Romaniam usque Antiochiam venimus. Sed comes aliquantulum exercitum retardavit causa infirmitatis suae..... Ita ea infirmitate affectus fuit, ut depositus de lecto in terram, vix etiam vitalem pulsum haberet, unde episcopus Aurasicae urbis officium ei quasi pro defuncto impenderet ; sed divina clementia de morte eum ilico relevavit et sospitati reddidit. ». — *Hist. b. sacri*, c. 30 (éd. citée, p. 184).

Commentaire : Voy. Mailly, *L'esprit d. crois.*, IV, 54 ; — Michaud, I, 140 ; — Peyré, I, 375. — Le rédacteur de l'*Hist. b. sacri*, qui a inséré presque textuellement dans son récit le renseignement fourni par Raimond d'Aguilers, place cette maladie du comte Raimond avant l'arrivée de l'armée à Iconium. J'adopte cette indication chronologique bien que les paroles de Raimond d'Aguilers : *usque Antiochiam venimus*, puissent s'appliquer aussi bien à Antioche de Syrie qu'à Antioche de Pisidie.

1097, vers le 15 août. — Arrivée des croisés devant Iconium. (178)

> **Sources :** Foucher de Chartres (éd. citée, p. 336 D ; cf. ci-dessus, n° 175). — Bartolf de Nangis (éd. citée, p. 496 E ; cf. n° 175). — *Gesta*, 130 (X, 4) : « Deinceps appropinquavimus Iconio. Habitatores terrae illius suadebant nos nobiscum ferre utres plenos aqua, quia illic in itinere diei unius est maxima penuria aquae. Nos vero ita fecimus, donec pervenimus ad quoddam flumen, ibique hospitati sumus per ij dies. » — Tudebode (éd. citée, 30 A). — *Hist. belli sacri*, c. 30 (éd. citée, p. 184). — Robert le Moine (éd. citée, p. 766 E). — Baudri de Dol (éd. citée, p. 37 D). — Guibert de Nogent (éd. citée, p. 163 H). — Orderic Vital (éd. Le Prévost, III, 513). — Guill. de Tyr, III, xviij.
>
> **Commentaire :** Voy. Peyré, I, 377 ; — Kohl, *Gesch. d. Mittelalters*, 22 ; — HE, 144 ; — Kugler, *Albert v. Aachen*, 38 ; — HG, 213. — La distance entre Antioche de Pisidie et Iconium est d'environ 115 kilomètres, et, en raison de la chaleur (*ob nimios calores mensis Augusti* [Alb. d'Aix, III, 1]), les croisés ne durent la parcourir qu'avec une grande lenteur (cf. ci-dessus, n° 175).

1097, vers le 20 août. — Arrivée des croisés vers le fleuve de Tscharschembe, où ils s'arrêtent pendant deux jours.   (179)

> **Sources :** *Gesta*, 130 (X, 4), cf. ci-dessus, n° 178. — Tudebode (*Hist. occid. d. crois.*, III, 30 A). — *Hist. b. sacri*, c. 31 (*ibid.*, p. 184). — Robert le Moine (*ibid.*, 767 A). — Baudri de Dol (*ibid.*, IV, 37 E). — Guibert de Nogent (*ibid.*, 164 A). — Orderic Vital (éd. Le Prévost, III, 513).
>
> **Commentaire :** Voy. Peyré, I, 378. — HE, 145 ; — HG, 214. — Il n'est dit dans aucun document combien de temps les croisés restèrent à Iconium. Les paroles d'Albert d'Aix : *quia in itinere diei unius est maxima penuria aquae*, montrent, qu'après leur départ d'Iconium, ils durent traverser une assez vaste contrée manquant d'eau. Le cours d'eau près duquel ils s'arrêtèrent deux jours et qu'ils ne durent atteindre probablement qu'après une marche de deux jours au moins, est le Tscharschembe, qui coule du nord au sud, à 40 kilomètres d'Iconium dans la direction d'Héraclée.

1097, août. — L'empereur Alexis envoie à Oderisio, abbé du Mont-Cassin, une ambassade chargée de lui expliquer sa conduite à l'égard des croisés et de le renseigner sur les heureux débuts de l'expédition.   (180)

Source : *Lettre d'Alexis à l'abbé Oderisio* (publ. dans : Gattula, *Hist. Casin.*, I, ii, 294 ; Muratori, *Antiq. Ital.*, V, 389-390 ; Tosti, *Storia di M. Casino*, II, 95 ; Trinchera, *Syllabus*, n° 62, p. 79. — Riant, *Epistola Alexii*, p. 43) : «....... missa est mense Augusto, indictione vᵃ, a sanctissima urbe Constantinopoli. »

Commentaire : Voy. Riant, *Epistola Alexii*, Praef., p. lxxiii ; — Riant, *Inventaire*, 151. — Alexis avait eu de bonnes nouvelles de l'abbé Oderisio et de sa communauté par les croisés qui s'étaient rendus à Constantinople à travers l'Italie et avaient passé au Mont-Cassin. Il en exprima sa satisfaction dans une lettre qu'il remit à son ambassade, pour servir à celle-ci de lettre de recommandation, lettre qu'il dut écrire dans l'été de 1097. On ne peut dire si l'indication chronologique qui la termine se rapporte à l'époque du départ de l'ambassade de Constantinople ou à celle de son arrivée au Mont-Cassin.

1097, vers le 10 septembre. — Les croisés arrivent devant Héra-clée (Eregli) ; ils attaquent aussitôt les Turcs qui s'y trouvent, les mettent en fuite et occupent la ville, dans laquelle ils restent quatre jours.   (181)

Sources : *Gesta*, 130 (X, 4) : « Venerunt ad Erachiam, in qua erat Turcorum nimia congregatio, exspectans et insidians quomodo posset Christi milites nocere et contristare. Quos Turcos Dei omnipotentis milites invenientes audacter invaserunt. Superati itaque sunt inimici nostri in die illa, tamque celeriter fugiebant quam sagitta fugit emissa ictu valido chordae et arcus. Nostri igitur intraverunt statim in civitatem, ibique mansimus per iv dies. » — Tudebode (*Hist. occid. d. crois.*, III, 30 B). — *Hist. b. sacri*, c. 31 (*ibid.*, p. 184). — Robert le Moine (*ibid.*, p. 767 B). — Foucher de Chartres (*ibid.*, p. 337 C) : « Cum autem ad Eracleam urbem ventum est, vidimus in cœlo signum quoddam, quod alburno splendore fulgens apparuit in modum ensis figuratum cuspide versus Orientem protento. » — Baudri de Dol (*ibid.*, IV, 37 F). — Guibert de Nogent (*ibid.*, 164 B). — Orderic Vital (éd. Le Prévost, III, 513). — Henri de Huntingtdon, *De captione Antiochiae* (*Hist. occid. d. crois.*, V, 376 A, 384 A). — Bartolf de Nangis (*ibid.*, III, 496 F). — *Hist. Nicaena vel Antiochena* (*ibid.*, V, 149 E). — *Hist. Godefridi* (*ibid.*, V, 458 A, 481 B). — *Li estoire de Irlm. et d'Antioche* (*ibid.*, V, 633 B). — Anne Comnène, *Alexias*, XI, 3 (éd. de Bonn, II, 85) : « Πορευομένων δ'ἐκεῖθεν ἱλαδὸν τῶν ταγμάτων, συνέλαχον τούτοις κατὰ τὴν Ἑβραϊκὴν ὅ τε Τανισχὰν ὁ Σουλτὰν καὶ ὁ Ἀσάν, ὃς μόνος ἦρχε χιλιάδων ἀνδρῶν ὁπλιτῶν ὀγδοήκοντα. Μάχης οὖν καρτερᾶς γενομένης... »

Commentaire : Voy. Mailly, *L'esprit des crois.*, IV, 56. — Peyré, 1, 378 ; — Sybel, 358 (299), 548 (465). — Kohl, *Gesch. d. Mittelalters*, 22 ; — HE, 145, 205, où il a été dit par erreur, que Tancrède et Baudouin se séparèrent des croisés à Eregli vers la fin de juillet ou à la fin d'août, alors qu'à cette époque ils ne pouvaient être encore arrivés dans cette localité. — HG, 215 ; — *Hist. occid. d. crois.*, V, 633 n. — D'après Foucher et les auteurs qui l'ont copié, l'armée chrétienne, pendant son séjour à Héraclée, aurait vu une comète. Cette comète apparut en Occident au début d'octobre 1097. Les croisés ne seraient donc pas arrivés à Héraclée dès la fin d'août ou le début de septembre, mais seulement au commencement d'octobre. Dans ce cas, ils auraient employé les mois de juillet, août et septembre à parcourir la distance entre Nicée et Héraclée, alors que, pour franchir celle, à peu près égale, qui sépare Héraclée d'Antioche, en passant par Césarée, Kokossus et Marasch, ils auraient mis seulement trois semaines. Étant donné ce que nous connaissons de leur marche, cela nous paraît impossible à admettre. Je suppose donc que Foucher, qui sur toute la route de Nicée ne mentionne que les villes d'Antioche de Pisidie, d'Iconium et d'Héraclée, a, dans le passage ci-dessus, mis Héraclée au lieu de Césarée [de Cappadoce]. De Césarée à Antioche l'armée n'eut à parcourir que 350 kilomètres ; il n'y a donc rien de surprenant à ce qu'elle ait pu, en trois semaines, se rendre de l'une de ces villes à l'autre. C'est en raison de ce fait que nous avons fixé aux environs du 10 septembre la date de leur arrivée à Héraclée. Il y a, au surplus, un autre motif pour placer avant le mois d'octobre le séjour des croisés à Héraclée, c'est que, entre cette ville et Césarée, ils prirent possession d'un assez grand nombre de châteaux, ce qu'ils n'auraient pu faire dans le court espace de temps allant du 1er au 20 octobre (cf. ci-dessous, n° 185). Il est certain qu'Anne Comnène, en parlant de la bataille livrée par les Francs à Hebraica, a en vue celle même dont parlent les *Gesta* comme ayant eu lieu à Héraclée. Soliman II, le Κλιτζιασθλὰν (Kilidsch-Arslan) d'Anne Comnène, s'était posté à Héraclée pour tenter de s'opposer encore une fois à la marche des croisés. Le renseignement fourni par Anne Comnène, d'après lequel les croisés s'emparèrent du camp des Turcs et s'arrêtèrent οὐκ ἐπὶ πολύ aux abords de la place, concorde avec la relation des *Gesta,* suivant laquelle ils entrèrent immédiatement dans Héraclée et y restèrent quatre jours. Toutefois, les *Gesta* ne disent rien de la force de l'armée turque, qui, d'après Anne Comnène, aurait compté 80,000 hommes ; ils ne disent pas non plus que le combat ait été particulièrement vif. Il est probable que ce que dit Anne Comnène sur ces deux points doit être quelque peu exagéré et qu'il ne faut prendre de son récit que ce qui n'est pas en contradiction avec le témoignage des écrivains occidentaux, témoins oculaires, tels qu'Anselme de

Ribemont, Étienne de Blois, Foucher de Chartres et l'auteur anonyme des *Gesta;* ceux-ci, en effet, si les croisés avaient eu à combattre une aussi formidable armée, n'eussent pas manqué, les uns ou les autres, de signaler la chose.

1097, vers le 14 septembre. — Tancrède et Baudouin se séparent de l'armée et se rendent en Cilicie à travers le Taurus. (182)

Sources : *Gesta* (X, 5) : « Illic [Erachiae] divisit se ab aliis Tancredus..... et Balduinus, simulque intraverunt Vallem de Botrenthrot. » — Tudebode (*Hist. occid. d. crois.*, III, 30 C). — *Hist. b. sacri*, c. 31 (*ibid.*, 184). — Robert le Moine (*ibid.*, 767 C) : « Die vero quinta de civitate omnes exierunt, et tunc Balduinus comes et Tancredus ab aliis se cum suis militibus diviserunt. » — *Baudri de Dol* (*ibid.*, IV, 37 F). — Guibert de Nogent (*ibid.*, 164 C). — Orderic Vital (éd. citée, III, 513). — Anonymus Rhenanus, *Hist. Godefr.* (*Hist. occid. d. crois.*, V, 458 B). — Accolti (*ibid.*, 561 D). — Albert d'Aix, III, 11 j : « Post haec, egressis ab angustis rupibus, decretum est communi benevolentia propter nimietatem populi exercitum in partes dividi ; de quibus Tancredus et Balduinus cum suis recedentes, per medias valles Ozellis transibant... Tancredus qui praecesserat et regiam viam tenebat versus maritima, prior Baldewino, fratre ducis, per vallem Buotentrot, superatis rupibus per portam quae dicitur Juda, ad civitatem quae dicitur Tarsus, vulgari nomine Tursolt, descendit. »

Commentaire : Voy. Mailly, *L'esprit d. crois.*, IV, 34 ; — Wilken. I, 159 ; — Michaud, I, 141 ; — Sybel, 363 (304) ; — Damberger, *Synchron. Gesch.*, VII, 279 ; — Peyré, I, 379, 389 ; — Dulaurier, dans le *Rec. des hist. armén. des crois.*, I, 31 ; — HG, 216 ; — Kohl, *Gesch. d. Mittelalters*, 22 ; — Kugler, *Albert v. Aachen*, 40 et suiv. — Wilken et Damberger, s'appuyant sur le texte un peu confus d'Albert d'Aix, ont admis que Tancrède et Baudouin s'étaient séparés du gros de l'armée tout de suite après la bataille de Dorylée. Kugler s'est efforcé de prouver la véracité du témoignage d'Albert. Mais deux raisons péremptoires nous empêchent d'adopter cet avis. D'abord la teneur de la première lettre d'Anselme de Ribemont (Riant, *Inventaire*, 222), qui nous montre qu'après la bataille de Dorylée, les chefs de l'armée chrétienne continuèrent tous ensemble leur marche à travers l'Asie-Mineure (*ab ea die ad invicem non sunt separati*) et cela par le simple motif que des corps détachés eussent couru le risque d'être anéantis par les Turcs. La seconde raison est que les *Gesta*, dont le témoignage est inattaquable, ne permettent pas de supposer que Baudouin et Tancrède se soient séparés du gros de l'armée en un endroit autre qu'Héraclée.

1097, vers le 14 septembre. — D'Éregli, l'armée chrétienne con tinue sa marche dans la direction du nord-ouest, vers Césarée de Cappadoce. (183)

> **Sources :** *Gesta*, 131 (XI, 1) : « Major exercitus, scilicet Raimundus, comes de S. Egidio et Boamundus duxque Godefridus et alii principes in Hermeniam intraverunt terram, sitientes et aestuantes Turcorum sanguinem. » — Tudebode (*Hist. occid. d. crois.*, III, 32 A). — *Hist. b. sacri*, c. 32 (*ibid.*, 185). — Robert le Moine (*ibid.*, 768 B). — Baudri de Dol (*ibid.*, IV, 38 G). — Guibert de Nogent (*ibid.*, 167 D). — Orderic Vital (éd. citée, III, 515). — Anonyme rhénan, *Hist. Godefridi* (*Hist. occid.*, V, 458 D),
> **Commentaire :** Voy. ci-dessus, nᵒˢ 181 et 182..

1097, vers le 21 septembre. — Arrivée de Tancrède et de Baudouin devant Tarse, dont les habitants seldjoukides s'enfuient. Querelle entre ces deux princes pour la possession de la ville. (184)

> **Sources :** *Gesta*, 130 (X, 5) : « Divisit se Tancredus et venit Tarsum...... et castrametatus est ante portam urbis. Ex alia parte venit vir inclitus comes Balduinus cum suo exercitu..... Nocte itaque superveniente, omnes Turci tremefacti fugam una arripuerunt. » — Tudebode (*Hist. occid. d. crois.*, III, 30 C). — *Hist. b. sacri*, c. 31 (*ibid.*, 184). — Albert d'Aix, III, ᵤj (cf. nᵒ 182). — Raoul de Caen, c. 38 (*ibid.*,633). — Guill. de Tyr, III, xix, xx.
> **Commentaire :** Voy. ci-dessus, nᵒ 180; — HG, 218. — Baudouin arriva certainement à Tarse le soir du jour où Tancrède y était parvenu et où il avait livré un combat à la garnison turque. En tenant compte de la distance entre Héraclée et Tarse, et des difficultés de la marche à travers le Taurus, on peut supposer que Baudouin et Tancrède arrivèrent devant Tarse cinq jours au minimum et huit jours au maximum après leur départ d'Héraclée. Ce dernier chiffre pourrait se déduire du texte combiné de Robert le Moine et d'Albert d'Aix. En effet, d'après Robert (cf. ci-dessus, nᵒ 182), Baudouin et Tancrède se seraient séparés cinq jours après avoir quitté Héraclée, et, d'après Albert, Baudouin aurait suivi pendant trois jours une route à part, jusqu'à son arrivée devant Tarse que Tancrède venait d'atteindre de son côté. Comme j'ai admis ci-dessus (nᵒ 182) qu'ils étaient partis d'Héraclée vers le 14 septembre, je fixe à la date approximative du 21 leur arrivée à Tarse.

1097, vers le 25 septembre. — Arrivée de la principale armée chrétienne devant un château fort du prince Assan, en Cappadoce. Ils renoncent à s'en emparer, mais occupent les autres châteaux de la contrée. Ils abandonnent la possession

du pays à un seigneur nommé Siméon, qui s'y installe avec
un grand nombre de chevaliers chrétiens.   (185)

Sources : *Lettre II d'Étienne de Blois à sa femme Adèle*
(*Hist. occid. d. crois.*, III, 888 C) : « Post haec totius Romaniae
partes Domino adquisivimus ; postea Cappadociam ; atque in Cappadocia quemdam Turcorum principem Assan habitare cognovimus. Illuc iter nostrum direximus ; cuncta vero castra illius
vi devicimus, et eum in quoddam firmissimum castrum in alta
rupe situm fugavimus, terram quoque ipsius Assan uni ex nostris
principibus dedimus, et, ut praedictum Assan debellaret, cum
multis Christi militibus ibi eum dimisimus. » — *Gesta*, 131 (XI, 1) :
« Tandem pervenerunt ad quoddam castrum quod tam forte erat
ut nihil ei possent facere. Erat autem ibi homo quidam nomine
Simeon qui in illa ortus fuit regione, quique hanc petiit terram,
quo eam de manibus defenderet inimicorum Turcorum, cui sponte
illi dederunt terram, quique remansit ibi cum sua gente. »
(Voir aussi les copistes des *Gesta,* cités au n° 183.) — Anne
Comnène, l. XI, 3 (éd. de Bonn, II, 85). «.... τὴν ταφρείαν τῶν Τούρκων
καταλαβόντες κἀκεῖσε μικρὸν ἑαυτοὺς διαναπαύσαντες τοὺς Τούρκους κατὰ
τὴν Ἀγρουστόπολιν αὖθις καταλαμβάνουσι καὶ προσβαλόντες τρέπουσι κατὰ
κράτος. »

Commentaire : Voy. Peyré, I, 380 ; — Sybel, 370 (311) ; —
Damberger, *Synchron. Gesch.*, VII, 279 ; — Le Prévost, dans l'éd.
d'Orderic Vital, III, 515 ; — HG, 216. — L'armée des croisés,
arrivée vers le 10 septembre à Héraclée, se trouva dès le
21 octobre à Antioche. Elle ne dut par conséquent consacrer
que fort peu de temps à la conquête de la Cappadoce, et il est
à présumer que la prise des châteaux de ce pays ne lui coûta
pas grand'peine. Dans la plupart, les Turcs ne firent pas de
résistance sérieuse, et, lorsqu'ils résistèrent, les croisés ne s'achar-
nèrent pas à les réduire, comme ce fut le cas par exemple du
firmissimum castrum, où Assan s'était réfugié. Cet Assan est
sans doute le personnage cité par Anne Comnène à propos du
combat d'Héraclée (cf. ci-dessus, n° 181). Le *castrum firmissimum* d'Étienne de Blois est sans doute le même que le *castrum forte* des *Gesta* et probablement le même que l'Agrusto-
polis d'Anne Comnène.

1097, vers le 27 septembre. — Arrivée de l'armée principale à
Césarée de Cappadoce.   (186)

Sources : *Gesta*, 131 (XI, 2) : « Nos denique exeuntes inde,
pervenimus feliciter usque Caesaream Cappadociae. » — Tudebode
(*Hist. occid. d. crois.*, III, 32 B). — *Hist. b. sacri*, c. 32 (*ibid.*, 185).
— Robert le Moine (*ibid.*, 769 A). — Baudri de Dol (*ibid.*, IV,
39 A). — Guibert de Nogent (*ibid.*, 167 E). — Orderic Vital (éd.

citée, III, 515). — Hugues de Lerchenfeld (*Hist. occid.*, V. 384).
— Anonyme rhénan, *Hist. Godefridi* (*ibid.*, 458 D).

Commentaire : Michaud, I, 146 ; — Peyré, I; 381 ; — P. Paris, dans son éd. de la *Chanson d'Antioche*, I; 183 ; — Sybel, 370 (310) ; — HG, 228 ; — Kugler, *Albert d'Aix*, 41 et suiv. — Le Prévost (éd. d'Ordéric Vital, III, 515) et P. Paris se trompent en disant que l'armée des croisés ne passa pas à Césarée de Cappadoce, mais bien à Césarée « *ad Anazarbum* », en Cilicie. Car nous ne sommes pas autorisés à admettre que l'auteur anonyme des *Gesta* ait confondu les deux villes ; s'il y avait eu confusion de sa part, les autres renseignements qu'il donne touchant la marche des croisés d'Héraclée à Antioche ne pourraient s'expliquer que par une série d'hypothèses sans fondement. — Sur les motifs qui doivent faire adopter Césarée de Cappadoce, voir pour plus de détails, Kugler, *Albert v. Aachen*, 41, et HG, 216 et 228.

1097, fin septembre et début d'octobre. — Tancrède s'empare des villes ciliciennes d'Adana et de Mopsueste, ainsi que d'un grand nombre de châteaux.   (187)

Sources : *Gesta*, 131 (X, 8) : « Fuerunt ei [Tancredo] statim traditae ij optimae civitates, videlicet Athena et Mamistra et plurima castra. » — Tudebode (*Hist. occid. d. crois.*, III, 31). — *Hist. b. sacri*, c. 31 (*ibid.*, p. 185). — Robert le Moine (*ibid.*, 768 B, C). — Baudri de Dol (*ibid.*, IV, 38 F). — Guibert de Nogent (*ibid.*, 164 H). — Orderic Vital, *Hist. eccles.* (éd. citée, III, 514). — Henri de Huntingdon (*Hist. occid. d. crois.*, V, 376 B). — Albert d'Aix, III, xv. — Raoul de Caen, c. 41-44 (*Hist. occid. d. crois.*, III, p. 636). — Guill. de Tyr, III, xx, xxj. — Accolti (*Hist. occid. d. crois.*, V, 565 C, D).

Commentaire : Voy. Wilken, I, 161 ; — Haken, *Gemælde d. Kreuzzüge*, I, 228 ; — Raumer, *Gesch. d. Hohenstaufen*, I, 103 ; — Michaud, I, 144 et suiv. ; — Sybel, 369 (309) ; — Peyré, I, 398 ; — Damberger, *Synchron. Gesch.*, VII, 280 ; — Kugler, *Albert v. Aachen*, 55, 56 ; — Kohl, *Gesch. d. Mittelalters*, 22 ; — HG, 224. — La conquête de la Cilicie doit se placer entre l'époque où Tancrède et Baudouin quittèrent l'armée principale et celle où cette armée arriva devant Antioche, le 21 octobre 1097. On ne trouve nulle part de date précise pour l'occupation des diverses places de Cilicie.

1097, vers le 3 octobre. — Arrivée de l'armée principale à Plastenzia, que, peu auparavant, les Turcs avaient assiégée sans succès pendant trois semaines. La ville est donnée au chevalier Pierre d'Aulps (« de Alpibus »).   (188)

Sources : *Gesta*, 131 (XI, 2) : « A Cappadocia egressi, venimus

ad quamdam civitatem pulcherrimam et nimis uberrimam, quam
paululum ante nostrum adventum obsederant Turci per iij hebdomadas, sed non superaverant. Mox illuc advenientibus nobis,
continuo tradidit se in manu nostra cum magna laetitia... ...Petro
de Alpibus cum nimio amore gratis concesserunt eam. — Tude-
bode (*Hist. occid. d. crois.*, III, 32 C). — *Hist. b. sacri*, c. 32 (*ibid.*,
p. 185). — Robert le Moine (*ibid.*, 769 A). — Baudri de Dol (*ibid.*,
IV, 39 A) : «..... civitatem pulchram et uberae glebae opimam,
nomine Plastentiam... » — Orderic Vital, *Hist. eccles.* (éd. citée,
III, 515) : «... Plastentia, civitas pulchra... christianis ilico gra-
tanter patuit. »

Commentaire : Voy. Peyré, I, 382 ; — Ritter, *Erdkunde*, XIX,
269 ; — HE, 145 ; — HG, 229. — Plastenzia, dont le nom n'est donné
que par Baudri de Dol et son copiste Orderic Vital, doit être
identifié probablement avec l'ancienne Comana de Cappadoce,
dont les ruines sont marquées sur la carte générale de Kiepert
entre Césarée et Coxon. La distance entre Césarée et Comana
est de 86 kilomètres, et cette distance put être franchie, en
raison de la saison moins chaude, dans un temps relativement
court. En admettant que les croisés se soient arrêtés deux ou trois
jours à Césarée, on peut supposer qu'ils arrivèrent à Plastenzia
dans les tout premiers jours d'octobre.

1097, vers le 4 octobre. — Boémond se met à la poursuite des
Turcs qui avaient assiégé Plastenzia avant l'arrivée des croisés, et il se sépare de l'armée principale.   (189)

Sources : *Gesta*, 131 (XI, 3) : « Sequenti nocte, audivit Boamundus quod Turci, qui fuerant in obsessione civitatis, frequenter
praecederent nos. Extemplo praeparavit se solummodo cum militibus, quatinus illos undique expugnaret ; sed illos invenire non
potuit. » — Tudebode (*Hist. occid. d. crois.*, III, 32 D). — *Hist. b.
sacri*, c. 32 (*ibid.*, p. 185). — Robert le Moine (*ibid.*, 769 C). —
Baudri de Dol (*ibid.*, IV, 39 C). — Guibert de Nogent (*ibid.*, 168 B).

Commentaire : Voy. Peyré, I, 382 ; — HG, 230. — Par l'expression *sequenti nocte* il faut entendre la nuit qui suivit le jour de
l'arrivée des croisés à Plastenzia (vers le 3 octobre ; cf. n° 188).
Sur le retour de Boémond vers l'armée principale, qui venait
d'arriver à Marasch, voy. plus loin, n° 194.

1097, vers le 5-6 octobre. — Arrivée de l'armée principale à
Coxon (Geuksu), où elle s'arrête pendant trois jours.   (190)

Sources : *Gesta*, 131 (XI, 3) : « Deinde venimus ad quamdam
urbem nomine Coxon, in qua erat maxima ubertas omnium bonorum quae nobis erant necessaria. Christiani igitur, videlicet alumni
urbis illius reddiderunt se statim, nosque fuimus ibi optime per

iij dies, et illic maxime sunt recuperati nostri. » — Tudebode (*Hist. occid. d. crois.*, III, 33 A). — *Hist. b. sacri*, c. 33 (*ibid.*, p. 185). — Robert le Moine (*ibid.*, 769 D). — Baudri de Dol (*ibid.*, IV, 39 C). — Orderic Vital (éd. citée, III, 516). — Guibert de Nogent (éd. citée, 168 B). — Henri de Huntingdon (*Hist. occid. d. crois.*, V, 376 B). — Hugues de Lerchenfeld (*ibid.*, V, 384 B). — Anonyme rhénan, *Hist. Godefridi* (*ibid.*, V, 458 E).

Commentaire : Voy. Michaud, I, 146 ; — Peyré, I, 383 ; — Sybel, 370 (310) ; — Kohl, *Gesch. d. Mittelalters*, 23 ; — HE, 145 ; — HG, 230. — De Plastenzia à Geuksu, il y a 55 kilomètres, que l'armée peut avoir franchis en deux ou trois jours.

1097, vers le 7 octobre. — Raimond de Saint-Gilles envoie de Geuksu à Antioche 500 chevaliers, sous la conduite de Pierre de Castillon et d'autres seigneurs. (191)

Sources : *Gesta*, 132 (XI, 4, 6) : « Audiens, itaque Raimundus, comes S. Egidii, quod Turci qui erant in custodia Antiochiae discessissent, in suo invenit consilio quod mitteret illuc aliquos ex suis militibus qui eam diligenter custodirent. Tandem elegit illos quos legare volebat, videlicet Petrum de Castellione, vicecomitem, Willelmum de Monte Pislerio, Petrum de Roasa, Petrum Raimundum de Pul cum D militibus..... Nos autem qui remansimus..... » — Tudebode (*Hist. occid. d. crois.*, III, 33 B) ; — Robert le Moine (*ibid.*, 770 A) ; — Baudri de Dol (*ibid.*, IV, 39 D) ; — Guibert de Nogent (*ibid.*, 168 B) ; — Orderic Vital, *Hist. eccles.* (éd. citée, III, 516) ; — Anonyme rhénan, *Hist. Godefridi* (*Hist. occid. d. crois.*, V, 458 F).

Commentaire : Voy. Peyré, I, 383 ; — Kugler, *Albert v. Aachen*, 62 ; — HG, 232. — L'envoi de ces cinq cents chevaliers à Antioche, mentionné seulement par les *Gesta* et leurs copistes (sauf l'auteur de l'*Hist. b. sacri*, qui l'omet sans doute parce qu'il n'en est pas parlé dans Raimond d'Aguilers, son second modèle), eut lieu pendant que les croisés étaient à Geuksu ; cela ressort avec évidence du texte des *Gesta*. L'armée principale ne quitta Geuksu qu'après le départ des cinq cents chevaliers.

1097, vers le 8 octobre. — L'armée principale des croisés quitte Geuksu. (192)

Sources et Commentaire : Cf. ci-dessus, n° 190.

1097, vers le 9-12 octobre. — L'armée principale des croisés s'avance péniblement de Geuksu jusqu'à Marasch, en franchissant l'Antitaurus ; les chevaliers surtout subissent de grandes pertes. (193)

Sources : *Gesta*, 132 (XI, 6) : « Nos autem, qui remansimus [Coxone], exeuntes inde intravimus in diabolicam montanam, quae tam erat alta et angusta ut nullus nostrorum auderet per semitam, quae in monte patebat ante alium praeire. Illic praecipitabant se equi, et unus saumarius praecipitabat alium. Milites ergo stabant undique tristes, feriebant se manibus prae nimia tristitia et dolore, dubitantes quid facerent de semetipsis et de suis armis, vendentes suos clipeos et loricas optimas cum galeis solummodo propter iii aut v denarios, vel prout quisque poterat habere. Qui autem vendere nequibant gratis a se jactabant et ibant. » — Tudebode (*Hist. occid. d. crois.*, III, 34 A). — *Hist. b. sacri*, c. 33 (*ibid.*, p. 185). — Robert le Moine (*ibid.*, 770 E). — Baudri de Dol (*ibid.*, IV, 39 F). — Guibert de Nogent (*ibid.*, 168 FG). — Orderic Vital, *Hist. eccles.* (éd. citée, III, 517).

Commentaire : Voy. Mailly, *L'esprit d. crois.*, IV, 57 ; — Wilken, I, 164 et suiv. ; — Haken, *Gemælde d. Kreuzzüge*, I, 232 ; — Ritter, *Erdkunde*, XIX, 271 ; — Peyré, I, 384 ; — Le Prévost, dans son éd. d'Orderic Vital, III, 517 ; — Damberger, *Synchron. Gesch.*, VII : Kritik, p. 55 ; — HG, 235. — De Cocossus (Coxon, Geuksu) pour aller à Marasch, trois routes s'offraient aux croisés, celle du col de Gueben, celle passant par Zeïtoun et celle passant par Albistan. Toutes trois présentent de grandes difficultés dans la traversée de l'Antitaurus. On ne peut déterminer exactement celle que prirent les croisés ; il est probable toutefois que ce ne fut pas la dernière, car on peut supposer, qu'ayant hâte d'arriver à Antioche, à cause des nouvelles qu'ils venaient d'en recevoir (cf. ci-dessus, n° 191), ils choisirent la plus courte. De plus, ce fut seulement en l'année 1105 que les Francs occupèrent Albistan.

1097, vers le 13 octobre. — L'armée principale des croisés arrive à Marasch et s'y arrête trois jours, pour attendre le retour de Boémond qui s'en était séparé à Plastenzia.   (194)

Sources : *Gesta*, 132 (XI, 7) : « Exeuntes de exsecrata montana, pervenimus ad civitatem quae vocatur Marasin..... ; illic habuimus omnem copiam, exspectando donec veniret Boamundus. » — Tudebode (*Hist. occid. d. crois.*, III, 34 B). — *Hist. b. sacri*, c. 33 (*ibid.*, p. 185). — Robert le Moine (*ibid.*, 771 B). — Baudri de Dol (*ibid.*, IV, 40 B). — Guibert de Nogent (*ibid.*, 169 A). — Anonyme rhénan, *Hist. Godefridi* (*ibid.*, V, 459 F). — Orderic Vital, *Hist. eccles.* (éd. citée, III, 517) : « .....ibi aliquantisper demorati sunt, donec quantumlibet recrearentur. » — Foucher de Chartres (*Hist. occid. d. crois.*, III, 337 C) : « .....ad optimum quoddam oppidum tunc venimus, quod Mariscum nominatur, ubi per iij dies, quiete habita, morati sumus. » — Bartolf de Nangis (*ibid.*, 496 F). — Henri de Huntingdon (*ibid.*, V, 376 C). — Hugues de Lerchenfeld (*ibid.*, 384 B). — Albert d'Aix, III, xxvij : « Godefridus, Boemundus,

Raimundus, Robertus Flandrensis, Haimarus episcopus; Robertus de Nortmannia, hi ad civitatem quae Maresch dicitur in manu forti descendentes hospitio pernoctaverunt. » — Guill. de Tyr, IV, vij. — Accolti (*Hist. occid. d. crois.*, V, 568 G). — Ekkehard, *Hierosolymita*, c. 14 : « ....Inde per regnum Constantini, terram utique opulentissimam, progredientes, mare pertingunt Rusciae. »

Commentaire : Voy. Michaud, I, 147 ; — Haken, *Gemælde d. Kreuzzüge*, I, 233 ; — Sybel, 372 (313) ; — Peyré, I, 385 ; — Damberger, *Synchron. Gesch.*, VII, 284 ; — Le Prévost, dans son éd. d'Orderic Vital, III, 517 ; — HE, 146 ; — HG, 236 ; — Kugler, *Albert v. Aachen*, 62. — Boémond s'était séparé de l'armée principale vers le 4 octobre (cf. ci-dessus, n° 189), pour courir à la poursuite des Turcs, et il ne l'avait pas encore rejointe lorsque celle-ci atteignit Marasch. Il la rejoignit pendant le séjour qu'elle fit dans cette ville, séjour qui eut lieu du 14 au 16 octobre environ.

1097, vers le 15 octobre. — Baudouin retrouve l'armée principale à Marasch.   (195)

Sources : Foucher de Chartres (*Hist. occid. d. crois.*, III, 337 D) : « Balduinus........ qui antea relicto exercitu cum illis quos secum duxit urbem Tharsum Ciliciae ausu magno ceperat..... relictisque in ea custodibus ad exercitum rediit » (cf. ci-dessous, n° 199). — Guill. de Tyr, IV, I : « Dum major exercitus apud Maresium jam pervenisset, praedictus Balduinus ad exercitum redierat. »

Commentaire : Voy. Mailly, *L'esprit d. crois.*, IV, 58 ; — Wilken, I, 164 ; — Haken, *Gemælde d. Kreuzzüge*, I, 233 ; — Raumer, *Gesch. d. Hohenstaufen*, I, 103 ; — Peyré, I, 402, 405 ; — Sybel, 372 (312) ; — HE, 206 ; — HG, 237 ; — Dulaurier, dans *Rec. des hist. des crois.*, *Hist. armén.*, I, 31 ; — Kugler, *Albert v. Aachen*, 57. — D'après la relation de Foucher, on voit que Baudouin rejoignit l'armée principale après avoir soumis plusieurs places de Cilicie. Guillaume de Tyr indique Marasch comme la localité où eut lieu la réunion ; et il ressort du récit de Foucher (voy. plus loin, n° 199) que Baudouin retrouva le reste des croisés avant que ceux-ci, vers le 17 octobre, se fussent avancés à une journée de marche de Marasch, dans la direction d'Antioche ; en effet, ce fut à ce moment qu'il se sépara de nouveau d'eux pour se rendre dans l'Euphratèse, et il lui fallut bien quelque temps pour préparer cette nouvelle expédition et organiser son armée.

1097, vers le 15 octobre. — Mort de Godvère ou Godehilde de Toëni, femme de Baudouin, et du chevalier Udelrad de Vizan.   (196)

Sources : Albert d'Aix, III, xxvij : « Hac in regione Maresch, uxor Balduini nobilissima, quam de regno Angliae eduxit, diutina corporis molestia aggravata et duci Godefrido commendata vitam exhalavit, sepulta catholicis obsequiis; cujus nomen erat Godwera. Udelradus similiter de Vizan, infirmitate correptus ibidem obiit..., miles irreprehensibilis de domo ducis Godefridi, semper secretorum illius ante omnes conscius. » — Guill. de Tyr, III, xviij.

Commentaire : Voy. Mailly, *L'esprit d. crois.*, IV, 59 ; — Ducange-Rey, *Familles d'Outremer*, p. 10 ; — Haken, *Gemælde d. Kreuzzüge*, I, 233 ; — Le Prévost, dans son éd. d'Orderic Vital, II, 404 ; — Peyré, I, 386 ; — HE, 97 ; — HG, 237 ; — Kugler, *Albert v. Aachen*, 60 ; — Rœhricht, *Gesch d. Königreichs Jerusalem*, 8. — La mort de Godvère ou Godehilde eut lieu pendant le séjour des croisés à Marasch, où ils restèrent trois jours, du 13 au 16 octobre environ.

1097, vers le 16 octobre. — L'armée principale des croisés part de Marasch dans la direction d'Antioche. (197)

Sources : Foucher de Chartres (*Hist. occid. d. crois.*, III, 337 C). — Bartolf de Nangis (*ibid.*, 496 F).
Commentaire : Voy. ci-dessus, nº 194.

1097, vers le 16 octobre. — Jagi Sian, en apprenant que les croisés approchent d'Antioche, expulse de la ville tous les chrétiens mâles. (198)

Source : *Hist. belli sacri*, c. 35 (*Hist. occid. d. crois.*, III, 186) : « Turci timebant valde ne Christiani venturis peregrinis civitatem traderent, ideoque jusserunt ut ejicerentur foras presbyteri, diaconi et monachi et omnes pariter laici, videlicet Graeci, Armeni et Suriani et omnes qui arma bajulare valebant, exceptis mulieribus et parvis infantibus..... nihilque aliud eis auferre permittebant, nisi solummodo viles vestes. Patriarcham vero retinuerunt ligatum in ferreis vinculis. »
Commentaire : Voy. Raumer, *Gesch. d. Hohenstaufen*, I, 111 ; — Sybel, 383 (321) ; — Peyré, I, 434 ; — Kohl, *Gesch. d. Mittelalters*, 23 ; — HG, 244. — La mesure prise par Jagi Sian à l'égard des chrétiens d'Antioche dut probablement s'exécuter fort peu de temps avant l'arrivée des croisés.

1097, vers le 17 octobre. — Baudouin se sépare de l'armée principale des croisés pour se rendre au-delà de l'Euphrate ; il est accompagné de son chapelain Foucher de Chartres. Il occupe dans l'espace de trois mois la contrée sise à l'ouest d'Édesse et en deçà de l'Euphrate. (199)

Source : Foucher de Chartres (*Hist. occid. d. crois.*, III,

337 C) : » Sed cum exhinc [*i. e.* Marisco] viam unius diei procul-
cassemus, et jam non longe ab Antiochia Syriae nisi tribus dietis
essemus, ab exercitu ego Fulcherius discessi et cum domino Balduino comite, Godefridi ducis fratre, in sinistrae partem provinciae diverti. Erat quippe miles quam optimus qui antea relicto
exercitu cum illis quos secum duxit urbem Tharsum Ciliciae ausu
magno ceperat, quam tamen Tancredo abstulit, cum jam homines
suos intromisisset. Turcis ei consentientibus. Relictisque in ea
custodibus, ad exercitum rediit. Itaque confidens in Domino et in
valore suo, collegit secum milites paucos, profectusque est versus
Eufraten fluvium, et comprehendit ibi plurima castra tam vi quam
ingenio. » — Guibert de Nogent (*ibid.*, IV, 250 G). — *Li estoire
de Jrlm. et d'Antioche* (*ibid.*, V, 633 B) : « Au chatel de Mareis
furent iij jorz. L'andemein s'en ala li quens Baldoins, freres
Godefroy, à Tarse, qui tantost randue li fu. La laissa ses gardes et
s'an ala à senestre partie, vers le flun d'Aufrate. »

Commentaire : Cf. ci-dessus, n° 195. — Voy. aussi : Mailly,
L'esprit d. crois., IV, 66 ; — Sybel, 51 (47) ; — *Hist. occid. d.
crois.*, III, Préf., p. xxxviii ; — HG, 58, 237. — D'après Foucher,
Baudouin se sépara de l'armée principale alors que celle-ci se
trouvait à une journée de marche de Marasch.

1097, octobre 20. — L'avant-garde des croisés arrive au Pont-de-
fer, où elle livre un combat à une grosse bande de Turcs qui
se portaient au secours d'Antioche et qui sont vaincus. **(200)**

Sources : *Gesta*, 132 (XII, 1) : « Cum coepissemus adpropin-
quare ad Pontem Ferreum, cursores nostri, qui semper solebant
nos procedere, invenerunt Turcos innumerabiles congregatos
obviam eis, qui dare adjutorium Antiochiae festinabant. Irruentes
igitur nostri.... superaverunt Turcos. Consternati sunt barbari
dederuntque fugam et multi mortui sunt ex eis... Nostri igitur
superantes illos Dei gratia, acceperunt spolia multa.... Venientes
denique nostri, castrametati sunt super ripam fluminis. Protinus
vir sapiens Boamundus cum iij milibus militum venit ante portam
civitatis vigilare, si forte aliquis nocte latenter exiret aut intraret
civitatem. Crastina vero die pervenerunt usque ad Antiochiam... »
(voir la suite au n° 203). — Tudebode (*Hist. occid. d. crois.*, III,
35 A). — *Hist. b. sacri*, c. 34 (*ibid.*, p. 185). — Robert le Moine
(*ibid.*, 771 D). — Baudri de Dol (*ibid.*, IV, 40 D). — Guibert de
Nogent (*ibid.*, 169 C). — Orderic Vital, *Hist. eccles.* (éd. citée,
III, 519). — Albert d'Aix, III, xxiij-xxxv. — Raoul de Caen, c. 47
(*Hist. occid.*, III, 641). — *Lettre I d'Anselme de Ribemont* (Riant,
Inventaire, 222) : « Una autem die antequam civitatem [Antio-
chiam] obsedissemus, ad Pontem Ferreum Turcos qui ad devastan-
dam regionem exierant fugavimus et multos christianos eripuimus.
Equos autem et camelos cum maxima praeda reduximus. »

Commentaire : Voy. Wilken, I, 171 ; — Raumer, *Gesch. d. Hohenstaufen*, I, 109; — Sybel, 373 (312); — Peyré, I, 424 ; — Kohl, *Gesch. d. Mittelalters*, 23 ; — HG, 239 et suiv. — D'après les *Gesta*, le combat du Pont-de-Fer se termina, après une seule attaque, par la victoire des croisés ; d'après Albert d'Aix, ce fut une lutte longue et sanglante. La date nous en est fournie par le passage des *Gesta*, où il est dit que les croisés campèrent la nuit suivante sur les rives de l'Oronte, et que le jour d'après, soit le 21 octobre (cf. ci-dessous, n° 203), l'armée entière des croisés arriva devant Antioche. Albert d'Aix, qui raconte en détail le combat, en l'agrémentant d'ailleurs de faits invraisemblables, dit aussi qu'il eut lieu la veille du jour où les croisés parvinrent à Antioche. Enfin, la même date est donnée par Anselme de Ribemont, qui, après avoir indiqué le 21 octobre comme la date de l'arrivée des croisés devant Antioche, dit que le combat du Pont-de-Fer eut lieu un jour auparavant (cf. ci-dessous n° 204).

1097, octobre 20. — Boémond, avec 4,000 de ses gens, se présente devant la porte orientale d'Antioche. (201)

Sources : *Gesta*, 132 (XII, 2); cf. ci-dessus, n° 200. — Tudebode (*Hist. occid. d. crois.*, III, 35 B). — *Hist. b. sacri*, c. 34 (*ibid.*, p. 186). — Baudri de Dol (*ibid.*, IV, 40 F). — Guibert de Nogent (*ibid.*, 169 E). — Orderic Vital, *Hist. eccles.* (éd. citée, III, 519).

Commentaire : Voy. Wilken, I, 172 ; — Sybel, 373 (313); — HG, 241 ; — Kühne, *Zur Gesch. d. Fürstentums Antiochia*, p. 4. — Il est certain que Boémond se présenta devant Antioche le soir même du jour où l'avant-garde des croisés avait mis les Turcs en fuite au Pont-de-Fer (cf. ci-dessus, n° 200).

1097, octobre 20-21. — Le gros des croisés campe sur l'Oronte, non loin du Pont-de-Fer. (202)

Sources : Cf. les sources citées au n° 200.

Commentaire : Voy. Wilken, I, 172 ; — Sybel, 373 (313) ; — HG, 239.

1097, octobre 21. — Vers le milieu de la journée, l'armée des croisés arrive à Antioche et assied son camp devant les deux portes du nord et devant celle de l'est. (203)

Sources : *Gesta*, 132 (XII, 2) : « Crastina vero die, pervenerunt usque ad Antiochiam, media die, in iv feria, quae est vij kal. Novembris, et obsedimus mirabiliter tres portas civitatis, quoniam in alia parte deerat nobis locus obsidendi, quia alia et nimis augusta montana nos coartabat. » — Tudebode (*Hist. occid. d. crois.*, III, 35 B). — *Hist. b. sacri*, c. 34 (*ibid.*, p. 186). — Robert le Moine (*ibid.*, 772 A). — Baudri de Dol (*ibid.*, IV, 40 G). — Guibert de Nogent (*ibid.*, 169 F). — Anonyme rhénan, *Hist. Godefridi* (*ibid.*, V, 460 A). — Orderic Vital, *Hist. eccles.* (éd. citée, III, 520). — *Lettre I d'Anselme de Ribemont* (Riant, *Inventaire*, 222) : «... hisque fugatis, xij kal. Novembris, Antiochiam obsedimus. » — Albert d'Aix, III, xxxviij : « Dies quartae feriae illuxit, quando ingressi sunt terram Antiochiae et muros ejus obsederunt. » — Raimond d'Aguilers (*Hist. occid.*, III, 252 C) : « Capta est civitas Antiochiae iij° nonas Junii [3 juin 1098] ; obsessa autem circiter xj° kal. Novembris [22 oct. 1097] ».

Commentaire : Voy. Mailly, *L'esprit d. crois.*, IV, 82 ; — *L'art de vérifier les dates* (3ᵉ éd., 1784), II, 615 ; — Haken, *Gemælde d. Kreuzzüge*, I, 243 ; — Raumer, *Gesch. d. Hohenstaufen*, I, 111 ; — Peyré, I, 438 ; — Sybel, 373 (313) ; — Damberger, *Synchron. Gesch. d. Mittelalters*, VII, 284 ; — Le Prévost, dans l'éd. d'Orderic Vital, III, 520 ; — L'abbé Arbellot, *Les chevaliers limousins à la 1ᵉ croisade* (Paris, 1881), p. 17 ; — Kohl, *Gesch. d. Mittelalters*, 23 ; — Kugler, *Boemund u. Tancred*, p. 8 ; — Kugler, *Gesch. d. Kreuzzüge*, 43 ; — Muralt, *Essai de chronogr.*, II, 81 ; — HE, 148 ; — HP, 212 ; — HG, 242 ; — Riant, *Inventaire*, 165 ; — Rey, *Résumé chronol. de l'hist. des princes d'Antioche* (*Rev. Or. latin*, IV, 236). — L'arrivée des croisés devant Antioche eut certainement lieu le 21 octobre, vers midi. Toutes les indications contraires sont erronées : ainsi la date du 23 octobre (x kal. Novemb.), donnée par Henri de Huntingdon (*Hist. occid. d. crois.*, V, 376 C) ; celle du 20 octobre qui est indiquée dans les *Hist. occid. d. crois.*, III, 35, 132 ; IV, 140 ; celle du 18 octobre donnée par Guillaume de Tyr (IV, 12), Wilken (I, 176), Rehm (*Gesch. d. Mittelalters*, I, i, 73), De Smet (*Mém. sur Robert de Jérusalem*, dans les *Mém. de l'Acad. de Belgique*, XXXII, 29), Vétault (*Godefroi de Bouillon*, p. 193), Beyer (*Vita Godefridi*, p. 39) et Rœhricht (*Beitræge*, II, 34) ; celle du 9 octobre que fournit Kamal-ed-dîn (dans Wilken, II, Beilage 34) ; celle du 8 octobre que l'on trouve dans Rœhricht, *Beitræge*, I, 219. — Michaud, toujours très négligent en ce qui concerne la chronologie, se borne à dire (I, 41) : « Le siège avait commencé au mois d'octobre de l'année précédente. » Dans mon édition d'Ekkehard et dans mon Pierre l'Ermite, j'ai supposé que Raimond de Toulouse était arrivé devant Antioche le 22 octobre seulement, et cela en me référant au texte de Raimond d'Aguilers ; mais ce texte, qui, d'ailleurs, ne comporte pas expressément une semblable interprétation, ne serait appuyé par aucun autre témoignage. Sans doute Raimond, en un autre passage, ajoute : « Comes aliquantulum exercitum retardavit, causa infirmitatis suae » ; on n'en saurait conclure toutefois, de façon certaine, qu'il serait arrivé le dernier de tous avec ses gens, le 22 octobre. De la date *circiter xj kal. Octobris*, donnée par Raimond d'Aguilers, et du fait que les Provençaux campèrent vers la partie nord-est d'Antioche, c'est-à-dire précisément à l'endroit par où les croisés abordèrent la place, on pourrait induire toutefois qu'une partie des Provençaux, et parmi eux Raimond de Saint-Gilles, furent au nombre des croisés qui coopérèrent à l'installation du camp devant la ville. Les Provençaux formaient l'arrière garde de l'armée (cf. ci-dessous, n° 204). S'ils étaient tous arrivés à Antioche dès le 21 octobre, Raimond d'Aguilers aurait indiqué exactement cette date. En résumé, comme l'armée était fort nombreuse — les contemporains la portent au chiffre, exagéré sans doute, de 300,000 hommes (Foucher, p. 333) — il est à croire que ses divers contingents arrivèrent successivement du 20 au 22 octobre 1097.

1097, octobre 22. — L'arrière-garde des croisés arrive devant Antioche. (204)

> **Source :** Raimond d'Aguilers (*Hist. occid. d. crois.*, III, 252 C).
> **Commentaire :** Voir ce que je dis au numéro précédent.

1097, fin octobre. — Siméon, patriarche de Jérusalem, et Adhémar du Puy écrivent aux habitants de l'Europe du nord, auxquels ils annoncent la prise de Nicée et trois victoires des croisés sur les Infidèles, en les exhortant à venir rejoindre l'armée des croisés à Pâques suivant (28 mars 1098). (205)

> **Source :** *Lettre de Siméon et Adhémar du Puy « ad fideles partium septentrionis »* (Reims, Biblioth. de la ville, ms. K 785, saec. XII, fol. 207 *b*), publiée par Riant, *Inventaire*, p. 221.
> **Commentaire :** Riant, *Inventaire*, 221. — Riant place la rédaction de cette lettre à la fin de septembre 1097. Je crois qu'il faut la placer à la fin d'octobre parce que la troisième victoire dont il y est fait mention doit être celle que les croisés remportèrent au Pont-de-Fer; et parce que la phrase *sumus in labore nocte et die* me paraît se rapporter aux premiers temps du siège d'Antioche, pendant lesquels les croisés furent constamment à la peine. Je dois informer ici le lecteur que la lettre initiale, par laquelle se désigne l'un des rédacteurs de la lettre, est non point un D, comme le porte l'édition de Riant, mais un S, ainsi qu'à pu le constater M. Demaison, archiviste départemental à Reims (communication de M. Delaville Le Roulx, d'après une lettre à lui adressée par M. Demaison). Le rédacteur ne saurait donc être Daimbert, ce qui est important pour la solution des diverses questions se rattachant à la lettre des deux évèques.

1097, du 22 octobre au 3 novembre. — Les habitants d'Antioche se tiennent tranquilles dans leur ville assiégée, sans tenter aucune attaque contre les assaillants. (206)

Source : *Gesta*, 133 (XII, 3) : « Tantum autem timebant nos undique inimici nostri Turci, qui erant intus in urbe, ut nemo eorum auderet offendere aliquem ex nostris, fere per spatium dierum xv. » — Tudebode (*Hist. occid. d. crois.*, III, 35 C). — *Hist. b. sacri*, c. 35 (*ibid.*, p. 186). — Baudri de Dol (*ibid.*, IV, 41 A). — Guibert de Nogent (*ibid.*, 169 G). — Orderic Vital (éd. citée, III, 520). — Raimond d'Aguilers (*Hist. occid.*, III, 242 F) : « Hostes primo ita sese occultabant infra moenia, ut nullus, nisi vigiles, in muris cerneretur. » — Albert d'Aix, III, xxvij : « In hoc christianorum adventu et obsidione recenti, illo die tanto silentio urbs conquievit, ut nec sonus nec strepitus ab urbe audiretur, et vacua civitas a defensoribus crederetur, cum feta nimis armis et gentilibus copiis in omnibus turribus et praesidiis redundasset. » — Guill. de Tyr, IV, xij.

Commentaire : Voy. Mailly, *L'esprit d. crois.*, IV, 96 ; — Michaud, II, 11 ; — Haken, *Gemælde d. Kreuszüge*, I, 249 ; — Wilken, I, 177 ; — Peyré, I, 439 ; — Raumer, *Gesch. d. Hohenstaufen*, I, 114 ; — HG, 243.

1097, vers le 24 octobre. — Les Provençaux établissent un pont de bateaux sur l'Oronte, à mille pas au-dessus du pont de pierre construit au nord-ouest de la ville. (207)

Sources : Raimond d'Aguilers (*Hist. occid. d. crois.*, 243 A). « Posueramus tentoria juxta fluvium, et pontem de navibus ibi repertis feceramus....; aberat enim pons illorum a nostro ponte quasi per unum milliarium. » — Albert d'Aix, III, xxxix. — *Hist. b. sacri*, c. 35 (*Hist. occid.*, III, 186) : « Mox, advenientibus nobis illuc, invenimus in flumine naves; quod flumen erat tam magnum, quod nullus nostrorum transire poterat nisi per pontem. Illi vero ordinaverunt naves super flumen et fecerunt ingentem pontem, unde transibant omnes nostri et ibant et veniebant ad portum et ad montaneam, et per eam veniebant Graeci et Armeni, deferentes maximum mercatum. »

Commentaire : Voy. Wilken, I, 179 ; — Haken, *Gemælde d. Kreuszüge*, I, 251 ; — Raumer, *Gesch. d. Hohenstaufen*, I, 114 ; Sybel, 386 (324) ; — Kugler, *Albert. von Aachen*, 71. — La construction du pont de bateaux dut avoir lieu dans les premiers jours du siège d'Antioche. Raimond d'Aguilers, la mentionne après l'arrivée des Génois; mais les expressions qu'il emploie : *posueramus* et *feceramus*, semblent indiquer que le pont était déjà construit lors de l'arrivée des Génois au port Saint-Siméon. De la phrase : *posueramus tentoria....... et pontem... feceramus,* on peut conclure en outre que la construction du pont suivit de peu l'établissement du camp.

1097, fin octobre. — Jagi Siaiï, chef des défenseurs d'Antioche, fait demander du secours aux princes mahométans des régions voisines et éloignées.   (208)

Sources : *Lettre II d'Étienne de Blois à sa femme Adèle* (*Hist. occid. d. crois.*, III, 889 B) : « Cum vero Caspianus, Antiochiae admiraldus, id est princeps et dominus, se adeo a nobis praegravatum conspiceret, misit filium suum, Sensadolo nomine, principi qui tenet Hierosolymam et principi de Calep, Rodoam, et principi de Damasco, Docap. Item misit in Arabiam propter Bolianuth et in Corathaniam propter Hamelmuth. Hi quinque admiraldi cum xij milibus electorum militum..... etc. » (voir ci-dessous, n° 232). — Foucher de Chartres (*ibid.*, 340 A). « Sed cum Turci a tanta multitudine christiana se obsideri circumspexissent, timentes nullomodo ab eis excuti posse, inito invicem consilio, misit Aoxianus, Antiochiae princeps et admiratus, filium suum, nomine Sanxadonem ad Soltanum, scilicet imperatorem, Persidis, ut eis citissime succurreret. » — Bartolf de Nangis (*ibid.*, 497 E). — Kemal-ad-din (*Hist. arabes d. crois.*, III, 578, 580).

Commentaire : Voy. Sybel, 339 (326) ; — HG, 251. — Dans la suite, Jagi Sian envoya encore d'autres ambassades aux princes mahométans (voy. plus loin, n° 237).

1097, vers le 4 novembre. — Jagi Sian commence à harceler les croisés campés devant Antioche.   (209)

Sources : *Gesta,* 133 (XII, 4) : « Postquam vero Turci fuerunt edocti de nostra essentia, coeperunt paulatim de urbe exire nostrosque peregrinos undique coangustare non solum ex una parte, sed undique erant latentes obviam nobis ad mare et ad montanam. » — Tudebode (*Hist. occid. d. crois.*, III, 36 A). — (*Hist. b. sacri*, c. 36 (*ibid.*, p. 187). — Baudri de Dol (*ibid.*, IV, 41 C). — Guibert de Nogent (*ibid.*, 170 B). — Orderic Vital, *Hist. eccles.* (éd. citée, III, 520). — Albert d'Aix, III, xl : « Per hunc pontem interdum exercitui insidiarum oblito, aut in die aut in noctis in obscuro, egredientes Turci sagittas intorquebant aut in impetu aliquos gladio percutiebant, subitoque recursu per eundem pontem in urbis praesidium evadebant ». — Guill. de Tyr, IV, xiv.

Commentaire : Voy. Peyré, I, 443 ; — Sybel, 388 (325) ; — HG. 245. — L'époque à laquelle commencèrent ces agressions peut être déterminée par le passage des *Gesta* que nous avons cité ci-dessus (n° 206), suivant lequel les croisés arrivés devant Antioche ne furent point inquiétés par les assiégés pendant les quinze premiers jours.

1097, vers le 17 novembre. — Les treize vaisseaux, partis de Gênes au mois de juillet (voy. ci-dessus, n° 174), entrent dans le port Saint-Siméon.   (210)

Sources : Cafaro, *Lib. civ. Orientis* (*Hist. occid. d. crois.*, V, 50 A) : « Paucis enim diebus transactis, flumen Solini venerunt et intraverunt, qui vocatur Portus S. Symeonis, longe ab Antiochia per spatium x milium. Milites vero Francorum, antea quam Januenses venissent, per mensem unum Antiochiam venerant et deforis castra posuerant. » — Raimond d'Aguilers (*ibid.*, III, 242 H) : « Interea Genuensium naves littori, quod per x milliaria aberat a castris, applicuerunt. Vocatur autem locus ille Portus S. Simeonis. » — Guill. de Tyr., V, iv. — Jacques de Voragine, *Translatio reliq. S. Joh. Bapt. Januam* (*ibid.*, V, 230 G).

Commentaire : Voy. Wilken, I, 180 ; — Sybel, 397 (333) ; — HG, 278 ; — Riant, dans *Hist. occid. des crois.*, V, 50 note. — Guillaume de Tyr se trompe en disant que les vaisseaux génois arrivèrent au port Saint-Siméon *in quinto mense obsidionis*. Son témoignage ne peut prévaloir contre ceux de Cafaro et de Raimond d'Aguilers. C'est pourtant celui qu'ont suivi Haken, ouvr. cité, I, 273 ; Peyré, II, 15 ; Kohl, *Gesch. d. Mittelalters*, 24, et presque tous leurs devanciers.

1097, vers le 18 novembre. — Expédition d'une troupe de cavaliers contre les Turcs du château d'Harenc, à laquelle prend part Boémond. (211)

Sources : *Gesta*, 133 (XII, 5) : « Erat non longe castrum cui nomen Aregh, ubi erant congregati multi Turci fortissimi, qui frequenter conturbabant nos. Audientes itaque nostri seniores talia..., miserunt ex militibus suis, qui explorarent locum ubi erant Turci. Reperto igitur loco ubi latebant nostri milites, qui quaerebant illos, obviant eis. At nostris paulatim retrogredientibus, ubi sciebant Boamundum esse cum suo exercitu, statim fuerunt illic mortui ij ex nostris. Hoc audiens Boamundus, surrexit cum suis...; et barbari irruerunt contra illos, eo quod nostri erant pauci ; tamen simul inierunt bellum. Mortui sunt vero multi ex nostris inimicis, et capti alii ducti sunt ante portam urbis, ibique decollabantur. » — Tudebode (*Hist. occid. d. crois.*, III, 36 C). — *Hist. b. sacri*, c. 36, 37 (*ibid.*, p. 187). — Robert le Moine (*ibid.*, 776 C-777 E). — Baudri de Dol (*ibid.*, IV, 41, D-C). — Guibert de Nogent (*ibid.*, 170 C-E). — Orderic Vital, *Hist. eccles.* (éd. citée, III, 520 et suiv.). — *Hist. Nicaena vel Antiochena* (*Hist. occid.*, V, 151 F-I). — Anonyme rhénan, *Hist. Godefridi* (*ibid.*, V, 462 E-G). — *Lettre I d'Anselme de Ribemont à Manassès* (Riant, *Inventaire*, 222) : « Cum vero civitatem obsedissemus, intrantes et exeuntes de exercitu Turci de proximo castello [Aregh] cotidie occidebant ; quibus principes de exercitu obviantes cccc ex eis insidiantes occiderunt, alios vero in quodam flumine praecipitaverunt, quosdam autem secum adduxerunt. » — Raimond d'Aguilers (*Hist. occid.*, III,

242 GH) : «... profecti sunt autem cum illo [Boamundo] comites Flandrensis et Normandiae. »

Commentaire : Voy. Sybel, 388 (325) : « Déjà, dans la première moitié de novembre, les chefs Francs, pour rendre de nouveau possible l'arrivée des convois de subsistances, et pour donner une satisfaction aux ardeurs belliqueuses des croisés se décidèrent à entreprendre une grande expédition. Boémond se porta donc avec une forte bande contre Harenc ; après avoir subi tout d'abord quelques pertes, il fit tomber l'ennemi dans une embuscade habilement disposée et remporta une victoire complète. » — HG, 246. — Les historiens modernes ont généralement passé sous silence cette expédition ou l'ont confondue avec celle du 28 décembre 1097, que Boémond et Robert de Flandre conduisirent dans la région d'Alep pour faire du butin (voy., par exemple, Haken, *Gemælde d. Kreuzzüge*, 1, 253 ; Peyré, I, 458). Sybel le premier l'a racontée à peu près exactement à sa date, en la plaçant dans la première moitié de novembre. Je crois qu'il faut la placer au début de la seconde moitié de ce même mois. En effet, Raimond d'Aguilers, tout de suite après l'avoir racontée, mentionne l'entrée de la flotte génoise au port Saint-Siméon (*interea Genuensium naves littori applicuerunt;* cf. ci-dessus, n° 210), et, d'après Cafaro, les Francs, au moment de l'arrivée de cette flotte, étaient déjà depuis quatre semaines devant Antioche, ce qui indique que les Génois arrivèrent le 17 novembre au plus tôt. C'est donc aussi vers cette date que dut avoir lieu l'expédition contre Harenc. De plus, nous voyons, par la lettre d'Anselme de Ribemont, que ladite expédition ne put avoir lieu plus tard; car, après en avoir parlé, Anselme ajoute : « Scitote quia obsedimus Antiochiam cum omni alacritate, in proximo ut putamus capiendam, abundantes frumento, vino et oleo et omnibus bonis supra quam credi potest » ; ce qui prouve qu'au moment où l'expédition se fit, on n'avait point encore souffert dans le camp des croisés la moindre famine. Les *Gesta* eux aussi ne mentionnent le commencement de la famine qu'après leur récit de l'expédition de Harenc.

1097, vers le 23 novembre. — Assemblée des princes croisés, qui décident la construction d'un château au sommet du mont de Maregart.   (212)

Sources : *Gesta*, 133 (XIII, 1). « Congregati sunt itaque omnes majores nostri et ordinaverunt concilium dicentes : Faciamus castrum in vertice montis Maregart, qui mons est super hostem [*c'est-à-dire :* l'host] Boamundi, quo securi atque tuti possimus permanere de Turcorum formidine. Facto itaque castro atque munito, omnes majores illud invicem custodiebant. » — Tudebode (*Hist. occid. d. crois.*, III, 37 A). — *Hist. b. sacri*, c. 38 (*ibid.*, p. 187). — Robert le Moine (*ibid.*, 776 A). — Baudri de Dol (*ibid.*, IV, 42 A).

— Guibert de Nogent (*ibid.*, 170 F). — Orderic Vital, *Hist. eccles.* (éd. citée, III, 521). — *Hist. Nicaena vel Antiochena* (*Hist. occid.*, V, 151 E). — Anonyme rhénan, *Hist. Godefridi* (*ibid.*, 462 C). — *Lettre II d'Anselme de Ribemont* (*ibid.*, III, 891 C) : « In illis diebus, nostri principes, cupientes civitatem magis ac magis artare, orientalem portam tunc primum obsedimus, castelloque ibi firmato, Boamundus in illo posuit portam sui exercitus. » Raimond d'Aguilers (*Hist. occid.*, III, 247 H) : « Eodem tempore, visum est principibus nostris ut in colle qui supra tentoria Boamundi erat castrum firmaretur ; ne, si rursus hostes contra nos venirent, ullo modo tentoria nostra impellere possent. » — Albert d'Aix, III, lv.

Commentaire : Voy. Wilken (I, 179), qui indique bien la construction du château de Maregart à sa date exacte dans l'ordre des événements, mais confond l'emplacement de ce château avec celui de la Mahomeria (voy. ci-dessous, n° 241). — Sybel, 388 (325). — Kugler, *Albert v. Aachen*, 84 ; — HG, 248 ; — Klein, *Raimund von Aguilers* (Berlin, 1892), p. 117. — Raimond d'Aguilers, à ce qu'il semble, place la construction du château de Maregart au mois de février 1098. Il avait parlé auparavant du combat livré sur les rives du lac d'Antioche, puis de l'arrivée au camp des croisés de l'ambassade du calife d'Égypte ; puis vient la citation ci-dessus, commençant par les mots : *Eodem tempore*. D'après les *Gesta*, au contraire, le château aurait été construit à une époque où la famine avait déjà commencé à régner parmi les assiégeants, donc entre la fin de novembre et le commencement de décembre. La lettre d'Anselme concorde avec les *Gesta*, et ce double témoignage a une importance décisive. D'après Sybel, le texte de Raimond d'Aguilers indique nettement que cet auteur veut parler d'un ensemble de travaux de fortifications, et il pense que l'expression *eo tempore* doit se rapporter au début du siège d'Antioche. Pour moi, je crois que, par ladite expression, il faut entendre l'époque où l'ambassade du calife séjourna dans le camp des croisés, donc le mois de février 1098 (voy n° 234). L'erreur de Raimond est compréhensible et excusable. Il ne se trouvait pas dans le camp des Normands et il peut n'avoir été qu'imparfaitement renseigné sur ce qui s'y passait. D'ailleurs, il n'a composé son Histoire que passablement plus tard, et l'on est en droit de lui imputer une lacune de mémoire. Peyré a adopté la date fournie par Raimond, sans tenir aucun compte de la donnée fournie par les *Gesta* et la lettre d'Anselme.

1097, fin novembre. — Anselme de Ribemont écrit à Manassès, archevêque de Reims, une lettre dans laquelle il raconte le siège et la prise de Nicée, la bataille du 1ᵉʳ juillet, 1097, la marche des croisés à travers l'Asie-Mineure et les premiers incidents du siège d'Antioche. (213)

Source : *Lettre I d'Anselme de Ribemont,* dans Riant, *Inventaire,* 221. — C'est à Riant qu'est due la découverte de cette lettre considérée longtemps comme perdue. Le savant éditeur croit qu'elle fut écrite vers le 10 février 1098, parce que, selon lui, la mention qu'elle contient d'un combat, dans lequel quatre cents Turcs furent tués, d'autres jetés dans le fleuve et d'autres conduits prisonniers au camp des croisés, doit se rapporter au combat qui se livra sur les bords du lac d'Antioche (voy. plus loin, n° 233). Mais cette opinion me paraît erronée ; car la victoire dont parle Anselme doit être identifiée, selon moi, avec le succès remporté par l'expédition de Harenc (voy. ci-dessus, n° 211), sans cela on ne comprendrait pas pourquoi Anselme ne dit pas un mot de la famine qui sévit parmi les croisés pendant la fin de 1097 et les deux premiers mois de 1098, et comment il peut parler de l'abondance des vivres dont l'armée jouit. En effet, cette abondance ne dura que pendant les trois à cinq premières semaines qui suivirent l'arrivée des chrétiens devant Antioche. Ensuite la disette commença à se faire sentir, et il en résulta un tel mécontentement qu'une lettre écrite à ce moment n'aurait pu dire que la satisfaction et le confort régnaient au camp. La lettre d'Anselme a donc certainement été écrite à une époque antérieure.

1097, décembre. — Les vivres commencent à s'épuiser dans le camp des croisés, qui souffrent notablement de la cherté des subsistances et du froid .   (214)

Sources : *Gesta,* 133 (XIII, 2) : « Jamjam coeperant frumentum et omnia nutrimenta corporum nimis esse cara ante Natale Domini. Foras penitus non audebamus exire nihilque penitus in terra Christianorum invenire poteramus ad edendum. » — Tudebode (*Hist. occid. d. crois.,* III, 37 A). — *Hist. b. sacri,* c. 38 (*ibid.,* p. 187). — Robert le Moine (*ibid.,* 777 D, E). — Baudri de Dol (*ibid.,* IV, 42 B). — Guibert de Nogent (*ibid.,* 170 H). — Orderic Vital, *Hist. eccles.,* (éd. citée, III, 521). — *Hist. Nicaena et Antiochena* (*Hist. occid.,* V, 151 E). — Anonyme rhénan, *Hist. Godefridi* (*ibid.,* 462 D). — *Lettre II d'Anselme de Ribemont* (*ibid.,* III, 891 D) : « Principibus nostris tunc temporis [c'est-à-dire au début du siège] aliquantulum intumescentibus, Deus..... adeo nos castigavit ut vix invenirentur DCC equites in nostro exercitu, et non ideo quia homines probi et audaces nobis deessent, sed quia equi aut inopia victus aut nimietate frigoris fere omnes perierunt. » — Raimond d'Aguilers (*ibid.,* 243 D). « Cumque jam in tertio mense obsidionis carnis alimonia mercarentur..... » — Guill. de Tyr, IV, xvij.

Commentaire : Voy. Michaud, II, 13 ; — Haken, *Gemælde d. Kreuzzüge,* I, 252 ; — Wilken, I, 180 ; — Raumer *Gesch. d.*

Hohenstaufen, I, 115. — Sybel, 389 (326); — Peyré, I, 454; — HE, 150; — HP, 212 (251); — HG, 249.

1097, vers le milieu de décembre. — Robert, comte de Normandie, se rend à Laodicée, où il avait été appelé par des Anglais, et où il séjourne assez longtemps.   (215)

> **Sources :** Raimond d'Aguilers (*Hist. occid. d. crois.*, III, 243 E) : « Nam Normanniae comes eo tempore (*i. e.* in tertio mense obsidionis) aberat. » — Raoul de Caen (*ibid.*, III, 649 D) : « Angli ea tempestate Laodiceam tenebant, missi ab imperatore tutela ; cujus fines vagus populabatur exercitus, ipsam quoque cum violentia irrumpere tentantes. In hac formidine Angli assertorem vocant praescriptum comitem [Robertum]... Normannus comes, ingressus Laodiciam, somno vacabat et otio ; nec inutilis tamen, dum opulentiam nactus, aliis indigentibus large erogabat... Praedictus comes frustra semel atque iterum ad castra revocatur ; tertio, sub anathemate accitus redit invitus. »
>
> **Commentaire :** Voy. Wilken, I, 182 : « Robert war einer der ersten welche aus dem Lager entwichen. ». — Sybel, 389, 510 (326, 432); — Kugler, *Albert. v. Aachen*, 45, 48 ; — HG, 249. — Le séjour de Robert de Normandie à Laodicée au mois de décembre 1097, mentionné par Raoul de Caen, est confirmé par Raimond d'Aguilers, bien que cet auteur n'indique pas la localité où Robert se rendit. On ne peut dire avec précision combien de temps dura l'absence de celui-ci ; probablement se prolongea-t-elle au moins jusque vers le milieu ou la fin de janvier 1098, puisque ce fut seulement après avoir été rappelé trois fois qu'il se décida à regagner Antioche. D'après un passage de Tudebode (*Hist. occid. d. crois.*, III, 43) on voit qu'il se trouvait devant cette ville le 9 février 1098 (voy. plus loin, nº 235).

1097, vers le 20 décembre. — Godefroi tombe gravement malade dans son camp devant Antioche.   (216)

> **Sources :** Raimond d'Aguilers (*Hist. occid. d. crois.*, III, 243 E) : « Dux maxime infirmabatur » (cf. ci-dessous, nº 217). — Albert d'Aix, III, lviij. — Guill. de Tyr, IV, xviij, xxij. — Accolti (*Hist. occid.*, V, 574 F) : «... febre correptus. »
>
> **Commentaire :** Voy. Sybel, 389 (326); — Kugler, *Albert v. Aachen*, 86 ; — HG, 249. — Raimond d'Aguilers mentionne la maladie de Godefroi à l'occasion d'une expédition que firent Boémond et Robert de Flandre dans le pays des Sarrasins, pour amasser du butin (voy. nº 217), expédition à laquelle Godefroi ne put pas prendre part à cause de cette maladie.

1097, vers le 23 décembre. — Délibération des princes croisés sur les moyens de se procurer des vivres et de veiller à la sécurité de leur camp. Il est décidé que Boémond et Robert de Flandre iront faire du butin dans le pays des Sarrasins, et que Raimond de Saint-Gilles et Adhémar du Puy seront chargés de la garde du camp. Robert de Normandie était alors absent et Godefroi de Bouillon gravement malade.   (217)

Sources : *Gesta*, 133 (XII, 3) : « In Saracenorum terra nemo intrare audebat nisi cum magna gente. Ad ultimum statuerunt nostri seniores consilium ordinando qualiter regerent tantas gentes. Invenerunt in consilio ut una pars nostri iret diligenter attrahere stipendium et ubique custodire exercitum, alia quoque pars fiducialiter remaneret custodire hostem. Boemundus denique dixit : Seniores et prudentissimi milites, si vultis..., ego ero cum Flandrensi comite iturus... » — Tudebode (*Hist. occid. d. crois.*, III, 37 B). — *Hist. b. sacri*, c. 39 (*ibid.*, p. 187). — Robert le Moine (*ibid.*, 777 D). — Baudri de Dol (*ibid.*, IV, 42 B). — Guibert de Nogent (*ibid.*, 171 A). — *Hist. Nicaena vel Antiochena* (*ibid.*, V, 451 E). — Raimond d'Aguilers (*ibid.*, III, 243 E) : « Cumque jam in tertio mense obsidionis carnis alimonia mercarentur, electus est Boemundus comes ut exercitum propter victualia in Hispaniam [Ispahaniam, Isfahaniam] ducerent, comite et episcopo Podiensi praeside relicto in castris. Nam Normanniae comes eo tempore aberat, et dux maxime infirmabatur. » — Albert d'Aix, III, 1. — Guill. de Tyr., IV, xviij.

Commentaire : Voy. Peyré, I, 458 ; — Sybel, 390 (327) ; — HG, 249. — Robert le Moine se trompe sans doute en plaçant après Noël le conseil des princes croisés ; ce conseil dut avoir lieu immédiatement avant Noël, ainsi que cela ressort du texte des *Gesta*, où la mention de cette fête est placée entre celle de l'assemblée des princes et celle du départ de Boémond et du comte de Flandres (voy. n° 219).

1097, décembre 25. — Les croisés devant Antioche célèbrent en grande solennité les fêtes de Noël.   (218)

Sources : Voy. n° 219.

1097, décembre 28, à 1098, janvier 1. — Expédition de Boémond et de Robert de Flandre dans le territoire d'Alep, pour procurer des vivres à l'armée des croisés (cf. n°ˢ 220-222).   (219)

Sources : *Gesta*, 134 (XIII, 4) : « Celebratis itaque gloriosissime sollemnitatibus Nativitatis, in die lunae, ij^a scilicet feria, egressi sunt illi [Boemundus et Robertus Flandrensis] et alii plus quam xx milia militum et peditum, ac sani et incolumes intraverunt terram Saracenorum. » — Tudebode (*Hist. occid. d. crois.*, III, 37 D).

— *Hist. b. sacri*, c. 39 (*ibid.*, 187). — Robert le Moine (*ibid.*, 778).
— Baudri de Dol (*ibid.*, IV, 42 E). — Guibert de Nogent (*ibid.*, 171 C). — Orderic Vital (éd. citée, III, 521). — *Hist. Nicaena vel Antioch.* (*Hist. occid.*, V, 152). — Anonyme rhénan, *Hist. Godefridi* (*ibid.*, 463 D). — Raimond d'Aguilers (*ibid.*, III, 243 E; cf. ci-dessus, n° 217). — *Lettre II d'Anselme de Ribemont* (*ibid.*, III, 891 F) : « Videns Antiochensis [Jagi Sïian] se laesum, Damascenum in auxilium advocavit, qui providentia Dei Boamundum et Flandrensem comitem, qui ad quaerendas escas ierant cum parte nostri exercitus, obvios habuit, et, Dei auxilio praeeunte, victus fugatusque est ab eis. » — Albert d'Aix, III, 1 : « Boemundus et Robertus idemque Tancredus, sicut decretum erat..... xv milia peditum, duo equitum electorum in armis adsumentes regna gentilium sub spatio dierum iij ingressi praedarum et pecorum universique generis armentorum copias inauditas contraxerunt, quas sine impedimento biduo abduxerunt. Sed die tertia vespere superveniénte, fatigati itinere, in campestri planitie juxta montana quiescere decreverunt. » — Guill. de Tyr, IV, xviij.

Commentaire : Voy. Wilken, I, 181 ; — Peyré, I, 459 : « Le départ de cette expédition eut lieu le lundi 28 décembre 1097; jour de la fête des SS. Innocents. » — Sybel, 390 (327) ; — Kugler, *Albert v. Aachen*, 81 et suiv. ; — HG, 250. — En 1097, la fête de Noël tombait sur un vendredi. Le départ de Boémond et de Robert de Flandre eut lieu le lundi suivant, donc le 28. — L'*Hist. b. sacri* commet une erreur en disant : « in die lunis, videlicet vja feria »; de même les *Hist. occid. d. crois.*, IV, 171, et de même également Sybel, qui donne la date du 30 décembre et qui dit que Raimond d'Aguilers et la lettre d'Anselme de Ribemont fournissent une indication chronologique précise sur la bataille. Les dates les plus exactes sont données par Albert d'Aix, qui nous apprend que l'expédition dura trois jours et que, pendant les deux premiers jours, les croisés firent un butin immense. Le soir du troisième jour ils décidèrent de s'arrêter et de se reposer la nuit. Au matin du quatrième jour (*prima diei aurora*), donc le 31 décembre 1097, eut lieu l'attaque des Turcs; ce qui s'accorde bien avec le renseignement de l'*Hist. b. sacri*, d'après lequel cette attaque se produisit *in die S. Sylvestri* (cf., ci-dessous, n° 223).

1097, décembre 29. — Pendant l'absence de Boémond et de Robert les gens d'Antioche tentent une sortie. Un combat est livré à la porte du pont et vers le pont de bateaux. Les Francs sont battus. Le porte-étendard d'Adhémar du Puy est tué, avec beaucoup d'autres croisés. Depuis ce jour Raimond de Saint-Gilles est de nouveau malade.   (220)

Sources : *Gesta*, 134 (XIV, 1-2). « Turci denique inimici Dei et S. Christianitatis qui erant intus in custodia civtatis Antiochiae,

audientes dominum Boamundum et Flandrensem comitem in obsessione non esse, exierunt de civitate et audacter veniebant proeliari
nobiscum...; inveneruntque quod in una Martis die possent obsis-
tere nobis et laedere...; irruerunt vehementer super nos et incautos
occiderunt multos ex nostris militibus et peditibus. Episcopus
quoque Podiensis in illa amara die perdidit suum senescalcum. »
— Tudebode (*Hist. occid. d. crois.*, III, 38 C). — *Hist. b. sacri*, c.
40 (*ibid.*, 188). — Robert le Moine (*ibid.*, 779 E). — Baudri de Dol
(*ibid.*, IV, 42 H). — Guibert de Nogent (*ibid.*, 171 I, 172 A) :
« ... cum esset tertia quaedam dies..... » — Orderic Vital, *Hist.
eccles.* (éd. citée, III, 522 et suiv.). — *Hist. Nicaena vel Antiochena* (*Hist. occid.*, V, 153 G). — Anonyme rhénan, *Hist. Godefridi* (*ibid.*, 464 C). — Raimond d'Aguilers (*ibid.*, III, 243 D-244 A) :
« Haec autem cum hostes comperissent [c'est-à-dire l'absence de
Boémond et de Robert, et la maladie de Godefroi], solitos incepere
assultus..... Ceciderunt ibi usque ad xv milites nostri, pedites
vero circiter xx. Interfectus est ibi vexillifer episcopi... » — Id.
(*ibid.*, 245 G) : « Aeger enim fuerat [Raimundus comes] ex die quo
fugere apud pontem compulsus est. — Id. (*ibid.*, 250 A) : « Namque
tempore praeteritae aestatis [1097], gravi ac diuturno morbo fatigatus et adeo mollis per totam hiemem fuerat, ut nec ad militan-
dum nec ad largiendum promptus esse diceretur. » — Guill. de
Tyr, IV, xviij. — Albert d'Aix, III, lij.

Commentaire : Voy. Wilken, I, 181 ; — Peyré, I, 460 et suiv. ;
Sybel, 391 (328); — HG, 254 et suiv. — Le *dies Martis* des *Gesta*
ne peut être que le mardi 29 décembre 1097, c'est-à-dire le lendemain du jour où Boémond et Robert de Flandre étaient partis
pour leur razzia. Il ne peut s'agir du mardi 5 janvier 1098, car
Boémond, alors qu'il était absent et avant le 31 décembre, jour de
la bataille d'El-Bara (cf. n° 223), avait été informé des combats
livrés devant Antioche, et son retour au camp eut lieu certainement avant le 5 janvier 1098. C'est donc par erreur que, dans le
Rec. des hist. occid. d. crois., III, 779 C, la date du combat
devant Antioche est placée en l'année 1098. De même, De Goy
(*Mém. de Pierre Tudebode*, p. 119) se trompe en traduisant les
mots *in una die Martis* par un jour de mars.

1097, décembre 30. — Une forte aurore boréale est aperçue à
Antioche et à Édesse, et, en même temps, de violentes secous-
ses de tremblement de terre sont ressenties à Antioche, ainsi
que dans l'Euphratèse. Cette même nuit, le provençal Pierre
Barthélemy a une première vision, dans laquelle l'apôtre
S. André lui montre la sainte Lance.   (221)

Sources : Raimond d'Aguilers (*Hist. occid. d. crois.*, 245 E) :
« Interea terrae motus factus est magnus, iij° kalendas Januarii,

et signum in coelo satis mirabile vidimus. Namque in prima vigilia noctis ita caelum rubicundum a septentrione fuit, ut quasi suborta aurora diem deferre videretur.. » — Foucher de Chartres (*ibid.*, 341 A). « Tunc temporis, vidimus in caelo unum ruborem mirabilem; insuper sensimus terrae motum magnum, qui nos pavidos reddidit omnes. Multi etiam tunc viderunt quoddam signum in modum crucis figuratum, colore alburnum, versus Orientem recto incedens tramite. » — Mathieu d'Édesse (*Hist. armén. d. crois.*, I, 34). — Raimond d'Aguilers (*Hist. occid. d. crois.*, III, 254 A) : « In primo terrae motu qui apud Antiochiam factus est, cum exercitus Francorum obsideret eam, tantus timor me invasit, ut nihil praeter *Deus adjuva me* dicere possem. Erat enim nox et ego [Petrus Bartholomaeus] jacebam... Cum autem concussio terrae diutius duraret et timor meus semper excresceret, coram me duo viri adstiterunt, in veste clarissima.... »

Commentaire : Voy. Wilken, I, 185 ; — Peyré, I, 464 ; qui, tous deux, placent par erreur l'aurore boréale et le tremblement de terre au 1er janvier 1098. — HE, 55, 115 ; — Klein, *Raimund von Aguilers*, 48. — Mathieu d'Édesse ne parle que de l'aurore boréale qu'il décrit avec détail et qu'il place dans le mois de Moreri (= 22 nov. à 21 déc. 1097, d'après le calcul de Dulaurier, dans les *Hist. armén. d. crois.*, I, p. 34), Foucher de Chartres était alors avec Baudouin dans l'Euphratèse; ce qu'il dit de l'aurore boréale et du tremblement de terre doit donc se rapporter à des phénomènes qui se produisirent sous ses yeux, en cette région.

1097, décembre 30. — Boémond et Robert de Flandre campent dans le voisinage d'El-Bara et y passent la nuit. (222)

Sources : Albert d'Aix, III, i (cf. ci-dessus, n° 219). — Kemal ad-Dîn, *Chron. d'Alep* (*Histor. arabes des crois.*, III, 579) : « Melik Dokak, l'atabek Toghtekin et Djenah ed-Dawlek étaient alors campés à Cheïzer, avec le fils de Iaghi Siân, et se portaient au secours de Iaghi Siân ; mais lorsqu'ils furent informés de l'incursion des Francs, ils marchèrent contre eux avec un corps d'armée, les rencontrèrent vers le territoire d'El-Barah et leur firent subir des pertes. »

Commentaire : A Albert d'Aix nous empruntons le fait que les Francs assirent leur camp le 30 décembre 1097, et à Kemal ad-Dîn le nom de la localité, El-Bara, où était ce camp.

1097, décembre 31. — Une grosse troupe de Turcs et de Sarrasins, qui se portaient au secours d'Antioche, attaque, vers le matin, Boémond et Robert de Flandre, à El-Bara; elle est mise en fuite par eux. (223)

Sources : *Gesta,* 134 (XIII, 5) : « Congregati quippe erant

multi Turci et Arabes et Saraceni ab Jerusalem et Damasco et
Aleph et ab aliis regionibus, qui veniebant audientes itaque istam
Christianorum gentem conductam esse in illorum terram; ilico
praeparaverunt se ad bellum contra Christianos, atque summo
diluculo venerunt in locum ubi gens nostra erat in unum... Egregius comes Flandrensis occurrit illis una cum Boamundo, irrueruntque nostri unanimiter super illos, qui statim arripuerunt
fugam... ; et mortui sunt ex illis plurimi, nostrique ceperunt equos
eorum et alia spolia. » — Tudebode (*Hist. occid. d. crois.*, III,
38 A). — *Hist. b. sacri*, c. 39, 40 (*ibid.*, 188). — Robert le Moine
(*ibid.*, 278). — Baudri de Dol (*ibid.*, IV, 42 E). — Guibert de
Nogent (*ibid.*, 171 E). — Orderic Vital, *Hist. eccles.* (éd. citée,
III, 522). — *Hist. Nicaena vel Antiochena* (*Hist. occid. d. crois.*,
V, 153). — Anonyme rhénan, *Hist. Godefridi* (*ibid.*, 463 F). —
Raimond d'Aguilers (*ibid.*, III, 244 F). — *Lettre II d'Anselme de
Ribemont* (*ibid.*, III, 891 F; cf. ci-dessus, nº 219). — Albert d'Aix,
III, lj. — Guill. de Tyr, IV, xviij (cf. ci-dessus, nº 219). — Kemal
ad-Dîn (*Hist. arabes d. crois.*, III, 579 (cf. ci-dessus, nº 222).

Commentaire : Voy. ci-dessus, nº 219, et *Hist. occid. d. crois.*,
III, 38, note *a*. — La date du 31 décembre se déduit du texte
d'Albert d'Aix et des données fournies par l'*Hist. b. sacri*, dont il
a déjà été question ci-dessus, nº 219.

1098, janvier 1-2. — Boémond et Robert de Flandre rentrent au
camp devant Antioche. Le premier passe tout d'abord dans la
localité où campait Tancrède. Il n'avait fait que peu de butin.
(224)

Sources : *Gesta*, 134 (XIII, 7) : « Nos autem revertentes cum
magno tripudio, laudavimus et magnificavimus trinum et unum
Deum. » — *Ibid.*, XIV, 3 : « Egrediebatur tunc vir prudens Boamundus cum suo exercitu de terra Saracenorum venitque in Tancredi montaneam. » — Tudebode (*Hist. occid. d. crois.*, III, 38 B).
— *Hist. b. sacri*, c. 41 (*ibid.*, 188). — Robert le Moine (*ibid.*, 779 C).
— Baudri de Dol (*ibid.*, IV, 43 B). — Guibert de Nogent (*ibid.*,
172, B, C). — Orderic Vital, *Hist. eccles.* (éd. citée, III, 523). —
Raimond d'Aguilers (*Hist. occid. d. crois.*, III, 245 B). — Albert
d'Aix, III, lij. — Guill. de Tyr, IV, xix. — Kemal ad-Dîn (*Hist.
arabes d. crois.*, III, 579) : « Les Francs revinrent alors sur Roudj,
remontèrent de là vers Maara-Mesrin, y tuèrent tous ceux qu'ils
trouvèrent et mirent en pièces la chaire de la mosquée. »
Commentaire : Voy. Wilken, I, 181. — Peyré, I, 461. — Sybel,
391 (328). — Kugler, *Albert v. Aachen*, 82. — HG, 255. — L'arrivée
au camp de Boémond et de Robert dut avoir lieu au plus tôt le
1ᵉʳ janvier 1098. Aucun témoignage occidental ne dit que leur
retour se soit fait avec lenteur et avec des pertes de temps. On
doit présumer au contraire qu'ils l'effectuèrent aussi rapidement

que possible. D'après Albert d'Aix, Boémond serait arrivé un jour avant Robert de Flandre, et son retour n'aurait été salué que d'une médiocre joie, parce qu'il avait perdu dans son expédition beaucoup de ses gens et qu'il ne ramenait que peu de butin. Robert de Flandre n'arriva que le lendemain; il avait, avec ses deux cents chevaliers, remporté une victoire éclatante sur les Infidèles et fait beaucoup de butin. Nous avons donc admis que leur retour au camp eut lieu le 1er et le 2 janvier 1098.

1098, vers le 2-4 janvier. — Adhémar, évêque du Puy, prescrit un jeûne de trois jours aux croisés campés devant Antioche, et les exhorte à de pieuses manifestations. (225)

Sources : Raimond d'Aguilers (*Hist. occid. d. crois.*, III, 245 E) : « Interea terrae motus factus est iij kal. Januarii (cf. n° 221)... Praedicavit eo tempore episcopus triduanum jejunium et, cum processione, orationes et eleemosynas. Ad populum, ad presbyteros autem mandavit ut vacarent missis et orationibus, et clerici psalmis. » — Albert d'Aix, III, lvij : «... decreverunt omnem injustitiam et foeditatem de exercitu abscidi. » — Guill. de Tyr, IV, xxij.
Commentaire : Voy. Wilken, I, 185 ; — Peyré, I, 471 ; — Kugler, *Albert v. Aachen*, 86. — Le texte de Raimond d'Aguilers indique nettement que le jeûne de trois jours fut ordonné en suite des phénomènes météoriques qui se produisirent le 30 décembre 1097. Ce jeûne doit donc se placer dans les tout premiers jours de janvier 1098.

1098, janvier 5-25. — La cherté des vivres et la famine atteignent leur maximum dans le camp devant Antioche. Un grand nombre de croisés meurent par suite de disette. (226)

Sources : *Gesta*, 135 (XIV, 4) : « Videntes autem Hermenii et Surani quod nostri penitus vacui rediissent, consiliati in unum abibant per montaneas et praescita loca, subtiliter inquirentes et ementes frumentum et corporea alimenta, quae ad hostem (= host) deferebant, in qua erat fames inmensa, et vendebant onus unius asini viij purpuratis, qui appretiabantur cxx solidis denariorum. Ibi quidem sunt mortui multi ex nostris, non habentes pretium unde tam carum emere potuissent. » — Tudebode (*Hist. occid. d. crois.*, III, 40 A). — *Hist. b. sacri*, c. 42 (*ibid.*, 188). — Robert le Moine (*ibid.*, 781 A-C). — Baudri de Dol (*ibid.*, IV, 43 D-E). — Guibert de Nogent (*ibid.*, 172 G-173 H). — Orderic Vital (éd. citée, III, 523). — Anonyme rhénan, *Hist. Godefridi* (*ibid.*, V, 466 A). — *Lettre II d'Anselme de Ribemont* (*ibid.*, III, 891 D); cf. n° 214. — Raimond d'Aguilers (*ibid.*, 245 B). — Foucher de Chartres (*ibid.*, 341 B) : « Anno autem Domini 1098, postquam regio illa Antiochena circumquaque a multitudine gentis nostrae prorsus devastata fuisset, magis magisque tam majores quam minores fame nimia vexati sunt. » — *Lettre II d'Étienne de Blois* (*ibid.*, 889 A). — Guill. de Tyr, IV, xvij, xxj.

Commentaire : Voy. le n° 214. — C'est surtout d'après les *Gesta* et Foucher que l'on voit que la famine atteignit son plus haut degré en janvier 1098; et la chose est confirmée par les autres sources originales, qui mentionnent à cette date la disette survenue dans le camp des croisés. Cette disette ne diminua qu'après que des vivres purent être apportés du port Saint-Siméon (voy. ci-dessous, n° 240).

1098, vers le 10 janvier. — Raimond de Saint-Gilles propose et fait décider que les chevaliers qui perdront leurs montures en allant fourrager seront indemnisés de la perte subie.   (227)

Source : Raimond d'Aguilers (*Hist. occid. d. crois.*, III, 245 H) : « [Comes] — aeger enim fuerat ex die quo fugere apud Pontem compulsus est — principes suos et Podiensem episcopum in unum vocat, atque habito consilio ɔ marchas argenti illis largitur, ea nimirum conditione, ut, si quis militum suorum equum deperderet, de illis ɔ marchis illi restauraretur, ac de aliis quae fraternitati concessa sunt. Haec autem conditio confratribus multum illo tempore profuit..... Hanc ob causam, milites nostri hostibus occurrere non formidabant, praesertim hi qui viles et debiles equos habebant, cum scirent se, perditis suis, meliores habituros. »

Commentaire : Voy. Sybel, 392 (329). — Raimond de Saint-Gilles était malade depuis le 29 décembre 1097 (cf. ci-dessus, n° 220). La décision dont il est ici question dut être prise dans la première moitié de janvier alors que la disette était à son comble dans le camp des croisés.

1098, vers le 15 janvier. — Lettre de Siméon, patriarche grec de Jérusalem, et des évêques grecs et latins de l'armée des croisés à l'église d'Occident : ils racontent les premiers événements de la croisade et sollicitent des secours.   (228)

Source : *Epistola [Simeonis], Hierosolymitani patriarchae*, publ. à la fin de la première édition de Robert le Moine (Cologne, 1472); par Martène, *Ampl. Collectio*, V, 535-536; et *Thesaurus Anecdot.*, I, 272; par Ekkard, *Corpus hist. med aevi*, II, 256; par Pertz, *Mon. Germ. Script.*, III, 14; par Jaffé, *Mon. Corbeiensia*, p. 65; dans les *Monum. Bambergensia*, p. 181.

Commentaire : Voy. Mailly, *L'esprit d. crois.*, I, lxix; — Sybel, 14; — Riant, *Epistola Alexii*. Praef., p. lx; — Id., *Inventaire*, 155. — Riant date la lettre du patriarche Siméon du milieu d'octobre 1097. Mais le contenu de cet écrit nous oblige à en placer la rédaction vers le milieu de janvier 1098. Nous avons déjà mentionné ci-dessus (n° 205) une autre lettre du même patriarche, en la datant d'octobre 1097. Celle dont il est question ici doit être un peu postérieure. Toutes deux portent à cent mille hommes la force de l'armée des croisés. Mais tandis que celle de janvier 1098 parle de conquêtes faites par les croisés en Syrie et de cinq batailles livrées par eux, l'autre (celle d'octobre) ne parle que de leur passage en Romanie et ne mentionne que trois batailles. Les deux dernières batailles signalées par celle dont nous nous occupons ici sont la bataille de Harenc (voy. n° 209) et la bataille qui eut lieu le 31 décembre 1097 dans le territoire d'Alep (voy. n° 223). Elle a dû être écrite peu de temps après cette dernière bataille, donc probablement en janvier 1098, et envoyée en Occident par le port Saint-Siméon, à une époque où l'accord entre les croisés et les chrétiens grecs et syriens n'avait pas encore été troublé et où la force de l'armée des croisés était encore à peu près la même qu'au commencement du siège d'Antioche.

1098, vers le 20 janvier. — Pierre l'Ermite et Guillaume Charpentier, qui avaient quitté clandestinement le camp devant Antioche, sont arrêtés par Tancrède et ramenés à l'armée des croisés.   (229)

Sources : *Gesta*, 135 (XV) : « Wilhelmus igitur Carpentarius et Petrus heremita pro immensa infelicitate et miseria ipsa latenter recesserunt. Quos Tancredus persequens apprehendit secumque reduxit cum dedecore, qui dextram et fidem illi dederunt quia libenter ad hostem redirent et satisfactionem senioribus facerent. » — Tudebode (*Hist. occid. d. crois.*, III, 40). — *Hist. b. sacri*, c. 42 (*ibid.*, 188). — Robert le Moine (*ibid.*, 781). — Baudri de Dol (*ibid.*, IV, 43 E). — Guibert de Nogent (*ibid.*, 174). — Orderic Vital (éd. citée, III, 524).

Commentaire : Voy. Maimbourg, I, 135 ; — Mailly, *L'esprit d. crois.*, IV, 131. — Michaud, II, 18 ; — Wilken, I, 184 ; — Haken, *Gemælde d. Kreuzzüge*, I, 267 ; — Funck, *Gemælde aus dem Zeitalter d. Kreuzzüge* (1821), I, 71 ; — Peyré, I, 470 ; — Vion, *Pierre l'Ermite* (1853), p. 333 ; — de Marsy, *Pierre l'Ermite* (1882), p. 24 ; — Kohl, *Gesch. d. Mittelalter*, p. 24 ; — HE, 150 ; — HP, 214 (253) ; — HG, 258. — Franz, *Peter von Amiens* (1891), p. 5. — On ne peut établir exactement le jour de la fuite de Guillaume Charpentier et de Pierre l'Ermite. Mais ce dut être dans la seconde moitié du mois de janvier, après que Boémond fut revenu de sa razzia sur le territoire des Sarrasins (cf. n° 219) et avant le combat livré au commencement de février (cf. n° 233) ; cette date correspondrait bien d'ailleurs avec le moment où la disette fut la plus grande dans le camp des croisés.

1098, début de février. — Tatig, le représentant du basileus grec dans l'armée des croisés, quitte le camp d'Antioche. Avant son départ, il avait consenti à Boémond la cession des villes de Tarse, de Mamistra et d'Adana.   (230)

Sources : *Gesta,* 135 (XVI) : « Interea inimicus Tetigus, audiens quod exercitus Turcorum venissent super nos, ait se timuisse, arbitransque nos omnes perisse atque in manibus inimicorum incidisse, fingens omnia falsa quae assidue seminare poterat....., ivit..... et omnia sua dimisit in campo, et in perjurio manet et manebit. » — Tudebode (*Hist. occid. d. crois.*, III, 41). — *Hist. b. sacri,* c. 43 (*ibid.*, 189). — Robert le Moine (*ibid.*, 782). — Baudri de Dol (*ibid.*, IV, 44 D). — Guibert de Nogent (*ibid.*, 175 H). — Orderic Vital (éd. citée, III, 524). — Anonyme rhénan, *Hist. Godefridi* (*Hist. occid.*, V, 466 F). — Raimond d'Aguilers (*ibid.*, III, 246 C) : « Tatic non solum commentis, verum etiam maximis impendiis, proditione sociorum et perjurio cumulatis, per fugam lapsus est. Concessit enim Boamundo ij vel iij civitates : Tursol, Mamistram, Addenam. Taliter igitur mercatus sibi et suis perpetuum pudorem, simulato itinere quasi ad exercitum imperatoris, dimissis tentoriis et familiaribus suis, cum Dei maledictione profectus est. » — Albert d'Aix, III, xxxviij ; IV, xl. — Guill. de Tyr, IV, xxj.

Commentaire : Voy. Maimbourg, I, 135 ; — Mailly, *L'esprit d. crois.*, IV, 126 ; — Michaud, II, 17 ; — Haken, *Gemælde d. Kreuzz.*, I, 270 ; — Wilken, I, 183 ; — Peyré, I, 468 ; — Sybel, 393 (329) ; — Kugler, *Gesch. d. Kreuzzüge*, 47 ; — HG, 261. — On ne peut déterminer exactement la date où Tatig quitta l'armée des croisés. Mais, en s'en tenant à la succession des événements telle qu'elle est rapportée par les *Gesta*, on voit que son départ eut lieu postérieurement à la fuite de Pierre l'Ermite. Ce départ, au surplus, fut motivé par la disette qui régnait au camp ; enfin, au moment où il eut lieu, le bruit courait déjà qu'une armée turque était en marche vers Antioche. C'était l'armée de Roduan d'Alep, sur laquelle les croisés remportèrent une complète victoire, près du lac d'Antioche, le 9 février 1098, alors que Tatig avait sans doute déjà quitté l'armée. On peut donc placer au début de février le départ de ce personnage.

1098, début de février. — Le prince arménien Thoros fait demander à Baudouin, frère de Godefroi de Bouillon, de venir à Édesse, pour défendre cette place contre les Turcs.   (231)

Sources : Foucher de Chartres (*Hist. occid. d. crois.*, 337 E, 338 B) : « Cum autem fama de eo [comite Balduino] longe lateque jam circumvolasset, misit ad eum legationem princeps civitatis Edessae... Quoniam a Turcis se defendere nequibat, volebat Graecus ille et se et terram suam ab ipso Balduino defendi, quem et milites suos bellatores fortissimos esse audierat. Hoc audito, postquam legati sub jurejurando fecerunt eum inde credulum, cum nimio exercitulo suo, scilicet lxxx militibus pergens, transiit Euphratem. » — Mathieu d'Édesse (*Hist. armén. d. crois.*, I, 35) : « En l'année 547 (25 févr. 1098-24 févr. 1099), le comte Baudouin, s'étant mis à la tête de cent chevaliers, vint s'emparer de la ville de Thelbaschar. A cette nouvelle, Thoros, gouverneur romain d'Édesse, fut rempli de joie. Il envoya vers le comte frank à Thelbaschar, pour le prier de venir à son secours contre ses ennemis, les émirs du voisinage, qui l'inquiétaient beaucoup. Baudouin, répondant aussitôt à cet appel, se rendit à Édesse avec soixante chevaliers. » Cf. ci-dessous, n° 239. — Albert d'Aix, III, xix : « Fama Balduini longe lateque crebrescente..., dux civitatis Rohas, quae dicitur Edessa..., episcopum ejusdem urbis cum duodecim majoribus civitatis, quorum consilio omnis status regionis fiebat, ad ipsum Baldewinum misit, quatenus cum Gallis militibus ad urbem descenderet, terram adversus Turcorum infestationes defenderet... [Balduinus] descendit solum cum D equitibus, caetera multitudine dimissa ac relicta Turbaysel ac Ravenel et multis in locis, quae, Turcis expulsis, suae suberant potestati. » — Baudri de Dol (*Hist. occid. d. crois.*, IV, 81). — Guibert de Nogent (*ibid.*, 165). — Guill. de Tyr, IV, ij.

Commentaire : Voy. Maimbourg, I, 123 ; — Mailly, *L'esprit d. crois.*, IV, 69 ; — Haken, *Gemælde d. Kreuszüge*, I, 238 ; — Wilken, I, 167 ; — Raumer, *Gesch. d. Hohenstaufen*, I, 105 ; — Peyré, I, 407 ; — *Notices et extr. des mss. de la Bibl. impér.*, IX, 308 ; — Dulaurier, dans le *Rec. des hist. armén. d. crois.*, I, 35 ; — Damberger, *Synchron. Gesch.*, VII, 284, 358 ; — Sybel, 375 (314) ; — Muralt, *Essai de chronogr.*, II, 82 ; — Kohl, *Gesch. d. Mittelalters*, 23 ; — Kugler, *Albert v. Aachen*, 58 ; — HE, 206; — Rœhricht, *Gesch. d. Kœnigr. Jerusalem*, 8. — D'après le ms. G de l'*Hist. Hierosol.* de Baudri de Dol, Baudouin se serait rendu à Édesse *proprio motu* et sans y être le moins du monde invité par Thoros, ce qui est inexact. — D'après Rœhricht, l'ambassade envoyée par Thoros à Baudouin joignit celui-ci en l'année 1097 encore. Si l'on s'en tient rigoureusement à la date fournie par Mathieu d'Édesse les tractations entre Thoros et Baudouin n'auraient pas eu lieu avant le 25 février 1098. Mais son renseignement doit être inexact car, Baudouin étant arrivé à Édesse le 20 février au plus tard (voy. ci-dessous, n°° 238 et 239), les négociations de ce prince avec Thoros doivent se placer un peu avant cette date, très probablement donc dans le commencement du même mois.

1098, février 8. — Les croisés devant Antioche désignent ceux de leurs contingents qui se rendront au devant de l'armée

turque envoyée au secours d'Antioche. Le même jour, ces
contingents se mettent en marche et vont camper entre le lac
d'Antioche et l'Oronte.   (232)

Sources : Raimond d'Aguilers (*Hist. occid. d. crois.*, III, 246 E) :
« Nuntiatum est nobis eo tempore quod dux de Caleph, conducto
magno exercitu de Corozana, ad succurrendum civitati Antiochiae
veniret. Quapropter, habito consilio in domo episcopi, consultum
est ut pedites castra servarent et milites hostibus obviam extra
pergerent... Igitur sub noctem profecti, ne hi qui in civitate erant
perciperent atque his, qui in auxilium eorum venerant, nuntiarent,
longe a nostris per ij leugas inter monticulos se occultavere. » —
Gesta, 136 (XVII, 1, 2) : « Itaque audiens Boamundus innumera-
bilem gentem Turcorum venientem super nos, caute venit ad alios
dicens..... Faciamus ex nobis duas partes : pars peditum remaneat
jugiter custodire papiliones...., alia vero pars militum nobiscum
veniat obviam inimicis nostris qui hic hospitati sunt prope nos in
castello Areg, ultra Pontem ferreum. Sero autem facto, exiit e
tentoriis Boamundus cum aliis prudentissimis militibus, ivitque
jacere inter flumen et lacum. — Tudebode (*Hist. occid. d. crois.*,
III, 42). — *Hist. b. sacri*, c. 48 (*ibid.*, 190). — Robert le Moine (*ibid.*,
783 B). — Baudri de Dol (*ibid.*, IV, 45 E-46 G). — Guibert de
Nogent (*ibid.*, 176 H-177 A). — Orderic Vital (éd. citée, III, 525).
— Anonyme rhénan, *Hist. Godefridi* (*Hist. occid. d. crois.*, V,
467 E). — Albert d'Aix, III, lx, lxj. — Guill. de Tyr, V, i-ii.

Commentaire : Voy. Haken, *Gemælde d. Kreuzzüge*, 1, 271 ;
— Wilken, I, 189 ; — Peyré, II, 4 ; — Sybel, 395 (331) ; — Kugler,
Albert von Aachen, 88 ; — Heermann, *Gefechtsführung abendlænd.
Heere im Orient* (1888), p. 25 ; — HG, 266. — La date ci-dessus se
déduit de celle du combat contre les Turcs, lequel eut lieu cer-
tainement le 9 février 1098 (voy. le numéro suivant).

1098, février 9 (mardi gras). — Victoire remportée par les croisés
près du lac d'Antioche, sur Roduan d'Alep, et destruction du
château de Harenc. Tout le long du même jour, les troupes
franques restées au camp combattent devant les portes d'Antioche contre la garnison turque de cette ville.   (233)

Sources : *Lettre II d'Étienne de Blois à sa femme Adèle* (*Hist.
occid. d. crois.*, III, 889 B) : « Quinque admiraldi cum xij milibus
electorum militum Turcorum ad subveniendum Antiochenis subito
venerunt... Sed paulo antequam ad urbem venirent, per iij leugas
cum DCC militibus in quandam planitiem ad Pontem ferreum eis
occurrimus...; ea die virtute Dei eos pugnando devicimus et de
ipsis sine numero interfecimus et plus quam CC capita eorum in
exercitum attulimus. » — *Lettre II d'Anselme de Ribemont* (*ibid.*,
891 F) : « Videns Antiochensis se laesum, Damascenum in auxilium

advocavit. Adhuc Antiochensis cogitans de salute, misit ad regem Galapiae, pecuniaque maxima promissa, ad hoc ut veniret cum omnibus copiis suis illum excitavit. Quo adveniente, nostri principes castra egressi sunt, et, Deo adjutore, illa die, cum DCC equitibus et paucis peditibus xv milia Turcorum cum suo rege devicerunt et in fugam verterunt et multos eorum occiderunt. » — *Gesta,* 136 (XVII, 2) : « Summo diluculo, jussit protinus exploratores exire... Tunc Boemundus jussit ut unusquisque principum per se dirigeret aciem suam ordinatim... Nostri unanimiter invaserunt Turcos, qui omnes stupefacti arripueruut fugam. Nostri itaque persecuti sunt illos et detruncaverunt usque ad Pontem ferreum. Reversi sunt autem Turci festinanter in castrum suum, acceperuntque omnia quae ibi reperire potuerunt, totumque castrum spoliaverunt, miserunt ignem et fugierunt... Illi qui remanserant in tentoriis, tota die proeliati sunt cum illis qui erant in civitate ante tres portas civitatis. Factum est hoc bellum in die Martis ante caput jejunii, v° idus Februarii. » — Tudebode (*Hist. occid. d. crois.,* III, 41-45). — *Hist. b. sacri,* c. 49, 50 (*ibid.,* 190). — Robert le Moine (*ibid.,* 784-786). — Baudri de Dol (*ibid.,* IV, 48 A) : « Proelium hoc factum est idus Februarii feria iijᵃ, quae caput quadragesimalis praecedebat » (= 13 février). — Guibert de Nogent (*ibid.,* 177 B-179 B). — Orderic Vital (éd. citée, III, 526-528) : «... idibus Februarii feria iijᵃ » (= 13 février). — *Hist. Nicaena vel Antiochena* (*Hist. occid.,* V, 154). — Anonyme rhénan, *Hist. Godefridi* (*ibid.,* 467-468 B). — Raimond d'Aguilers (*ibid.,* III, 247 C-D). — Albert d'Aix, III, lxij : « Contigit autem haec victoria Christianis in manu paucorum praecedenti die capitis jejunii (= 9 février). — Raoul de Caen, c. 56 (*Hist. occid.,* III, 648 E) : « Illa, si memini, luce haec facta sunt qua Latinorum gens ventri et carnis edulio studiosius indulgent, cinere vertices in crastino aspersuri. » — Cafaro, *Liberatio civ. Orientis* (*ibid.,* V, 51 D). « Deus tale consilium et auxilium christianis suis necessitates patientibus dedit, quod, in hebdomada carnevalarii, milites DCC christianorum cum multis peditibus ad Pontem ferreum perrexerunt...., et die Veneris praedictae hebdomadae (= vendredi 12 février) bellum cum Saracenis inceperunt. » — Guill. de Tyr, V, iij : « Factum est autem hoc mense Februario, septima die mensis, anno ab incarnatione Domini 1097. » — Henri de Huntingdon (*Hist. occid. d. crois.,* V, 377) : « Factum est hoc bellum inchoante quadragesima. »

Commentaire : Voy. les ouvrages cités sous le n° 232, et en outre : HE, 225, 354 ; — HP, 225. — Pour la date de ce combat, il faut adopter le 9 février fourni par les *Gesta,* Albert d'Aix et Raoul de Caen, et rejeter par conséquent les indications contraires que donnent Baudri de Dol, Cafaro et Guil. de Tyr. Riant, dans une note de son édition de Cafaro (p. 51, note *e*), dit inexactement : « quando commissum fuerit hoc proelium indicare difficile est. » — Dulaurier, en donnant la date du 7 février 1098 (*Hist. armén.*, I, 32), a suivi Guillaume de Tyr, lequel s'est trompé.

1098, février 9. — Présence dans le camp des croisés d'envoyés du calife d'Égypte. Après la victoire remportée vers le lac d'Antioche, cent ou deux cents têtes de Turcs tués dans le combat sont portées devant les tentes de ces envoyés.

(234)

Sources : *Lettre II d'Étienne de Blois à sa femme Adèle* (*Hist. occid. d. crois.*, III, 889 D; cf. le n° précédent). — Raimond d'Aguilers (*ibid.*, 247 G) : « Erant eo tempore in nostris castris legati a rege Babyloniorum, qui videntes mira quae Deus per servos suos operabatur, Jesum, Mariae Virginis filium, glorificabant, qui per pauperes suos potentissimos tyrannos conculcabat. » — *Lettre II d'Anselme de Ribemont* (*ibid.*, 893 H). — *Gesta*, 137 (XVII, 7) : « ...et c capita mortuorum detulerunt ante portam civitatis ubi legati ammirati Babyloniae castrametati fuerant, qui mittebantur senioribus. » — Tudebode (*ibid.*, 45 A). — *Hist. b. sacri*, c. 46 (*ibid.*, 190). — Robert le Moine (*ibid.*, 784 F). — Baudri de Dol (*ibid.*, IV, 48 A). — Guibert de Nogent (*ibid.*, 178 J). — Orderic Vital (éd. citée, III, 528). — *Hist. Nicaena vel Antiochena* (*Hist. occid.*, V, 155 C). — Albert d'Aix, III, lxij : « Affuerunt in eodem proelio nuntii regis Babyloniae, qui etiam capita Turcorum amputata in sellis ad exercitum detulerunt. »

Commentaire : Voy. Mailly, *L'esprit d. crois.*, IV, 115 ; — Haken, *Gemælde d. Kreuzzüge*, I, 271 ; — Wilken, I, 188 ; — — Sybel, 396 (332); — Kugler, *Albert von Aachen*, 88 ; — HE, 168 ; — Klein, *Raimund von Aguilers*, 121. — Les envoyés du calife d'Égypte restèrent dans le camp des croisés jusqu'au commencement de mars (voy. ci-dessous, n° 245).

1098, février 9-10. — Aurore boréale en Occident. A Caen on interprète l'apparition de ce météore comme étant le signe de combats en Orient.   (235)

Sources : Raoul de Caen, c. 57 (*Hist. occid. d. crois.*, III, 648 F) : « Nox sequens rubore horribili caelum infecit, ut qui in occidente positi cernerent, *Oriens pugnat* ilico clamarent. Vidi egomet [Radulphus Cadom.] signum illud cum adhuc in paterna domo Cadumi adolescentulus degerem, nondum mihi visa seu nota, nisi nomine tenus, Antiochia, sed nec Roma. Stupuerunt multi illo viso, qui omnes uno ore bellum indixerunt ac sanguinem. »

Commentaire : Voy. HG, 69, 154, 275. — La mention de cette aurore boréale par Raoul de Caen, suit immédiatement son récit du combat livré le 9 février sur les rives du lac d'Antioche. Il est donc vraisemblable qu'elle eut lieu le 9 ou le 10 février 1098.

1098, février 10 (mercredi des Cendres). — Saint André apparaît pour la seconde fois à Pierre Barthélemy, qui se trouvait à Roia.   (236)

Source : Raimond d'Aguilers (*Hist. occid. d. crois.*, III, 254 G) : « Post illud tempus, cum profectus essem ad quoddam castrum, quod est juxta Roiam, propter alimoniam, prima die Quadragesimae, in galli cantu, adfuit mihi [Petro Bartholomeo] beatus Andreas in eodem habitu et cum eodem socio quo prius venerat, et magna claritas domum replevit, et ait beatus Andreas....... »

Commentaire : Voy. Peyré, II, 138 ; — HG, 342 ; — Klein, *Raimund v. Aguilers*, 49. — En 1098, le mercredi des Cendres tombait le 10 février.

1098, vers le 15 février. — Iagi Sian, le commandant de la garnison d'Antioche, sollicite du secours contre les croisés, auprès de Kerboga, prince de Mossoul.   (237)

Sources : *Hist. b. sacri,* c. 51 (*Hist. occid. d. crois.*, III, 191) : « Videns autem Cassianus, amirarius Antiochiae, quod Franci omnia vicissent bella....., festinando mandavit Sensadolum, filium suum, ad Corbanam uti quanto citius veniret et sibi statim daret Antiochiam. » — *Gesta,* 142 (XXI, 1) : « Curbaram, princeps militiae soldani Persiae, dum adhuc esset Corrozanum, quotiens Cassianus, ammiralius Antiochiae legationem ei misit, quo sibi succurreret in tempore opportuno, quoniam gens fortissima Francorum eum impeditum graviter obsidebat in Antiochia. » — Albert d'Aix, IV, ij, iij. — Tudebode (*Hist. occid. d. crois.*, III, 59). — Kamal ed-Dîn (*Hist. arabes d. crois.*, III, 580).

Commentaire : Voy. Peyré, II, 3 ; — Sybel, 420 (352) ; — Dulaurier, dans le *Rec. des hist. armén. d. crois.*, I, 39 ; — Riant, *Inventaire*, 167 ; — Kugler, *Albert von Aachen*, 100 ; — HG, 276, 312. — C'est immédiatement après le récit du combat livré le 9 février sur les rives du lac d'Antioche et avant la résolution prise au début de mars par les croisés de construire un château devant la porte occidentale d'Antioche (voy. plus loin, n° 241), que l'*Hist. b. sacri* place l'envoi de l'ambassade de Iagi Sian à Kerbogha, ambassade mentionnée aussi par les *Gesta* et par Albert d'Aix, et avec détail par ce dernier. Riant (*Inventaire*, p. 167) place avec raison l'envoi de ladite ambassade aux environs du 15 février. D'après Foucher (*Hist. occid. d. crois.*, III, 340 A), ce serait déjà vers la fin de l'année 1097 que Iagi Sian aurait dépêché son fils vers Kerbogha. Selon toute vraisemblance, le chef de la garnison d'Antioche fit, à plusieurs reprises, demander du secours à ses coreligionnaires ; car de jour en jour il dut se sentir menacé davantage par les efforts tenaces des Francs. Ces craintes ne purent que s'accroître lorsque la victoire remportée par ceux-ci, le 9 février, sur l'armée de secours de Rodoan lui enleva tout espoir d'être débloqué.

1098, vers le 15 février. — Balduk de Samosate et ses gens tendent une embuscade à Baudouin, qui se dirigeait sur Édesse. (238)

Sources : Foucher de Chartres (*Hist. occid. d. crois.*, III, 338 C) : « Quod cum audissent Turci qui in Samosate, oppido forti, habitabant, insidias nobis in via, per quam nos ituros opinabantur praetenderunt. Sed cum nocte alia quidam Armenus in castello suo diligenter nos hospitatus esset, intimatum nobis est quod ab hostibus illis insidiantibus praecavere nobis oportebat. Quapropter duobus diebus illic delituimus.....; die tertio subitaneo insultu de loco insidiatorio prosilierunt et ante castellum in quo eramus signis levatis accurrerunt et praedam in conspectu nostro arripuerunt. Nos autem contra eos egressi, quia pauci eramus, bellare cum eis non quivimus. Qui cum sagittas in nos jacerent, nullum ex nostris tamen sauciaverunt. Ipsi autem de suis occisum lancea unum in campo reliquerunt. Tunc abierunt. Nos autem ibi remansimus. Sequenti vero die, iter nostrum resumpsimus. » — Guill. de Tyr, IV, ij. — Mathieu d'Édesse (*Hist. armén. d. crois.*, I, 36) : « Au bout de quelques jours, le Curopalate les envoya [les Francs] assiéger Samosate et faire la guerre à l'émir Baldouk. Les troupes de la ville, ainsi que l'infanterie de toute la province accompagnaient les Francs..... Les Infidèles furent vainqueurs et mirent les Francs en fuite, ainsi que les gens du pays venus avec eux. Depuis Samosate jusqu'à Thil, ce ne fut qu'un carnage continuel : un millier d'hommes resta sur la place. Constantin et le comte [Baudouin] rentrèrent à Édesse auprès du curopalate Thoros. Ce combat eut lieu la seconde semaine de Carême. » — Albert d'Aix, III, xxj. : « Baldewinus....., assumptis cc sociis et omni civitatis pedestri et equestri comitatu, castrum Samusat est aggressus, multam vim in virtute suorum hostibus inferens. Sed a Balduc et suis.... . graviter repugnatum est. Nam illic infinita manus Armenorum effeminatorum corruit ; vj tantum milites Baldewini sagittis confixi perierunt... Baldewinus apud S. Johannem in praesidio quod non longe erat ab arce suos reliquit, qui semper Turcis ad succurrendum occurrerent..... Ipse cum solum xij Gallis Rohas reversus est. »

Commentaire : Voy. Wilken, I, 167 ; — Peyré, I, 410 ; — Sybel, 375 (314). — Mathieu d'Édesse, dont le récit est confirmé par Albert d'Aix et Guillaume de Tyr, rapporte que Baudouin, sitôt arrivé à Édesse, fut invité par Thoros à aller, avec les gens d'Édesse, attaquer Balduk à Samosate, et qu'il fut vaincu par celui-ci dans la deuxième semaine de Carême, en un combat où périrent un millier des soldats qui l'accompagnaient. Mathieu d'Édesse ajoute que l'événement eut lieu l'an 547 de l'ère arménienne, c'est-à-dire entre le 25 février 1098 et le 24 février 1099. La deuxième semaine de carême tomba, en 1098, du 14 au 20 février. Mathieu d'Édesse aurait donc eu en vue l'année 1099, à moins que l'on ne suppose qu'il a écrit 547 au lieu de 546. Mais il est à remarquer que Foucher de Chartres, qui accompagnait alors Baudouin (cf. n° 199), ne paraît rien savoir de ce combat. Si un fait de cette importance avait eu lieu entre l'époque de l'arrivée de Baudouin à Édesse (20 février 1098) et avant l'époque du meurtre de Thoros (9 mars 1098), il serait bien étonnant qu'il n'en eût pas parlé. L'admettrait-on, que l'on se trouverait alors en contradiction avec Mathieu d'Édesse, lequel assigne à la deuxième semaine de Carême la date de l'événement. Enfin, Foucher dit formellement que Baudouin et sa troupe séjournèrent deux semaines à Édesse (« dies xv illic moram fecimus »); et il semble impossible qu'il ait fait pendant ce laps de temps une expédition contre Samosate sans que Foucher en ait rien su. Je pense donc qu'une campagne telle que la rapportent Mathieu d'Édesse et Albert d'Aix, n'eut jamais lieu; que leur récit sur ce point n'est qu'une amplification de celui de Foucher, lequel parle simplement d'une embuscade dressée par Balduk contre Baudouin pendant la marche de celui-ci vers Édesse. Cet incident aurait eu lieu, en effet, dans la deuxième semaine de Carême (14-20 février 1098). L'arrêt de deux jours de Baudouin dans le château du seigneur arménien, puis l'attaque dirigée, le troisième jour, contre les Francs par les gens de Balduk, enfin la reprise de la marche vers Édesse, qui eut lieu le quatrième jour, pourraient donc être placés du 12 au 15 février. Je saisis l'occasion de m'associer au vœu émis par M. le professeur Röhricht, dans sa *Gesch. d. Kœnigreichs Jerusalem,* p. 9, à savoir qu'un travail historique soit consacré bientôt à la fondation de la principauté franque d'Édesse.

1098, février 20. — Arrivée de Baudouin à Édesse. (239)

Sources : Foucher de Chartres (*Hist. occ. d. crois.,* III, 338 F) : « Pervenimus tandem Edessam, ubi princeps urbis praedictus et uxor ejus una cum civibus suis gaudenter nos susceperunt; et quod Balduino polliciti fuerant, indilate ei compleverunt. Cumque per dies xv illic moram fecissemus, machinati sunt cives urbis principem suum sceleste occidere. » — Mathieu d'Édesse (*Hist. armén. d. crois.,* I, 35) : « Baudouin se rendit à Édesse avec soixante chevaliers. Les habitants, accourant au devant de lui, l'introduisirent dans la ville avec empressement. Sa présence causa une vive joie à tous les fidèles. Thoros, curopalate, lui témoigna beaucoup d'amitié, le combla de présents et fit alliance avec lui. » — Ekkehard, *Hierosolymita,* XXI. — Albert d'Aix, III, xx. — Orderic Vital (éd. citée, III, 564). — Guill. de Tyr, IV, ij.

Commentaire : Voy. Maimbourg, I, 124 ; — Mailly, *L'esprit des crois.*, IV, 68 ; — Haken, *Gemælde d. Kreuzzüge*, I, 239 ; — Wilken, I, 167 ; — Raumer, *Gesch. d. Hohenstaufen*, I, 105 ; — Peyré, I, 411 ; — Sybel, 375 (315) ; — Dulaurier, dans les *Hist. armén. d. crois.*, I, 35 ; — Kohl, *Gesch. d. Mittelalters*, 23 ; — Damberger, *Synchron. Gesch. d. Kirche*, VII, 359 ; — HE, 206 ; — Kugler, *Albert v. Aachen*, 58 ; — Rœhricht, *Gesch. d. Kœnigreichs Jerusalem*, 9. — Tandis que Mathieu d'Édesse et Albert d'Aix font venir par deux fois Baudouin à Édesse avant le meurtre de Thoros, Foucher ne l'y fait arriver qu'une seule fois. Le récit de celui-ci doit être préféré. On y voit que Baudouin entra à Édesse quatorze jours avant la révolte des habitants contre Thoros. Cette révolte, d'après Mathieu d'Édesse, commença le 7 mars (le dimanche après la cinquième semaine de carême). Le meurtre de Thoros eut lieu le 9. Donc l'arrivée de Baudouin doit être fixée au plus tôt au 20 février.

1098, mars 4. — Une flotte anglaise, sur laquelle se trouvait Bruno de Lucques, aborde au port Saint-Siméon. (240)

Sources : *Lettre du clergé et du peuple de Lucques* (Riant, *Inventaire*, 224) : « Civis quidam noster, Brunus nomine, cunctis nobis notus, cunctis carissimus, anno ante hunc praeterito cum Anglorum navibus ad ipsam usque pervenit Antiochiam, ubi laboris comes et periculi, triumphi particeps et gaudii pugnavit cum pugnantibus..., vicit quoque cum vincentibus et post jam peractam ex toto victoriam cum omnibus ibi per iij septimanas conlaetatus ad nos felici cursu rediit..... Cum pervenissemus Antiochiam, nos qui per mare navigabamus, exercitus... vix bene civitatem jam circumsederat. Sequenti die, principes nostri procedunt ad mare, visitandi nos gratia..... Tertio autem nonas Martii, id est prima die Veneris, statuunt nostri in occidentali porta civitatis castellum erigere.... » — Raimond d'Aguilers (*Hist. occid. d. crois.*, III, 248 B) : « Cumque jam in v° mense obsidionis, nostrae naves undique cum alimoniis ad portum nostrum applicarent, Turci civitatis vias maris obsidere atque portitores victualium interficere coeperunt. »

Commentaire : Voy. Haken, *Gemælde d. Kreuzzüge*, I, 273 ; — Riant, *Inventaire*, 185. — Le *sequens dies* de la *Lettre du clergé et du peuple de Lucques* est le jour qui suivit l'arrivée de Bruno au port Saint-Siméon. Ce jour-là, les chefs des croisés campés devant Antioche se rendirent au port Saint-Siméon pour visiter les pèlerins nouvellement arrivés. Bruno, à ce moment, se trouvait encore sur la côte, au port Saint-Siméon, ce qu'indiquent assez clairement les mots : *visitandi nos gratia*. Le *tertio nonas Martii* (= 5 mars 1098) est le jour où fut décidée la construction du château de la Mahomerie (voy. n° 241) et coïncide avec la visite des chefs croisés au port Saint-Siméon, laquelle eut lieu le 5 mars, également (voy. nº 242). Donc, par le *sequens dies* de la *Lettre du clergé et du peuple de Lucques* il faut entendre le 5 mars 1098; l'arrivée au port Saint-Siméon des vaisseaux anglais et de Bruno ayant eu lieu la veille, doit être placée au 4 mars.

1098, vendredi 5 mars. — Les princes croisés tiennent une assemblée devant Antioche et décident de construire un château au lieu dit la Mahomerie.   (241)

Sources : *Lettre du peuple et du clergé de Lucques* (Riant, *Inventaire*, p. 224) : « Tertio autem nonas Martii, id est prima die Veneris statuunt nostri in occidentali porta civitatis castellum erigere. » — *Gesta*, 137 (XVIII, 2) : « Videntes autem nostri majores quod male tractarent et constringerent nos inimici nostri, qui erant in civitate, die ac nocte invigilantes et insidiantes qua parte nos laedere possent, congregati in unum dixerunt: Priusquam perdamus gentem nostram, faciamus castrum ad Machumariam quae est ante portam urbis, ubi pons est. Consenserunt omnes et laudaverunt quod bonum esset ad faciendum. » — Tudebode (*Hist. occid. d. crois.*, III, 45 C). — *Hist. b. sacri*, c. 52 (*ibid.*, III, 192). — Robert le Moine (*ibid.*, 785 C). — Baudri de Dol (*ibid.*, IV, 48 E-49 A). — Guibert de Nogent (*ibid.*, 179 C). — Orderic Vital (éd. citée, III, 529). — *Hist. Nicaena vel Antiochena* (*Hist. occid.*, V, 155 O). — Anonyme rhénan, *Hist. Godefridi* (*ibid.*, 468 F). — Albert d'Aix, III, lxiij : « Crastina autem die illucescente, principes fidelium consiliis invigilant laeti recenti victoria, quatenus praesidium cujusdam machinae locarent juxta praefatum pontem civitatis. » — Raoul de Caen, c. 49 (*Hist. occid.*, III, 643 A). — Raimond d'Aguilers (*ibid.*, 248 B) : « Laudabat etiam populus ut castellum aliud in monticulo, qui supra pontem illorum [*scil.* Turcorum] erat, firmaretur..... Consultumque tandem est ut ad pontem illorum castrum firmaremus. » — *Lettre II d'Étienne de Chartres à sa femme Adèle* (*ibid.*, 889 E) « Quid nobis in hac Quadragesima contigerit tibi, carissima, notificare diligo. Principes nostri ante quandam portam, quae erat inter castra nostra et mare, castellum fieri constituerant. » — *Lettre II d'Anselme de Ribemont* (*ibid.*, 891 H). — Guill. de Tyr, V, iv.

Commentaire : Voy. Mailly, *L'esprit des croisades*, IV, 146; — Wilken, I, 179; — Raumer, *Gesch. d. Hohenstaufen*, I, 119, dont la description est des plus confuses; — Peyré, II, 15; — Sybel, 397 (333); — Kugler, *Albert v. Aachen*, 91; — HG, 276. — La date exacte de la construction du château de la Mahomerie n'est donnée que par la *Lettre du clergé et du peuple de Lucques*. Les autres sources ou ne fournissent aucune indication chronologique ou n'en donnent que de très imprécises. Albert d'Aix ccmmence son récit par les mots : *Crastina autem die illuscente,* qui suivent immédiatement la mention de la victoire remportée par les croisés sur les rives du lac d'Antioche et de leur retour au camp, événements qu'il assigne exactement à la date du 9 février (voy. n° 233). Son *crastina dies* serait donc le 10 février, mais ce renseignement est certainement erroné, et il se trouve contredit non seulement par la *Lettre* ci-dessus, mais par Albert d'Aix lui-même, qui, un peu plus loin, à propos du combat livré entre Antioche et le port Saint-Siméon (voy. n° 242), dit que ce combat eut lieu : *una die mense Martio.* D'autre part, les *Gesta,* dans le passage ci-dessus, représentent les Turcs assiégés dans Antioche comme *die ac nocte invigilantes et insidiantes.* D'où il faut conclure que, entre le combat du lac d'Antioche et la réunion des chefs croisés dans laquelle fut décidée la construction du château, un certain temps s'écoula, pendant lequel les assiégés furent informés que les Turcs, nullement découragés par leur double défaite, se préparaient à attaquer de nouveau leur camp. Ce fut à la suite de cette information, en effet, que les chefs croisés résolurent de construire un château près de la porte du pont. — Wilken se trompe, lorsqu'il dit (I, 179) que le château de la Mahomerie — qu'il confond d'ailleurs avec Maregart (voy. n° 212) — fut édifié tout au début du siège d'Antioche.

1098, mars 5. — Boémond et Raimond de Saint-Gilles se rendent au port Saint-Siméon pour y chercher, dans les équipages des vaisseaux anglais, des ouvriers, pour la construction de la Mahomerie. L'après midi du même jour, les Turcs d'Antioche font une sortie et tuent un grand nombre de croisés. Raimbaud Grato, de Chartres, se signale tout spécialement dans ce combat.   (242)

Sources : *Gesta,* 137 (XVIII, 2, 3) : « Comes igitur [Raimundus] et Boamundus perrexerunt ad S. Simeonis portum. Nos vero qui remansimus congregati in unum castrum incipiebamus, dum Turci praeparaverunt se ilico et exierunt extra civitatem obviam nobis ad proelium....... Occiderunt plures ex nostris, unde tristes valde fuimus. » — Tudebode (*Hist. occid. d. crois.*, III, 46). — *Hist. b. sacri,* c. 52 (*ibid.,* p. 192). — Robert le Moine (*ibid.,* 785). — Baudri de Dol (*ibid.,* IV, 49 C). — Guibert de Nogent (*ibid.,* 179 E). — Orderic Vital (éd. citée, III, 529 et suiv.). — *Hist. Nicaena vel Antiochena* (*Hist. occid.,* V, 155 E). — Anonyme rhénan, *Hist. Godefridi* (*ibid.,* 468 F). — *Lettre du peuple et du clergé de Lucques* (Riant, *Inventaire,* 224) : « Ipsa die (*scil.* prima die Veneris Martii), Turcis insurgentibus, ex nostris ij milia lv, ex inimicis vero ceciderunt ᴅᴄᴄᴄ numero. » — *Lettre II d'Étienne de Blois à sa femme Adèle* (*Hist. occid.,* III, 889 E) : « ...castellum fieri constituerant. Hac de causa Boemundum et Raimundum de S. Aegidio ad mare, ut inde marinarios ad hoc opus juvandum adducerent, cum lx tantum militibus miserunt. » — *Lettre II d'Anselme de Ribemont* (*Hist. occid.*, III, 891) : « Communi vero consilio, Boamundus et comes S. Aegidii portum adierunt, illos addicturi qui illic morabantur. Interim qui remanserant ad sarcinas, cupientes sibi adquirere nomen, quodam die post prandium incaute illam occidentalem portam adierunt, unde turpiter repulsi, atque fugati sunt. » — Raimond d'Aguilers (*Hist. occid.*, III, 248 C) : « Quia plurimi de nobis ad portum abierant, electus est comes et Boamundus ut eos inde adducerent cum rastris et aliis instrumentis quibus vallum novi castelli fieret. Cumque compertum esset in civitate comitem et Boamundum abesse, assultus solitos inceperunt. Nostri autem, nimis temere atque inordinate progressi, turpiter fusi atque fugati sunt. » — Baudri de Dol, ms. G : Paris, lat. 3513, saec. XII (*Hist. occid.*, IV, 49) : « Eo die, quidam miles Carnotensis, nomine Raibáudus Grato multum eis restitit, suisque sociis acclamatis et congregatis, cuidam globo viriliter restitit, eosque de Turcis v necatis, ire retro compulit, sed non suos defendere potuit; ipse vulneratus parum cessit, multum tamen profuit. »

Commentaire : Voy. n° 241 ; — HG, 278. — Il ressort du texte de la lettre des Lucquois, que Boémond et Raimond partirent pour le port Saint-Siméon le jour même où leur mission fut décidée, c'est-à-dire le 5 mars. C'est ce que montre également le récit des *Gesta*. Il devait donc y avoir urgence. Le même jour, après-midi, les assiégés firent une sortie et infligèrent de grandes pertes aux croisés. Le chiffre des morts donné par la lettre des Lucquois est certainement exagéré. Il est probable que le rédacteur aura compté ensemble les hommes qui tombèrent dans les combats du 5 et du 6 mars.

1096, mars 6. — A leur retour du port Saint-Siméon, Boémond et Raimond de Saint-Gilles sont attaqués par les Turcs d'Antioche et subissent de grandes pertes. D'autre part, les Turcs essuient devant Antioche une sanglante défaite.   (243)

Sources : *Gesta*, 138 A (XVIII, 4-9) : « Crastina autem die, videntes Turci quod majores nostri deessent et quod praeterita die ivissent ad portum, praeparaverunt se et ierunt obviam illis venientibus e portu....; tam acriter invaserunt nostros, ut illi inirent fugam per maximam montaneam et ubi via eundi patebat... Fuerunt in illa die martyrizati ex nostris plus quam mille..... Boamundus viam quam tenuerant non tenuit, sed celerius cum paucis militibus ad nos venit, qui eramus in unum congregati. Tunc nos accensi occisione nostrorum...., juncti simul pervenimus contra eos ad bellum... Illi autem celeriter fugerunt per medium angusti pontis ad illorum introitum..... Nos illos superavimus, impellentes in flumen et deicientes..... Mortui sunt xij ammiralii de Turcorum agmine et fortiorum militum MD... Nox divisit utrosque in proeliando..... Nos valde fuimus refecti in illa die de illorum equis et aliis multis rebus, quae satis erant nobis necessariae. » — Tudebode (*Hist. occid. d. crois.*, III, 46-48). — *Hist. b. sacri*, c. 52-53 (*ibid.*, 192). — Robert le Moine (*ibid.*, 786-788 C). — Baudri de Dol (*ibid.*, IV, 49 D-51 C). — Guibert de Nogent (*ibid.*, 179 F-180 H). — Orderic Vital (éd. citée, III, 530-532). — *Hist. Nicaena vel Antiochena* (*Hist. occid.*, V, 155 F-157 C). — Anonyme rhénan, *Hist. Godefridi* (*ibid.*, 468 G-469 G). — *Lettre II d'Étienne de Blois à sa femme* (*ibid.*, III, 889 F) : « Cum autem cum eisdem marinariis ad nos reverterentur, congregato exercitu Turcorum, nostris duobus improvisis principibus occurrerunt et eos in fugam periculosam miserunt.... ; plus quam D nostrorum peditum..... de militibus tantum duos pro certo amisimus. Nos vero eadem die, ut confratres nostros cum gaudio susciperemus, eis obviam exivimus, infortunium eorum ignorantes..... Disjuncti principes, scilicet Boimundus et Raimundus, cum reliquo exercitu suo advenerunt et infortunium, quod eis magnum evenerat, narraverunt. Quo pessimo rumore nostri furore accensi in sacrilegos Turcos, pro Christo mori parati, pro fratrum dolore concurrerunt. Inimici vero Dei et nostri ante nos confestim fugientes in urbem suam intrare tentaverunt..... Nos eos cominus insequentes, multos ex ipsis, antequam accederent ad pontem, interfecimus, multos in flumen projecimus, multos supra pontem, plurimos ante portae introitum occidimus..... Computati sunt numero mortui Turci et Sarraceni MCCXXX; de nostris autem unum solum non perdidimus. » — *Lettre II d'Anselme de Ribemont* (*Hist. occid.*, III, 891 I) : « Tertia post haec die, Boemundus et comes S. Aegidii revertentes miserunt ad principes exercitus ut illis occurrerent et sic pariter portam obsiderent. Illis autem parumper morantibus, Boamundus et comes S. Aegidii a Turcis victi atque fugati sunt..... Illa die de nostris mille corruerant..... Nostri homines, rebus ordinatis, Turcos multum repugnantes ac retinentes vicerunt et in fugam verterunt. Perierunt autem illa die de inimicis fere MCCCC tam armis quam fluvio, qui hiemalibus pluviis abundabat. » — *Lettre du peuple et du clergé de Lucques* (Riant, *Inventaire*, 223 ; cf. ci-dessus, n°s 241 et 242). — Raimond d'Aguilers (*Hist. occid.*, III, 248 E-249 J) : « Cumque, die quarto, comes et Boamundus cum multitudine maxima a portu reverterentur, a Turcis explorati sunt..... Ventum est ad pugnam et nostri terga dederunt. Perdidimus usque ad ccc homines, quantum vero spoliorum et armorum non est dicere..... Surrexit adjutor in opportunitatibus Dominus..... Hostium itaque superbia turbatur : porta clausa est et pons strictus, fluvius vero maximus. Hostes turbati prosternuntur et caeduntur ac saxis in flumine obruuntur; fuga autem nulla patet; quod nisi Graecianus pontis portam aperuisset, illa die de Antiochia pacem habuissemus..... Numerati sunt [mortui Turci] circiter MD ; taceo modo et in civitate sepultos et flumine tractos. » — Albert d'Aix, III, 65 : « Haec certamina et christianorum recens victoria una die acta sunt mense Martio, et viri Turcorum, tam qui in bello ceciderunt quam qui in undis perierunt MD computati sunt. » — Guill. de Tyr, V, v, vj.

Commentaire : Voy. Mailly, *L'esprit des croisades*, IV, 147; — Michaud, II, 24; — Wilken, I, 191 et suiv.; — Haken, *Gemælde d. Kreuzüge*, I, 275; — Raumer, *Gesch. d. Hohenstaufen*, I, 120; — Peyré, II, 16 et suiv.; — Sybel, 398 (334); — Damberger, *Synchron. Gesch. d. Kirche*, VII, 356 : « Es war am 4ten Tage nachdem Boemund und Raimund das Lager vor Antiochien verlassen hatten. » — Kugler, *Albert v. Aachen*, 94, 95 ; — HG, 279-284; — Heermann, *Die Gefechtsführung abendl. Heere im Orient*, p. 34; — Klein, *Raimund von Aguilers*, 124. — La *lettre des Lucquois* porte (voy. n° 241) que, *tertio nonas Martii, id est prima die Veneris* (= vendredi 5 mars 1098), dans une assemblée des princes croisés, on décida de construire un château devant la porte du pont. Si ce renseignement (que ne donne avec la même précision chronologique aucune des autres sources) est exact, la date *tertia post haec die* que fournit Anselme de Ribemont serait en contradiction avec la donnée des *Gesta*. D'après ce dernier texte le départ de Boémond et de Raimond de S. Gilles pour le port Saint-Siméon et la défaite des croisés devant Antioche eurent lieu le même jour; le retour de Boémond et de Raimond eut lieu le lendemain (*crastina die*), donc le 6 mars, leur départ pour le port Saint-Siméon s'étant effectué un jour avant : *praeterita die* (Tudebode, 46, dit : *hesterno die*). D'après Anselme de Ribemont, au contraire, les deux princes auraient quitté le port Saint-Siméon trois jours après la défaite infligée aux croisés par les Turcs devant la porte du pont, donc le 7 ou même le 8 mars, suivant que l'on compte ou non la journée du 5. Raimond d'Aguilers, lui, dit que Boémond et Raimond de S. Gilles quittèrent le port Saint-Siméon au bout de quatre jours, ce qui nous donnerait le 8 mars et s'accorderait avec le renseignement d'Anselme de Ribemont, si l'on admet que celui-ci n'a pas fait entrer la journée du 5 dans son calcul. Ainsi nous nous trouvons en présence de deux indications de date, sans qu'il soit possible de dire laquelle est la bonne. Dans mon édition des *Gesta* j'avais adopté celle fournie par ce document. Peut-être aujourd'hui serais-je disposé à adopter celle que donnent Raimond d'Aguilers et Anselme de Ribemont, c'est-à-dire deux témoins oculaires, si je ne supposais que Raimond a dû copier ici la lettre d'Anselme et si je ne tenais pour très invraisemblable que dans les circonstances critiques où se trouvait l'armée des croisés, Boémond et Raimond de Saint-Gilles aient pu s'attarder pendant deux ou trois jours au port Saint-Siméon, sans compter les deux autres journées qu'ils employèrent pour l'aller et le retour. J'en reste donc au témoignage des *Gesta* dont l'auteur au surplus était lui aussi témoin oculaire et a très probablement pris part au combat livré devant la porte du pont. — Peyré (II, 27) est dans l'erreur en plaçant ce combat immédiatement avant Pâques, c'est-à-dire vers la fin du mois de mars.

1098, mars 6. — Renaud Porchet, fuyant devant les Turcs, est fait prisonnier par eux et conduit dans Antioche. **(244)**

> **Source :** *Hist. b. sacri*, c. 52 (*Hist. occid. d. crois.*, III, 192) : « Raynaldus Porchetus custodiebat dominum suum Boamundum, quem omnes alii dimiserant. Sed ejus equus per tres vices subter eum lapsus, apprehenderunt eum Turci et duxere illum per aliam partem fluminis in Antiochiam. »
>
> **Commentaire :** Voy. Peyré, II, 48 ; — Raumer, *Gesch. d. Hohenstaufen*, I, 122 ; — HG, 280, 289. — L'*Hist. b. sacri* est seule à donner le récit de la prise de Renaud Porchet. On n'a pas de raison péremptoire pour révoquer en doute ce renseignement. Cependant les apparences légendaires que revêt l'histoire de la mort de Porchet (voy. plus loin, n° 255) pourraient faire supposer que tout ce qui le concerne, dans les historiens de la croisade, a été emprunté à une narration fictive.

1098, mars 7. — Le matin, de bonne heure, les Turcs enterrent leurs soldats. Mais les croisés exhument les cadavres, leur coupent la tête et en envoient la charge de quatre chevaux aux ambassadeurs égyptiens qui se trouvaient au port Saint-Siméon. **(245)**

> **Sources :** *Gesta*, 139 (XVIII, 10) : « Crastina vero die, summo diluculo, exierunt alii Turci de civitate et collegerunt omnia cadavera fetentia Turcorum mortuorum, quae reperire potuerunt super ripam fluminis..., et sepelierunt ad Machumariam quae est ultra pontem ante portam urbis, simulque illis consepelierunt pallea, bizanteos aureos, arcus, sagittas et alia plurima instrumenta..... Audientes itaque nostri quod humassent mortuos suos Turci, omnes venerunt festinantes ad diabolicum atrium et jusserunt desepeliri et frangi tumbas eorum et trahi eos extra sepulcra, et ejecerunt omnia cadavera in quandam foveam et deportaverunt caesa capita ad tentoria nostra, quatinus perfecte sciretur eorum numerus, excepto quod oneraverant iiij equos nunciis Ammiralii Babyloniae et miserunt ad mare. » — Tudebode (*Hist. occid. d. crois.*, III, 49 A). — *Hist. b. sacri*, c. 54 (*ibid.*, 193). — Robert le Moine (*ibid.*, 788 D-F). — Baudri de Dol (*ibid.*, IV, 51 C). — Guibert de Nogent (*ibid.*, 181 A-C). — Henri de Huntingdon (*ibid.*, V, 377 D). — Orderic Vital (éd. citée, III, 532). — *Hist. Nicaena vel*

Antiochena (*Hist. occid.*, V, 157 D). — Raimond d'Aguilers (*ibid.*, III, 249 G).

Commentaire : Voy. Michaud, II, 26; — Wilken, I, 193; — Haken, *Gemælde d. Kreuzzüge*, I, 277; — Raumer, *Gesch. d. Hohenstaufen*, I, 121; — Peyré, II, 30 ; — HG, 285-287. — « Crastina dies » est le lendemain du 6 mars, donc le dimanche 7 mars.

1098, dimanche 7 mars. — Les habitants d'Édesse se révoltent contre leur prince Thoros.   (246)

Source : Mathieu d'Édesse (*Hist. armén. d. crois.*, I, 37) : « La cinquième semaine du carême » ils [c'est-à-dire quarante conjurés avec Baudouin et l'arménien Constantin] soulevèrent contre Thoros la multitude, qui, le dimanche suivant, pilla les maisons des grands, attachés au service du Curopalate, et ils s'emparèrent du corps supérieur de la citadelle. »

Commentaire : Voy. Dulaurier dans les *Hist. armén. d. crois.*, I, 37, 39. — Bien que toutes les sources citées plus loin, sous le n° 249, parlent de la révolte des habitants d'Édesse, Mathieu d'Édesse est le seul à donner la date exacte du commencement de la révolte, et Dulaurier est le seul parmi les auteurs modernes à l'avoir suivi. La « cinquième semaine de carême » correspond à la période du 7 au 13 mars, si l'on compte comme première semaine celle allant du mardi gras, 9 février, au samedi 13, et non jusqu'au lundi 15. En effet, cette cinquième semaine doit partir alors du dimanche 7 mars, et c'est certainement ce dimanche-là que Mathieu d'Édesse désigne par les mots « le dimanche suivant »; puisque Thoros fut mis à mort le surlendemain, soit le mardi 9 mars.

1098, mars 8. — Thoros remet à Baudouin la citadelle d'Édesse. (247)

Source : Mathieu d'Édesse (*Hist. armén. d. crois.*, I, 37) : « Le lendemain, ils se réunirent pour cerner le corps intérieur de la place où Thoros s'était renfermé et en firent le siège avec vigueur..... Après que le comte eut prêté ce serment, sanctionné par l'invocation de tous les saints, Thoros lui remit la citadelle, et Baudouin ainsi que les principaux de la ville y firent leur entrée, le mardi, jour de la fête des saints Quarante, etc. (voy. ci-dessous, n° 249).

Commentaire : Voy. Damberger, *Synchron. Gesch. d. Kirche im Mittelalter*, VII, 359 ; — Dulaurier (*Hist. armén. d. crois.*, I, 37, 39 ; cf. ci-dessous, n° 246). — « Le lendemain » désigne le lundi qui suivit le dimanche 7, donc le 8 mars. Aucun historien moderne, sauf Damberger et Dulaurier, n'a indiqué exactement cette date.

1098, mars 8. — Les croisés devant Antioche commencent à cons-

truire le château de la Mahomerie en face de la porte du pont;
la construction de l'édifice est achevée le 19 mars.   (248)

Sources : *Gesta,* 139 (XVIII, ii) : « Tertia vero die ; coepimus
simul juncti cum gaudio magno aedificare castrum supradictum de
lapidibus scilicet quos abstraximus de tumulis Turcorum. Peracto
itaque castro, mox coepimus ex omni parte coangustare inimicos
nostros quorum superbia ad nihilum jam erat redacta. » — Tudebode (*Hist. occid. d. crois.,* III, 49) : « ......quod castrum unusquisque nostrorum seniorum fecit per partem immenso aggere et
muro et aedificarunt in eo duas turres in Machomariam. » —
Hist. b. sacri, c. 54, 55 (*ibid.,* 193). — Robert le Moine (*ibid.,*
793 B). — Baudri de Dol (*ibid.,* IV, 51 G). — Guibert de Nogent
(*ibid.* 181 D). — Orderic Vital (éd. citée, III, 533). — *Hist. Nicaena
vel Antiochena* (*Hist. occid.,* V, 159 B). — Anonyme rhénan,
Hist. Godefridi (*ibid.,* 471 F). — *Lettre II d'Anselme de Ribemont* (*ibid.,* III, 892 B) : « His ita patratis, nostri firmare castellum aggrediuntur, illoque multiplici vallo, muro firmissimo nec
non et duabus turribus munito, comitem S. Aegidii cum balistariis
et sagittariis illic collocant...... Ipsi principes aggerem jacere,
lapides portare, murum struere non cessabant. » — *Lettre du
peuple et du clergé de Lucques* (Riant, *Inventaire,* 224) : « Tertia
autem die erecto castello, nostri usque iij nonas Junii multa per-
pessi... » (cf., ci-dessous, n° 265). — Albert d'Aix, III, lxvj :
« Quarta dehinc orta die, dux et universi principes exercitus Dei
a tentoriis egressi in virtute magna praesidium, quod decreverant,
in vertice praedicti montis ante pontem et portam urbis congerie
lapidum et bitumine fragilis luti aedificantes, tutissimo vallo munierunt, comitis [Raimundi] custodiam in ea constituentes cum D
viris militaris audaciae et industriae. » — Raoul de Caen, c. 49
(*Hist. occid. d. crois.,* III, 642). — Guill. de Tyr, V, vij.

Commentaire : Voy. Wilken, I, 193 ; — Haken, *Gemælde d.
Kreuzzüge,* I, 278 ; — Michaud, I, 27 ; — Raumer, *Gesch. d.
Hohenstaufen,* I, 121 ; — Peyré, II, 31 ; — Le Prévost, III, 533 ;
— Kugler, *Albert v. Aachen,* 96 ; — HG, 288. — Par *tertia die,*
dans les *Gesta,* il faut entendre le deuxième jour après le 6 mars,
soit le 8 mars ; de même que *crastina die,* dans le même texte,
indique le 7 mars (cf. ci-dessus, n° 245) et *illa die* le 6 mars (cf.
ci-dessus, n° 243). — Dans Albert d'Aix, les mots *quarta die* indiquent que l'événement eut lieu le quatrième jour après le départ
de Boémond et de Raimond de Saint-Gilles pour le port Saint-
Siméon, c'est-à-dire le quatrième jour après le 5 mars (cf. ci-
dessus, n° 242), ce qui correspond bien au 8 mars. — La *Lettre
du clergé de Lucques,* en disant : *tertia autem die erecto castello,*
semble au premier abord être d'accord avec les *Gesta,* et Riant a
appliqué cette indication chronologique au 8 mars. Il est à remarquer toutefois que les *Gesta* disent : *tertia die* coepimus *aedifi-*

care..., tandis que la *Lettre du clergé de Lucques* semble indiquer que la construction fut *terminée* le troisième jour. Mais il est impossible d'admettre que cette construction eût été commencée et achevée le même jour. Pour interpréter exactement le *tertia die* de la *Lettre du clergé de Lucques,* il faut se reporter aux mots « tertio nonas Maii, id est prima die Veneris », qui précèdent (cf. ci-dessus, n° 241); l'auteur veut dire évidemment que la construction ayant été commencée le premier vendredi de mars fut achevée le troisième vendredi, c'est-à-dire le 19 mars; elle aurait duré, par conséquent, douze jours. Si l'on allègue l'absence du mot *veneris,* pour contester que les mots *tertia die* signifient le troisième *vendredi,* il n'en est pas moins certain que la construction du château dura assez longtemps. Tudebode, Anselme de Ribemont et Raoul de Caen le disent clairement, et, d'ailleurs, il est impossible qu'un édifice entouré d'un double retranchement et d'une forte muraille, flanqué de deux tours et pouvant contenir cinq cents hommes, ait été élevé en deux ou trois jours.

1098, mars 9. — Meurtre de Thoros, prince d'Édesse. Baudouin, frère de Godefroi de Bouillon, est mis en possession de la ville.
(249)

Sources : Mathieu d'Édesse (*Hist. armén. d. crois.,* I, 38) : « Le mardi, jour de la fête des Saints quarante, les habitants se ruèrent en foule contre Thoros, armés d'épées et de gros bâtons, et le précipitèrent du haut du rempart, au milieu des flots tumultueux d'une populace déchaînée. Ces furieux, se jetant tous à la fois sur lui, le firent périr dans des tourments affreux et en le criblant de coups d'épée. Lui ayant attaché une corde aux pieds, ils le traînèrent ignominieusement par les places publiques, parjures au serment qu'ils avaient fait. Baudouin fut mis aussitôt en possession d'Édesse. » — Foucher de Chartres (*Hist. occid. d. crois.,* III, 338 F) : « Pervenimus tandem Edessam......, cumque per dies xv illic moram fecissemus, machinati sunt cives urbis principem suum sceleste occidere et Balduinum ad dominandum terrae in palatio sublimare. Odio enim cum habebant. Dictum est et factum est. » — Albert d'Aix, III, xxiij : « Dux itaque vitae suae diffisus......, se per fenestram funiculo a solio laxans exivit, quem mille sagittis in momento confixum mortificantes media platea projecerunt, caputque ejus amputantes ad ludibrium omnibus hastae praefixum per omnes vicos civitatis detulerunt. » — Guibert de Nogent (*Hist. occid. d. crois.,* IV, 165 F). — Orderic Vital (éd. citée, III, 568).

Commentaire : Voy. Mailly, *L'esprit des crois.,* IV, 76; — Michaud, I, 151; — Haken, *Gemälde d. Kreuzzüge,* I, 241; — Wilken, I, 169; — Raumer, *Gesch. d. Hohenstaufen,* I, 107; —

Peyré, I, 414 ; — Sybel, 376 (315) ; — Kohl, *Gesch. d. Mittelalters,*
23 ; — Le Prévost, dans son éd. d'Orderic Vital, III, 569 ; — HE,
208 ; — Kugler, *Albert v. Aachen,* 59 ; — Röhricht, *Gesch. d.
Kœnigreichs Jerusalem,* 9.

1098, mars 19. — Achèvement du château de la Mahomerie, dont
la garde est confiée à Raimond de Saint-Gilles.   (250)

> **Sources :** Cf. n° 248. — *Hist. b. sacri,* c. 55 (*Hist. occid. d.
> crois.,* III, 193) : « Peracto itaque castro....., omnes principes
> nostri commiserunt castrum comiti S. Aegidii ad custodiendum,
> eo quod stabat ante ejus portam, ipseque custodiebat illud cum
> suo exercitu cum Gastone de Bearno et Petrus de Castellione.....
> et alii plures.... Et ipse comes quoscumque milites invenire pote-
> rat retinebat ad conventionem, ad custodiendum castrum, eosque
> solvebat suis denariis. »
> **Commentaire :** Voy. n° 248.

1098, mars 20. — Le samedi avant le dimanche des Rameaux,
saint André apparaît pour la troisième fois à Pierre Barthélemy, qui se trouvait au port Saint-Siméon.   (251)

> **Source :** Raimond d'Aguilers (*Hist. occid. d. crois.,* III, 255 B) :
> « Cum apud portum S. Simeonis, sabbato in Palmis essem, atque
> cum domino meo Willelmo Petri infra tentorium una recubarem,
> adfuit beatus Andreas cum socio et habitu eodem quo prius vene-
> rat, atque mihi sic locutus est... »
> **Commentaire :** Voy. HG, 342 ; — Klein, *Raimund v. Aguilers,*
> 49. — Par « sabbato in Palmis », il faut entendre le samedi avant
> les Rameaux, soit, en l'année 1098, le 20 mars.

1098, mars 29. — Victoire remportée par une partie des croisés
sur une bande de Turcs supérieurs en nombre, entre le pont
de la porte d'Antioche et le château de la Mahomerie.   (252)

> **Sources :** *Lettre II d'Étienne de Blois à sa femme Adèle*
> (*Hist. occid. d. crois.,* III, 890 G) : « Dum vero capellanus meus
> Alexander sequenti die Paschae cum summa festinatione has
> litteras scriberet, pars nostrorum Turcos insidiantium victricem
> pugnam cum eis, Domino praeeunte, habuerunt et fecerunt, et de
> ipsis LX milites occiderunt, quorum cuncta capita in exercitu attu-
> lerunt. » — Raimond d'Aguilers (*ibid.,* 250 C) : « Interea comes
> [Raimundus], sperans hostes de civitate maxima ex parte oppressos
> ilico fugituros, quodam diluculo ab hostibus circumdatus est.
> Claruit ibi magnum divinae protectionis miraculum, quod LX viri
> de nostris pugnam VII milia Saracenorum sustinuerunt, atque

quo magis mirum sit, praeteritis diebus imber immoderatus, terram recentem humefactans, vallum novi castelli complevit, sicque hostes nulla invia, sed sola virtus Dei retardabat. Non arbitror modo quorumdam militum egregiam virtutem reticendam, qui praeventi ab inimicis, dum eorum pontem custodiunt, ad castellum [Machumeriam] refugere non potuerunt ; aberat enim castellum quasi jactu unius sagittae. Igitur hi milites, facto giro inter hostium multitudinem, ad angulum cujusdam vicinae domus pervenerunt, ibique hostium impetus..... viriliter et imperterriti sustinuerunt. Interea sonitus pugnae, auditus in castris, nostros excitavit ; sicque castrum ab hostibus liberatum est.....; et licet ponte eorum proximo, tamen posteriores eorum interempti sunt. Rursus itaque instaurato vallo et moenibus castri..... » — *Hist. b. sacri*, c. 55 (*ibid.*, 193) : « In uno autem die, summo diluculo, irruerunt Turci vehementer super illos qui custodiebant castrum et occiderunt Bernardum de Pardilo et alios plures, et etiam tentoria illorum erant cooperta infixis sagittis, et nisi esset succursus, qui venit de alia acie, maximam laesionem eis fecissent. Statim ordinaverunt primates nostri ut facerent maximam talpam - vitis, cum qua possent perforare pontem, et fuerunt multi Turci de melioribus occisi, et pons fuit perforatus. Nocte vero, dormientibus nostris, exierunt, et incenderunt talpam et restauraverunt pontem. » — Tudebode (*ibid.*, p. 50).

Commentaire : Voy. Sybel, 399 (335). — Seules les trois sources ci-dessus parlent de ce combat, dont il est à peine question dans les histoires récentes de la croisade. La date exacte n'est donnée que par la *Lettre d'Étienne de Blois*. Pâques tombant le 28 mars, le « sequens dies Paschae » doit désigner le lundi 29 mars.

1098, mars 29. — Étienne de Blois dicte à son chapelain Alexandre une seconde lettre pour sa femme Adèle. Dans cette lettre, il raconte le passage des croisés en Asie-Mineure et les événements du siège d'Antioche jusques et y compris le combat du port Saint-Siméon.   (253)

Source : *Lettre II d'Étienne de Blois* (D'Achery, *Spicilège*, 1re éd., IV, 257 ; 2e éd., III, 430; et *Hist. occid. d. crois.*, III, 887). Cf. ci-dessus, n° 252.

Commentaire : Voy. *Hist. litt. de la France*, IX, 265-273 ; — Mailly, *L'esprit d. crois.*, I, lxij-lxiij ; — Michaud, *Hist. d. crois.*, 1re éd., VI, 345 ; — Id., *Biblioth. d. crois.*, I, 445 ; — Sybel, 10 (9) ; — Peyré, II, 475 ; — *Hist. occid. d. crois.*, III, lvij ; — Riant, *Inventaire*, 169 ; — voy. aussi ci-dessus, n° 162 et 252. — La lettre fut écrite « sequenti die Paschae », c'est-à-dire le 29 mars 1098.

1098, vers le 1ᵉʳ avril. — Les croisés devant Antioche s'emparent
d'une grande quantité de chevaux et d'autres bêtes de somme,
que les assiégés faisaient paître en dehors de la ville.   (254)

Source : Raimond d'Aguilers (*Hist. occid. d. crois.*, III, 250 F) :
« Obsesso igitur ponte et porta pontis, coeperunt egredi Turci
per aliam portam, quae respicit ad meridiem juxta fluvium, atque
emittere equos suos ad quemdam recessum, qui inter montes et
fluvium erat optima pascua. Explorato itaque a nostris loco, et
terminato die, per quamdam montis difficultatem circinata civitate, ad pascua illa venerunt, atque alii per vadum transeuntes ii
milia equos inde adduxerunt, exceptis mulis et mulabus quae
recuperata sunt.... Post hoc tempus munivit Tancredus monasterium quoddam [*scil.* S. Georgii]... » Voir la suite n° 256.

Commentaire : Voy. Wilken, I, 195 ; — Peyré, II, 36. — Comme
on le voit par la citation ci-dessus, Raimond d'Aguilers parle de
la capture des chevaux immédiatement avant le passage où il
raconte que Tancrède fortifia le couvent de Saint-Georges. Ce
dernier événement ayant eu lieu vers le 5 avril, on peut fixer
approximativement au 1ᵉʳ avril la capture des chevaux.

1098, vers le 3 avril. — Iagi Sian fait mettre à mort dans
Antioche Renaud Porchet et d'autres croisés, ses prisonniers.
(255)

Source : Tudebode (*Hist. occid. d. crois.*, III, 51) : « Alia
die adduxerunt Turci supra murum civitatis quemdam militem
nostrorum nobilem, nomine Rainaldum Porchetum, quem diu
tenuerant in malis carceribus, dixeruntque ei ut loqueretur cum
christianis peregrinis, quatinus eum redimerent maximo censu
antequam caput amisisset...... Amiralius nimis iratus ilico jussit
eum decollari, et Turci decollaverunt eum..... Statim jussit ad se
omnes peregrinos adduci qui erant in civitate... Cum exspoliati
fuissent, fecit eos stricte congregari in unum... et fecit sicca ligna
et paleam et foenum circa eos ordinare ac deinde, sicuti inimicus
Dei, ignem jussit mittere. » — *Hist. b. sacri*, c. 56, 57 (ibid., 194).
— *La chanson d'Antioche*, V, 3, 13 (éd. P. Paris, II, p. 9, 27).
— *Li estoires de Jrlm. et d'Antioche* (*Hist. occid. d. crois.*,
V, 636 E).

Commentaire : Voy. ci-dessus, n° 244. — Tudebode et l'*Hist.
b. sacri* racontent la mort de Renaud Porchet immédiatement
avant de parler de la convention entre Tancrède et les princes
croisés, laquelle se fit vers le 5 avril (cf. n° 256).

1098, vers le 5 avril. — Tancrède convient avec les chefs croisés
qu'il gardera la partie ouest d'Antioche moyennant une

rémunération de 400 marcs d'argent; il s'acquitta de cette
mission jusqu'au moment de la prise de la ville.   (256)

Sources : *Gesta*, 139 (XIX, 1) : « Jamjam omnes semitae
paene prohibitae et incisae undique erant Turcis, nisi ex illa parte
fluminis ubi erat castrum et quoddam monasterium..... Concilia-
verunt se denique nostri et unà voce concorditer dixerunt : Eliga-
mus unum ex nobis qui robuste teneat illud castrum... Tancredus
primus protulit se ante alios..., qui continuo spoponderunt ei
cccc marcas argenti... Sic itaque robuste et prospere deducebat
se Tancredus, jamque habebat prohibitas et incisas omnes semitas
Turcis donec Antiochia esset capta. » — Tudebode (*Hist. occid.
d. crois.*, III, 53); — *Hist. b. sacri*, c. 58, 59 (*ibid.*, 194). —
Robert le Moine (*ibid.*, 794 A). — Baudri de Dol (*ibid.*, IV, 52
A-G). — Guibert de Nogent (*ibid.*, 181 E-182 C'). — Orderic Vital
(éd. citée, III, 533). — *Hist. Nicaena vel Antioch.* (*Hist. occid.*,
V, 159 E). — Anonyme rhénan, *Hist. Godefridi* (*ibid.*, 472 A).
— Raimond d'Aguilers (*ibid.*, III, 250 H) : « Post hoc tempus
munivit Tancredus monasterium quoddam [*scil.* S. Georgii] ultra
flumen et dedit ei comes ob hoc c marcas, et alii de principibus
prout potuerunt; hoc enim hostes multum constrinxit. » — Raoul
de Caen, c. 50 (*ibid.*, 643). — Albert d'Aix, III, XLIV. — *La
Chanson d'Antioche*, IV, 26, 27 (éd. P. Paris, I, 239-242). —
Guillaume de Tyr, V, VIIj.

Commentaire : Voy. Wilken, I, 194 ; — Haken, *Gemælde d.
Kreuzzüge*, I, 279 ; — Michaud, II, 27 ; — Funck, *Gemælde d.
Kreuzzüge*, I, 71 ; — Raumer, *Gesch. d. Hohenstaufen*, I, 122 ;
— Peyré, II, 35 ; — Sybel, 400 (336); — Kugler, *Albert v. Aachen*,
80 ; — HG, 289-292. — La convention entre Tancrède et les
princes croisés et l'investissement par Tancrède de la partie
occidentale de la ville ne peuvent avoir eu lieu qu'après la construction du château de la Mahomeria et après la sortie faite,
le 29 mars, par les Turcs contre ce château. C'est bien dans
cet ordre, du reste, que les sources ci-dessus racontent les faits.
Raimond d'Aguilers, en particulier, indique nettement que la
convention fut le plus récent en date de ces événements, puisque
le passage où il en parle commence par les mots : « Post hoc... »
et que ce passage vient après celui où il parle de l'attaque des
Turcs contre la Mahomeria. Nous ne pouvons donc nous tromper
de beaucoup en datant la convention des environs du 5 avril.
Albert d'Aix, il est vrai, la place à une époque passablement postérieure. Mais son témoignage ne saurait prévaloir contre ceux
des *Gesta* et de Raimond d'Aguilers.

1098, vers le 5 avril. — Tancrède fait prisonniers un grand
nombre d'Arméniens et de Syriens qui apportaient des sub-

sistances aux Turcs d'Antioche, à travers les défilés des
montagnes.   (257)

Sources : *Gesta*, 140 A (XIX, 3) : « Ipsa quoque die, veniebat
maxima pars Hermeniorum et Surianorum secure de montaneis,
qui ferebant alimenta Turcis in adjutorium civitatis. Quibus
advenit obviam Tancredus et apprehendit eos et omnia quae deferebant, videlicet frumentum, vinum, hordeum, oleum et alia
hujus modi. » — Tudebode (*Hist. occid. d. crois.*, III, 54). —
Hist. b. sacri, c. 59 (*ibid.*, 194). — Robert le Moine (*ibid.*,
794 B). — Baudri de Dol (*ibid.*, IV, 52 D) : « Quadam die... » —
Guibert de Nogent (*ibid.*, 182 B) : « Ipsa autem die qua idem
[Tancredus] castrum subierat... » — Orderic Vital (éd. citée, III,
534) : « Quadam die... » — *Hist. Nicaena vel Antioch.* (*Hist.
occid.*, V, 159 F). — Anonyme rhénan, *Hist. Godefridi* (*ibid.*,
472 A) : « Quadam die... » — *Chanson d'Antioche*, IV, 26 (éd.
P. Paris, I, p. 240) : « A la première nuit qu'il furent herber-
geant... »

Commentaire : Voy. Mailly, *L'esprit d. crois.*, IV, 159 ; —
Haken, *Gemælde d. Kreuzzüge*, I, 279 ; — Michaud, II, 27 ; —
Funck, *Gemælde d. Kreuzzüge*, I, 72 ; — Peyré, II, 47 ; — Kugler,
Albert v. Aachen, 80 ; — HG, 291. — Les mots « ipsa die » se
rapportent probablement au jour même où Tancrède occupa le
couvent de Saint-Georges. Mais il serait possible qu'on doive les
interpréter, comme je l'ai fait dans mon édition des *Gesta* (p. 291),
par : « un jour où Tancrède était campé vers ledit couvent, ce
qui répondrait au « quadam die » de Baudri de Dol et d'Orderic
Vital. Mais on ne s'expliquerait pas, dans ce cas, pourquoi Guibert
n'aurait pas, lui aussi, employé ici l'expression plus juste de « quadam die », qu'il emploie, avec son sens indéterminé, en divers
autres passages, ainsi p. 146 (XXIV, 1), p. 147 (XXVI, 1).

1098, mai 4-25. — Kerboga, général du sultan de Perse, marchant
contre les croisés, assiège sans succès Édesse pendant trois
semaines.   (258)

Sources : Foucher de Chartres (*Hist. occid. d. crois.*, III,
345 C) : « Soltanus, rex Persarum, habita legatione quod Franci
Antiochiam obsidebant, statim, gente multa congregata, contra
Francos exercitum suum misit ; cujus gentis Corbagath dux fuit
et satrapa. Hic quidem ante urbem Edessam, quam tunc Balduinus
possidebat, per III hebdomadas stationem fecerat, sed nihil ibi
proficiens, Antiochiam properavit ad succurrendum Axiano
principi. » — Bartolf de Nangis (*ibid.*, 500 G) : — Mathieu d'Édesse
(*Hist. armén. d. crois.*, I, 39) : « Cette même année 547 (25 févr.
1098-24 févr. 1099), Kerboga, général de la cavalerie de Bar-
kiarok, sultan de Perse, arriva avec une armée formidable pour

faire la guerre aux Francs. Il établit son camp aux portes d'Édesse et y séjourna avec toutes ses forces jusqu'à l'époque de la moisson, ravageant les campagnes et dirigeant des assauts contre la ville. » — Albert d'Aix, IV, xij : « Vix Corbahan, princeps et homo metuendus, socios admonuit, et ecce universi exurgentes civitatem Rohas obsederunt..... plurimam vim et adsultus triduo circa urbis moenia et portas inferentes. » — Guillaume de Tyr, V, xiv. — Accolti (*Hist. occid. d. crois.*, V, 581 B).

Commentaire : Voy. Mailly, *L'esprit d. crois.*, IV, 218 ; — Haken, *Gemælde d. Kreuzzüge*, I, 301 ; — Raumer, *Gesch. d. Hohenstaufen*, I, 125 ; — Sybel, 420 (353) ; — Damberger, *Synchron. Gesch.*, VII, 361 ; — Peyré, II, 69. — *Hist. armén. d. crois.*, I, 38 ; — HG, 312 ; — Kugler, *Albert v. Aachen*, p. 107. — Foucher dit que les attaques de Kerboga contre Édesse se renouvelèrent trois semaines durant ; Albert d'Aix dit qu'elles eurent lieu pendant trois jours seulement. Mais Foucher devait se trouver alors en personne dans cette ville, auprès de Baudouin. Son témoignage a donc infiniment plus de valeur que celui d'Albert. Kugler (loc. cit.) a déjà fait remarquer que le renseignement donné par Albert était erroné.

1098, vers le 20 mai. — Le connétable Gualon et plusieurs autres croisés tombent dans une embuscade dressée par les Turcs d'Antioche et sont tués. Peu auparavant, les Turcs avaient laissé croire qu'ils étaient sur le point de capituler.   (259)

Sources : *Lettre II d'Anselme de Ribemont* (*Hist. occid. d. crois.*, III, 892 E) : « Verumtamen illud silendum minime putamus quod quadam die Turci se civitatem reddituros simulaverant, et in tantum nos deceperunt ut de nostris ad illos exciperent et de suis ad nos plurimi exirent. Dum haec ita agerentur, utpote nihil habentes fidei, insidias nostris posuerunt, ubi occisus est Wallo conestables, et alii tam de suis quam de nostris plures corruerunt. Post haec autem, transactis paucis diebus, nuntiatum est nobis Curbaram cum innumerabili exercitu magnum flumen Eufratem jam praeterisse... » — Guibert de Nogent (*ibid.*, IV, 252 A). — Robert le Moine (*ibid.*, III, 794 E). « Processu denique temporis, cum jam suprema dies induciarum adveniret, Gualo quidam..... inter praecipuos nominatissimus... quadam die per virgulta eorum [Turcorum] spatiabatur et locorum tempe oculis pascebatur. Hunc ut inermem virum armati canes adgressi sunt et membratim divisum miserabili cruciatu discerpserunt. » — *Hist. Nicaena vel Antioch.* (*ibid.*, V, 160 A). — Anonyme rhénan, *Hist. Godefridi* (*ibid.*, 472 E). — Gilo, liv. II, vers 423 et suiv. (*ibid.*, 750).

Commentaire : Voy. Wilken, I, 196 ; — Haken, *Gemælde d. Kreuzzüge*, I, 282 ; — Michaud, II, 30 ; — Peyré, II, 56 ; —

Raumer, *Gesch. d. Hohenstaufen*, I, 122 ; — HG, 292. — La nouvelle de la marche de Kerboga arriva à Antioche vers le 28 mai 1098 (voy. ci-dessous, n° 261). D'autre part, d'après Anselme de Ribemont, la mort de Gualon et l'armistice pendant lequel cet événement eut lieu, datent de quelques jours seulement (« transactis paucis diebus ») avant l'arrivée de ladite nouvelle. La mort de Gualon doit donc être placée vers le 20 mai. Les plaintes qui, suivant Robert le Moine, se seraient élevées dans le camp des croisés à l'occasion de la mort de Gualon, doivent, sous la forme où elles sont exposées, être de la pure fantaisie.

1098, vers le 25 mai. — Boémond propose aux autres princes croisés d'assurer la possession d'Antioche à celui qui pourra s'en emparer par ses propres moyens.   (260)

Sources : *Gesta*, 140 (XX, 2) : « Boamundus venit ad omnes seniores, eisque jocunda verba intulit dicens : ... Si vobis bonum et honestum videtur, eligat se ante alios unus ex nobis et si aliquomodo vel ingenio civitatem adquirere vel ingeniare potuerit per se vel per alios, concordi voce ei urbem dono concedamus. Qui omnino prohibuerunt et denegaverunt... Itaque Boamundus... protinus recessit. Non multo post audivimus nuntios de exercitu hostium nostrorum. » — Tudebode *(Hist. occid. d. crois.*, III, 54). — *Hist. b. sacri*, c. 62 *(ibid.*, 196). — Robert le Moine *(ibid.*, 798 D). — Baudri de Dol *(ibid.*, IV, 53 H-54 G). — Guibert de Nogent *(ibid.*, 186 B-E). — Orderic Vital (éd. citée, III, 535). — Anonyme rhénan, *Hist. Godefridi (Hist. occid.*, V, 475 A).

Commentaire : Voy. Wilken, I, 198 ; — Haken, *Gemælde d. Kreuzzüge*, I, 287 ; — Michaud, II, 33 ; — Raumer, *Gesch. d. Hohenstaufen*, I, 124 ; — Sybel, 411 (345) ; — HG, 296. — Comme il est dit que la nouvelle de l'arrivée de Kerboga arriva au camp des croisés peu après (« non multo post ») le jour où Boémond fit aux princes croisés la proposition ci-dessus, cette proposition dut être formulée vers le 25 mai. Cf. le numéro suivant.

1098, mai 28. — On apprend au camp des croisés qu'une grande armée turque est en marche vers Antioche.   (261)

Sources : *Lettre II d'Anselme de Ribemont (Hist. occid. d. crois.*, III, 892 E ; cf. ci-dessus, n° 259). — Albert d'Aix, IV, xiv : « Praemissi milites et exploratores, visis tot milibus et armatura Corbahan......, sub omni festinatione Antiochiam reversi sunt diebus septem priusquam Corbahan et suae acies terminos et campos regionis Antiochiae attingerent. » — *Gesta*, 140 (XX, 3) : « Non multo post, audivimus nuntios de exercitu hostium nostrorum Turcorum... » — Tudebode *(Hist. occid.*, III, 55 B). — *Hist. b. sacri*, c. 62 *(ibid.*, 196). — Baudri de Dol *(ibid.*, IV, 54 G).

Guibert de Nogent (*ibid.*, 186 E). — Orderic Vital (éd. citée, III, 535). — Guill. de Tyr, V, xv.

Commentaire : Voy. Wilken, I, 198; — Haken, *Gemælde d. Kreuzzüge*, I, 289; — Raumer, *Gesch. d. Hohenstaufen*, I, 125; — Peyré, II, 70; — Sybel, 411 (345); — Kugler, *Albert v. Aachen,* 108; — HG, 297. — La nouvelle de la marche de Kerboga, apportée à Antioche par des espions, parvint au camp des croisés sept jours avant l'arrivée de l'armée turque. Comme l'avant-garde de Kerboga arriva devant Antioche le 4 juin, la nouvelle de son approche dut être connue le 28 mai.

1098, mai 29. — Réunion des princes croisés, dans laquelle il est décidé que, si Boémond s'empare d'Antioche, la possession lui en sera abandonnée. (262)

    Sources : *Gesta*, 140 (XX, 3) : « Non multo post audivimus nuntios.... (cf. n° 260), statimque adunaverunt se omnes majores nostri simul tenueruntque concilium dicentes : quoniam, si Boamundus potuerit adquirere civitatem aut per se aut per alios, nos una libenti corde ultro ei donamus, eo tenore ut si imperator venerit nobis in adjutorium et omnem conventionem nobis, sicut promisit et juravit, attendere voluerit, nos ei eam jure reddemus; sin autem, Boamundus eam in suam habeat potestatem. » — Tudebode (*Hist. occid. d. crois.*, III, 55 C). — *Hist. b. sacri*, c. 62 (*ibid.*, 196). — Baudri de Dol (*ibid.*, IV, 54 H). — Guibert de Nogent (*ibid.*, 186 F). — Orderic Vital (éd. citée, III, 536). — Albert d'Aix, IV, xiv : « Dux Godefridus, Robertus, Reymundus..... omnisque primatus, proxima die postquam reversi sunt praemissi milites ad explorandum exercitum Corbahan, in unum convocati convenerunt quid melius agerent, quod sanius consilium inirent, discusserunt, ne subito praeoccupati ab irruentibus millibus inimicorum in gladio et arcu consumerentur. »

    Commentaire : Voy. Wilken, I, 199; — Sybel, 412 (346); — Peyré, II, 73; — HG, 298. — La nouvelle de l'approche de Kerboga étant, d'après Albert d'Aix, arrivée au camp des croisés le 28 mai (cf. n° 261), la réunion des princes, qui, selon le même auteur, eut lieu « proxima die », doit être du 29. Ce ne fut pas dans cette réunion-là que Boémond fit connaître son accord avec le turc Firuz; il ne le dévoila que quelques jours plus tard, le 2 juin probablement. Albert d'Aix ne parle que d'une seule réunion; mais il fait sans doute erreur.

1098, juin 2. — Étienne de Blois quitte le camp d'Antioche avec ses gens et se retire à Alexandrette. (263)

    Sources : *Gesta*, 184 (XXVII, 1) : « Imprudens itaque Stephanus, Carnotensis comes, quem omnes nostri majores elegerant ut esset ductor nostrorum, maxima se finxit deprimi infirmitate, priusquam Antiochia esset capta, turpiterque recessit in aliud castrum, quod vocatur Alexandreta. » — Tudebode (*Hist. occid. d. crois.*, III, 74). — *Hist. b. sacri*, c. 76 (*ibid.*, 203). — Robert le Moine (*ibid.*, 815 E). — Baudri de Dol (*ibid.*, IV, 55 E). — Guibert de Nogent (*ibid.*, 199 G). — Orderic Vital (éd. citée, III, 551). — *Hist. Nicaena vel Antioch.* (*Hist. occid.*, V, 166 CD). — Anonyme rhénan, *Hist. Godefridi* (*ibid.*, 478 FG). — Raimond d'Aguilers (*ibid.*, III, 258 F). « Stephanus comes quem ante captam civitatem pro dictatore alii principes elegerant, audiens famam belli, aufugerat... » — Foucher de Chartres (*ibid.*, 342 A) : « Tunc Stephanus, comes Blesensis, ab obsidione discessit et per mare in Franciam repatriavit. Unde doluimus omnes, quia vir erat nobilissimus et armis validus. Quo discedente, sequenti die urbs Antiochia Francis est tradita. » — Bartolf de Nangis (*ibid.*, 501 E). — Raoul de Caen, c. 58 (*ibid.*, 649). — Albert d'Aix, IV, xiii : « Stephanus Blesensis infirmitate occupari se plurimum testatus est. Hac infirmitatis occasione versus maritima ad Alexandriam minorem profectus est. Eo itaque recedente, iv milia virorum belligerorum eum secuti sunt, qui de ejus fuerant comitatu. » — Guill. de Tyr, V, x.

Commentaire : Voy. *L'art de vérifier les dates*, II, 615 ; — Mailly, *L'esprit d. crois.*, IV, 226 ; — Wilken, I, 197 ; — Haken, *Gemælde d. Kreuzzüge*, I, 305 ; — Raumer, *Gesch. d. Hohenstaufen*, I, 125 ; — Sybel, 412 (346) ; — Peyré, II, 45 ; — HP, 216 (255) ; — HG, 353. — J'ai suivi Foucher de Chartres, qui dit que le départ d'Étienne eut lieu la veille de la prise d'Antioche par les croisés. Il n'y a pas de raison sérieuse pour révoquer en doute l'exactitude de ce renseignement. Sans doute, Albert d'Aix, en racontant la fuite d'Étienne avant de parler du retour au camp des espions chargés d'aller se renseigner sur la marche de Kerboga, semble donner à entendre que cette fuite aurait précédé le retour des espions. Mais, même en admettant cet ordre dans les événements, il ne s'en suivrait pas qu'Albert soit en désaccord avec Foucher pour la date du départ d'Étienne. Sans doute encore, Raoul de Caen (ch. 60) raconte qu'avant la prise d'Antioche, Guillaume le Charpentier aurait été rejoindre Étienne à Alexandrette, mais cette indication est erronée ; et, d'ailleurs, la chronologie, chez cet auteur, laisse beaucoup à désirer.

1098, soir du 2 juin. — A la suite de pourparlers clandestins entre Boémond et le turc Firuz, celui-ci envoie son fils en otage au prince normand, afin de le rassurer sur l'exécution de la promesse qu'il lui a faite de l'introduire dans Antioche avec ses gens. De plus, Firuz conseille à Boémond de simuler une expédition dans les montagnes du sud, ce que Boémond exécute dans la nuit du 2 au 3 juin. Préalablement, Boémond avait fait connaître ce plan aux autres princes croisés.   (264)

Sources : *Gesta,* 141 (XX, 4) : « Mox itaque Boamundus coepit humiliter amicum suum [Pirum] cotidiana deprecari petitione..., qui satis gavisus de nuntio ait se illum adjuvare omnino sicut agere deberet. Nocte itaque veniente proxima, misit caute filium suum pignus Boamundo, ut securior fieret de introitu urbis. Misit quoque ei verba in hunc modum : ut in crastinum omnem Francorum gentem praeconiare atque summovere faciat quod in Saracenorum terram depraedare vadat, dissimulans, ac deinde celeriter revertatur per dexteram montaneam. Ego vero, ait, ero intentione erecta praestolans illa agmina, eaque recipiam in turres quas in mea habeo potestate ac custodia... Factumque est ita. Credidit Boamundus hoc consilium duci Godefrido et Flandrensi comiti et de S. Egidio, atque Podiensi episcopo, dicens : quia, Dei favente gratia, hac nocte tradetur nobis Antiochia. » — Tudebode (*Hist. occid. d. crois.*, III, 55-56 C). — *Hist. b. sacri,* c. 62 (*ibid.,* 196). — Robert le Moine (*ibid.,* 798 BC-799 C). — Baudri de Dol (*ibid.,* IV, 55 B-E). — Guibert de Nogent (*ibid.,* 186 H). — Orderic Vital (éd. citée, III, 536-537). — *Hist. Nicaena vel Antioch.* (*Hist. occid.,* V, 161 B). — Anonyme rhénan, *Hist. Godefridi* (*ibid.,* 474 G-475 F). — Raimond d'Aguilers (*ibid.,* III, 251 B). — Foucher de Chartres (*ibid.,* 343 B). — Bartolf de Nangis (*ibid.,* 449 G). — Raoul de Caen, ch. 63 (*ibid.,* 652). — Albert d'Aix (IV, xvii) s'écarte beaucoup du récit des *Gesta;* il dit cependant que la veille de la prise d'Antioche des pourparlers avaient eu lieu entre Firuz et Boémond. — Guill. de Tyr, V, xvij.

Commentaire : Voy. Mailly, *L'esprit d. crois.*, IV, 204 ; — Michaud, II, 35 ; — Wilken, I, 199 ; — Haken, *Gemælde d. Kreuzzüge,* I, 291 ; — Sybel, 414 (347) ; — Peyré, II, 75 ; — HG, 299. — Par les mots « nocte veniente proxima », il faut entendre le début de la nuit qui précéda l'exécution du plan combiné entre Firuz et Boémond, donc le soir du 2 juin. Par les mots « hac nocte » il faut entendre cette nuit même, à savoir celle du 2 au 3 juin.

1098, juin 3. — Prise d'Antioche par les croisés. De bon matin, avant le jour, Boémond et une partie des siens escaladent, au moyen d'une échelle de corde, la tour gardée par Firuz ; d'autres croisés pénètrent dans la ville par une porte dont les premiers entrés leur ouvrent l'accès. Boémond fait aussitôt planter son étendard devant le château d'Antioche. Bientôt l'armée entière des croisés peut s'introduire par les portes que les défenseurs de la place ont abandonnées. Iagi Sian

s'enfuit. Tous les Turcs que rencontrent les Francs sont mis
à mort.   (265)

Sources : *Gesta*, 141 (XX, 6-11) : « Tota nocte equitaverunt et
ambulaverunt usque prope auroram, ac deinceps coeperunt ad-
propinquare ad turres, quas ille [tirus] vigil custodiebat... Venerunt illi usque ad scalam, quae jam erat erecta et fortiter ligata
ad civitatis merulas, et ascenderunt per illam homines fere LX ex
nostris, ac divisi sunt per turres quas ille observabat... » § 8 : « Interea forte rupta est scala per quam noster erat ascensus... ; tamen
porta erat juxta nos clausa in sinistra parte, quae quibusdam ma-
nebat incognita ; nox namque erat, sed tamen palpando et inqui-
rendo, invenimus eam... ; ipsa fracta intravimus per eam. Tunc
innumerabilis fragor mirabiliter resonabat per totam urbem... »
§ 9 : « Summo autem diluculo, audientes illi qui foris erant in
tentoriis vehementissimum rumorem strepere per civitatem, exierunt festinantes et viderunt vexillum Boamundi sursum in monte,
celerique cursu properantes venerunt omnes, et per portas intraverunt in urbem et interfecerunt Turcos et Saracenos quos ibi
reppererunt extra illos qui fugerant..... » § 10 : « Cassianus... dedit
se omnimodo fugae cum aliis multis... » § 11 : « Haec omnia gesta
sunt die intrante mense Junio, Vᵃ feria, IIIᵃ nonas Junii. » — Tudebode (*Hist. occid. d. crois.*, 56 D-58 D). — *Hist. b. sacri*, c. 63-64
(*ibid.*, 196). — Robert le Moine (*ibid.*, 799 E-806 B). — Baudri de
Dol (*ibid.*, IV, 55 G-58 A) : « Civitas itaque Antiochena, excepto
municipio, capta est quarta [*lege :* quinta] feria, tertio nonas Junii. »
— Guibert de Nogent (*ibid.*, 187-189 C) : « Gesta sunt haec nonas
Junii, cum quinta haberetur feria. » — Orderic Vital (éd. citée,
III, 538-540) : « ... IIIᵒ nonas Junii, feria IVᵃ, Antiochiam obtinue-
runt. » — *Hist. Nicaena vel Antiochena* (*Hist. occid.*, V, 161
E-162 A). — Anonyme rhénan, *Hist. Godefridi* (*ibid.*, 475 G-476
H). — Raimond d'Aguilers (*ibid.*, III, 251 C-252 C) : « Cumque
per medium noctis civitatis venissent ad collem....., adpropinquantes ad murum et erecta scala coeperunt ascendere nostri.....
Cumque omnes festinarent ut alius alium praeveniret, scala fracta
est. At vero hi qui ascenderant, descendentes in civitatem, posterulam quamdam aperuerunt... Cumque diei aurora comparuisset,
conclamaverunt..... Cumque dies albesceret, in meridionali colle
civitatis signa nostra comparuerunt. Turbati igitur cives, cum
in monte super se nostros conspicerent, alii per portas fugere, alii
praecipitari..... Quanti autem de Turcis et de Saracenis tunc
periere dicere nescimus..... Capta est civitas Antiochiae IIIᵒ nonas
Junii, obsessa autem circiter XI kal. novembris. » — *Lettre II
d'Anselme de Ribemont* (*Hist. occid.*, III, 892 F) : « Deus civitatem Antiochiam tribus civibus eam tradentibus, in nonis [*lege :*
III nonas] Junii misericorditer nobis dedit. » — *Lettre du clergé
de Lucques* (Riant, *Inventaire*, 223) : « .... IIIᵒ nonas Junii... Ea

autem die capta est civitas. » — *Lettre de Boémond au pape* (dans
Foucher [*Hist. occid. d. crois.*, III, 350 G]) : « Ego Boamundus,
conventione facta cum quodam Turco, qui ipsam mihi tradidit
civitatem, scalas ante diem parum muro applicui et sic civitatem
antea Christo resistentem, III nonas Julii [*lege :* Junii] accepimus. »
La leçon « Julii » est fautive. Le ms. du Vatican, Reg. Christ. 547,
fol. 189 *b*, a « III Junii ». — Albert d'Aix, IV, xxv : « Feria quinta,
erat dies serenissima, quando IIIᵉ non. Junii mensis tradita et capta
est civitas Antiochia in manu Christianorum, Turcis prostratis et
effugatis. » — Gilo, IV, 65 (*Hist. occid.*, V, 764). — Guill. de Tyr,
V, xx-xxiii. — Henri de Huntingdon (*Hist. occid.*, V, 337 E) :
« Sic Antiochia IIIᵉ nonas Junii capta est.

   Commentaire : Voy. Mailly, *L'esprit d. crois.*, IV, 204-209 ;
— Michaud, II, 41 : « La ville d'Antioche était tombée au pouvoir
des croisés dans les premiers jours de juin de l'année 1098. » —
Wilken, I, 200 : « Am dritten Juli.... » (*sic*, par suite sans doute
d'une erreur typographique). — Haken, *Gemælde d. Kreuzzüge*,
I, 291 ; — Rehm, *Gesch. d. Mittelalters seit d. Kreuzzügen* (1831),
II, 1, p. 74 ; — Sybel, 415-417 (347-350). — Damberger, *Synchron.
Gesch.*, VII, 363 ; — Muralt, *Essai de Chronogr. byzant.*, II,
83 ; — Peyré, II, 79-96 ; — Kohl, *Gesch. d. Mittelalters*, 25 ; —
Kugler, *Gesch. d. Kreuzzüge*, 48 ; — Kugler, *Albert v. Aachen*,
114-120, 123 ; — Röhricht, *Beitræge*, II, 35-50 ; — HE, 150 ; —
HP, 225, 227, 362 (266) ; — Arbellot, *Les chevaliers limousins
à la première crois.*, 19 ; — HG, 301-311 ; — Rey, *Hist. d.
princes d'Antioche* (*Rev. de l'Or. lat.*, IV, 326). — La date du
3 juin pour la prise d'Antioche est certaine. Toutes les relations
anciennes ou modernes qui en donnent une autre font erreur.

1098, juin 3. — Iagi Sian, fuyant d'Antioche, est tué dans la
montagne par des Syriens et des Arméniens.   (266)

   Sources : *Gesta*, 142 (XX, 10) : « Cassianus vero, dominus
illorum, timens valde gentem Francorum, dedit se omnimodo
fugae cum aliis multis, qui erant cum eo, et fugiendo pervenit in
Tancredi terram non longe a civitate. Fatigati vero erant equi
eorum, miseruntque se in quoddam casale et mersi sunt in unam
domum. Cognoverunt ergo eum habitatores illius montaneae scilicet Suriani et Hermenii et confestim apprehenderunt eum, trun-
caveruntque caput illius, et tulerunt ante Boamundi praesentiam,
ut inde mererentur libertatem accipere; balteum quoque ejus et
vaginam appretiaverunt lx bizanteis. Haec omnia gesta sunt....
IIIᵉ non. Junii. » — Voir aussi les copistes des *Gesta*, cités au
nᵒ 265. — *Lettre II d'Anselme de Ribemont* (*Hist. occid. d.
crois.*, III, 893 F). « Ipse rex [Cassianus], die qua reddita est
civitas, fugiens a rusticis interemptus fuerat in montanis. » —
Lettre de Boémond au pape Urbain II (dans Foucher [*Hist.*

occid. d. crois., III, 350 G]) : « Civitatem III nonas Junii accepimus, et Cassianum, ipsius civitatis tyrannum, cum multis suorum militibus interfecimus. » — Raimond d'Aguilers (*Hist. occid.*, III, 252 B) : « Gracianus autem egressus per posterulam quamdam, ab Armeniis captus et decapitatus, atque caput ejus nobis adlatum est. » — Albert d'Aix, IV, xxvi. — Raoul de Caen, c. 68 (*Hist. occid.* III, 655). — Guill. de Tyr, V, xxiii. — Kamâl ad-Dîn, dans Wilken, II[ter] Anhang, p. 38 ; et dans Röhricht, *Beitræge*, I, 222.

Commentaire : Voy. Mailly, *L'esprit d. crois.*, IV, 210 ; — Michaud, II, 40 ; — Wilken, I, 203 ; — Haken, *Gemælde d. Kreuzzüge*, I, 299 ; — Sybel, 417 (350) ; — Damberger, *Synchron. Gesch.*, VII, 364 ; — Peyré, II, 91 ; — HG, 308. — Il ressort nettement du texte des *Gesta* et de la *Lettre d'Anselme de Ribemont* que Iagi Sian fut tué le jour même de la prise d'Antioche, à savoir le 3 juin.

1098, juin 3. — Les croisés tentent vainement de s'emparer du château d'Antioche, toujours occupé par les Turcs. Boémond est blessé dans l'attaque.   (267)

Sources : *Lettre de Boémond à Urbain II* (dans Foucher [éd. citée, 351 A]). « Asilum autem Antiochenum a Turcis praemunitum habere non potuimus. Sed cum in crastino asilum ipsum aggredi voluissemus, infinitam Turcorum multitudinem, quam multis diebus ad debellandum nobiscum venturam extra civitatem expectaveramus per campos omnes discurrentem vidimus. » — Raimond d'Aguilers (*Hist. occid. d. crois.*, III, 252 B) : « Illi autem hostes qui castellum de medio colle servabant, videntes suorum necem et nostros ab oppugnatione sui desistere, castellum retinuerunt. » — Robert le Moine (*ibid.*, 806 C-807 E) : « Erat autem huic castro (quod civitati imminet) una turris nimium vicina, quam Boamundus cum suis satellitibus jam obtinebat, illudque castrum per eam impugnare parabat... ; in quo conflictu, Boamundus graviter sagittatus est in femore.... ; qui nolens et invitus in alia turri retrocessit, bellumque dereliquit... In crastinum, id est feria vi[a], alia spoliata cadavera mortuorum extra muros foris trahebant. » — Anonyme rhénan, *Hist. Godefridi* (*ibid.*, V, 477 B).

Commentaire : Voy. Wilken, I, 205 ; — Haken, *Gemælde d. Kreuzzüge*, I, 302 ; — Raumer, *Gesch. d. Hohenstaufen*, I, 130 ; — Sybel, 417 (350) : « ...ce renseignement est par lui-même très vraisemblable ». — Peyré, II, 99. — L'attaque du château n'est mentionnée avec quelque détail que par Robert le Moine ; mais Raimond d'Aguilers et Boémond, dans sa lettre au pape, confirment en quelques mots le fait. Cette attaque se fit le jour même de la prise d'Antioche, soit le 3 juin. Le lendemain (« id est feria sexta »), c'est-à-dire le 4 juin, les croisés se préparaient à assaillir de nouveau le château ; mais l'arrivée de Kerboga devant Antioche les obligea à renoncer à l'entreprise et à se mettre eux-mêmes sur la défensive.

1098, juin 3-4. — Un certain nombre de croisés se rendent au port Saint-Siméon et en rapportent des vivres à Antioche.   (268)

Sources : Albert d'Aix, IV, xxvij : « Comperto deinde jam proximo adventu Corbahan et suorum, quia in Antiochia pauca alimenta reperta sunt, ad portum Simeonis eremitae festinato mittentes, pecunia escas navigio adlatas mutuaverunt, singuli prout sua erat possibilitas, quas Antiochiae vesperi et mane sequenti intulerunt. » — Guill. de Tyr, VI, I.

Commentaire : Voy. Wilken, I, 205 ; — Michaud, II, 43 ; — Peyré, II, 103 ; — Kugler, *Albert v. Aachen*, 122. — Ce qu'Albert d'Aix raconte avant et après cet incident montre clairement que par les mots *vesperi* et *mane sequenti* il faut entendre le soir du 3 juin et le matin du 4. En particulier, le récit, qui vient après, d'un événement survenu *die sequenti que est viᵃ feria*, enlève toute incertitude à cet égard.

1098, juin 4. — L'avant-garde de l'armée turque commandée par Kerboga paraît devant Antioche. Dans une sortie tentée par les croisés contre cette avant-garde, Roger de Barneville est tué ; son corps rapporté dans la ville est enterré dans l'église de Saint-Pierre.   (269)

Sources : Albert d'Aix, IV, xxvii : « Sequenti die, quae est sexta feria ccc equites Turcorum de gente Corbahan..... totum gentilium praecesserunt exercitum ad aliquorum fidelium repentinum interitum..... Rotgerus de Barnavilla cum xv probatissimis sociis in occursum ab urbe properat.....; insidiis a valle exsurgentibus, Rotgerus ad urbem cum sociis viam velociter relegit....., a Turco milite superatus est, cujus tergo sagitta infixa, jecur et pulmonem ejus penetravit, et sic mortuus est..... » Id., IV, xxviii : « Sepultus est autem in Antiochia, in vestibulo basilicae B. Petri apostoli, a principibus Christianorum. » — *Hist. b. sacri*, c. 66 (*Hist. occid. d. crois.*, III, 198) : « Tertia autem die, postquam civitatem percurrerunt, Rogerius de Barnavilla contra exivit solummodo cum L equitibus. Adpropinquantes autem Turci coeperunt continuo proeliari cum eis. Forte equus in quo sedebat in quadam palude infixus est et cecidit. Erectus autem statim est super suos pedes et, evaginato ense, mirabiliter defendebat se. Tunc accedentes Arabes cum longis cannis, vulneraverunt caput ejus. Nos autem sublevavimus corpus ejus a terra et deportavimus in civitatem ad S. Petri ecclesiam ; ibique honestissime sepultus est. » — Raimond d'Aguilers (*ibid.*, 252 F). — Robert le Moine (*ibid.*, 808 E-809 C). — *Lettre II d'Anselme de Ribemont* (*ibid.*, 892 F) : « Sequenti ergo die, adveniens Corbaran..... civitatem obsedit.... Secunda die adventus illorum, Rogerum de Barnonisvilla nobis occiderunt. Tertia die, castellum quod contra Antiochenses firmavimus adgrediuntur, sed nil profecerunt. » — Gilo, l. IV, vers 245-277 (*ibid.*, V, 769). — Guill. de Tyr, VI, ii. — Orderic Vital (éd. citée, III, 549).

Commentaire : Voy. Mailly, *L'esprit d. crois.*, IV, 219 ; — Wilken, I, 206 ; — Michaud, II, 42 ; — Raumer, *Gesch. d. Hohenstaufen*, I, 131 ; — Peyré, II, 104 ; — Kugler, *Albert v. Aachen*, 123 ; — HG, 317. — En ce qui concerne la date de l'arrivée des Turcs de Kerboga devant Antioche, les diverses relations ne s'accordent pas. Les unes placent cet événement au lendemain de la prise de la ville par les croisés, ce qui indiquerait le 4 juin, les autres le mettent au 5 juin (cf. n° 270). L'écart, du reste, n'est pas bien grand. Les circonstances de la mort de Roger de Barneville permettent de supposer qu'au moment où ce personnage fit sa sortie contre les Turcs, ceux-ci n'avaient pas encore établi leur camp sous les murs d'Antioche. Sans cela, la sortie n'eût pas été possible. Albert d'Aix dit que le fait eut lieu *una feria sexta,* ce qui correspondrait au vendredi 4 juin, date qui doit être considérée comme exacte. L'*Hist. b. sacri* a emprunté son récit aux *Gesta,* mais ne l'a pas mis à l'endroit qu'il aurait dû logiquement occuper dans la série des événements.

1098, samedi 5 juin. — L'armée de Kerboga s'approche d'Antioche et établit son camp à l'ouest de cette ville, vers le pont de fer.   (270)

Sources : *Gesta*, 143 (XXI, 4) : « Tertia vero die postquam intravimus civitatem, eorum praecursores ante urbem praecurrerunt; exercitus autem illorum ad Pontem ferreum castrametatus est, et expugnaverunt turrim et occiderunt omnes quos illic invenerunt, et nemo evasit vivus nisi dominus illorum quem invenimus ligatum in vinculis ferreis, facto majore bello. » — Tudebode (*Hist. occid. d. crois.*, III, 60 D). — *Hist. b. sacri,* c. 66 (*ibid.*, 198). — Baudri de Dol (*ibid.*, IV, 60 H). — Guibert de Nogent (*ibid.*, 190 G). — *Hist. Nicaena vel Antiochena* (*ibid.*, V, 162 B) : « Capta Antiochia, sequenti die innumera multitudo Turcorum eamdem urbem obsidione cinxit... Erant autem illorum castra juxta pontem Ferrei fluminis. » — *Lettre de Boëmond à Urbain II,* dans Foucher (*Hist. occid.,* III, 351 A); cf. ci-dessus n° 267. — Raimond d'Aguilers (*ibid.*, III, 252 C-E) : « Nostri..... in nonis ejusdem Junii a paganis obsessi sunt... Cerboga autem in principio adventus sui, sperans bellum ilico futurum, longe a civitate quasi per ii milliaria, tentoria sua fixit, atque ordinibus factis usque ad pontem civitatis pervenit. » — Albert d'Aix, IV, xxix : « In ipso mane sabbato quod illuxit IIIᵃ die postquam urbs capta est (= samedi 5 juin 1098), adsunt universae barbarae nationes et legiones gentilium, quas Corbahan ex universis regnis contraxerat, in campis et planitie tentoriis locatis, obsidionem faciens circa spatiosae urbis muros et mœnia. » — Foucher de Chartres (*Hist. occid.*, III, 345 B) : « Cum Antiochia capta fuisset, die sequenti (= 4 juin) multitudo innumera Turcorum circa eamdem urbem obsidionem apposuerunt. » — Bartolf de Nangis (*ibid.*, 500 F) : « Altera die post captam civitatem, obsidio subsecuta est ab innumera multitudine Persarum et Turcarum... » — Hugues de Sainte-Marie (*ibid.*, V, 364 G) : « Jam tertia dies illuxerat, quod christiani civitatem intraverant, cum ille perfidarum ibidem adfuit exercitus. » — Guill. de Tyr, VI, iii.

Commentaire : Voy. Wilken, I, 206 ; — Michaud, II, 42 ; — Raumer, *Gesch. d. Hohenstaufen*, I, 131 ; — Sybel, 421 (354) ; — Damberger, *Synchron. Gesch. d. Mittelalters*, VII, 365 ; — Muralt, *Essai de chronogr. byzant.*, II, 84 ; — Peyré, II, 105 ; — Kohl, *Gesch. d. Mittelalters*, 25 ; — Kugler, *Gesch. d. Kreuzzüge*, 49 ; — Kugler, *Albert v. Aachen*, 124 ; — HE, 151 ; — HP, 226 ; 377 (266) ; — HG, 317. — Bien que les diverses relations n'indiquent pas le même jour pour la date de l'arrivée des Turcs devant Antioche, on ne peut dire qu'il y ait contradiction entre elles, l'armée de Kerboga ayant pu ne pas arriver tout entière le même jour. Les auteurs qui, comme Foucher, Boémond dans sa lettre à Urbain II, Bartolf et le rédacteur de l'*Hist. Nicaena* indiquent comme date le lendemain de la prise d'Antioche ne doivent pas être taxés d'erreur. Le quartier général de Kerboga et le gros de son armée étaient le 5 juin encore au Pont de fer.

1098, juin 5. — Les Francs, à l'approche de l'armée de Kerboga, mettent en état de défense le château de la porte du pont (Mahomeria).
(271)

Sources : Raimond d'Aguilers (*Hist. occid. d. crois.*, III, 252 E) : « Nostris autem prima die castellum comitis munierunt, metuentes si ad bellum procederent, ut ab hostibus qui in castello [Antiochiae] erant civitas corriperetur ; vel, si castellum, quod ante pontem erat (= Mahomeria) desererent et illud hostes occuparent, facultatem pugnandi et aditum egrediendi nobis recluderent. » — Albert d'Aix, IV, xxxiij : « Praesidium in quo Raimundus egit custodiam quousque a Christianis capta est civitas, nunc quia neglectum et vacuum erat comes Robertus Flandrensis accitis D viris belligeris, adventu gentilium audito, ipsum praesidium ingressus, tueri disposuit, ne virtus Turcorum illud subito occupans, peregrinis pontem et aquam transire volentibus magno esset impedimento. » — Guill. de Tyr, VI, v.

Commentaire : Voy. Peyré, II, 116 ; — Kugler, *Albert v.*

Aachen, 132 ; — HG, 348. — Par *prima die*, Raimond d'Aguilers désigne le premier jour de l'arrivée de Kerboga, fixée par lui au 5 juin (cf. ci-dessus, n° 270). La réoccupation de la Mahomeria par les croisés est donc du 5 juin également. On avait négligé jusqu'ici d'en établir la date ; le fait même a été presque complètement passé sous silence par les historiens modernes.

1098, juin 6. — Kerboga dresse son camp entre le Karasu et l'Oronte, à proximité immédiate d'Antioche, et il reste là deux jours. (272)

Sources : *Gesta*, 143 (XXI, 5) : « Crastina vero die, moto exercitu paganorum, appropinquaverunt urbi et castrametati sunt inter duo flumina, steteruntque ibi per duos dies. » — Tudebode (*Hist. occid. d. crois.*, III, 61 A). — *Hist. b. sacri*, c. 66 (*ibid.*, 198). — Baudri de Dol (*ibid.*, IV, 61 B). — Guibert de Nogent (*ibid.*, 190 H) : « Postridie exercitus properavit ad urbem ». — Raimond d'Aguilers (*ibid.*, III, 252 E) ; cf. ci-dessus, n° 270.

Commentaire : Voy. Kugler, *Albert v. Aachen*, 124 ; — HG, 317. — C'est à tort que Kugler reproche à l'auteur des *Gesta* de n'avoir pas vu que le départ de Kerboga, du Pont de fer, devait être placé avant l'établissement de son camp entre les deux fleuves. En effet, l'expression *craslina die* des *Gesta* indique le lendemain du 5 juin, jour dans lequel, d'après les mêmes *Gesta*, l'armée turque de secours campa vers le Pont de fer (cf. ci-dessus, n° 270).

1098, juin 7. — Les Turcs, après avoir vainement essayé de s'emparer de la Mahomeria, le 5 ou le 6 juin, tentent une nouvelle attaque contre ce château, mais sans plus de succès. (273)

Sources : Raimond d'Aguilers (*Hist. occid. d. crois.*, III, 252 G). « Passi itaque Turci semel et secundo repulsam pugnandi, IIIa die castrum oppugnant, atque ibi tanta vi certatum est, ut sola Dei virtus defendere castrum et resistere adversariis crederetur. Namque, cum jam transcendere vallum et diruere murum pararent, nescio unde concepto timore, praecipites in fugam ruunt. Decurso aliquantulo spatio..., ad oppugnationem redeunt et rursus Dei virtute vehementius terrentur. Itaque hostes ad castra sua redeunt illa die. » — Albert d'Aix, IV, xxxiii : « Duo milia Turcorum..... a mane usque ad inclinatam diem defensores praesidii graviter vexaverunt..... Turci videntes se nihil proficere..... ad Corboram regressi sunt, vires sibi hominum augeri adhuc poscentes, et sic in crastinum praesidium deleri posse astruentes. » — *Lettre II d'Anselme de Ribemont* (*Hist. occid.*, III, 892 G) : « Tertia die castellum quod contra Antiochenses firmavimus adgrediuntur [Turci], sed nihil profecerunt. Rogerium tamen castellanum Insulae vulneraverunt, unde mortuus est. »

Commentaire : Voy. Sybel, 423 (355), qui se trompe en disant que le château fut incendié le 10 juin. — Peyré, II, 116 ; — Kugler, *Albert v. Aachen*, 132 ; — HG, 348. — Le *tertia dies*, dans lequel, suivant Raimond d'Aguilers et Anselme de Ribemont, le château de la Mahomeria fut attaqué par les gens de Kerboga, est le troisième jour après le 5 juin, donc le 7 du même mois. Kugler fait remarquer qu'Albert d'Aix — qui d'ailleurs n'assigne pas de date exacte à l'événement — semble le placer trop tard, en le racontant après la série de faits d'armes accomplis du côté ouest et du côté sud d'Antioche, mais qu'il a rapporté ceux-ci les premiers parce qu'ils intéressaient de plus près les incidents du siège sur lesquels il portait spécialement son attention. Le double échec subi par les Turcs devant la Mahomeria, avant l'attaque du 7 juin, ne peut s'être produit que la veille ou l'avant-veille.

1098, juin 8. — Comme les Turcs s'apprêtaient à attaquer de nouveau le château de la Mahomeria, les Francs y mettent le feu et se retirent à l'intérieur des murs d'Antioche.   (274)

Sources : Raimond d'Aguilers (*Hist. occid. d. crois.*, III, 252 H) : « Itaque hostes ad castra sua redeunt illa die (= 7 juin ; cf. n° 273). Alia autem die cum maximo apparatu ad castrum redire coeperunt ; nostri vero castrum incendunt atque moenibus civitatis se intrudunt. » — Albert d'Aix, IV, xxxiii : « Turci..... ad Corbaham, principem multitudinis, regressi sunt..., in crastinum praesidium ejusque tutores deleri posse astruentes. Robertus autem [Flandrensis] et qui cum eo erant, videntes Turcos recessisse, recordati sunt, quod propter majus auxilium socios adissent. Quare consilio inito, in noctis caligine exierunt a munimine praesidii, eo quod invalidum contra tot militum vires videretur, et ideo praesidium totum igne succenderunt, vallumque illius diruentes, in urbem Antiochiam a confratribus recepti sunt. » — Guill. de Tyr, VI, vi.

Commentaire : Voy. les ouvrages cités au n° 273. — Il est probable que l'incendie du château de la Mahomeria par la garnison franque eut lieu pendant la nuit ; c'est aussi l'opinion de Kugler (*Albert v. Aachen*, 132), qui accorde le premier rang au récit d'Albert d'Aix et dit à ce sujet : « Robert de Flandre se défendit héroïquement et avec succès pendant tout un jour ; si bien que les ennemis harassés finirent par se retirer. Mais dans la nuit qui suivit, il considéra que sa position était trop périlleuse, et que le château ne pourrait tenir longtemps contre les bandes toujours croissantes des Turcs. Il y mit donc le feu, détruisit les retranchements et les fossés et se retira dans Antioche. Quand, le 8 juin, les ennemis s'approchèrent de nouveau, et cette fois en grande force, ils ne trouvèrent plus rien à faire et se bornèrent à occuper la rive nord de l'Oronte. » — D'après le court récit de Raimond d'Aguilers, les Francs ne mirent le feu au château et ne se retirèrent qu'après avoir appris qu'une nouvelle attaque des Turcs était imminente.

1098, juin 8. — Kerboga, après être resté campé pendant deux jours entre l'Oronte et le Karasu, va se porter en un endroit voisin du château d'Antioche et encore occupé par les gens de Iagi Sian. Il introduit une partie de ses soldats dans ce château. A la suite d'un combat entre Turcs et Francs, ceux-ci sont contraints de se retirer dans la ville. (275)

Sources : *Lettre de Boémond à Urbain II,* dans Foucher de Chartres (*Hist. occid. d. crois.*, III, 351 B) : « Tertia die nos obsederunt et praedictum asylum plus quam centum eorum milia intraverunt, ac per partem ejusdem asyli ad civitatem sub asylo constitutam, nobis illisque communem, irrumpere voluerunt ». — *Gesta*, 145 (XXIII, 1) : « Tertia vero die, armavit se Curbaram et maxima pars Turcorum cum eo, veneruntque ad civitatem ex illa parte, in qua erat castrum. Nos autem putantes resistere posse illis, paravimus bellum contra eos, sed tam magna fuit virtus illorum, quod nequivimus illis resistere ; sicque coacti intravimus civitatem ; quibus fuit tam mirabiliter arta et angusta porta, ut illic fuerint multi mortui oppressione aliorum. » — Tudebode (*Hist. occid.*, III, 66 D). — *Hist. b. sacri*, c. 71 (*ibid.*, 200). — Baudri de Dol (*ibid.*, IV, 64 B). — Guibert de Nogent (*ibid.*, 193 G). — Orderic Vital (éd. citée, III, 545). — *Lettre II d'Anselme de Ribemont* (*Hist. occid.*, III, 892 H) : « Videntes quia ex illa parte nihil proficerent, montana adscenderunt. Nos autem contra illos egressi, victi sumus ab illis atque fugati. » — Raimond d'Aguilers (*ibid.*, 253 B) : « Confirmati Turci ad nos ingredi per castellum disposuerunt. Nostri autem loci opportunitate et eminentia confisi obviam hostibus contendunt et primo impetu eos prosternunt, dumque imminentis belli obliviscuntur et praedae inhiant, foetissime in fugam vertuntur ; etenim plus quam c homines in porta civitatis suffocati sunt. » — Albert d'Aix, IV, xxix : « Tertia dehinc die, postquam fideles Christi obsedit [Corbaram], longe a muris residens, inito consilio ut propius civitati hospitaretur, sustulit castra et in multitudine virtutis suae in montana in circuitu magistrae arcis [= le château d'Antioche], et in ea parte qua urbs capta est, in excelso rupium sedem posuit..... » — Id., IV, xxx : « ..... ubi diu proelio utrinque commisso, gravissimus labor incubuit, dum dux et sui viribus exhausti belloque fessi in fugam conversi via per portam qua exierant revertentes evaserunt. » — Foucher de Chartres (*Hist. occid.*, III, 345 D) : « Tunc insuper ingressi sunt urbem LX fere milia Turcorum per castrum sublime [c'est-à-dire le château d'Antioche] a parte rupis excelsae, qui nostros vehementissime crebris invasionibus coarctaverunt. » — Guill. de Tyr, VI, iii : « Die tertia postquam [Kerboga] ante urbem castrametatus est..... » — Kamal ad-Dîn (Röhricht, *Beitræge*, I, 223 ; et *Hist. arm. d. crois.*, III, 852) : « Ayant appris que la citadelle était encore entre les mains des Musulmans, ils marchèrent vers Antioche et y arrivèrent le mardi 6 de Redjeb, de grand matin (= 8 juin 1098). Les Musulmans se campèrent dans les faubourgs du côté qui tient à la montagne, et entrèrent dans la ville par le côté de la citadelle. »

Commentaire : Voy. Wilken, I, 207 ; — Sybel, 422 (355), 424 (356) ; — Peyré, II, 106 ; — Kugler, *Albert v. Aachen*, 125, 128 ; — HG, 330, 351. — Le *dies tertia* des documents ci-dessus est le mardi 8 juin. Pour déterminer ce quantième il faut se reporter à la date « tertia dies postquam intraverunt in civitatem » (cf. ci-dessus, nº 270) = 5 juin, et à la date « crastina dies » (cf. ci-dessus nº 272) = 6 juin, ainsi qu'à l'indication des *Gesta* d'après laquelle l'armée de Kerboga serait restée campée pendant deux jours, à savoir les 6 et 7 juin, entre les deux fleuves. Le troisième jour, en comptant le 6 et le 7 juin, Kerboga se porta devant la ville du côté du « castrum meridionale », c'est-à-dire du château d'Antioche. Il ne peut donc s'agir que du 8 juin 1098. Au surplus, Kamal ad-Dîn désigne également le 8 juin comme le jour où l'armée turque investit la partie sud de la place. Röhricht (*Beitræge*, I, 223) et les éditeurs du *Rec. des hist. arabes des crois.* (III, 582) font erreur en identifiant le « mardi 6 de Redjeb » avec le 9 juin ; c'est en réalité le 8. La donnée fournie par Albert d'Aix confirme aussi notre calcul, car son « tertia dehinc dies » se rapporte à l'indication chronologique antérieure : « sabbatum quod illuxit tertia die postquam urbs capta est » (voy. ci-dessus, nº 270), c'est-à-dire au 5 juin. D'après Kugler (*Albert v. Aachen*, 125), le « tertia dehinc dies » indiquerait le 7 juin ; mais l'expression *dehinc* me paraît montrer que l'on ne doit pas faire entrer en compte le jour où les Turcs parurent devant Antioche (5 juin), et qu'il faut compter à partir du 6. A propos du renseignement certainement erroné que fournissent la lettre de Boémond et Foucher touchant les 100,000 Turcs qui se seraient installés dans la citadelle d'Antioche, je ferai remarquer ici que cette citadelle ne pouvait guère donner asile qu'à quelques milliers d'hommes. Le jour de la prise d'Antioche par les Francs il ne s'y trouvait qu'un millier de soldats. Voy. la *Lettre de Boémond*, dans Foucher (*Hist. occid.*, III, 351 G), et HG 371.

1098, juin 10. — Rude combat entre les Turcs et les croisés non loin de la citadelle d'Antioche, du côté sud de la ville.   (276)

Sources : *Gesta*, 146 (XXIII, 1) : « Interea alii pugnabant extra urbem, alii intus in Vᵃ feria per totum diem usque ad vesperam. » — Tudebode (*Hist. occid. d. crois.*, III, 67 A) et tous les copistes des *Gesta*, déjà cités sous le nº 275. — *Lettre II d'Anselme de Ribemont (ibid.*, 892 H) : « Ipsi vero nobiscum muros ingressi illum diem et noctem sequentem insimul fuimus distantes ab invicem quasi uno lapidis jactu ; sequenti die, aurora apparente, ... de muris civitatis omnes expulimus. » — Raimond d'Aguilers (*ibid.*, 253 C ; cf. ci-dessous, nº 277). — Albert d'Aix, IV, xxx. — Guill. de Tyr, VI, ɪv.

Commentaire : Voy. Sybel, 424 (356) ; — Kugler, *Albert v. Aachen*, 130 et suiv. : « Die Zeitbestimmung dieser Ereignisse ist schwierig. Am 7 Juni, fand vermutlich jener heisse Kampf oben in der Einsattlung, am 8 Juni mag unten am Eingang in die Stadt gefochten, und am 9 und 10 Juni das dortige Schanzwerk errichtet worden sein. Am 11 Juni, folgte der letzte grosse Anfall Kerboghas in dieser Gegend, der von der gesammelten Kraft der Kreuzesfürsten zurückgewiesen wurde. » — Mon propre calcul (cf. HG, 332) m'amène à un autre résultat. La « Vᵃ feria » des *Gesta* est le *jeudi* 10 juin. Il n'y a pas de raison de croire que le narrateur ait commis là une erreur, et que, comme Kugler le croit, il ait assigné au combat une date trop tardive. C'est bien ce jour là qu'eut lieu la bataille acharnée qui dura du matin à la nuit sans amener d'ailleurs aucun résultat, si ce n'est que la nuit suivante les « funambules », comme on les appela, abandonnèrent Antioche. Le retranchement fut certainement construit plus tard que ne le pense Kugler, et sans doute après le 11 juin, comme le donnent à entendre les *Gesta*. Le texte d'Anselme de Ribemont n'est pas très clair. Cet auteur veut-il dire que le jour de la marche des Turcs vers la montagne et de leur entrée dans le château, c'est-à-dire le 8 juin (voy. nº 275), ainsi que la nuit suivante aucun combat ne fut livré, ou bien indique-t-il simplement que les Francs et les Turcs se trouvèrent à proximité immédiate les uns des autres? Dans l'un et l'autre cas, d'ailleurs, son renseignement se rapporte au 9 juin.

1098, juin 10. — L'apôtre saint André apparaît pour la cinquième fois à Pierre Barthélemy.   (277)

Sources : Raimond d'Aguilers (*Hist. ocid. d. crois.*, 253 F-255 G) : « Quidam rusticus, Provincialis genere,... comiti et Podiensi episcopo haec verba mandavit : Andreas apostolus me quater olim monuit et jussit ut ad vos venirem et lanceam quae Salvatoris latus aperuit capta civitate vobis redderem. Hodie autem, cum ad pugnam profectus essem extra civitatem, cum reliquis, atque comprehensus a duobus equitibus paene suffocatus in regressu fuissem, quasi exanimis illic super lapidem quemdam tristis resedi. Cumque prae dolore et timore sicut tristis titubarem, venit ante me beatus Andreas cum socio quodam multum mihi interminatus, nisi cito vobis lanceam redderem..... Apparuit in ipsa nocte quae secuta est dominus noster Jesus Christus cuidam sacerdoti, nomine Stephano » (cf. ci-dessous, n° 279). — *Gesta*, 147 (XXV, 1) : « Erat autem quidam peregrinus de nostro exercitu, cui nomen Petrus [Bartholomeus], cui, antequam civitatem intra-remus, apparuit S. Andreas apostolus (cf. n°ˢ 221, 236, 251)..... Iterum cum essemus ita ut superius diximus..... » — Tudebode (*Hist. occid. d. crois.*, III, 70). — *Hist. b. sacri*, c. 73 (*ibid.*, 201). — Robert le Moine (*ibid.*, 822 D-823 C). — Baudri de Dol (*ibid.*, IV, 67 F-68 D). — Guibert de Nogent (*ibid.*, 196 E-197 D). — Orderic Vital (éd. citée, III, 548). — Albert d'Aix, IV, xliii. — Guill. de Tyr, VI, xiv.

Commentaire : Voy. Wilken, I, 213 ; — Haken, *Gemælde d. Kreuzzüge*, I, 314 ; — Raumer, *Gesch. d. Hohenstaufen*, I, 136 ; — Michaud, II, 50 ; — Sybel, 429 (360) ; — Peyré, II, 137 ; — Kugler, *Albert v. Aachen*, 145 ; — Kohl, *Gesch. d. Mittelalters*, 26 ; — HE, 152 ; — HP, 65 (77) ; — HG, 341, 344 ; — Cl. Klein, *Raimund v. Aguilers*, 48. — Comme on le verra ci-dessous, n° 279, le prêtre Étienne eut une vision dans la nuit du 10 au 11 juin. Le jour qui précéda cette nuit est celui que Pierre Bar-thélemy a en vue lorsqu'il dit : « hodie, cum ad pugnam profectus sum... » ; c'est donc le 10 juin que l'apôtre Saint André lui apparut pour la cinquième fois. — La quatrième apparition de l'apôtre S. André à Pierre Barthélemy eut lieu pendant le séjour de celui-ci à Mamistra. Elle est relatée par Raimond d'Aguilers (*Hist. occid.*, III, 255 D) ; mais il n'est guère possible d'en déter-miner la date d'une façon précise. Tout ce qu'on peut dire c'est qu'elle eut lieu entre la fin de mars et la fin de mai 1098.

1098, nuit du 10 au 11 juin. — Les « funambules » s'enfuient d'An-tioche et gagnent le port Saint-Siméon.   (278)

Sources : *Gesta*, 146 (XXIII, 2-3) : « Inter haec, Willelmus de Grentamesnil et Albericus, frater ejus, et Wido Tursellus et Lambertus Pauper, isti omnes timore perterriti de hesterno bello, quod duraverat usque ad vesperam, nocte latenter dimissi sunt per murum fugientes pedibus contra mare, ita ut neque in manibus neque in pedibus remaneret aliquid nisi solummodo ossa. Multique alii fugerunt cum illis, quos nescio..... ; venerunt ad naves quae erant ad portum S. Simeonis..... Supervenientes Turci, quos invenerunt, occiderunt. » — Tudebode (*Hist. occid. d. crois.*, III, 67 B). — *Hist. b. sacri*, c. 71 (*ibid.*, 200). — Robert le Moine, (*ibid.*, 815 D). — Baudri de Dol (*ibid.*, IV, 64 D-65 D) : « Hi, hesterni belli timore perterriti et ut crastinum aufugerent solli-citi, funibus per murum demissi sunt, et ad perpetuam suam ignominiam furtivi funambuli vocati sunt. Noctis..... ad portum S. Simeonis pedites devenerunt. » — Guibert de Nogent (*ibid.*,

194 E-195 A). — Anonyme rhénan, *Hist. Godefridi* (*ibid.*, V, 478 F). — Orderic Vital (éd. citée, III, 545). — Raimond d'Aguilers (*Hist. occid.,* III, 253 C) : « Tanta vi a mane usque ad vesperam pugnatum est ut nusquam simile audiatur... Finem hujus pugnae nox fuit. In nocte autem, cum nostri Dei misericordiam sperare debuissent, multi desperare coeperunt atque praecipites per funes ab altitudine murorum dejiciebantur. » — Albert d'Aix, IV, xxxvii. — Anne Comnène, *Alexias*, XI, 6 (éd. de Bonn, II, 97; *Hist. gr. d. crois.*, I, 59).

Commentaire : Voy. Mailly, *L'esprit d. crois.*, IV, 228 ; — Wilken, I, 207 ; — Haken, *Gemælde d. Kreuzzüge*, I, 305 ; — Raumer, *Gesch. d. Hohenstaufen*, I, 134. — Michaud, II, 45 ; — Peyré, II, 112 ; — Sybel, 427 (359). — Damberger, *Synchron. Gesch. d. Kirche*, VII, 367 ; — Kugler, *Gesch. d. Kreuzzüge*, 50 ; — Id., *Albert v. Aachen*, 139 ; — Kohl, *Gesch. d. Mittelalters*, 26 ; — De Smet, *Mém. sur Robert de Jérusalem* (*Mém. de l'Acad. de Belgique*, XXXII, 60) ; — HE, 242 ; — HP, 216 (255) ; — HG, 332 ; — Riant, *Inventaire*, 171 : « Les croisés, déserteurs d'Antioche, quittèrent cette ville entre le 5 juin, jour de l'arrivée de Kerboga, et le 14, époque de la découverte de la Sainte-Lance, et plus près de cette dernière date que de la première, par conséquent vers le 11 juin. » — Le récit des *Gesta* montre clairement que la fuite des « funambules » eut lieu dans la nuit du 10 au 11 juin. Immédiatement avant son récit de cette fuite, l'auteur dit que, la « vᵃ feria », on combattit jusque dans la nuit. Or la vᵃ feria est le jeudi 10 juin (cf. ci-dessus, n° 276); la désertion des « funambules » dut avoir lieu tout de suite après la cessation du combat.

1098, matin du 11 juin. — Le prêtre Étienne informe les princes croisés que, la nuit précédente (c'est-à-dire nuit du 10 au 11 juin), Jésus-Christ lui est apparu. Là-dessus les princes déclarent qu'ils mourront dans Antioche plutôt que de fuir. (279)

Sources : Raimond d'Aguilers (*Hist. occid. d. crois.*, III, 255 G-256 H) : « Apparuit in ipsa nocte quae secuta est Dominus noster Jesus Christus cuidam sacerdoti nomine Stephano... Mane autem facto, in montem sacerdos ascendit, ubi principes nostri morabantur contra Turcorum castellum praeter ducem. Convocata concione, habuit haec verba ad nostros principes..... Tunc juraverunt quod de Antiochia non fugerent..... In nocte praeterita pauci steterunt in fide qui fugere non voluissent. Fugit Wilelmus de Grandis Mainil et frater ejus..... (cf. ci-dessus, n° 278). Diem quintum, quem praedixerat sacerdos, expectabant. » — *Gesta*, 147 (XXIV) : « Quodam vero die, stantibus nostris majoribus sursum ante castellum tristibus ac dolentibus, venit quidam sacerdos ad eos et dixit : Seniores, si vobis placet, audite rem

quamdam, quam in visione vidi... Dixitque mihi Dominus : vade
et dic populo meo ut revertatur ad me et ego revertar ad illum
et infra v dies mittam ei magnum adjutorium..... Consiliati sunt
omnes majores nostri in illa hora ut jurarent quod illorum nullus
fugeret neque pro morte neque pro vita quamdiu vivi essent. » —
Tudebode (*Hist. occid. d. crois.*, III, 68-70). — *Hist. b. sacri,*
c. 72 (*ibid.*, 201). — Robert le Moine (*ibid.*, 821 A-822 C). —
Baudri de Dol (*ibid.*, IV, 66 A-67 E). — Guibert de Nogent (*ibid.*,
195 B-196 D). — Orderic Vital (éd. citée, p. 547). — Foucher de
Chartres (*Hist. occid.*, III, 346 A-D). — Bartolf de Nangis (*ibid.*,
503 B-E). — *Hist. Nicaena vel Antiochena* (*ibid.*, V, 167 A-C).
— Anonyme rhénan, *Hist. Godefridi* (*ibid.*, 480 F-G).

Commentaire : Voy. Mailly, *L'esprit des crois.*, IV, 244 ; —
Wilken, I, 216 ; — Haken, *Gemælde d. Kreuzzüge*, I, 311 ; —
Raumer, *Gesch. d. Hohenstaufen*, I, 137 ; — Michaud, II, 49 ; —
Sybel, 429 (361) ; — Peyré, II, 140 ; — Kugler, *Albert v. Aachen,*
144 ; — HP, 67 (79) ; — HG, 335-340 ; — Cl. Klein, *Raimund v.
Aguilers,* 50. — Dans Raimond d'Aguilers, les mots « ipsa nocte
quae secuta est » désignent la nuit qui suivit le 10 juin (et qui,
dans le comput de l'époque, appartenait encore à la date du
10 juin), jour où eut lieu le combat dont cet auteur parle immédiatement avant (cf. ci-dessus, n° 278). Les mots « mane facto »
désignent le matin du 11 juin, et les mots « praeterita nocte » la
nuit du 10 au 11 juin, dans laquelle les funambules quittèrent
Antioche. Les *Gesta* et leurs dérivés concordent avec Raimond
d'Aguilers. Ils indiquent de plus que le secours annoncé par le
prêtre Étienne à l'armée des croisés devait leur arriver cinq jours
après le 10 juin, date de la vision. Or, on verra plus loin (n° 284)
que l'événement se produisit effectivement le 14.

1098, juin 11. — Nouveaux combats entre les croisés et les Turcs
aux abords du château d'Antioche. Arved Tudebode, frère de
l'auteur du récit de la première croisade, est blessé à mort et
meurt le lendemain, 12 juin.   (280)

Sources : Tudebode (*Hist. occid. d. crois.*, III, 67). « Interea
alii pugnabant extra civitatem, alii intus ; in vᵃ feria similiter
proeliati sunt per totum diem usque ad vesperam. In vɪᵃ feria similiter proeliaverunt per totum diem, occideruntque multos ex
nostris. In illo die fuit sauciatus quidam probatissimus miles,
Arvedus Tudebovis, quem detulerunt socii ejus usque deorsum
in civitatem. Ibique fuit vivus usque in sabbato, et inter nonam
et sextam horam migravit a saeculo vivens in Christo. Corpus
ejus sepelivit Petrus quidam sacerdos, frater ejus, ante occidentalem portam beati Petri apostoli. » — *Lettre de Boémond à
Urbain II,* dans Foucher de Chartres (*Hist. occid.*, III, 351 B) :
« Nos autem in alio monte exsistentes ipsi asilo opposito viam

inter utrumque exercitum ad civitatem descendentem, ne ipsi
nobis multo plures inrumperent, custodientes, et intus et extra
nocte et die bellantes, portas asili ad civitatem descendentes
intrare et ad castra compulimus remeare. »
    Commentaire : Voy. *Hist. litt. de la France*, VIII, 630 ; —
Hist. occid. d. crois., III, p. iv ; — Pollok, *Quest. de quatuor
primi belli sacri historiis. Dissertation* (1872), p. 11 ; — HG, 332.
— Tudebode est seul à donner la date de l'événement, et il ajoute
au récit des *Gesta* ce fait que l'on combattit encore toute la
journée du 11 (vi[a] feria), dans laquelle son frère Arved fut blessé
à mort. Il avait dû garder en mémoire très exactement l'incident ;
et l'on en peut conclure que les dates du 10 et du 11 juin, assi-
gnées tant par lui que par les *Gesta* et d'autres sources pour les
combats livrés aux abords du château, ne sauraient être douteuses.

1098, juin 12. — Un incendie, allumé intentionnellement dans
Antioche par Boémond, consume un grand nombre d'édifices.
(281)

    Sources : *Gesta,* 148 (XXVI, 2) : « Videns autem Boamundus,
quia nullatenus posset conducere gentes sursum in castellum
[meridionale] ad bellum (nam qui erant inclusi in domibus, timebant alii fame, alii timore Turcorum), iratus est valde jussitque
confestim mitti ignem per urbem in illa parte, in qua erat Cassiani palatium..... Tunc nimia tempestas venti subito surrexit,
ita ut nemo posset se regere rectum... Haec ira duravit ab hora
tertia usque in mediam noctem, fueruntque crematae fere duo.
milia ecclesiarum et domorum. Veniente autem media nocte,
statim omnis feritas igni cecidit. » — Tudebode (*Hist. occid. d.
crois.*, III, 72). — *Hist. b. sacri,* c. 74 (*ibid.*, 202) ; — Robert le
Moine (*ibid.*, 824 D). — Baudri de Dol (*ibid.*, IV, 69 A). —
Guibert de Nogent (*ibid.*, 197 E). — Orderic Vital (éd. citée, III,
550). — Bartolf de Nangis (*Hist. occid.*, III, 501 B) : « Boamundus
parat incendium ut exirent hi qui absconsi erant. » — Raoul de
Caen, c. 76, 77 (*ibid.*, III, 660) : « Robertus Flandrensis urbem
incendit, ut mox adsit miles. Templa et palatia ignis consumit. »
— *La chanson d'Antioche,* VII, 21 (éd. P. Paris, II, p. 169).
    Commentaire : Voy. Wilken, I, 211 ; — Haken, *Gemælde d.
Kreuzzüge,* I, 309 ; — Raumer, *Gesch. d. Hohenstaufen,* I, 136 ;
— Sybel, 431 (363). — Peyré, II, 123. — Kugler, *Albert v. Aachen,*
136. — Cl. Klein, *Raimund v. Aguilers,* 127. — HG, 347. —
L'incendie et la tempête durèrent de 9 heures du matin jusqu'à
minuit. Aucune des relations n'en indique exactement le jour.
Robert le Moine et Bartolf rapportent le fait comme ayant eu lieu
après l'invention de la Sainte Lance, donc après le 14 juin. Ils
se trompent probablement. Dans les *Gesta* le récit suit immédia-

tement celui de la vision de Pierre Barthélemy, et précède celui de l'invention de la Lance ainsi que celui de l'apparition d'un météore (voy. plus loin n° 282), apparition après laquelle les Turcs changèrent l'emplacement de leur camp. En raison de ce changement, les croisés n'eurent plus besoin de protéger aussi sérieusement la partie sud d'Antioche; tandis qu'au moment où ils combattirent contre la garnison du château d'Antioche, c'est-à-dire entre le 8 et le 13 juin, et où le départ des funambules diminua leurs forces, ils durent sentir la nécessité d'augmenter le nombre de leurs combattants disponibles. On pourrait donc supposer que l'incendie fut allumé le 12 juin. Kugler ne croit pas à la réalité de cet événement, et il en donne pour raison la mention qui en est faite par la *Chanson d'Antioche.* C'est là une raison sans valeur, car la *Chanson d'Antioche* copie ici les *Gesta,* et il n'est guère vraisemblable de supposer que l'auteur des *Gesta,* qui se trouvait alors à Antioche, et qui indique avec précision la durée de l'incendie, ait emprunté ce renseignement à une tradition poétique et légendaire.

1098, nuit du 13-14 juin. — Un météore paraît durant la nuit et tombe dans le camp des Turcs. Le 14 juin, Kerboga prend de nouvelles dispositions pour l'investissement d'Antioche, dans le dessein de contraindre les croisés par la famine.   (282)

Sources : *Gesta*, 148 (XXVI, 4) : « Nocte quippe superveniente, ignis de caelo apparuit ab occidente veniens, et appropinquans cecidit intra Turcorum exercitus, unde mirati sunt et nostri et Turci. Mane autem facto, tremefacti Turci fugerunt omnes pariter pro ignis timore ante domini Boamundi portam, illicque hospitati sunt. Pars vero, quae erat in castello agebat bellum cum nostris die noctuque sagittando, vulnerando, occidendo. Alia autem pars undique obsedit civitatem, ita ut nullus nostrorum civitatem auderet exire aut intrare nisi nocte et occulte. » — Tudebode (*Hist. occid. d. crois.*, III, 72). — *Hist. b. sacri*, c. 75 (*ibid.*, 202). — Robert le Moine (*ibid.*, 824 A). — Baudri de Dol (*ibid.*, IV, 70 A). — Guibert de Nogent (*ibid.*, 198 B). — Orderic Vital (éd. citée, III, 550). — *Hist. Nicaena vel Antioch.* (*Hist. occid.*, V, 167 F). — Raimond d'Aguilers (*ibid.*, III, 257 A). « Eo tempore contigerunt nobis plurimae revelationes per fratres nostros, et signum in caelo mirabile vidimus. Nam stella quaedam maxima per noctem super civitatem stetit, quae post paulum in tres partes divisa est, atque in Turcorum castris cecidit. Confortati igitur aliquantulum nostri, diem quintum, quem praedixerat sacerdos exspectabant. Die autem illa, praeparatis necessariis... fodere coepimus (= 14 juin; cf. ci-dessous, n° 284). — *Lettre II d'Anselme de Ribemont* (*Hist. occid.*, III, 893 A) : « Ipsi vero castra moventes totas civitatis portas obsederunt, ad redditionem cupientes nos compellere inopia victus. » — *Lettre de Boémond à Urbain II*, dans Foucher (*ibid.*, 351 C) : « Cum ergo vidissent quod ex illa parte [meridionali] nihil nocere potuissent, ita nos ex omni parte circuierunt, quod nulli ex nostris ire vel ad nos venire potuerunt. »

Commentaire : Voy. Sybel, 427 (358) ; — Kugler, *Albert v. Aachen*, 133 ; — HG, 350. — Les *Gesta* indiquent que les Turcs se transportèrent du côté de la porte de Boémond, après la chute du météore dans leur camp. Mais il est plus vraisemblable de supposer que la raison principale de ce déplacement fut la modification apportée par les chefs turcs dans leur plan d'attaque de la ville, modification qu'indiquent les lettres d'Anselme de Ribemont et de Boémond. L'agression qu'ils avaient combinée, contre les Francs, avec la garnison du château d'Antioche ayant échoué, ils se résolurent à réduire la ville par la famine. Raimond d'Aguilers rapporte que les croisés, réconfortés par l'apparition du météore (« stella quaedam maxima »), attendirent le cinquième jour prédit par le prêtre Étienne, c'est-à-dire le 14 juin, jour de l'invention de la Lance (« confortati igitur aliquantulum nostri, diem quintum quem praedixerat sacerdos [Stephanus] exspectabant ») ; ladite apparition eut donc lieu avant le 14, probablement dans la nuit précédente, et ce fut également le 14 que Kerboga adopta ses nouvelles dispositions pour le siège de la place.

1098, juin 14-28. — La famine règne dans Antioche et occasionne une grande mortalité parmi les croisés. (283)

Sources : *Gesta*, 148 (XXVI, 4) : « Isti profani et inimici Dei ita tenebant nos inclusos in urbe Antiochiae, ut multi mortui fuerint fame, quoniam parvus panis vendebatur uno bisantio, de vino non loquar. Equinas namque carnes aut asininas manducabant et vendebant... Omnia enim valde cara erant ; folia fici, vitis et cardui omniumque arborum coquebant et manducabant, tantam famem immensam habebant ; alii coria caballorum et camelorum et asinorum atque boum seu bufalorum sicca decoquebant et manducabant... ; tales quoque tribulationes et fames ac timores passi sumus per XXVI dies. » — Tudebode (*Hist. occid. d. crois.*, III, 73). — *Hist. b. sacri*, c. 75 (*ibid.*, 203). — Robert le Moine (*ibid.*, 815 A-O). — Baudri de Dol (*ibid.*, IV, 70 D-G). — Guibert de Nogent (*ibid.*, 198 G-199 C). — Orderic Vital (éd. citée, III, 551). — *Historia Nicaena vel Antiochena* (*Hist. occid.*, V, 165 G). — *Lettre II d'Anselme de Ribemont* (*ibid.*, III, 892 C). — *Lettre de Boémond à Urbain II*, dans Foucher (*ibid.*, 351 C) : « Qua de re desolati et afflicti omnes fuimus, quod fame et multis aliis angustiis morientes equos et asinos famelicos interficientes multi nostrorum comederunt. » — *Lettre des croisés*, dans Ekkehard, *Hierosolymita*, c. 14 (*Hist. occid.*, V, 22 E) : « Praeterea fames

in civitate convaluerat, ut vix ab inhumanis dapibus se contine-
rent aliqui. Longum est enarrare miserias quae in civitate fuere. »
— Raimond d'Aguilers (*Hist. occid.*, III, 258 B-C) : « Plerique
milites sanguine suorum equorum vivebant, exspectantes Dei
misericordiam; nolebant eos occidere adhuc. » — Albert d'Aix,
IV, xxxiv : « Coria quae indurata et putrefacta per iii et vi annos
in domibus erant reperta, nunc calidis aquis madefacta et molli-
ficata, tum ea quae recenter ab armentis avulsa, pipere, cumino
aut quolibet pigmento condita manducabant. »

Commentaire : Voy. Mailly, *L'esprit d. crois.*, IV, 221; — Wilken, I, 210; — Häken, *Gemælde d. Kreuzzüge*, I, 303; — Raumer,
Gesch. d. Hohenstaufen, I, 133; — Sybel, 426 (358); — Peyré, II,
119; — Kohl, *Gesch. d. Mittelalters*, 25; — HE, 152; — HP, 226
(266); — HG, 351; — Kugler, *Albert v. Aachen*, 133. — L'expression des *Gesta* : « tales... tribulationes et fames ac timores
passi sumus per xxvi dies » ne signifie pas que la famine seule
ait duré vingt-six jours, du 3 au 28 juin; elle indique seulement
que les croisés souffrirent pendant ce laps de temps de diverses
tribulations. La famine ne se fit probablement sentir qu'après le
14 juin, lorsque Kerboga eut investi Antioche de tous les côtés
et coupé toute communication des croisés avec l'extérieur. Depuis
ce moment, comme le fait justement remarquer Kugler, la disette
sévit d'une façon terrible et fut le plus dangereux ennemi des
croisés.

1098, soir du 14 juin. — Invention de la sainte lance dans l'église
de Saint-Pierre d'Antioche par Pierre Barthélemy. Depuis ce
moment la continuation de la lutte contre Kerboga fut chose
décidée.   (284)

Sources : *Gesta*, 149 (XXVIII, 1) : « Nos igitur, auditis ser-
monibus illius, qui nobis Christi revelationem retulit per verba
apostoli, statim festinantes pervenimus ad locum in S. Petri
ecclesia, quem ille demonstraverat. Et foderunt ibi xiii homines
a mane usque ad vesperam : sicque homo ille invenit lanceam,
sicut indicaverat, et acceperunt illam cum magno gaudio et timore;
fuitque orta immensa laetitia in tota urbe. Ab illa hora accepimus
inter nos consilium belli. » — Tudebode (*Hist. occid. d. crois.*,
III, 77) : « Ipse Petrus invenit lanceam Jesu Christi, sicut beatus
Andreas ei indicavit, xiv° die intrante Junio. » — *Hist. b. sacri*,
c. 79 (*ibid.*, 204). — Robert le Moine (*ibid.*, 823 D). — Baudri de
Dol (*ibid.*, IV, 74 A). — Guibert de Nogent (*ibid.*, 203 DE). —
Orderic Vital (éd. citée, III, 554). — *Hist. Nicaena vel Antioch.*
(*Hist. occid.*, V, 167 E). — Raimond d'Aguilers (*ibid.*, III, 257 B-
E) : « Nostri diem quintum quem praedixerat sacerdos (cf. ci-
dessus, n° 280) expectabant. Die autem illa, xii viri cum homine

illo qui de lancea dixerat, ejectis de ecclesia B. Petri omnibus aliis, fodere cœpimus..... Et ego qui scripsi haec, cum solus mucro adhuc appareret super terram, osculatus sum eam. Quantum gaudium et exsultatio tunc civitatem replevit non possum dicere. Inventa est autem lancea xviii° Kal. Julii. » — *Lettre II d'Anselme de Ribemont (ibid.,* III, 893 B) : « Positis ergo in tanta tribulatione servis suis, Deus auxiliatricem dexteram suam porrexit et divina revelatione lanceam qua perforatum est corpus Christi misericorditer revelavit. Latebat autem in ecclesia beati Petri sub pavimento quasi ij staturas hominis. Inventa ergo ista margarita, cor omnium nostrorum revixit. » — *Lettre de Boémond à Urbain II,* dans Foucher *(ibid.,* 351 D). — *Lettre du clergé et du peuple de Lucques* (Riant, *Inventaire,* 224). — *Lettre des croisés au pape,* dans Ekkehard, *Hierosolymita,* c. 14 *(Hist. occid.,* V, 22 E). — Foucher de Chartres *(ibid.,* III, 344 A-C). — Bartolf de Nangis *(ibid.,* 502 F). — Anne Comnène, l. XI *(Hist. gr. d. crois.,* I, 62). — Albert d'Aix, IV, xliii. — Mathieu d'Édesse *(Hist. armén. d. crois.,* I, 42). — Cafaro, *Liberatio civit. Orientis (Hist. occid. d. crois.,* V, 55 B). — *Narratio Floriac. (ibid.,* 357 H). — *Gesta triumphalia Pisanorum (ibid.,* 369 B). — *Li estoire de Jrlm. (ibid.,* 636 G). — Guill. de Tyr, VI, xiv.

Commentaire : Voy. Negri, *Prima crociata* (Bologna, 1658), § 150 ; — Mailly, *L'esprit d. crois.,* IV, 258 ; — Wilken, I, 214 ; — Haken, *Gemælde d. Kreuzzüge,* I, 316 ; — Michaud, II, 51 ; — Raumer, *Gesch. d. Hohenstaufen,* I, 136, 504 ; — Peyré, II, 142 ; — Sybel, 429 (361) ; — Damberger, *Synchron. Gesch. d. Kirche,* VII, 369 ; — Röhricht, *Beilræge,* II, 35, 51 ; — Dulaurier, dans les *Hist. armén. d. crois.,* I, 42 ; — Kohl, *Gesch. d. Mittelalters,* 26 ; — De Smet, *Mém. sur Robert de Jérusalem,* 62-67 ; — Kugler, *Gesch. d. Kreuzzüge,* 50 ; — Kugler, *Albert v. Aachen,* 146 ; — Riant, *Epistola Alexii,* p. lvi ; — HE, 152 ; — HP, 227 (267) ; — HG, 363 ; — F. de Mély *(La sainte Lance, Revue de l'Art chrétien,* an. 1897, p. 120). — Cafaro (loc. cit.) et Muralt *(Essai de chronogr. byzant.,* II, 84) se trompent quand ils placent l'invention de la Lance, le premier au 27 et le second au 18 juin. Sur le fait que malgré l'enthousiasme causé par l'invention de la Lance, quatorze jours s'écoulèrent encore jusqu'à l'attaque générale contre l'armée de Kerboga, voy. Kugler, *Albert v. Aachen,* 146.

1098, nuit du 15 au 16 juin. — Saint André, apparaissant de nouveau à Pierre Barthélemy, ordonne la célébration de l'octave de l'invention de la Lance et prescrit une fête annuelle le jour anniversaire de la découverte.   (285)

Source : Raimond d'Aguilers *(Hist. occid. d. crois.,* III, 257 E-H) : « Secunda vero nocte astitit b. Andreas juveni per quem nobis lanceam reddiderat et dixit ei..... : Haec etiam Dominus praecipit ut celebrem habeatis diem illum in quo lanceam suam reddidit. Et quia in vespere reperta est, et non potuit dies illa celebris haberi, sequenti hebdomada in octavis solemnitatem celebrabitis, et singulis annis deinceps, in die inventionis ipsius lanceae. »

Commentaire : Voy. Wilken, I, 216 ; — Peyré, II, 143 ; — Klein, *Raimund von Aguilers*, 54. — Immédiatement avant le passage reproduit ci-dessus, Raimond d'Aguilers raconte l'invention de la Lance et raconte en particulier que l'on creusa depuis le matin jusqu'au soir du 14 juin. La « secunda nox », dans laquelle saint André apparut de nouveau au jeune prêtre, ne peut donc être que la nuit du 15 au 16 juin.

1098, vers le 20 juin. — Les croisés décernent à Boémond le commandement suprême dans Antioche. Vers cette époque, Raimond de Saint-Gilles était tombé de nouveau malade.   (286)

Source : Raimond d'Aguilers (*Hist. occid. d. crois.*, III, 258 E) : « Omnes Boamundo obedientiam promiserunt usque ad xv dies post bellum, ut de custodia civitatis et de bello ipse disponeret. Nam comes valde infirmabatur et episcopus, et Stephanus comes, quem ante captam civitatem pro dictatore alii principes elegerant, audiens famam belli aufugerat. »

Commentaire : Voy. Sybel, 431 (362) : « Die Fürsten traten zusammen und ernannten für 14 Tage Boemund zum Oberanführer des Heeres, mit unbeschrænkter Vollmacht eine durchgreifende Disciplin zu handhaben ». — Klein, *Raimund von Aguilers*, 126. — Deux raisons me portent à croire que la remise à Boémond du commandement en chef eut lieu après le 14 juin, jour de l'invention de la Lance : 1° parce que Raimond d'Aguilers ne rapporte la chose qu'après son récit de l'invention ; 2° parce que, le jour de l'invention, Raimond de Saint-Gilles se tint presque tout le jour dans l'église Saint-Pierre et ne la quitta que pour aller coopérer à la défense du château ; ce qu'il n'eût pu faire s'il eût été gravement malade. De cette dernière circonstance on doit conclure que la maladie du comte de Saint-Gilles commença après le 14 juin seulement. Sybel interprète mal le texte de Raimond d'Aguilers lorsqu'il dit que les croisés donnèrent pour quatorze jours le commandement à Boémond ; Raimond dit nettement que ce commandement devait durer encore quinze jours, « post bellum », c'est-à-dire après la fin de la lutte contre Kerboga.

1098, vers le 20 juin. — Étienne de Blois rencontre l'empereur Alexis à Philomelium dans l'Asie Mineure. Alexis, qui s'apprêtait à porter secours aux croisés, rentre à Constantinople,

en apprenant de la bouche d'Étienne la situation difficile de
ces derniers.   (287)

Sources : *Gesta*, 149 (XXVII, 2-7) : « Stephanus, Carnotensis
comes....., venit obviam imperatori ad Philomenam...., dicens....
nostri omnes a Turcis modo interfecti sunt. Revertere ergo retro
quam citius potes, ne et ipsi inveniant te et hanc gentem, quam
tecum ducis. Tunc imperator, timore perterritus....., et omnes
alii reversi sunt Constantinopolim. » — Tudebode (*Hist. occid.
d. crois.*, III, 74-76). — *Hist. b. sacri*, c. 76-78 (*ibid.*, 203). —
Robert le Moine (*ibid.*, 815 E-817 E). — Baudri de Dol (*ibid.*,
IV, 71 B-73 E). — Guibert de Nogent (*ibid.*, 200 E-201 H). —
Orderic Vital (éd. citée, III, 552). — *Hist. Nicaena vel Antioch.*
(*Hist. occid.*, V, 166 D-G). — Anonyme rhénan, *Historia Gotefridi*
(*ibid.*, V, 480 B). — Bartolf de Nangis (*ibid.*, III, 501 F). — Albert
d'Aix, IV, xl-xli. — Raoul de Caen, c. 72 (*Hist. occid.*, III, 658 G-
659 B) : « Blesensis comes Graeciam versus revertens imperatori
Alexio Cuthae, civitatem Lyciae, obviat, cum Graecis c milibus in
auxilium Francorum festinanti..... Territus verbo imperator in
Graeciam refugit. » — Anne Comnène, *Alexias*, l. XI, 6 (éd. de
Bonn, II, 96 ; *Hist. gr. d. crois.*, I, 59). — Guill. de Tyr, VI, x-xiii.
Commentaire : Voy. *L'art de vérifier les dates* (3e éd., 1784),
II, p. 615. — Mailly, *L'esprit d. crois.*, IV, 229 ; — Wilken, I, 211 ;
— Haken, *Gemælde d. Kreuzzüge*, I, 306 ; — Raumer, *Gesch. d.
Hohenstaufen*, I, 135 ; — Michaud, II, 45 ; — Sybel, 428 (359),
452 (381) ; — Peyré, II, 45 ; — Damberger, *Synchron. Gesch. d.
Kirche*, VII, 368 ; — *Hist. gr. d. crois.*, II, 47 ; — Kugler, *Albert
v. Aachen*, 140 ; — Muralt, *Essai de chronogr.*, II, 83 ; — Riant,
Inventaire, 171, 174 ; — HG, 355-362. — On ne peut déterminer
exactement la date de la rencontre d'Étienne de Blois et d'Alexis
Comnène à Philomelium. La route de mer, d'Alexandrette à
Adalia, est de 500 kilomètres, distance qui, par un vent favorable,
pouvait être franchie alors en cinq jours. D'Adalia à Philomelium
(auj. Akschehr), il y a 180 kilomètres, qu'Étienne put parcourir,
en six jours environ. Si, comme c'est probable, il partit d'Alexandrette le 5 ou le 6 juin, son arrivée à Philomelium dut avoir lieu
vers le 20 juin, peut-être même quelques jours avant. Il serait
donc assez naturel que la nouvelle de son entrevue avec Alexis ait
pu parvenir aux croisés encore enfermés dans Antioche, ainsi que
le rapportent Albert d'Aix et Baudri de Dol. D'après Albert d'Aix,
la nouvelle de la retraite de l'empereur grec aurait porté un grand
découragement parmi les Francs. Le ms. G. de Baudri (*Hist. occid.*,
IV, 73, note 17) rapporte que deux compagnons de Gui Tursel,
hommes de Boémond, ayant appris les nouvelles apportées à l'empereur par les funambules (cf. ci-dessus, no 278), repartirent pour
Antioche afin de connaître les circonstances de la prétendue mort
de Boémond et de savoir où il était enterré. Ils s'embarquèrent

dans un petit port d'Asie-Mineure et arrivèrent au port Saint-Siméon, dans lequel une troupe de 500 croisés francs avait précisément abordé peu auparavant. Là, ils reçurent de deux Arméniens, sortis d'Antioche, des nouvelles beaucoup plus rassurantes que celles parvenues à Philomelium, sur la situation des assiégés. Ils se mirent alors en route pour Antioche, pendant la nuit, avec les 500 croisés francs, et parvinrent le matin sous les murs de la ville ; après avoir livré combat à un détachement turc, ils y purent entrer sous la protection d'une troupe de croisés qui s'étaient portés à leur secours ; ils renseignèrent Boémond sur le sort de Gui Tursel et d'Étienne de Blois. — La distance entre Antioche et Philomelium ne s'oppose pas à ce qu'on tienne pour vrai le récit d'Albert d'Aix et de Baudri de Dol. Mais il est difficile de croire que, du 14 au 28 juin, une troupe de 500 croisés soit entrée dans Antioche après s'être frayé passage de vive force à travers l'armée turque, attendu que tous les témoins oculaires affirment que pendant ce laps de temps personne ne put pénétrer dans la place ni en sortir.

1098, juin 21. — Célébration de l'octave de l'invention de la sainte Lance à Antioche.   (288)

> **Source** : Raimond d'Aguilers (*Hist. occid. d. crois.*, III, 257 G ; cf. ci-dessus, n° 285).
> **Commentaire** : Voy. Kugler, *Albert v. Aachen*, 147.

1098, juin 25-27. — Les croisés assiégés dans Antioche célèbrent, pendant trois jours, un jeûne accompagné de processions.
                    (289)

> **Sources** : *Lettre du clergé et du peuple de Lucques* (Riant, *Inventaire*, 224) : « Indicto autem triduano jejunio, instant orationibus, confitentur quae male fecerant, et ecclesias discalciatis circumeunt pedibus ; quo facto, uterque ad bellum adarmatur exercitus. » — *Gesta*, 150 (XXIX, 1) : « Tandem triduanis expletis jejuniis et processionibus celebratis ab una ecclesia in aliam, de peccatis suis confessi sunt et absoluti fideliterque corpore et sanguine Christi communicaverunt ; datisque eleemosynis fecerunt celebrari missas. Deinde stabilitae sunt sex acies...., etc. » — Tudebode, *Hist. occid. d. crois.*, III, 79). — *Hist. b. sacri*, c. 81 (*ibid.*, 204). — Robert le Moine (*ibid.*, 827 C). — Baudri de Dol (*ibid.*, IV, 75 D). — Guibert de Nogent (*ibid.*, 205 A). — Orderic Vital (éd. citée, III, 555). — *Hist. Nicaena vel Antioch.* (*Hist. occid.*, V, 168 A). — Anonyme rhénan, *Hist. Godefridi* (*ibid.*, 482 C). — Foucher de Chartres (*ibid.*, III, 346 E) : « Constituerunt invicem jejunium triduanum fieri cum precibus et eleemosynis, ut

illis poenitentibus et Deo supplicantibus eis propitiaretur. Interim statuto... » (voy. plus loin, n° 290).

Commentaire : Voy. Mailly, *L'esprit d. crois.*, IV, 271 ; — Wilken, I, 219 ; — Haken, *Gemælde d. Kreuzzüge*, I, 321 ; — Sybel, 433 (364) ; — Kugler, *Albert v. Aachen*, 147 ; — HE, 154 ; — HG, 368. — Le jeûne de trois jours précéda immédiatement la bataille du 28 contre Kerboga. Toutes les sources l'indiquent nettement. ,

1098, juin 27. — Pierre l'Ermite et Herluin sont envoyés en ambassade auprès de Kerboga par les croisés. (290)

Sources : *Lettre II d'Anselme de Ribemont* (*Hist. occid. d. crois.*, III, 893 C) : « Miserunt nuntios ad Corbaran qui dicerent : Haec dicit exercitus Domini : Recede a nobis et ab hereditate beati Petri, alioquin armis fugaberis. Quo audito, Corbaran, evaginato gladio, juravit per regnum et thronum suum quod defenderet se de omnibus Francis et dixit se terram possidere et semper possessurum juste vel injuste. Mandavit enim quod nec verbum ab illo audirent, donec, derelicta Antiochia, Christum denegarent et legem Persarum profiterentur. » — *Gesta*, 149 (XXVIII, 2-5) : « Porro statuerunt omnes majores nostri consilium quatinus nuntium mitterent ad inimicos Christi Turcos...., et invenerunt quosdam viros, Petrum scilicet heremitam et Herluinum... Tandem triduanis expletis jejuniis... » — Tudebode (*Hist. occid. d. crois.*, III, 77, 78). — *Hist. b. sacri*, c. 79-81 (*ibid.*, 204). — Robert le Moine (*ibid.*, 825-827). — Baudri de Dol (*ibid.*, IV, 74 C). — Guibert de Nogent (*ibid.*, 203 F-204 A). — *Hist. Nicaena vel Antiochena* (*ibid.*, V, 168 A-169 C). — Anonyme rhénan, *Hist. Godefridi* (*ibid.*, 481 B-482 A). — Raimond d'Aguilers (*ibid.*, III, 259 C) : « Constituta autem die ad pugnam, miserunt principes nostri Petrum heremitam ad Corbaram ut desisteret ab oppugnatione civitatis, quia juris erat beati Petri et Christianorum. Respondit ille superbus quia jure vel injuria Francos et civitatem habere volebat, atque Petrum heremitam inclinare nolentem supplicare sibi coegit. » — Foucher de Chartres (*ibid.*, 347 A-C) : « Interim statuto consilio mandaverunt Turcis per Petrum heremitam quemdam..... Regresso autem Petro legato, redditur responsum. Quo audito, paraverunt se Franci ad proeliandum. » — Bartolf de Nangis (*ibid.*, 502 G-503 D). — Raoul de Caen, c. 81 (*ibid.*, 664). — Albert d'Aix, IV, xliv-xlvi : « ..... Certus sis quia crastina luce universi tecum proelium conserent. Corbahan, his auditis, Petro respondit... Indicitur bellum crastino die futurum. » — Cafaro, *Liberatio civit. Orient.* (*ibid.*, V, 54 C-E). — Guill. de Tyr, VI, xv-xvi. — *La chanson d'Antioche*, VII, 23 (éd. P. Paris, II, 171). — Ibn Khaldoun, dans Röhricht, *Quellenbeitræge* (1875), p. 6. — Mathieu d'Édesse (*Hist. armén. d. crois.*, I, 41).

Commentaire : Voy. Mailly, *L'esprit d. crois.*, IV, 258 ; —
Wilken, I, 217 ; — Haken, *Gemælde d. Kreuzzüge*, I, 318 ; —
Michaud, II, 52 ; — Raumer, *Gesch. d. Hohenstaufen*, I, 137 ; —
Sybel, 432 (364) ; — Peyré, II, 152 ; — Kugler, *Albert v. Aachen*,
147-151 ; — HP, 228-242, 356-363 (266-285) ; — HG, 363-367. —
D'après la lettre d'Anselme de Ribemont, l'audience donnée à
Pierre l'Ermite par Kerboga aurait eu lieu le même jour que la
bataille. Cependant d'autres témoignages paraissent indiquer que
la réception des ambassadeurs francs au camp turc eut lieu le 27,
c'est-à-dire le jour même où ils furent envoyés ; c'est ce que
donnent à entendre Foucher, Albert d'Aix et Bartolf, dont le récit
d'ailleurs reproduit presque textuellement la lettre d'Anselme.
J'accorde la préférence à ces témoignages, parce qu'Anselme ne
fait point autorité en ce qui concerne les dates : on a vu qu'il
s'est trompé sur la date de la prise d'Antioche (cf. ci-dessus,
no 265). Il est surprenant que Sybel, s'appuyant sur le récit des
Gesta, ait fixé l'ambassade au 24 juin, ce que les *Gesta* n'indiquent
nullement. Je me suis déjà étendu sur cette question dans HP,
228 et HG, 368.

1098, juin 28. — Victoire des croisés sur Kerboga ; le camp turc
devant Antioche est pillé. Tancrède poursuit l'ennemi jusqu'à
Areg. .   (291)

Sources : *Gesta*, 150, 151 (XXIX) : « Deinde stabilitae sunt
sex acies..... Hoc bellum factum est in iv kal. Julii, in vigilia
apostolorum Petri et Pauli. » — Tudebode (*Hist. occid. d. crois.*,
III, 79-83). — *Hist. b. sacri*, c. 81-84 (*ibid.*, 205). — Robert le
Moine (*ibid.*, 827-836 C). — Baudri de Dol (*ibid.*, IV, 75 E-79 C).
— Guibert de Nogent (*ibid.*, 205 A-208 B). — Orderic Vital (éd.
citée, III, 555-563). — Anonyme rhénan, *Hist. Godefridi* (*Hist.
occid.*, V, 482 D-487 F). — *Hist. Nicaena vel Antioch.* (*ibid.*,
169 C-173 D). — Raimond d'Aguilers (*ibid.*, III, 259 E-261 G) :
« Facta sunt autem haec in vigilia apostolorum Petri et Pauli. »
— *Lettre II d'Anselme de Ribemont* (*ibid.*, 893 E-F). — *Lettre
de Boémond à Urbain II*, dans Foucher (*ibid.*, 351 E-G). —
Lettre du clergé de Lucques (Riant, *Inventaire*, 224). — Foucher
de Chartres (*Hist. occid.*, III, 348 A-350 C) : « Exierunt de civitate
summo mane, quod iv kal. Julii evenit. » — Albert d'Aix, IV,
xlvii-lvi : « Mane autem facto, omnes in armis, loricis et galeis
christiani milites convenerunt, iv kal. Julii, et acies ordinant
adhuc intra urbem commorantes. » — Sigebert de Gembloux,
Chron. an. 1098 : « Obsessi obsessoribus concurrunt iv kal.
Julii. » — Cafaro, *Liberatio civitat. Orientis* (*Hist. occid. d.
crois.*, V, 55 C-56 D). — Henri de Huntingdon (*ibid.*, V, 378 F).
— Guill. de Tyr, VI ; xvii-xxiii. — Florent de Worcester, *Chron.*,

an. 1098 (éd. Thorpe, II, 42) : « .... iv kal. Julii, feria tertia. »
— *La Chanson d'Antioche*, VII, 33 (éd. P. Paris, II, p. 192).

Commentaire : Voy. Wilken, I, 219-226 ; — Raumer, *Gesch. d. Hohenstaufen*, I, 139-143 ; — Michaud, II, 53-61 ; — Sybel, 440-443 (364-374); — Peyré, II, 154-177 ; — Damberger, *Synchron. Gesch. d. Kirche*, VII, 373-375 ; — Arbellot, *Les chevaliers limousins à la première croisade*, p. 19. — Kohl, *Gesch. d. Mittelalters*, p. 26 ; — Muralt, *Essai de chronogr.*, II, 84 ; — Kugler, *Gesch. d. Kreuzzüge*, 51 ; — Kugler, *Albert v. Aachen*, 151-166 ; — Röhricht, *Beiträge*, II, 35, 51 ; — HE, 154 ; — HP, 242-244, 362 (285-287); — HG, 368-381. — Presque toutes les sources désignent expressément le 28 juin comme le jour de la bataille contre Kerboga, et cette bataille, la plupart des historiens modernes des croisades l'ont racontée en détail. — L'auteur de la Chanson d'Antioche se trompe cependant en disant que l'événement eut lieu un vendredi. En 1098, la fête des SS. Pierre et Paul (29 juin) tomba sur un mardi ; le jour de la bataille fut donc un lundi. Accolti, de son côté, est dans l'erreur en plaçant la bataille au 20 juin (*Hist. occid.*, V, 589 A) : « .... dies vigesima mensis Junii ». La date du 27 juin, donnée par M. Guillaume dans l'article *Godefroi de Bouillon*, de la *Biogr. nationale* publ. par l'Acad. de Belgique (II, p. 812), s'éloigne davantage encore de la vérité.

1098, juin 28. — La citadelle d'Antioche est remise aux mains de Boémond par Ahmed ibn Meruan, le chef turc qui y commandait.
(292)

Sources : *Lettre II d'Anselme de Ribemont* (*Hist. occid. d. crois.*, III, 893 F) : « Ipsa die, redditum est nobis castellum, filio regis Antiochensis cum Corbaram in fugam verso. » — *Gesta*, 151 (XXIX, 10) : « Ammiralius itaque qui castellum custodiebat, videns Curbaran et omnes alios fugientes e campo ante Francorum exercitum, magis timuit. Statim vero cum magna festinatione petebat Francorum vexilla..... Boamundus dedit illi suum vexillum; ille autem illud accepit cum magno gaudio et iniit pactum cum Boamundo... Boamundus continuo misit suos servientes in castellum... Hoc bellum factum est iv kal. Julii in vigilia apostolorum Petri et Pauli. » — Tudebode (*Hist. occid. d. crois.*, III, 82). — *Hist. b. sacri*, c. 83, 84 (*ibid.*, 205). — Robert le Moine (*ibid.*, 835 B-836 B). — Baudri de Dol (*ibid.*, IV, 79 A-C). — Guibert de Nogent (*ibid.*, 207 G). — Orderic Vital (éd. citée, III, 563). — *Hist. Nicaena vel Antioch.* (*Hist. occid.*, V, 173 B-D). — Anonyme rhénan, *Hist. Godefridi* (*ibid.*, 488 D-G). — *Lettre de Boémond à Urbain II*, dans Foucher (*ibid.*, III, 351 G) : « Asilum autem supradictum admiratus quidam, qui in eo erat cum M hominibus, Boamundo reddidit et per ipsius manum christianae se fidei

unanimiter subjugavit. » — Raimond d'Aguilers (*ibid.*, 261 E) :
« Turci qui castellum de civitate munierant, videntes suorum
praecipitem fugam, desperantes, alii tantum pacti vitam se nostris
reddiderunt, alii praecipites fugerunt. » — Albert d'Aix, V, ii. —
Guill. de Tyr, VI, xxii. — Kamal ad-Dîn (dans : Wilken, II, *Anhang*,
39 ; Röhricht, *Beitræge*, I, 225 ; *Hist. orient. des crois.*, III,
583) : « Ahmed, fils de Merwân, capitula le lundi 2 du mois de
Chaban de la même année (= 5 juil. 1098).

Commentaire : Voy. Mailly, *L'esprit d. crois.*, IV, 294 ; —
Wilken, I, 225 ; — Hakeu, *Gemælde d. Kreuzzüge*, I, 332 ; —
Michaud, II, 61 ; — Raumer, *Gesch. d. Hohenstaufen*, I, 143 ; —
Sybel, 443 (374) ; — Peyré, I, 178 ; — Damberger, *Synchron.
Gesch. d. Kirche*, VII, 374 ; — Kohl, *Gesch. d. Mittelalters*, 26 ;
— Kugler, *Albert v. Aachen*, 173 ; — HG, 379. — La reddition
de la citadelle d'Antioche eut lieu certainement le même jour que
la victoire des Francs sur Kerboga (28 juin); car toutes les
sources s'accordent à dire que l'émir entama des négociations
avec les vainqueurs sitôt qu'il fut informé de la déroute des Turcs.
La date du 5 juillet, donnée par Kamal ad-Dîn, est évidemment
erronée.

1098, juin. — Lettre de l'empereur Alexis à Oderisio, abbé du
Mont-Cassin, en réponse à une lettre dans laquelle Oderisio
lui recommandait les croisés. Alexis expose à l'abbé du Mont-
Cassin tout ce qu'il a fait pour ces derniers.   (293)

Source : *Lettre d'Alexis à Oderisio* (juin 1098); en ms. dans
la Biblioth. du Mont-Cassin. Reg. Petri Cas., n° 146, fol. 57.
Début : « Quanta imperio meo scripsistis... » *Fin :* « ...de dorso
suo oxyde auratum » (publ. dans Gattula, *Hist. abb. Casin.*, I, ii,
923; Muratori, *Antiq. ital.*, V, 388; *Rec. des hist. de la France*,
XIV, 725; Tosti, *Storia di Monte Cassino*, II, 23; Trinchera,
Syllabus, n° 66, p. 83; Riant, *Epistola Alexii ad Rob. Flandr.*,
44). — Le texte même de la lettre, dans le registre de Pierre
Diacre, est suivi d'une indication chronologique ainsi conçue :
« Missa est mense junio, indictione sexta, a sanctissima urbe
Constantinopoli. »
Commentaire : Voy. Riant, *Inventaire*, 169 ; — Id., *Epistola
Alexii*, Praef., lxxiii. — La date fournie par le registre de
Pierre Diacre peut être aussi bien celle où la lettre fut écrite et
expédiée que celle de son arrivée au Mont-Cassin.

1098, juillet 1. — Un Grec de la région du port Saint-Siméon se
rend à Constantinople, pour annoncer à l'empereur Alexis la
victoire des croisés sur Kerboga.   (294)

Source : Baudri de Dol, ms. G (*Hist. occid. d. crois.*, IV, 80) :

« Quidam graecus..., die IIIª post peractum bellum, navem parvam ingressus, quae graeca lingua sandart vocatur, veloci cursu
et proprio vento xɪº die Constantinopolim appulit, qui in conspectu
imperatoris veniens, rem ut erat per ordinem retulit. »

Commentaire : Voy. HG, 383. — Le « dies tertia post peractum bellum » est le 1ᵉʳ juillet 1098. Ce renseignement, fourni par
un seul des manuscrits de l'Histoire de Baudri, n'est connu que
depuis l'apparition du t. IV des *Hist. occid. des croisades*, en 1879.

1098, début de juillet. — Violences de Boémond à l'égard des
autres princes croisés qui lui disputent le pouvoir à Antioche. (295)

> **Source :** Raimond d'Aguilers (*Hist. occid. d. crois.*, III, 262 A) :
> « Boamundus consequenter homines ducis et Flandrensis et comi-
> tis S. Aegidii violenter de castello expulit, dicens se jurasse illi
> Turco qui civitatem reddidit quod ipse solus haberet eam. Ob hoc
> etiam, quia impune id commiserat, castella civitatis et portas, quae
> comes et episcopus et dux tempore obsessi quo fueramus serva-
> verant, requirere coepit. Concesserunt ei omnes praeter comitem.
> Ille enim, licet infirmus esset, tamen portam pontis nec prece,
> nec promissis, nec minis dimittere voluit. »
>
> **Commentaire :** Voy. Mailly, *L'esprit des crois.*, IV, 317 ; —
> Wilken, 1, 227 ; — Haken, *Gemælde der Kreuzzüge*, I, 86 ; —
> Raumer, *Gesch. d. Hohenstaufen*, I, 144 ; — Sybel, 446 (376) ; —
> Peyré, II, 185 ; — HG, 385. — Raimond d'Aguilers parle de la
> violence de Boémond à l'égard des princes aussitôt après le récit
> qu'il fait de la victoire des croisés sur Kerboga et aussitôt avant
> de dire que l'on résolut de ne pas marcher sur Jérusalem avant le
> 1ᵉʳ novembre. Le désaccord entre Raimond de Saint-Gilles et
> Boémond, marqué par les procédés violents de ce dernier à
> l'égard des princes, s'était sans aucun doute déjà produit quand
> l'ambassade à Alexis fut décidée (voy. ci-dessus, nº 296), projet
> auquel Boémond ne souscrivit certainement qu'à contre-cœur.
> Peut-être déjà les 29 et 30 juin avait-il fait valoir ses prétentions
> avec insistance.

1098, début de juillet. — Hugues le Grand et Baudouin de Hainaut
sont envoyés à Constantinople par les croisés, pour informer
Alexis de la défaite de Kerboga et l'inviter à se conformer à
l'accord fait par lui avec les croisés. (296)

> **Sources :** *Gesta*, 152 (XXX, 2) .. « Statim omnes nostri senio-
> res.... miserunt nobilissimum militem Hugonem Magnum impe-
> ratori Constantinopolim, ut ad recipiendam civitatem veniret et
> conventiones, quas erga illos habebat, exploret: Ivit, nec postea
> rediit. » — Robert le Moine (*Hist. occid. d. crois.*, III, 837 A). —

Baudri de Dol (*ibid.*, IV, 79 D-G). — Guibert de Nogent (*ibid.*, 208 E-H). — Orderic Vital (*éd. citée*, III, 571) : « Mense Julio, Hugonem Constantinopolim direxeruut. » — Foucher de Chartres (*Hist. occid.*, III, 350 C) : « Et tunc Hugo Magnus Constantinopolim favore procerum abiit, deinde Franciam. » — Bartolf de Nangis (*ibid.*, 506) : « Mox post captam urbem reversus est Hugo Magnus Constantinopolim, concessu tamen heroum, dehinc in Franciam regressus est. Nec multo post obiit Aimarus. » — Albert d'Aix, V, III : « Principes Baldewinum, Hainaucorum comitem, una cum Hugone Magno, paulo post victoriam a Deo collatam, direxerunt in legationem ad imperatorem Graecorum. » — Guill. de Tyr, VII, I. — Gui de Bazoches, dans Alberic de Trois-Fontaines (*Mon. Germ. SS.*, XXII, 810). — Accolti (*Hist. occid. d. crois.*, V, 589 C-G).

Commentaire : Voy. Mailly, *L'esprit d. crois.*, IV, 300 ; — Wilken, I, 330 ; — Haken, *Gemælde d. Kreuzzüge*, I, 341 ; — Raumer, *Gesch. d. Hohenstaufen*, I, 145 ; — Michaud, II, 63 ; — Hammer, *Examen crit. des historiens d'Alexis Comnène* (dans les *Fundgruben des Orients* [*Mines de l'Orient*]), V, 404 ; — Sybel, 446 (376) ; — Peyré, II, 186 ; — Damberger, *Synchron. Gesch. d. Kirche*, VII, 377 ; — Muralt, *Essai de chronogr. byz.*, II, 85 ; — De Smet, *Mém. sur Robert de Jérusalem*, 77 ; — Kohl, *Gesch. d. Mittelalters*, 27 ; — Kugler, *Albert v. Aachen*, 174 ; — HE, 100 ; — Riant, *Inventaire*, 177 ; — HG, 383. — Bien que la date du départ de l'ambassade pour Constantinople ne soit donnée expressément par aucun document, on peut conjecturer que ce départ eut lieu très peu de temps après la défaite de Kerboga, très vraisemblablement donc dans les premiers jours de juillet.

1098, début de juillet. — Anselme de Ribemont écrit à Manassès, archevêque de Reims, du camp des croisés à Antioche, pour le renseigner sur le siège et la prise d'Antioche par les croisés et sur la défaite de Kerboga. (297)

Source : *Lettre II d'Anselme de Ribemont à Manassès de Reims* (publ. dans d'Achery, *Spicileg.*, 1re éd., VIII, 191 ; 2e éd., III, 431 ; Migne, *Patr. lat.*, CLV, 472-475 ; *Hist. occid. d. crois.*, III, 890-893.)

Commentaire : Voy. Guibert de Nogent (*Hist. occid. d. crois.*, IV, 219) ; — Ceillier, *Hist. gén. des auteurs sacrés*, XIII, 512 ; — Mailly, *L'esprit des crois.*, I, LXV-LXVI ; — *Hist. litt. de la France*, VIII, 500 ; — Sybel, 11 (12) ; — Peyré, II, 485 ; — *Hist. occid. d. crois.*, III, LVIII ; — Riant, *Inventaire*, 178 ; — HG., 435. — La confection de cette lettre se place certainement entre le 28 juin 1098, date de la victoire des Francs sur Kerboga, et le 1er août 1098. Si elle avait été écrite après le 31 juillet 1098,

Anselme aurait certainement mentionné la mort d'Adhémar du Puy, considérée par les croisés comme une véritable calamité, et qui était l'événement le plus récent qu'il eût eu à relater. Peyré (II, 486) place cette lettre en 1099 parce que la suscription porte dans d'Achery : « Epistola quam transmiserunt sancti peregrini, qui amore Dei perrexerunt Hierusalem anno 1099, tempore Urbani papae, indictione septima »; mais il n'a pas vu que cette date d'année se rapportait à la croisade et non à la confection de la lettre. Riant (*Inventaire*, p. 179) a eu raison de placer la lettre au commencement de juillet, parce qu'il est vraisemblable qu'elle fut confiée à l'ambassade envoyée à Constantinople et que celle-ci, de Constantinople, la fit parvenir en Occident.

1098, vers le 3 juillet. — Conférence des princes croisés à Antioche : il y est décidé que la marche sur Jérusalem ne sera pas reprise avant le 1er novembre 1098, vu la chaleur.   (298)

Sources : *Gesta*, 152 (XXX, 3) : « Postquam vero haec omnia facta sunt, congregati omnes nostri majores ordinaverunt concilium, quemadmodum hunc feliciter valerent conducere et regere populum, donec peragerent iter S. Sepulcri, pro quo hucusque multa erant passi pericula. Inventum est in concilio, quia nondum auderent intrare in paganorum terram, eo quod valde in aestivo tempore est arida et inaquosa : ideoque acceperunt terminum attendendum ad kal. Novembris ». — Tudebode (*Hist. occid. d. crois.*, III, 83). — *Hist. b. sacri*, c. 85 (*ibid.*, 206). — Robert le Moine (*ibid.*, 837 C) : « ...ut usque ad kal. Octobris reinceptum viae protelaretur... » — Baudri de Dol (*ibid.*, IV, 80 A-E). — Guibert de Nogent (*ibid.*, 209 A). — Orderic Vital (éd. citée, III, 571). — Raimond d'Aguilers (*Hist. occid.*, III, 262 D) : « Quippe nostri, otio et divitiis remissi, de itinere propter quod venerant usque in kal. Novembris contra Dei praeceptum distulerunt. » — Guill. de Tyr, VII, ıı : « ...usque ad clementioris initium temporis et kalendas Octobris iter differendum videbatur. »

Commentaire : Voy. Wilken, I, 232; — Haken, *Gemælde d. Kreuzzüge*, I, 341; — Raumer, *Gesch. d. Hohenstaufen*, I, 147; — Michaud, II, 64; — Sybel 446 (376); — Peyré, II, 190; — Damberger, *Synchron. Gesch.*, VII, 376; — De Smet, *Mém. sur Robert de Jérusalem*, 78; — Kohl, *Gesch. d. Mittelalters*, 27; — HE, 156; — HG, 384. — Les sources n'indiquent pas la date exacte de cette conférence; elle doit se placer dans les premiers jours de juillet, d'après les *Gesta*, qui mentionnent le fait immédiatement après l'envoi de Hugues le Grand à Constantinople. Il est naturel, au surplus, qu'aussitôt après la prise d'Antioche, il ait été question d'une prolongation éventuelle du séjour des croisés dans cette ville. La date kal. Octobr., donnée par Robert le Moine et Guill. de Tyr, est erronée.

1098, juillet 12. — Arrivée à Constantinople d'un Grec qui annonce à Alexis la fuite de Kerboga.   (299)

Source et Commentaire : Voy. n° 294.

1098, juillet 14. — Boémond donne aux Génois l'église Saint-Jean à Antioche, avec la place du marché, la fontaine et trente maisons près de l'église.   (300)

Éditions de l'acte de donation dans : Negri, *Prima crociata*, p. 99 ; Ughelli, *Italia sacra*, IV, 846-847 ; Lünig, *Cod. diplom. Italiae*, II B, pp. 2081-2082, n° 3 ; Ferrari, *La Liguria trionfante*, p. 25 ; Serra, *Storia dell' antica Liguria*, IV, 147-148. — *Début de la pièce :* « Haec est charta de donatione quam ego Boamundus facere et confirmare curavi..... » — *Fin :* « ...et in omni ipsius pertinentia. Actum est hoc anno ab Incarnatione Domini milesimo nonagesimo VIIIᵒ, indictione VIIᵃ, mensis Julii die XIV. »
Commentaire : Voy. Cafaro, *Liberatio civ. Orientis* (*Hist. occid. d. crois.*, V, 56 B) : « Boimundus concessit eis privilegium in Antiochia, ut continetur in Registro anno MLXXXXVIII, mense Julii. » — Fanucci, *Storia dei tre celebri popoli maritimi dell' Italia* (1817), I, 142 ; — *Atti della Soc. Ligure di storia patria,* I, 63 ; — Raumer, *Gesch. d. Hohenstaufen,* I, 144 ; — Heyd, *Hist. du commerce du Levant* (1885), I, 134, 150 ; — Muralt, *Essai de chronogr. byzant.,* II, 85 ; — HG, 154 ; — Röhricht, *Regesta regni Hierosol.,* p. 2, n° 12. — Rey, *Résumé chronol. de l'hist. des princes d'Antioche* (*Rev. de l'Or. latin,* IV, 396) ; — Ernst Kühne, *Zur Gesch. d. Fürstentums Antiochia* (1897), p. 2.

1098, vers le 14 juillet. — Raimond Pilet se rend avec une troupe de volontaires dans le pays des Sarrasins.   (301)

Source et Commentaire : Voy. nᵒˢ 302 et 307.

1098, juillet 17. — La forteresse syrienne de Tellmannas se rend à Raimond Pilet, qui s'y arrête ensuite pendant huit jours. (302)

Sources : *Gesta,* 152 (XXX, 5) : « Erat autem ibi [Antiochiae] quidam miles de exercitu comitis S. Aegidii, cui nomen Raimundus Piletus ; hic plurimos retinuit homines, milites et pedites. Egressus est ille cum collecto exercitu et viriliter introiit in Saracenorum terram et profectus est ultra duas civitates et pervenit ad quoddam castrum, cui nomen Talamania. Habitatores castri, scilicet Suriani, confestim sua sponte se tradiderunt ei. Cumque omnes essent ibi fere per VIII dies..... » (voy. la suite n° 306). — Tudebode (*Hist. occid. d. crois.,* III, 84). — *Hist. b. sacri,* c. 86 (*ibid.,*

206). — Robert le Moine (*ibid.*, 838 A-B). — Baudri de Dol (*ibid.*, IV, 81 A). — Guibert de Nogent (*ibid.*, 209 C). — Orderic Vital (éd. citée, III, 572). — Henri de Huntingdon (*Hist. occid.*, V, 378 G). — Gilo, l. V, vers 14 et suiv. (*ibid.*, 778).

Commentaire : Voy. Mailly, *L'esprit des crois.*, IV, 306 ; — Wilken, I, 232 ; — Sybel, 448 (377) ; — Peyré, II, 191 ; — Arbellot, *Les chevaliers limousins à la première crois.*, 29 ; — HG, 386. — Sur la date de cet événement, voy. ci-dessous, nº 307.

1099, juillet 20. — Bruno, bourgeois de Lucques, qui, depuis le 4 mars 1098, se trouvait avec les croisés et s'était arrêté à Antioche, retourne en Italie.   (303)

Source : *Lettre du clergé et du peuple de Lucques* (Riant, *Inventaire*, 223 ; cf. ci-dessus, nº 240).

Commentaire : Le séjour de Bruno à Antioche, après la prise de cette ville par les croisés, ayant duré trois semaines, du 28 juin au 19 juillet 1098, son voyage de retour en Italie a dû commencer le 20 juillet de la même année.

1098, juillet 21. — Arrivée à Constantinople de personnages qui renseignent Alexis sur la défaite de Kerboga.   (304)

Source : Baudri de Dol, ms. G. (*Hist. occid. d. crois.*, IV, 80) : « ....nono die post hujus [Graeci (cf. nº 299)] adventum, alii nuntii Constantinopolitanis satis noti venerunt et ita esse affirmaverunt..... Interim Hugo Magnus venit et ab imperatore honore cum maximo receptus est, et mandata sociorum imperatori narravit. »

Commentaire : Ce « nonus dies » est le neuvième jour après l'arrivée auprès d'Alexis du Grec de la région du port Saint-Siméon, qui, parti de Syrie le 1er juillet (cf. ci-dessus, nº 294), parvint à Constantinople le 12 (cf. nº 290). Il correspond donc au 21 juillet. L'arrivée de Hugues le Grand doit se placer vers le 25 juillet, ce qui est indiqué par le mot « interim », lequel ne permet pas de supposer que cette arrivée ait pu avoir lieu plus tard.

1098, vers le 25 juillet. — Hugues le Grand, envoyé par les croisés vers Alexis, au début de juillet, arrive à Constantinople. (305)

Source : Baudri de Dol, ms. G. (*Hist. occid. d. crois.*, IV, 80) ; cf. ci-dessus, nº 295.

Commentaire : Voy. HG, 383, et ci-dessus, nºs 295 et 304.

1098, dimanche 25 juillet. — Raimond Pilet s'empare d'un château dans le voisinage de Tellmannas.   (306)

Sources : *Gesta,* 152 (XXX, 6) : « Cumque omnes essent ibi
[Talamaniae] fere per viii dies, nuntii venerunt ad eum [Raimun-
dum Piletum], dicentes : quoniam hic prope nos est castrum,
Saracenorum multitudine plenum. Ad hoc castrum ilico ierunt
Christi milites peregrini et undique invaserunt illud, quod conti-
nuo ab illis captum est Christi adjutorio... Reversi sunt itaque hoc
peracto nostri Franci cum magno gaudio ad prius castrum. » —
Pour les remanieurs des *Gesta,* voy. ci-dessous, n° 307.

Commentaire : Voy. Peyré, II, 192; — HG, 387. — Sur la
date de l'événement, voy. ci-dessous, n° 307.

1098, juillet 27. — La troupe de Raimond Pilet est défaite à Marra
et se retire à Tellmannas. Pendant la retraite, Arnald Tudebode est tué.   (307)

Sources : *Gesta,* 153 (XXX, 7, 9) : « Tertia vero die exierunt
et venerunt ad quamdam urbem, cui nomen Marra, quae illic
erat prope illos... Exierunt barbari contra illos ad bellum.... Per
totum diem invadebant nostros ad invicem et usque ad vesperam
perduravit illa invasio... Suriani et minuta gens mox coeperunt
viam carpere retrorsum. Ut autem Turci viderunt illos retroce-
dentes, statim coeperunt illos persequi..... Multi ex ipsis reddiderunt animas Deo, cujus amore illic congregati fuerant. Haec
occisio facta est v° die in mense Julio. Reversi sunt autem Franci
illi qui remanserant in suum castrum, et fuit ibi Raimundus cum
sua gente per plures dies. » — Tudebode (*Hist. occid. d. crois.,*
III, 85) : « .....ibique cum multis aliis qui Deo feliciter animas
reddiderunt, quidam optimus miles, Arnaldus scilicet Tudabovis
interfectus fuit. » — *Hist. b. sacri,* c. 87 (*ibid.*, 207) ; « ...haec
occisio fuit facta v^a die stante mense Julii (= 27 juillet) ». — Robert le Moine (*ibid.*, 838 C-F). — Baudri de Dol (*ibid.*, IV, 81 C-
82 B) : « .....facta est haec occisio in praedicto mense Julio (ms.
G : mense Julio, vi^to kalendas Augusti = 27 juillet). » — Guibert
de Nogent (*ibid.*, 209 E-H) : « Tertia die inde digressi... Marram
expetunt... Ea nocte juxta eamdem urbem tentoria ponere voluerunt... Haec finalis eorumdem dies v° Julii mensis die facta
dinoscitur. » — Orderic Vital (éd. citée, III, 573, 574) : «... occisio
haec mense Julio facta est..»

Commentaire : Voy. ci-dessus, n° 302. — Dans mon édition
des *Gesta,* j'ai, à tort probablement, interprété « quinto die
in mense Julio » par « quinta feria », c'est-à-dire par « jeudi
29 juillet ». On ne peut admettre, comme l'ont fait Muralt
(*Essai de chronogr.*, p. 85) et Le Prévost (éd. d'Orderic Vital,
III, 574), qu'il s'agisse du 5 juillet, puisque Raimond Pilet ne
put quitter Antioche avant le 28 juin, jour de la défaite de
Kerboga, qu'il s'arrêta huit jours à Tellmannas, qu'ensuite
il s'empara encore d'un château, et que son arrivée à Marra,

eut lieu seulement le troisième jour après la prise de ce château.
A supposer même qu'il ait quitté Antioche le 28 juin, la défaite
de Marra ne pourrait se placer avant le 8 juillet. Mais le texte
des *Gesta* est probablement fautif. C'est l'*Hist. b. sacri*, qui
semble donner la bonne leçon : « facta fuit haec occisio v^a die
stante mense Julii », c'est-à-dire le 27 juillet. Le ms. G de Baudri
de Dol donne aussi le 27 juillet. La prise du château anonyme
aurait donc eu lieu trois jours auparavant, soit le 25 juillet, et
celle de Telmannas huit jours avant le 25, donc le 17 juillet. Quant
à la date du départ de Raimond Pilet d'Antioche, on peut la placer
approximativement trois jours avant le 17, c'est-à-dire du 14 au
15 juillet. Peyré (II, 192) a donc raison d'assigner au 27 juillet
la date de la défaite de Raimond Pilet à Marra.

1098, août 1. — Adhémar, évêque du Puy, meurt de la peste à
    Antioche.   (308)

> **Sources :** *Lettre de Boémond à Urbain II*, dans Foucher (*Hist.
> occid. d. crois.*, III, 351 G) : « Verum quia solet semper aliquod
> maestum intervenire laetis rebus, ille Podiensis episcopus quem
> tuum vicarium nobis commiseras, peracto bello in quo honeste
> fuit, et pacificata civitate, kalendis Augusti mortuus est. » —
> *Gesta*, 153 (XXX, 10) : « Alii vero, qui in Antiochia remanserant,
> steterunt in ea cum gaudio et laetitia magna, quorum rector et
> pastor exstitit Podiensis episcopus, qui nutu Dei gravi aegritudine
> captus est et, ut Dei voluntas fuit, migravit ab hoc saeculo, et in
> pace requiescens obdormivit in Domino in solemnitate scilicet
> S. Petri quae dicitur ad Vincula, unde magna angustia et tribu-
> latio immensusque dolor fuit in tota Christi militia. » — Tude-
> bode (*Hist. occid. d. crois.*, III, 86). — *Hist. b. sacri*, c. 88
> (*ibid.*, 207). — Robert le Moine (*ibid.*, 839). — Baudri de Dol
> (*ibid.*, IV, 82 C-F). — Guibert de Nogent (*ibid.*, 210 A-G). —
> Gilo, l. V, vers 72-81 (*ibid.*, V, 780). — Orderic Vital (éd. citée,
> III, 574) : « ...kal. Augusti ad Dominum migravit. » — *Hist.
> Nicaena vel Antiochena* (*Hist. occid. d. crois.*, V, 173). —
> Anonyme rhénan, *Hist. Godefridi* (*ibid.*, 488 C) : « In die quo
> princeps Apostolorum ereptus est a vinculis carceris Antiochiae,
> eodem die soluta est felix anima hujus episcopi a corpore, sepulto
> in Antiochia. » — Raimond d'Aguilers (*ibid.*, III, 262 C-D) : « Comes
> autem [S. Aegidii] et episcopus [Adhemarus] valde infirmabantur...
> Interea dominus episcopus Ademarus Podiensis... die kalendarum
> Augusti in pace migravit ad Dominum. » — Foucher de Chartres
> (*ibid.*, 350 C) : « Tunc temporis obiit Aymarus episcopus, ka-
> lendis Augusti, cujus anima quiete fruatur aeterna. » — Bartolf
> de Nangis (*ibid.*, 506 C). — Raoul de Caen, c. 94 (*ibid.*, 673).
> — Albert d'Aix, V, iv : « Post haec... plaga maximae mortalitatis
> christiani exercitus, tam nobilium quam humilis vulgi, absumta

est: Hac clade mortifera primum venerandus praesul de Podio percussus vitam finivit kal. Augusti. » — *Gesta Adhemari Pod.* (*Hist. occid.*, V, 355 E) : « ...kal. Augusti migrans ad Dominum [Adhemarus]... » — *Narratio Floriac.* (*ibid.*, 358 D). — Guill. de Tyr, VII, ɪ. — Accolti (*Hist. occid.*, V, 590 A).

Commentaire : Voy. Negri, *Prima crociata*, § 175 ; — Mailly, *L'esprit des crois.*, IV, 303 ; — Wilken, I, 229 ; — Haken, *Gemælde d. Kreuzzüge*, I, 342 ; — Funck, *Gemælde aus dem Zeitalter d. Kreuzzüge*, I, 84 ; — Michaud, II, 64 ; — Raumer, *Gesch. d. Hohenstaufen*, I, 146 ; — Sybel, 448 (377) ; — Peyré, II, 188 ; — Arbellot, *Les chevaliers limousins à la première crois.*, 21 ; — Muralt, *Essai de chronogr. byzant.*, II, 85 ; — Damberger, *Synchron. Gesch.*, VII, 376 ; *Kritikheft*, p. 69 ; — Riant, *Inventaire*, 153, 181, 186, 206 ; — Röhricht, *Beiträge*, II, 36 ; — Kugler, *Gesch. d. Kreuzzüge*, 54 ; — Franz, *Das Patriarchat v. Jerusalem im J. 1099*, p. 11 ; — Kugler, *Albert v. Aachen*, 175 ; — Kohl, *Gesch. d. Mittelalters*, 27 ; — HE, 101 ; — HP, 69, 101, 244, 377 (287) ; — HG, 390 ; — Crégut, *Le concile de Clermont*, p. 212 ; — Rey, *Résumé chronol. de l'hist. des princes d'Antioche* (*Rev. de l'Or. lat.*, IV, 327). — La fête de saint Pierre-ès-liens tombe le 1ᵉʳ août.

1098, début d'août. — Boémond se rend d'Antioche en Romanie (Cilicie) et Godefroi de Bouillon vers Édesse.   (309)

Sources : *Gesta*, 152 (XXX, 4) : « Denique divisi sunt seniores, et unusquisque profectus est in terram suam, donec esset terminus eundi. » — Tudebode (*Hist. occid. d. crois.*, 84). — *Hist. b. sacri*, c. 86 (*ibid.*, 206). — Robert le Moine (*ibid.*, 837 E). — Baudri de Dol (*ibid.*, IV, 80 D). — Guibert de Nogent (*ibid.*, 209 D). — Orderic Vital (éd. citée, III, 572). — Raimond d'Aguilers (*Hist. occid.*, 262 E) : « Quantum utilis Dei exercitui et principibus [Adhemarus] fuerat, post mortem ejus manifestum fuit. Cum inter se divisi principes, Boamundus in Romaniam est regressus et dux Lotharingiae versus Roais [Edessam] profectus est. » — Albert d'Aix, V, xɪɪɪ : « Post haec, praedictae pestilentiae tempestate amplius et validius ingruente, dux Godefridus... idem malum metuens ab Antiochia recedens secessit versus montana Pancratii et Corovasilii et habitavit in urbibus Rauenel et Turbaysel, a fratre Baldevino ante obsidionem Antiochiae subjugatis et post transmigrationem suam in Rohas eidem fratri et duci relictis. » — Guill. de Tyr, VII, v.

Commentaire : Voy. Wilken, I, 235 ; — Haken, *Gemælde d. Kreuzzüge* ; — Michaud, II, 66 ; — Raumer, *Gesch. d. Hohenstaufen*, I, 149 ; — Sybel, 447, 448 (377, 378) ; — Peyré, II, 190 ; — Damberger, *Synchron. Gesch.*, VII, 378 ; — Kugler, *Albert v. Aachen*, 177 ; — HG, 385. — Il résulte du texte de Raimond

d'Aguilers que Boémond et Godefroi quittèrent Antioche postérieurement au 1er août.

1098, nuit du 3 au 4 août. — Pierre Barthélemy a une nouvelle
vision, dans laquelle Adhémar du Puy, le Christ et saint André
lui apparaissent.   (310)

> **Source :** Raimond d'Aguilers (*Hist. occid. d. crois.*, III, 262 F-
> 264 G) : « Sepulto igitur episcopo in ecclesia beati Petri Antio-
> chiae, secunda nocte adstitit dominus Jesus cum beato Andrea et
> ipso eodem episcopo [Adhemaro] Petro illi Bertholomeo qui de
> lancea dixerat, in capella comitis, ubi lancea Domini erat, et locu-
> tus est ei episcopus, dixit.... Post haec B. Andreas adsistens pro-
> pius, taliter locutus est...... »
>
> **Commentaire :** Voy. Klein, *Raimund von Aguilers*, 58-63. —
> Comme il n'est dit nulle part si Adhémar fut enterré dans l'église
> Saint-Pierre, le jour même de sa mort ou seulement un ou deux
> jours plus tard, on ne peut déterminer exactement la date de cette
> apparition. Il faut en tous cas compter « secunda nocte » à partir
> du jour de la sépulture.

1098, août 15. — Raimond Pilet et Raimond de Taurina repous-
sent, à Tellmannas, une attaque d'une troupe nombreuse de
Turcs, d'Arabes et de Sarrasins ; ils tuent sept de leurs agres-
seurs et s'emparent de dix beaux chevaux.   (311)

> **Source :** *Hist. b. sacri*, c. 88 (*Hist. occid. d. crois.*, III, 207).
> « Neque hoc praetereundum puto, quod in Adsumptione S. Ma-
> riae, dum starent ambo Raimundi [*scil.* R. Piletus et R. de Tau-
> rina] cum suis exercitibus in eadem civitate [Tellmannas] cum fidu-
> cia et securitate, congregati sunt multi Turci, Arabes et Saraceni
> ab Aleph et aliis castris illius montaneae, veneruntque occulte
> illuc et irruerunt super eos. Tunc ambo Raimundi cum suis exer-
> citibus... audacter irruerunt super eos, qui continuo arripuerunt
> fugam, et occiderunt nostri ab illis vii, et retinuerunt x pulcherri-
> mos equos. »
>
> **Commentaire :** Voy. Peyré, II, 193 ; — HG, 389, 392. — Ce
> fait n'est mentionné que par l'*Hist. b. sacri*. Cependant l'anonyme
> des *Gesta* rapporte que Raimond Pilet, après son échec du
> 27 juillet et sa retraite à Tellmannas, séjourna plusieurs jours
> dans cette dernière localité. Le séjour aurait donc duré au moins
> jusqu'au 15 août, si la date fournie par l'*Hist. b. sacri* est exacte.

1098, août 26. — L'émir égyptien Alafdhal s'empare de Jérusalem,
qu'occupaient les Turcs Sokmans.   (312)

> **Sources :** Raimond d'Aguilers (*Hist. occid. d. crois.*, III,

277 F) : « Habebat enim ammiratus eo tempore Jherusalem. Etenim cum audisset quod Turci essent a nobis superati apud Antiochiam, venit ad oppugnandum Jherusalem, sciens quod Turci a nobis totiens fusi atque fugati non occurrerent sibi in proelium. Tandem, datis maximis muneribus his qui eam defendebant, recepit civitatem Jherusalem. » — Albert d'Aix, III, lix : « Nunc viribus nostris hanc [urbem Jherusalem] ante adventum vestrum recuperavimus, Turcos ejecimus, fœdus et amicitiam vobiscum iniimus. » — Ekkehard, *Hierosolymita*, XVI, 4 : « Sicque factum est ut Hierusalem bis uno caperetur anno, primo a Saracenis, dein a Francis. » — Guill. de Tyr, VII, xxiii : « Sed et princeps Aegyptius qui multo labore eodem anno, Turcorum expulso principatu, praedictam urbem [Jherusalem] receperat, comperto quod ab Antiochia noster discesserat exercitus, quanto poterat turres reparari praeceperat. » — Id., IX, x : « Hic idem amiralius etiam eodem anno quo a fideli populo est obsessa et fidei restituta christianae, eamdem a Domino protectam civitatem a Turcorum potestate dominio suo vindicaverat, vixque mensibus xi obtinuerat quietam, cum christianus populus eam, propitio Domino, ab indebitae jugo servitutis eripuit. » — Ibn al-Athir, *Kamel al Tevarykh* (*Hist. arabes d. crois.*, I, 197) : « Jérusalem était comprise dans les états de Tadj-eddaulé Totosch, qui en avait fait cession à Socman, fils d'Ortok le Turkoman. Après la victoire remportée par les Francs devant Antioche [contre Kerboga] et le massacre qu'ils firent, la puissance des Turks se trouva affaiblie et ils se dispersèrent. Les Égyptiens, voyant la faiblesse des Turks, s'avancèrent en Syrie sous la conduite d'Afdhal, fils de Bedr-al Djemâly, et firent le siège de la ville...; le siège dura plus de quarante jours. A la fin, au mois de schaban (août) de l'année 489 (1096), la ville se rendit à composition; Afdhal usa de générosité envers Socman et Ylgazy, ainsi qu'avec les personnes qui s'étaient jointes à eux. » — Ibn Moyesser (*ibid.*, III, 462) : « En l'an 491, au mois de cha'bân (juillet 1098), El-Afdhal se dirigea avec une armée considérable sur Jérusalem, qu'occupaient les deux fils d'Ortok, les émirs Socmân et Yl-Ghazi avec de nombreuses troupes, composées de leurs proches...., et de beaucoup de Turcs. El-Afdhal commença par leur députer des envoyés pour qu'ils rendissent la ville sans coup férir; mais comme ils refusèrent, il attaqua la place et y ouvrit une brèche..... Ces deux chefs ne virent alors d'autre parti que de se soumettre... » Ibn Khallicân, *Vies des hommes illustres de l'Islamisme* (éd. de Slane, I, 84) : « Afdhal reçut Jérusalem des mains de Socmân, le vendredi 25 du mois de ramadhân 491 (26 août 1098).

Commentaire : Voy. Schœpflin, *Commentatio historica de sacris Galliae regum in Orient. exped.* (dans ses *Comment. hist. et crit.* [1741], pp. 330, 333); — Wilken, *Commentatio de bell. cruciatorum, ex Abulfeda*, 31; — Wilken, *Gesch. d. Kreuzzüge*,

I, 278; — H. Audiffret, art. *Mostaly* (dans la *Biographie univer-
selle*, XXX, p. 250, n. 1); — Sybel, 477 (403); — Weil, *Gesch. d.
Chalifen*, III, 166; — Peyré, II, 306, 307; — Defrémery (dans le
Journ. Asiat., 1872, VIe sér., t. XX, 85-111); — De Slane (dans
le *Rec. des hist. arabes d. crois.*, I, 758). — Dulaurier, *Bibl. Hist.
Armén.*, 430; — Riant, *Inventaire*, 174, 194; — Kohl, *Gesch. d.
Mittelalters*, 29; — Kugler, *Albert v. Aachen*, 88; — HE, 168;
— HG, 313, 439. — « Eo tempore », dans Raimond d'Aguilers, se
rapporte au temps où une ambassade égyptienne vint à l'armée
des croisés campée devant Arka (cf. ci-dessous, n° 369). La mention erronée de l'année 489 (1006), donnée par Ibn Alathir, est détruite par Ibn Alathir lui-même qui place la conquête de Jérusalem
par Alafdhal après la défaite de Kerboga (28 juin 1098). Cf. ci-dessus, n° 291. On doit donc s'en tenir à l'année allant de juillet 1098
à juillet 1099. La date elle-même de la prise de Jérusalem est
donnée par Ibn Khallicân. Cependant, le 26 août ne tombait pas
cette année-là un vendredi mais un jeudi. Les mentions de Raimond d'Aguilers, d'Ekkehard et de Guillaume du Tyr sont décisives pour établir que Jérusalem fut enlevée aux Turcs par Alafdhal en août 1098. Raimond d'Aguilers fut témoin oculaire de la
première croisade, Ekkehard arriva à Jérusalem deux ans après
la première croisade et Guillaume de Tyr possédait des renseignements exacts touchant les rapports des Fatimites avec la Palestine; son témoignage ne repose pas seulement sur la source qu'il
met en œuvre, Raimond d'Aguilers, mais encore sur d'autres
informations. Defrémery a établi par les sources orientales l'exactitude de cette date, en remarquant que, jusqu'en 1098, Jérusalem,
d'après divers documents orientaux, a dû être aux mains des Or-
tokides. Avant lui, Schœpflin, d'après le témoignage de Godefroi
de Viterbe et de Raimond d'Aguilers, avait adopté la date de 1098.
L'erreur d'Albert d'Aix provient de ce qu'il a confondu l'ambassade envoyée devant Antioche avec celle envoyée devant Arka.

1098, vers le 8 septembre. — Godefroi de Bouillon, dont les habitants de Hazar avaient imploré le secours, revient d'Edesse à
  Antioche pour inviter le comte Raimond à venir avec lui à
  leur aide.   (313)

Sources : Raimond d'Aguilers (*Hist. occid. d. crois.*, III, 264
G-H) : « Inter haec Turci de Caleph quoddam castrum, quod Asa
vocatur, obsederunt. Afflicti itaque Turci, qui intus erant, mandaverunt duci, qui in illis regionibus erat, ut castrum ipsorum
reciperet, quia deinceps non alium nisi de genere Francorum
dominum habere volebant. Ob hoc itaque dux, Antiochiam reversus, comitem, qui jam convaluerat ex infirmitate et milites et
pedites suos omnes pro causa pauperum, ut in Hispaniam deprae-

datum eos deduceret, in unum evocaverat, multum rogavit ut
Turcis, qui Deum reclamabant pro Deo et pro gloria gentis Fran-
corum atque pro se succurreret. » — Albert d'Aix, V, vi-xii ; —
Guillaume de Tyr, VII, iii, iv.

Commentaire : Voy. Wilken, I, 233 ; — Michaud, II, 67 ; —
Raumer, *Gesch. d. Hohenstaufen*, I, 148 ; — Sybel, 449 (379) ; —
Peyré, II, 194-200 ; — Riant, *Inventaire*, 181, 183 ; — Kuglér,
Albert v. Aachen, 175, 177 ; — HG, 392. — Nous plaçons la date
du retour de Godefroi à Antioche immédiatement avant le 11 septembre, jour auquel les princes, d'après la lettre qu'ils adres-
sèrent à Urbain II, étaient probablement réunis à Antioche. Le
comte Raimond devait s'y trouver également, mais il ne semble
pas qu'il ait pu s'y trouver plus tôt, puisqu'après avoir été malade
du milieu de juin au commencement d'août (voy. ci-dessus, n° 286),
il avait organisé une razzia dans le territoire des Sarrasins (« His-
pania »), pour fournir des vivres aux pauvres de l'armée. Il ne dut
partir d'Antioche pour Hazar, avec Godefroi, qu'après le 11 septembre, et il revint très vite de cette expédition après avoir
éprouvé de grosses pertes (voy. ci-dessous, n° 315). Il n'est pas impossible, assurément, que Raimond et Godefroi soient partis pour
Hazar avant le 11 septembre, et que le premier ait été de retour à
Antioche avant cette date. Mais comme Raimond d'Aguilers ne
dit pas que Godefroi soit revenu avec Raimond, et comme Godefroi était sans doute présent à la réunion du 11 septembre, il est
plus vraisemblable d'admettre que l'expédition de Hazar eut lieu
après cette date. Aucun des historiens modernes, qui ont parlé de
l'événement, n'a cherché à lui assigner une date, sans parler des
inexactitudes commises par Wilken, Michaud, Raumer et Peyré
dans les récits qu'ils en donnent.

1098, septembre 11. — Les princes croisés, Boémond, Raimond de
Saint-Gilles, Godefroi de Bouillon, les deux Robert et Eustache écrivent d'Antioche au pape Urbain II pour l'instruire
des événements et spécialement du siège d'Antioche par Kerbogha, et de la défaite de celui-ci, et pour l'inviter à venir
prendre en personne la direction de la croisade, en raison de
la mort de l'évêque du Puy, décédé le 1er août.   (314)

Source : *Lettre de Boémond et des autres princes croisés à
Urbain II* (publ. dans Baluze, *Miscellanea*, 1re éd., I, 415 ; 2e éd.,
III, 60 ; Migne, *Patr. lat.*, CLI, 551, 555 ; et avec les éditions de
Foucher de Chartres parues dans les *SS. RR. Gall.* de Duchesne,
IV, 830 ; Bongars, *Gesta Dei per Francos*, I, 394 ; Migne, *Patr.
lat.*, CLV, 847-849 ; *Hist. occid. d. crois.*, III, 350-351). *Inci-
pit* : « Domino sancto ac venerabili... Volumus omnes et deside-
ramus... » *Explicit* : «... vivit et regnat in saecula saeculorum,

amen. Haec carta fuit scripta xi die intrante Septembrio, indictione IV^a [*lege* : VI^a] ».

Commentaire : Voy. *Hist. litt. de la France*, VIII, 617 ; — Mailly, *L'esprit des croisades*, IV, 304 ; — Wilken, I, 230 ; — Sybel, 13 (14) ; — Peyré, II, 201, 481 ; — Damberger, *Synchron. Gesch.*, VII, 376 ; — Riant, *Inventaire*, 181 ; — Kühne, *Zur Gesch. des Fürstentums Antiochia*, 5. — L'indiction IV donnée pour la date de la lettre est inexacte. Il faut supposer une mauvaise leçon, au lieu de l'indiction VI. L'indiction IV correspond, pour le mois de septembre, à l'année 1096, époque à laquelle la lettre n'a pu être écrite.

1098, vers le 14-17 septembre. — Le comte Raimond marche avec Godefroi sur Hazar et est repoussé avec perte sur Antioche.

(315)

Sources : Raimond d'Aguilers (*Hist. occid. d. crois.*, III, 265 A) : « .....cum duce comes profectus est. Haec autem ubi a Turcis cognita sunt, ab obsidione discedunt. Ut vero ad Asa exercitus noster pervenit, suscepit dux obsides de castello pro fidelitate deinceps ; et comes cum gravi dispendio sui exercitus Antiochiam reversus est » (cf. ci-dessus, n⁰ 313). — Albert d'Aix, V, xi, xii ; — Guill. de Tyr, VII, iv.

Commentaire : Comme les princes croisés se trouvaient réunis à Antioche le 11 septembre (cf. ci-dessus, n° 314), l'expédition contre Hazar doit être postérieure à cette date. Sur l'expédition entreprise dans la suite par Raimond contre Albara, voy. ci-dessous, n° 316.

1098, vers le 25 septembre. — Expédition de Raimond dans le pays des Sarrasins ; il s'empare d'Albara, y installe un évêque et y séjourne jusque vers la fin d'octobre. (316)

Sources : *Gesta*, 153 (XXXI, 1) : « Non post multum temporis, Raimundus, comes de S. Aegidio, intravit in Saracenorum terram et pervenit ad quandam urbem, quae vocatur Albara, quam invasit cum suo exercitu eamque continuo cepit, et occidit omnes Saracenos et Saracenas, majores et minores, quos ibi reperit.... Novissime elegerunt quendam honorabilem et sapientissimum virum et duxere illum in Antiochiam ad consecrandum. » — Tudebode (*Hist. occid. d. crois.*, III, 86). — *Hist. b. sacri*, c. 89 (*ibid.*, 207). — Robert le Moine (*ibid.*, 840 A-E). — Baudri de Dol (*ibid.*, IV, 82 G-83 A). — Guibert de Nogent (*ibid.*, 210 F-G). — Orderic Vital (éd. citée, III, 575). — Raimond d'Aguilers (*Hist. occid.*, III, 266 D-F) : « Comes cum populo pauperum et paucis militibus in Syriam profectus, primam civitatem Saracenorum, Barram nomine, viriliter expugnavit et multa milia Saracenorum ibi

interfecit, et multa milia ad Antiochiam reducti venundati sunt;
et illos qui, dum oppugnarentur, timore mortis se ei reddiderant,
liberos ire permisit. Deinde, habito consilio cum capellanis suis
et principibus, satis laudabiliter et honeste quendam sacerdotem
episcopum ibi elegit... Petrum quemdam, Narbonensem genere...;
et jam instabant kalendae Novembris in quibus omnes principes
convenire Antiochiam promiserant. » — Albert d'Aix, V, ii-vi.
— Guill. de Tyr, VII, viii.

Commentaire : Voy. Wilken, I, 239 ; — Raumer, *Gesch. d.
Hohenstaufen*, I, 151 ; — Sybel, 450 (379) ; — Peyré, II, 213 ; —
Kugler, *Albert v. Aachen*, 181. — La seconde expédition de
Raimond en pays sarrasin, celle d'Albara, eut lieu au plus tôt
dans la seconde moitié de septembre. Sybel la place en octobre.
En tous cas, le texte de Raimond d'Aguilers dit clairement que le
séjour de Raimond de Saint-Gilles à Albara se prolongea jusqu'à
la fin d'octobre.

1098, septembre 27. — Aurore boréale, qui effraie les croisés et
donne lieu à diverses interprétations.   (317)

Sources : Albert d'Aix, V, xxv : « Mediato deinde mense [Sep-
tembri] in silentio cujusdam noctis..., visio mirifica in caeli cul-
mine ostensa est, quasi ex omni caelo stellae in unum collectae,
strictimque densatae, in spatio latitudinis unius atrii iii jugera
continentis, igneo fulgore sicut prunae in camino ardentes et in
globo contractae scintillabant. Et, post hanc diutinam et terribilem
flagrantiam rarescentes, in modum coronae cinxerunt polum sub
spatio civitatis munitae, diuque sic in gyro persistentes indivisae,
aditum ad ultimum et viam in uno latere sui circuli scissae exhi-
buerunt. Hujus signi ostensione vigiles christianorum exterriti,
tumultuosa vociferatione universos sopore depressos suscitant
ad videndum portenti hujus indicium. Universi sunt mirati et
quid portendat diversas protulere sententias. » — Bernoldus,
Chron., sub an. 1098 : « Hoc anno factum est mirabile signum
in caelo, v. kal. Octobris, ut tota paene illa nocte magna pars
caeli sanguinea appareret, nec rubor ille in uno tantum loco per-
mansit, sed omnes partes caeli praeter meridiem pervagavit,
multique quasi solis radii de eodem rubore videbantur procedere ». — Sigebert de Gembloux, sub an. 1098 : « Multis in locis
v° kal. Octobris caelum quasi ardere visum est nocturno tempore ». — *Narratio Floriac.* (*Hist. occid. d. crois.*, V, 358 E) :
« Vergente una dierum sole ad occasum, dum adhuc in eadem
essent urbe [Antiochia] per noctem illam usque ad auroram texit
maximus rubor velut sanguinis caelum ab oriente per septentrio-
nem pertingens usque in occidentem, qui rubor in omnibus orbis
partibus visus est. »

Commentaire : Voy. Michaud, II, 69 ; — Peyré, II, 212 ; —

Kugler, *Albert v. Aachen*, 181. — Il est sûr, d'après ce que dit Albert d'Aix, que le phénomène ne fut pas un météore tel que le décrit Kugler.

1098, première moitié d'octobre. — Rédaction de la lettre du clergé et du peuple de Lucques à tous les fidèles. (318)

Édition : Riant, *Inventaire*, 223 (d'après le ms. nº 1710 de la Biblioth. Mazarine). *Début de la lettre :* « Ad laudem et gloriam Redemptoris... » *Fin :* « ....ad Jerusalem profecto tendere. Valete. »

Commentaire : Riant, *Inventaire*, 164. — L'époque de la rédaction de cet écrit peut être à peu près déterminée par la mention, à la fin de la lettre, du concile qu'Urbain II était sur le point de tenir à Bari. Ce concile eut lieu en octobre 1098. Urbain avait passé l'été à Salerne, il· avait séjourné en septembre à Bénévent et était arrivé le 3 octobre à Bari. Le concile, qui dura huit jours, fut-il tenu dès l'arrivée du pape, ou seulement quelques jours plus tard? on ne saurait préciser ce point. Mais la rédaction de la lettre se place au commencement d'octobre 1098. La date exacte n'est malheureusement pas donnée dans le manuscrit (cf. ci-dessous, nº 319).

1098, 3-10 octobre. — Concile tenu à Bari par Urbain II, pour délibérer sur les affaires de la croisade. (319)

Source : *Lettre du clergé et du peuple de Lucques* (Riant, *Inventaire*, 224) : « Notum quoque vobis facimus, quod domnus papa Urbanus apud Barum tenet concilium, tractans ac disponens cum multis terrae senatoribus ad Jerusalem profecto tendere. »

Commentaire : Voy. Damberger, *Synchron. Gesch.*, VII, 314; — Riant, *Inventaire*, 186 ; — Jaffé-Löwenfeld, *Regesta pont. Rom.*, I, 694. — Eadmer (*Hist. novorum*, II, 53 [*Mon. Germ. SS.* XIII, 142]), la chronique de Florent de Worcester (ed. Thorpe, II, 43) et Lupus Protospata (*Mon. Germ. SS.*, V, 63) parlent de ce concile dont les actes sont perdus. Seule, la lettre du clergé de Lucques donne à ce sujet un renseignement qui nous montre qu'on s'y occupa de la croisade· La lettre des princes croisés du 11 septembre 1098 (cf. nº 314) était certainement parvenue entre les mains du pape, et nous avons vu qu'on y demandait au pape de venir en personne en Orient. A défaut du pape il était nécessaire de nommer un nouveau représentant du Saint-Siège pour remplacer Adhémar du Puy, mort le 1er août. La lettre du clergé de Lucques laisse entendre que ces questions furent agitées devant le concile. Riant, chose assez surprenante, doute que, dans les lettres de convocation du concile, il ait été fait mention des affaires de la Terre-Sainte, et, partant de là, il considère seu-

lement comme possible et nullement comme certain qu'à l'époque
de la convocation le pape eût reçu la lettre des princes croisés du
11 septembre et que les délibérations de l'assemblée aient porté
entre autres sur les questions traitées dans cette lettre. Mais, à
moins qu'avant la fin de septembre, d'autres nouvelles fussent
arrivées au pape touchant les événements de Terre-Sainte, il est
très compréhensible que les lettres de convocation du concile
n'aient fait aucune allusion à la prise d'Antioche et à la défaite de
Kerboga, car le concile même dut s'ouvrir fort peu de temps
après l'arrivée en Italie de la lettre des princes croisés, du 11 septembre. Et, vu cette dernière circonstance, il est infiniment probable que le concile s'occupa des affaires de Terre-Sainte et prit
des résolutions à ce sujet. Il est vraisemblable aussi que, dès cette
époque, des pourparlers furent engagés avec l'archevêque de Pise,
Daimbert, pour le remplacement d'Adhémar du Puy.

1098, vers le 15 octobre. — Hugues, évêque de Grenoble, envoie
de Grenoble à Tours, une lettre écrite, probablement en mai
1098, à toute la chrétienté, et soi-disant par Boémond, Raimond de Saint-Gilles, Godefroi de Bouillon et Hugues le Grand,
pour qu'elle fût lue aux fidèles réunis à Tours pendant la
Toussaint, et pour que ceux-ci fussent invités à secourir les
croisés tant par leurs prières que par leur concours armé.

(319*)

Source : *Lettre de Boémond, Raimond de Saint-Gilles, Godefroi de Bouillon et Hugues le Grand à tous les chrétiens* (publ.
dans Martène, *Thesaurus anecdot.*, I. 272; Id., *Amplissima collectio*, I, 568; Dumont, *Corps univ. et diplom.*, I, 369; Migne,
Patr. lat., t. CLV, col. 390). *Début :* « Ut notum sit omnibus..... »
Fin : «..... devota cum multis orationibus et eleemosynis adjuve-
tis. Valete ». — La lettre, par laquelle Hugues de Grenoble accompagnait l'envoi de la lettre des princes croisés, est ainsi conçue :
« Ego Gratianipolitanus episcopus has litteras mihi adlatas Gratia-
nopolim vobis sanctae Turonensi ecclesiae archiepiscopo et canonicis mitto, ut per vos omnibus qui ad festum convenerint innotes-
cant, et per eos diversis partibus orbis ad quas redituri sunt, alii
eorum justis petitionibus, orationibus et eleemosynis subveniant,
alii vero cum armis adcurrere festinent. »
Commentaire : Voy. *Hist. litt. de la France*, VIII, 619 et IX,
155; — Mailly, *L'esprit d. croisades*, I, LXX; — Peyré, II, 479-
481; — Darras, *Hist. de l'église*, XXIII, 363-364; — Yanoski et
David, *La Syrie moderne*, 280; — Sybel, 13 (14); — Riant,
Inventaire, 175. — La lettre des princes fait mention du traité
conclu entre Alexis et les Croisés et des événements survenus
depuis l'entrée de ceux-ci dans le pays sarrasin. Mais comme

elle ne semble pas faire allusion à la prise d'Antioche, il est probable qu'on en doit placer la rédaction avant le 3 juin 1098, à l'époque où la nouvelle des armements de Kerboga parvint à l'armée chrétienne, donc en mai 1098. Elle serait arrivée alors entre les mains de l'évêque Hugues dans l'automne de 1098, et celui-ci l'aurait envoyée à Tours vers le milieu d'octobre, pour qu'elle y parvint au commencement de novembre; car l'expression « festum » dont Hugues se sert dans sa lettre, si on la rapproche des termes de la lettre des princes croisés, doit désigner la fête de la Toussaint.

1098, fin d'octobre. — Godefroi de Bouillon, à son retour d'Édesse, accomplit une action d'éclat, en remportant avec douze chevaliers une victoire sur cent cinquante Turcs.   (320)

> **Source :** Raimond d'Aguilers (*Hist. occid. d. crois.*, III, 267 B) : « [Dux Lotharingiae] cum Antiochiam eo tempore cum xii militibus veniret, cl Turcos obviam habuit... Confortati ad invicem milites ducis qui et numerum xii apostolorum continerent, et dominum suum quasi vicarium Dei haberent, imperterriti agmina Turcorum invadunt. Contulit ibi Deus tantam victoriam duci ut usque ad xxx ex eis occideret et totidem caperet, reliquos persecutus in paludibus et flumine, quae vicina erant, alios necari, alios submergi coegit, et sic cum magna victoria Antiochiam venit. Faciebat enim capita caesorum ab aliis Turcis vivis deferri, quod nostris satis jucundum fuit. » — Albert d'Aix, V, xxvii. — Guillaume de Tyr, VII, iv, viii.
>
> **Commentaire :** Voy. Wilken, I, 237 ; — Raumer, *Gesch. d. Hohenstaufen*, I, 151 ; — Peyré, II, 227 ; — Kugler, *Albert v. Aachen*, 188. — Les récits d'Albert d'Aix et de Raimond d'Aguilers, quoique un peu différents, se rapportent bien au même fait. Il ressort clairement du récit de Raimond que le retour de Godefroi d'Édesse à Antioche eut lieu avant le 1er novembre 1098, car l'expression « eo tempore » se réfère à la phrase qui précède immédiatement et qui est ainsi conçue : « Instabant kalendae Novembris, in quibus omnes principes convenire Antiochiam promiserant » (cf. ci-dessous, n° 321). Les autres dates fournies par Albert d'Aix, pour les déplacements des princes à la fin de 1098, sont peu sûres; ainsi on ne peut admettre, comme il le dit, que Raimond resta cinq semaines devant Marra. Et nous ne pouvons souscrire à l'opinion de Kugler (*loc. cit.*), qui, préférant le témoignage d'Albert à celui de Raimond, place en janvier 1099 le retour de Godefroi d'Édesse à Antioche.

1098, novembre 1. — Date extrême avant laquelle les princes croisés, disséminés aux environs d'Antioche, à l'exception de Boémond, s'étaient engagés à regagner cette ville, pour se mettre en devoir de reprendre leur marche vers Jérusalem.

(321)

Sources : Voy. ci-dessus, n°ˢ 298 et 315. — Raimond d'Aguilers (*Hist. occid. d. crois.*, 266 G) : « Jam instabant kalendae Novembris, in quibus omnes principes convenire Antiochiam promiserant. » — *Gesta*, 153 (XXXI, 2) : « Adpropinquante vero termino, videlicet festo omnium sanctorum, regressi sunt omnes majores nostri in unum in Antiochiam, omnesque simul coeperunt quaerere qualiter iter S. Sepulcri valerent peragere. » — Robert le Moine (*Hist. occid. d. crois.*, III, 843 A). — Baudri de Dol (*ibid.*, IV, 83 A-B). — Guibert de Nogent (*ibid.*, 211 B). — Orderic Vital (éd. citée, III, 576). — Tudebode (*Hist. occid.*, III, 87) : « Adpropinquante autem termino, videlicet omnium sanctorum festivitate, regressi sunt nostri seniores in civitatem Antiochiae, excepto Boamundo, qui erat in Romaniae partibus gravi infirmitate correptus. Ideoque ad eundem terminum venire non licuit. Vere illud tempus advenit, cum militari potuit, continuo civitati in qua alii erant congregati cito advenit. » — *Hist. belli sacri*, c. 90 (*ibid.*, III, 207) «... cum vero illud tempus advenit quo equitare potuit, continuo... advenit [Boamundus] ». — Henri de Huntingdon (*ibid.*, V, 378) : « Mense Novembris congregati sunt duces et exercitus christianorum ad capessendam viam Jerusalem. »

Commentaire : Voy. Mailly, *L'esprit des crois.*, IV, 315 ; — Wilken, I, 239 ; — Haken, *Gemælde d. Kreuzzüge*, I, 345 ; — Raumer, *Gesch. d. Hohenstaufen*, I, 151. — Sybel, 450 (379) ; — Peyré, II, 190, 214 ; — HG, 384, 394. — Les *Gesta* ignorent que Boémond ne regagna Antioche qu'après le 1ᵉʳ novembre, pour cause de maladie. Cependant le renseignement donné par Tudebode et par l'*Hist. b. sacri* mérite créance.

1098, vers le 3 novembre. — Boémond rentre à Antioche après les autres princes croisés qui avaient regagné cette ville avant le 1ᵉʳ novembre.

(322)

Sources et Commentaire : Voy. le numéro précédent et le suivant.

1098, vers le 5-18 novembre. — Un conseil est tenu dans l'église Saint-Pierre à Antioche pour décider à qui écherrait cette ville et pour régler la marche en avant des croisés. La plupart des princes croisés penchent pour qu'Antioche soit donnée à Boémond, mais sans oser se prononcer ouvertement. Le comte Raimond ne se range pas à cet avis. La décision reste en suspens. Cependant Boémond et Raimond, en présence du mécontentement du peuple, s'engagent à s'incliner devant la

décision des princes et à ne rien faire qui puisse retarder la
marche des croisés sur Jérusalem. Boémond garnit de soldats
et de vivres le château d'Antioche et Raimond en fait autant
du palais de Iagi Sian et de la porte du pont.   (323)

Sources : *Gesta,* 153 (XXXI, 3) : « Boamundus autem quaere-
bat cotidie conventionem quam omnes seniores olim habuerant ei
in reddendam civitatem (cf. ci-dessus, n° 296); sed comes S. Egidii
ad nullam conventionem volebat se emollire erga Boamundum,
eo quod timebat se pejerare erga imperatorem; tamen saepe
fuerunt congregati in ecclesia S. Petri ad faciendum quod justum
erat. Episcopi et dux Godefridus, Flandrensisque comes et comes
de Nortmannia aliique seniores divisi sunt ab aliis et intraverunt
ubi est cathedra S. Petri, ut ibi judicium inter utrumque discer-
nerent. Postea vero timentes, ne S. Sepulcri via perturbaretur,
noluerunt aperte judicium dicere. Ait denique comes S. Aegidii :
priusquam via S. Sepulcri remaneat, si Boamundus nobiscum
venire voluerit, quicquid nostri pares... laudaverint, ego fideliter
consentiam, salva fidelitate imperatoris. Hoc totum laudavit Boamundus et promiserunt ambo in manibus episcoporum quod nullo
modo per se via S. Sepulcri deturbaretur. Tunc accepit Boamundus consilium cum suis hominibus, quomodo muniret castrum de
alta montana hominibus et victu. Similiter, comes S. Egidii accepit consilium sum suis, quomodo muniret palatium Cassiani et
turrim quae est super portam pontis. » — Tudebode (*Hist. occid.
d. crois.,* III, 87, 88). — *Hist. b. sacri,* c. 90, 91 (*ibid.,* 208). —
Robert le Moine (*ibid.,* 843 C-844 B). — Baudri de Dol (*ibid.,* IV,
83 D-H). — Guibert de Nogent (*ibid.,* 211 B-G). — Orderic Vital
(éd. citée, III, 576). — Raimond d'Aguilers. (*Hist. occid.,* III,
267 E-268 B) : « Itaque cum omnes principes convenissent in
ecclesiam S. Petri, de itinere nostro agere coeperunt..... Sic
itaque aliis contradicentibus hoc modo et alio modo in tantam
discordiam principes venerunt ut paene ad arma venirent.... Haec
autem cum populus vidisset, coepit dicere quisque ad socium suum
et ad vicinum, deinde palam omnibus : ..... Pereant male qui
volunt habitare Antiochiae, sicut nuper habitatores ejus perierunt.
Quod si tanta lis diutius propter Antiochiam datur, diruamus
muros ejus, et pax quae ante captam civitatem principes tenuit,
destructa civitate eosdem tenebit. Alioquin, antequam omnino
fame et taedio hic deficiamus, ad propria reverti debemus. His
atque aliis causis discordem pacem comes et Boamundus inter se
fecerunt. Igitur, determinato die jubetur populus praeparari ad
devotum iter. » — Albert d'Aix, V, xxviii.

Commentaire : Voy. Mailly, *L'esprit d. crois.,* IV, 316; —
Wilken, I, 240; — Haken, *Gemælde d. Kreuzzüge,* I, 347; —
Raumer, *Gesch. d. Hohenstaufen,* I, 152; — Sybel 455 (383,
384); — Damberger, *Synchron. Gesch.,* VII, 380; — Peyré, II,

214, 230 ; — Kugler, *Albert v. Aachen*, 184 ; — HG, 394-396. — Le récit des *Gesta* et de Raimond d'Aguilers ne laisse aucun doute sur le caractère aigu des compétitions entre Boémond et le comte Raimond, en novembre 1098. Ces querelles nécessitèrent des conférences réitérées entre les princes croisés dans l'église Saint-Pierre, jusqu'au départ de Raimond pour Marra, le 23 novembre (voy. ci-dessous, n° 324). Guillaume de Tyr les passe complètement sous silence, et, de nos jours, Peyré en a fait autant.

1098, novembre 23. — Le comte Raimond et Robert de Flandre quittent Antioche, pour se rendre à Rugia, Albara et Marra.
(324)

Sources : *Gesta*, 154 (XXXII, 1) : « Quibus expletis, mense Novembrio discessit Raimundus, comes S. Egidii, cum suo exercitu ab Antiochia venitque per unam civitatem, quae vocatur Rugia, et per aliam, quae dicitur Albaria. Quarto vero die exeunte Novembrio, pervenit ad Marram civitatem. » — Tudebode (*Hist. occid. d. crois.*, III, 90) : « Postea VIII° die exeunte Novembrio mense, discessit Raimundus S. Aegidii cum suo exercitu ab Antiochia. » — *Hist. b. sacri*, c. 91 (*ibid.*, 208). — Robert le Moine (*ibid.*, 845 B). — Baudri de Dol (*ibid.*, IV, 84 F). — Guibert de Nogent (*ibid.*, 212 H) ; — Orderic Vital (éd. citée, III, 578). — Raimond d'Aguilers (*Hist. occid.*, III, 268 C) : « Praeparatis igitur necessariis, die constituta profectus est comes S. Aegidii et Flandrensis cum populo in Syriam. » — Albert d'Aix, V, XXVI.

Commentaire : Voy. Wilken (I, 241), qui place au 24 novembre le départ de Raimond et de Robert. — Raumer, *Gesch. d. Hohenstaufen*, I, 153 ; — Sybel, 457 (386) ; — Damberger, *Synchron. Gesch.*, VII, 380 ; — Weil, *Gesch. d. Chalifen*, III, 169 ; — Peyré, II, 215 ; — De Smet, *Mém. sur Robert de Jérusalem*, 81 ; — Kohl, *Gesch. d. Mittelalters*, 28 ; — Muralt, *Essai de chronogr. byzant.*, II, 86 ; — Arbellot, *Les chevaliers limousins à la première crois.*, 22 ; — Kugler, *Albert v. Aachen*, 183 ; — HP, 245 ; — HE, 157 ; — HG, 401. — La date exacte du 23 novembre (Wilken se trompe en indiquant le 24 novembre) est donnée par le seul Tudebode.

1098, novembre 27. — Arrivée du comte Raimond et de Robert de Flandre devant Marra.
(325)

Sources et Commentaire : Voy. n° 326. — Henri de Huntingdon (*Hist. occid. d. crois.*, V, 378) dit à tort : « quarto... die ante Octobrem. »

1098, dimanche 28 novembre. — Raimond de Saint-Gilles et Robert de Flandre commencent le siège de Marra en livrant,

mais sans succés, un vigoureux assaut à la place. Le même
jour, ils sont rejoints par Boémond.   (326)

Sources : *Gesta*, 154 (XXXIII, 1) : « Quarto vero die exeunte
Novembrio, pervenit ad Marram civitatem..., ipseque comes in
crastinum invasit eam. Non post multum vero temporis, Boamundus cum suo exercitu secutus est comites et applicatus est cum
eis in die dominica. » — Tudebode (*Hist. occid. d. crois.*, III,
90). — *Hist. b. sacri*, c. 91 (*ibid.*, 208). — Baudri de Dol (*ibid.*,
IV, 84 G). — Guibert de Nogent (*ibid.*, 213 A). — Orderic Vital
(éd. citée, III, 579). — Robert le Moine (*Hist. occid.*, III, 846 B) :
« Illa die [*scil.* 28 Nov.] nostri nihil praevaluerunt, sed lassi ad
tentoria remearunt. Ipso die Boamundus cum gente sua multis-
que aliis comitem secutus ibi pervenerunt et castrametantes
urbem undique vallaverunt. » — Raimond d'Aguilers (*ibid.*,
268 D) : « Secunda die adventus nostri, ita acriter eos oppugna-
vimus ut si IV scalas plus habuissemus, capta esset civitas. Sed
quoniam non habuimus nisi duas [scalas], et illas easdem breves
et fragiles, et timide super eas adscenderetur, consultum est ut
fierent machinae et crates et aggeres, quibus impelleretur murus
et effoderetur et coaequaretur. Interea venit Boamundus cum
exercitu suo et obsedit eam ex alia parte. » — Foucher de Chartres
(*ibid.*, 352 B). — Raoul de Caen, c. 96 (*ibid.*, 674 E). — Guill. de
Tyr, VII, IX : « ...si scalarum habuissent copiam, die secunda qua
ad eamdem applicuerant urbem violenter effregissent. Tertia
demum die, adveniens Boamundus cum majoribus copiis, urbem
ex ea parte qua inobsessa remanserat, obsidionem continuavit. »
— Kamal ad-Dîn (Rœhricht, *Beiträge*, I, 226) : « Ils formèrent
le siège de cette place au commencement de l'année suivante 492
(= 1098, 28 nov. à 1099, 17 nov.) et coupèrent tous les arbres
des environs. »

Commentaire : Voy. Wilken, I, 242 : « Cependant il [Raimond]
investit la ville le second jour après son arrivée, mais sans résultat. Quand Boémond, le troisième jour, arriva avec ses gens,
on résolut de construire les machines nécessaires pour battre en
brèche et miner les murailles. » — Raumer, *Gesch. d. Hohenstaufen*, I, 153 ; — Sybel, 458 (386) ; — Muralt, *Essai de chronogr.
byzant.*, II, 86 ; — Peyré, II, 216 ; — Kugler, *Gesch. d. Kreuzzüge*, 56 ; — Kugler, *Albert v. Aachen*, 183 ; — HG, 403. — J'ai
cherché à prouver, dans mon édition des *Gesta* (p. 403), que Boémond arriva devant Marra le dimanche 5 décembre seulement et
non le dimanche 28 novembre. Je dois cependant, après une étude
plus approfondie de la question, considérer comme exacte cette
dernière date. Je m'appuyais sur le passage de Raimond d'Aguilers
« consultum est ut fierent... interea, etc. » et admettais que le chroniqueur avait voulu dire que Boémond était arrivé devant Marra
pendant qu'on se préparait à dresser les machines, qui cependant

n'étaient pas entièrement montées, pour pouvoir attaquer la ville avec succès. Mais « consultum est ut, etc. » signifie simplement qu'on décida de préparer les machines, et cela au moment où Boémond apparut devant la ville, c'est-à-dire le jour de la tentative infructueuse du comte Raimond. Cette résolution dut être prise le jour même de l'échec, et non huit jours après (5 décembre); aussi Robert le Moine (846 B) place-t-il avec raison l'arrivée de Boémond « eodem die », c'est-à-dire le jour où les Provençaux avaient tenté cet infructueux assaut. La date du dimanche 28 novembre est donc la seule exacte. Guillaume de Tyr (VII, ix), suivi par Wilken (I, 242), a donc tort de placer l'arrivée de Boémond à Marra au troisième jour après l'arrivée de Raimond devant cette ville; ceci donnerait le lundi 29 novembre, ce qui est contraire à l'indication certainement exacte du dimanche, fournie par les *Gesta*. Muralt (86) donne exactement : « nov. 23 : Raimond part pour Rugia et Albara; — nov. 27 : il assiège cette place; — nov. 28 : Boémond vient à son secours ».

1098, novembre 29. — Nouvel assaut infructueux des croisés contre Marra.   (327)

Sources : *Gesta*, 154 (XXXIII, 1) : « Secunda vero feria nimis fortiter invaserunt undique civitatem et tam acriter tamque fortiter, ut scalae starent erectae ad murum. Sed tam maxima erat virtus paganorum, quod illa die nihil eos offendere aut nocere potuerunt. » — Tudebode (*Hist. occid. d. crois.*, III, 90). — *Hist. b. sacri*, c. 91 (*ibid.*, 208). — Baudri de Dol (*ibid.*, IV, 84 G). — Guibert de Nogent (*ibid.*, 213 A). — Orderic Vital (éd. citée, III, 579). — Raimond d'Aguilers (*Hist. occid.*, III, 268 E) : « Interea venit Boamundus cum exercitu suo et obsedit eam ex alia parte. Rursus non comparatis armamentis quae supra diximus, quasi pro cohortatione Boamundi, qui priori oppugnationi non affuerat, voluimus vallum compellendo invadere murum. Sed hoc frustra fuit, nam multo deterius quam antea tunc pugnatum est. » — Guillaume de Tyr, VII, ix.

Commentaire : Voy. ci-dessus, n° 326.

1098, vers le 1er décembre. — Guillaume, évêque d'Orange, rassemble les croisés campés devant Marra et les informe que, la nuit précédente, les apôtres Pierre et André ont apparu à Pierre Barthélemy; il les invite à poursuivre énergiquement le siège de la place et à pratiquer strictement leurs devoirs religieux.   (328)

Sources : Raimond d'Aguilers (*Hist. occid. d. crois.*, III, 269 G) : « Cum autem haec mane comiti nuntiasset Petrus [Bartholomaeus], convocavit populum episcopus Aurasicensis et Barrae, et suprascripta [*scil.* visionem] illis exposuimus. Adducti igitur fideles in maximam spem capiendae civitatis, largissimas eleemosynas et orationes Deo offerebant, ut plebem pauperum suorum pro solo nomine liberaret. » — Tudebode (*ibid.*, 91).

Commentaire : Voy. Wilken, I, 242 ; — Arbellot, *Les chevaliers limousins*, 22 ; — Klein, *Raimund von Aguilers*, 66. — Cette réunion des croisés eut lieu certainement un des premiers jours après le 29 novembre 1098, date du second assaut infructueux contre Marra. Arbellot penche pour le jour de la Saint-André (30 novembre) comme offrant une corrélation directe avec le récit (l'apparition de Saint-André). Si l'apparition se produisit dans la nuit du 30 novembre au 1er décembre, le rassemblement doit être placé au 1er décembre, Raymond d'Aguilers disant qu'il eut lieu « mane », c'est-à-dire le matin de l'apparition.

1098, samedi 11 décembre, au soir. — Les croisés, ayant dressé leurs machines de siège, s'emparent de Marra. Les chevaliers Guillaume de Montpellier et Goufier de Lastours se distinguent spécialement dans l'attaque de la place.   (329)

Sources : *Gesta,* 154, 155 (XXXIII, 2-7) : « ...hoc totum factum est in die Sabbati ad horam vesperi, occidente sole, xiᵃ die intrante Decembri. » — Tudebode (*Hist. occid. d. crois.*, III, 92-94). — *Hist. b. sacri,* c. 92 (*ibid.*, 208). — Robert le Moine (*ibid.*, 846 C - 848 F). — Baudri de Dol (*ibid.*, IV, 85 A - 86 A). — Guibert de Nogent (*ibid.*, 213 A-I). — Orderic Vital (éd. citée, III, 579-581). — Raimond d'Aguilers (*Hist. occid.*, III, 269 G-270 A) : « ...ascendit ante omnes Golferius de Turribus, quem subsecuti sunt plures qui murum et quasdam turres civitatis invaserunt. Et nox supervenit, quae pugnam diremit. » — Foucher de Chartres (*ibid.*, 352 C) : « ....ubi obsidione per xx dies acta, famem nimiam gens nostra pertulit..., qui die illo et sequenti cunctos Saracenos a majori usque ad minimum occiderunt. » — Albert d'Aix, V, xxix : « Interea comes Raimundus longa obsidione v hebdomadarum circa Marram civitatem vexabatur, universique in comitatu suo ibidem commorantes. »

Commentaire : Voy. Mailly, *L'esprit des croisades,* IV, 326 (« le 11 novembre 1098 »). — Wilken (I, 243), qui indique inexactement le 12 décembre comme date de la prise de Marra. — Raumer, *Gesch. d. Hohenstaufen,* I, 153 ; — Sybel, 458 (387) ; — Muralt, *Essai de chronogr.*, II, 87 ; — Peyré, II, 219 ; — De Smet, *Mém. sur Rob. de Jérusalem,* 82 ; — Damberger, *Synchron. Gesch.*, VII, 381 ; — Kohl, *Gesch. d. Mittelalters,* 28 ; — Arbellot, *Les chevaliers limousins à la première crois.,* 23 et suiv. ; — Kugler, *Albert v. Aachen,* 182 ; — HE, 128 ; — HP, 245 ; — HG,

404-408 ; — H. Hagenmeyer, dans son éd. des *Bella Antiochena* de Gautier le Chancelier, 174. — L'assertion de Foucher qui donne au siège une durée de vingt jours, et celle d'Albert d'Aix, qui le fait durer cinq semaines, sont erronées, de même aussi que la date du 11 novembre, assignée par Mailly à la prise de la ville.

1098, décembre 12. — Les croisés pillent Marra et font un grand carnage de ses habitants.   (330)

Sources : Raimond d'Aguilers (*Hist. occid. d. crois.*, III, 270 B) : « Mane autem facto, ingressi milites in civitatem, quae sibi tollerent pauca invenerunt. Saraceni vero concluserant se in specus subterraneos, et nullus vel pauci apparebant..., quia nostri non multa spolia ibi reperiebant, quos poterant invenire de Saracenis donec ad mortem pro spoliis afficiebant... Omnes [Saraceni] morti subjacuernnt et projecti sunt per paludes civitatis et extra muros. » — *Gesta*, 155 (XXXIII, 7) : « Facto autem die, ubicumque reperiebant quemquam illorum sive masculum sive feminam, occidebant... Vix poterat aliquis per vias ire civitatis nisi calcando super Saracenorum cadavera. Boamundus denique illos quos jusserat in palatium intrare apprehendit, illisque abstulit omnia quae habebant..., alios vero fecit occidi, alios autem jussit conduci ad vendendum Antiochiae. » — Tudebode, mss. C et D (*Hist. occid. d. crois.*, III, 93, 94) : « .....crastino die... » — *Hist. b. sacri*, c. 92 (*ibid.*, 209). — Robert le Moine (*ibid.*, 849 A-E) : «... in crastinum, ut dies lucescere coepit....; facta est autem maceratio haec Turcorum xii° die Decembris et in die dominica. » — Baudri de Dol (*ibid.*, IV, 86 A-D). — Guibert de Nogent (*ibid.*, 213 I-214 A). — Orderic Vital (éd. citée, III, 581). — Foucher de Chartres (*Hist. occid.*, III, 352 C ; cf. ci-dessus, n° 329). — Guill. de Tyr, VII, ix.

Commentaire : Voy. Mailly, *L'esprit d. crois.*, IV, 328 ; — Wilken, I, 244 ; — Raumer, *Gesch. d. Hohenstaufen*, I, 154 ; — Sybel, 459 (387) ; — Peyré, II, 223 ; — HG, 408. — Les Francs étaient entrés dans la ville le 11 décembre au soir ; mais le meurtre des habitants ne commença probablement que le lendemain 12 ; les mots « facto die » des *Gesta* se rapportent à l'indication qui précède à savoir que la ville fut prise « occidente sole, xi° die intrante Decembris ».

1098, décembre 12 à 1099, janvier 13. — Les croisés séjournent à Marra, où la famine devient si grande qu'ils en arrivent à manger de la chair humaine.   (331)

Sources : *Gesta*, 155 (XXXIII, 8) : « Mora autem Francorum fuit in illa urbe per unum mensem et iv dies, in qua fuit mortuus

Oriensis episcopus. Fuerunt ibi ex nostris qui illic non invenerunt sicuti opus eis erat, tantum ex longa mora, quantum ex dis-
trictione famis, quia foris nequiverant aliquid invenire ad capiendum, sed scindebant corpora mortuorum, eo quod in ventribus
eorum inveniebant bisanteos reconditos, alii vero caedebant carnes
eorum per frusta et coquebant ad manducandum. » — Tudebode
(*Hist. occid. d. crois.*, III, 94). — *Hist. b. sacri*, c. 92 (*ibid.*, 209).
— Robert le Moine (*ibid.*, 850 B). — Baudri de Dol (*ibid.*, IV,
86 D-E) : « Morati sunt autem Franci in eadem civitate mensem
integrum et III dies..» — Guibert de Nogent (*ibid.*, 214 B-C). —
Orderic Vital (éd. citée, III, 582). — *Hist. Nicaena vel Antiochena*
(*Hist. occid.*, V, 174 B). — Henri de Huntingdon (*ibid.*, 378 H-I).
— Raimond d'Aguilers (*ibid.*, III, 271 G) : « Interea tanta fames
in exercitu fuit, ut multa corpora Saracenorum jam foetentium,
quae in paludibus civitatis ejusdem per duas hebdomadas et
amplius jacuerant, populus avidissime comederet. » — *Lettre des
princes croisés au pape* (dans Ekkehard, *Hierosolymita*, c. 15).
— Foucher de Chartres (*Hist. occid.*, III, 352 B) : « ...ubi obsidione per XX dies acta, famem nimiam gens nostra pertulit.
Dicere perhorreo quod plerique nostrum, famis rabie nimis
vexati, abscidebant de natibus Saracenorum jam ibi mortuorum
frusta, quae coquebant et mandebant, et parum ad ignem assata
ore truci devorabant. » — Raoul de Caen, c. 97 (*ibid.*, 675).
— Albert d'Aix, V, xxx : « Pacifice per III hebdomadas in ea
remanserunt, paucos illic cibos praeter olei abundantiam reperientes. » — Guill. de Tyr, VII, xl : « Nec enim momentaneum
fuerat nec ad tempus modicum illa tanta talisque quae populum
afflixerat inopia ; sed quasi hebdomadibus v vel amplius circa
illam quam expugnare nitebantur urbem moram fecerant cum
hoc periculo. »

Commentaire : Voy. Mailly, *L'esprit d. crois.*, IV, 325 ; —
Wilken, 1, 248.; — Raumer, *Gesch. d. Hohenstaufen*, I, 155 ; —
Sybel, 462 (390) ; — Peyré, II, 237 ; — De Smet, *Mém. sur
Rob. de Jérusalem*, 84 ; — Muralt, *Essai de chronogr.*, II, 87 ;
— HP, 247 (291) ; — HE, 158 ; — HG, 409. — D'après les *Gesta*
(XXXI, 3), le comte Raimond quitta Marra le 13 janvier 1099
(voy. ci-dessous, n° 338). Le renseignement fourni par Tudebode,
à savoir que les croisés restèrent devant Marra « per unum
mensem et III dies », est également exact, si l'on fait entrer
dans ce laps de temps le 11 décembre ou le 13 janvier. Mais
l'assertion d'Albert d'Aix (V, xxx) est inexacte ; de même, les
cinq semaines indiquées par Guillaume de Tyr, si on les compte
à partir du jour de la prise de Marra (11 décembre), ne sont
pas exactes, et elles sont absolument erronées si on les interprète par le séjour des croisés devant et dans la ville (29 no-
vembre-13 janvier).

1098, vers le 20 décembre. — Mort de Guillaume, évêque d'Orange, et d'Engelrad, fils du comte Hugues de Saint-Pol.   (332)

> **Sources :** *Gesta*, 155 (XXXIII, 8); cf. ci-dessus, n° 331. — Pour les copistes des *Gesta,* cf. au n° 331. — Raimond d'Aguilers (*Hist. occid. d. crois.*, III, 301 C) : « Post illum [Ademarum Podiensem] autem, cum Guillelmus Aurasicensis, vir bonae memoriae et episcopus, pro viribus nobis prodesse vellet, brevi in tempore apud Marram in pace quievit. » — Albert d'Aix, VII, xxx : « Engelradus, filius Hugonis comitis, juvenis mirae audaciae, in hac urbe aegritudine detentus, vita discessit, et in basilica b. Andreae apostoli corpus ejus humatum est ». — Guill. de Tyr, VII, xi : « Engelrandus, filius domini Hugonis comitis S. Pauli, aegritudine correptus valida, diem clausit extremum. »
>
> **Commentaire :** Voy. Wilken, I, 245; — Peyré, II, 227; — HG, 409. — La date exacte de la mort de ces personnages, qui se place entre le 12 décembre 1098 et le 13 janvier 1099, n'est donnée par aucune source; on peut la placer approximativement aux environs du 20 décembre.

1098, vers Noël. — Baudouin découvre à Édesse une conspiration ourdie pour le mettre à mort. Il prend des mesures de précaution et fait subir, le 26 décembre, de sévères châtiments aux principaux coupables.   (333)

> **Sources :** Guibert de Nogent (*Hist. occid. d. crois.*, IV, 165 A) : « Apud Edessam, Mesopotamiae urbem, sicut ab his qui ibidem versati sunt accepimus, vir quidam [Thoros] ducatus honore praefuerat, qui christianam provinciam regebat... » — Id. (*ibid.*, 165 F) : « Interempto eo [Thoro], Balduinus ducatum sibi ex adoptione delatum strenue obtinuit, et ex Francis equites et famulos ad sui custodiam, memor nuper expertae proditionis adhibuit. Non multo post tempore, cum dominicus natalis adesset, novi ducis [Balduini] necem in ipso sollemni die, iterata conspiratione, diffiniunt; qui eorum tractatus ducem minime latuit. Insinuat igitur et ipse his qui in suo asseclatu erant Francis, ut festis ecclesiae loricati ac galeati, immo ac si ad bella parati, equites assisterent; pedites lanceis, gladiis, bipennibus se munirent; et sic ubique procederent. Quo facto, urbani se a duce praeventos intelligunt. Ipse etenim cum multa armatorum constipatione ad ecclesiam processit ac sacro officio interfuit; ipsa tamen die siluit. Postridie autem convocat Edessenos et de proditione causatur... Convictis totius urbis primoribus, his quidem pedes incidi, illis manus, aliis cum naribus aures, quibusdam cum labiis linguas, generandi vero officialia cunctis; omnibus nihilominus diversa per exilia longe lateque distractis. » — Albert d'Aix, V, xvi, xvii. — Guill. de Tyr, VII, vi.

Commentaire : Voy. Mailly, *L'esprit des crois.*, IV, 311 ; — Wilken, I, 236 ; — Raumer, *Gesch. d. Hohenstaufen*, I, 149 ; — Peyré, II, 207 ; — Kugler, *Albert v. Aachen*, 179. — Seuls Guibert de Nogent, Albert d'Aix et, d'après lui, Guillaume de Tyr, parlent de cette conspiration contre Baudouin. L'anonyme des *Gesta Francorum*, Raimond d'Aguilers, Foucher de Chartres, Mathieu d'Édesse, tous témoins de la croisade, n'en disent rien. Cependant le témoignage de Guibert de Nogent ne doit pas être révoqué en doute. Guibert s'appuie sur les renseignements de témoins oculaires ; il fournit une date pour l'événement. Son « dominicus natalis » est Noel 1098. Dans les passages qui précèdent, il avait raconté la conspiration contre Thoros, ce qui l'amène à parler ensuite de la conspiration contre Baudouin.

1098, décembre 29. — Conseil tenu par les croisés à Marra, pour la marche en avant. L'avis émis par Boémond n'ayant pas prévalu, celui-ci retourne à Antioche. (334)

Sources : *Gesta,* 156 (**XXXIV, 1**) : « Boamundus autem non potuit apud comitem S. Aegidii concordari super id quod petebat, iratusque reversus est Antiochiam. » — Tudebode (*Hist. occid. d. crois.*, III, 94). — *Hist. b. sacri*, c. 93 (*ibid.*, 209). — Robert le Moine (*ibid.*, 849 F). — Baudri de Dol (*ibid.*, IV, 87 B). — Guibert de Nogent (*ibid.*, 214 C). — Orderic Vital (éd. citée, III, 583). — Raimond d'Aguilers (*Hist. occid.*, III, 270 G) : « Interea de itinere milites et populus quaerere coeperunt, quando placeret principibus ut inciperetur... Dicebat Boamundus quod usque in Pascha differretur. Et tunc erat tempus Dominicae, nativitatis. Desperabant etiam multi, eo quod pauci equi essent in exercitu, et dux aberat, et multi de militibus abierant ad Balduinum de Roais. Itaque multi revertebantur. Tandem convenerunt episcopus Albarensis et quidam nobiles cum populo pauperum, et comitem evocaverunt. Cumque episcopus praedicationem suam complesset, procubuerunt milites et omnis populus ante comitem ; et cum multis lacrymis deprecabantur eum ut ipse, cui Dominus lanceam suam contulerat, ductor et dominus exercitus ejusdem fieret ; addentes quod ob hoc lanceam dominicam promeruisset ut, si alii principes defecissent, ipse obnoxius tanto beneficio Domini securus cum populo pergere non formidaret. Alioquim traderet lanceam populo, et iret populus in Jherusalem, ipso Domino duce. Dubitabat autem comes, propter aliorum principum absentiam, metuens quod, si ipse solus diem itineris terminaret, ob invidiam sui ceteri non issent. Quid multa ? Vincitur comes [Raimundus] lacrymis pauperum, et diem xv^{um} ad iter nominavit. Quamobrem indignatus Boamundus, diem quintum aut sextum acclamare iti-

neri per civitatem jussit, et post haec Antiochiam reversus est. »
— Foucher de Chartres (*ibid.*, 352 D) : « Qua urbe [Marra] sic
detrita, Boamundus Antiochiam remeavit, de. qua tunc homines
Raimundi comitis, quos ibi pro portionis suae custodes posuerat,
eliminavit. Quam urbem postea cum tota provincia possedit. » —
Raoul de Caen, c. 105 (*ibid.*, 680 D) : « Boamundus, Marra eversa,
Antiochiam redierat, ubi etiam dux Godefridus et comes Flan-
drensis adhuc hyemabant. »

Commentaire : Voy. Wilken, I, 245; — Haken, *Gemælde d'*
Kreuzzüge, I, 353; — Sybel, 460 (388); — Damberger, *Synchron.*
Gesch., VII, 381; — Kugler, *Albert v. Aachen,* 182; — HE, 158;
— HP, 246 (298); — HG, 411. — Röhricht, *Gesch. d. Kreuzzüge*
im Umriss, p. 46. — Raimond et ses gens quittèrent Marra le
13 janvier 1099 pour marcher vers la Syrie méridionale (voir ci-
dessous, à cette date). A la demande instante du menu peuple
des croisés de continuer la marche en avant, il s'était élevé,
dans le conseil dont il est ici question, contre l'avis de Boémond,
qui voulait différer le départ jusqu'à Pâques, et il s'était engagé
à reprendre la marche en avant sous quinze jours. Il a apparem-
ment tenu sa promesse, ce qui place le conseil et la retraite
de Boémond à la date du 29 décembre, soit quinze jours avant
le 13 janvier 1099.

1099, vers le 4 janvier. — Réunion des princes croisés à Rugia, à
la demande du comte Raimond. Aucun accord n'y étant inter-
venu entre Raimond et Boémond; le premier retourne à
Marra, le second, avec les autres princes, à Antioche.   (335)

Sources : *Gesta,* 156 (XXXIV, 1) : « Comes igitur Raimundus,
non diu moratus, mandavit per suos legatos Antiochiae duci Godefrido et Flandrensi comiti ac Rotberto Nortmanno et Boamundo ut
ipsi venirent ad Rugiam civitatem loqui cum eo. Veneruntque
illuc omnes seniores et fecerunt concilium quomodo honeste possent tenere viam S. Sepulchri... Nequiverunt concordare cum
Raimundo Boamundum, nisi Raimundus comes redderet Antiochiam ei. Noluit comes ad hoc assentire pro fiducia, quam fecerat
imperatori. Comites denique et dux reversi sunt in Antiochiam
cum Boamundo; comes vero Raimundus reversus est ad Marram
ubi peregrini erant. » — Tudebode (*Hist. occid. d. crois.*, III,
94). — *Hist. b. sacri,* c. 93 (*ibid.*, 209). — Robert le Moine (*ibid.*,
850 B-D). — Baudri de Dol (*ibid.*, IV, 89 B-E). — Guibert de
Nogent (*ibid.*, 214 D-F). — Orderic Vital (éd. citée, III, 583). —
Raimond d'Aguilers (*Hist. occid.*, III, 271 B) : « Interea mandavit
comes ad ducem Lotharingiae et ad alios qui Marrae non inter-
fuerant ut congregarentur in unum locum atque de his quae iti-
neri utilia forent pertractarent. Atque sic convenerunt apud
Roiam, quae inter Antiochiam et Marram quasi media est; ibique

habito colloquio, omnes principes in deterius vertebantur. Etenim principes se ab itinere excusabant et, causa eorum, multi alii. » — Guill. de Tyr, VII, xi.

Commentaire : Voy. Mailly, *L'esprit d. crois.*, IV, 334 ; — Wilken, I, 246 ; — Haken, *Gemælde d. Kreuzzüge*, I, 352 ; — Raumer, *Gesch. d. Hohenstaufen*, I, 155 ; — Michaud, II, 70 ; — Sybel, 460 (388) ; — Peyré, II, 230 ; — Damberger, *Synchron. Gesch.*, VII, 381 ; — De Smet, *Mém. sur Robert de Jérusalem*, 83 ; — Kugler, *Albert v. Aachen*, 186 ; — HE, 158 ; — HP, 246 (290) ; — HG, 401, 411. — L'invitation faite aux princes par le comte Raymond ayant suivi immédiatement le départ de Boémond de Marra, (« non diu moratus », disent les *Gesta*), le colloque ne peut se placer longtemps après ce dernier événement. Peut-être même eut-il lieu déjà le mardi 4 janvier. D'Antioche, où Boémond était retourné, en quittant Marra, on pouvait gagner Rugia en un jour.

1099, vers le 5 janvier. — Les croisés du menu peuple commencent à démolir les murs de Marra ; le comte Raimond, à son retour de Rugia, en ressent une vive colère. (336)

Source : Raimond d'Aguilers (*Hist. occid. d. crois.*, III, 271 D) : « Inter haec, cum ad pauperes qui apud Marram remanserant perventum esset quod comes [Raimundus] in civitate Marrae multos milites et pedites de exercitu pro custodia dimittere vellet, dixerunt ad invicem : eho! et propter Antiochiam lites et propter Marram lites et in omni loco quem Deus dederit nobis principum certamina et imminutio exercitus Dei erit? Certe, propter hanc civitatem ulterius lites non dabuntur. Sed venite, et diruamus muros ejus et fiet pax inter principes et comiti securitas, ne perdat eam..... Qui non audebant per diem diruere vel non poterant alias intenti, per noctem instabant. Vix erat aliquis de populo debilis vel infirmus ad confringendum murum..... Interim comes a colloquio principum reversus Marram, graviter irascebatur de destructione muri contra populum. » — Guill. de Tyr, VII.

Commentaire : Voy. Wilken, I, 247 ; — Haken, *Gemælde d. Kreuzzüge*, I, 354 ; — Raumer, *Gesch. d. Hohenstaufen*, I, 155 ; — Michaud, II, 71 ; — Sybel, 460 (389) ; — Peyré, II, 234 ; — Damberger, *Synchron. Gesch.*, VII, 382 ; — De Smet, *Mém. sur Robert de Jérusalem*, 83 ; — Kohl, *Gesch d. Mittelalters*, 28 ; — HE, 158 ; — HP 246 (290) ; — HG, 413. — La destruction des murs de Marra par le bas peuple, pour forcer le comte Raymond à marcher sur Jérusalem, eut lieu pendant que celui-ci assistait à Rugia au colloque tenu par les premiers croisés, c'est-à-dire vers le 5 janvier 1099 (voy. n° 335). Le fait n'est raconté que par Raymond d'Aguilers, et par Guillaume de Tyr qui copie celui-ci.

1099, vers le 7 janvier. — Boémond chasse les Provençaux de la garde des fortifications d'Antioche. (337)

Sources : Raimond d'Aguilers (*Hist. occid. d. crois.*, III, 286 C) : « Habebat enim eo tempore [*scil.* obsidionis Archae] Antiochiam [Raimundus]; namque cum audisset Boamundus de comite, quod profectus esset a Marra in inferiora Syriae, expulit homines comitis violenter de turribus Antiochiae, quas servabant ». — Tudebode (*ibid.*, 95 A) : « Boamundus, cupiens habere civitatem Antiochiae sua virtute, omnes homines Raimundi S. Aegidii foras ejecit ». — *Hist. b. sacri*, c. 93 (*ibid.*, 209). — Foucher de Chartres (*ibid.*, 352 D) : « Boamundus Antiochiam remeavit, de qua tunc homines Raimundi comitis, quos ibi pro portionis suae custodes posuerat, eliminavit. » — *Hist. Nic. vel Antioch. (ibid.*, V, 174 B). — Lisiard de Tours (*ibid.*, III, 549 A). — Albert d'Aix, V, xxvi : « Boemundus, cujus cor quam maxima invidia et indignatio animi adversus comitem Reymundum mordebat, videns opportunitatem Godefridi discessione et Reymundi absentia, signo cornicinum sociis suis admonitis et conglobatis, turrim quae fonti igne imminebat in virtute magna assiliit, comitisque Reymundi milites, qui in ea remanserant, bello et sagittariis gravatos ab arce et urbe ejecit, sicque solus dominium Antiochiae obtinuit. » — Raoul de Caen, c. 98 (*ibid.*, 675). — Guill. de Tyr, VII, xi.

Commentaire : Voy. Mailly, *L'esprit d. crois.*, IV, 333; — Wilken, I, 246; — Haken, *Gemælde d. Kreuzzüge*, I, 353; — Raumer, *Gesch. d. Hohenstaufen*, I, 154; — Sybel, 461 (389) : « Aussitôt [Boémond] envoya son cousin [Tancrède, de Marra] à Antioche, où celui-ci ayant appelé sous les armes une petite troupe, la conduisit contre les tours occupées par les gens du comte de Toulouse. Ces derniers ne savaient rien de ce qui s'était passé à Marra, et n'avaient aucune méfiance à l'égard des Normands. Aussi les Normands purent-ils, grâce à leur attaque soudaine et sans presque verser de sang, s'emparer de tous les postes. Les Provençaux, surpris et vaincus avant de s'être rendus compte de l'attaque, capitulèrent et évacuèrent la ville. Tel est le récit de Raoul de Caen (ch. 98), qui certainement assigne à l'événement une date erronée. La date exacte, à savoir l'époque comprise entre le colloque de Rugia et le retour de Raimond à Marra, est fournie par l'*Hist. belli sacri* et par Tudebode, et je ne doute pas que si elle manque dans les *Gesta*, c'est par suite de la corruption du texte. D'après Raimond d'Aguilers, ce serait seulement après le départ de Raimond de Marra que Boémond aurait commis la violence en question; cet auteur, au surplus, ne raconte les faits que très sommairement. Les historiens modernes ont, en général, suivi le récit de Raoul de Caen. » — Peyré, II, 232; — Kugler, *Albert v. Aachen*, 189 : « On ne s'accordait pas jusqu'ici sur la date de l'acte de violence de Boémond contre les Provençaux. Les *Gesta*

et Raimond d'Aguilers ne l'indiquent pas. Raoul de Caen la recule
beaucoup trop, car il la place pendant le siège de Marra. Deux
copistes des *Gesta,* Tudebode et l'*Hist. b. sacri* intercalent le
fait avant le départ de Raimond de Marra. C'est également à cette
dernière époque que semble l'assigner Albert d'Aix, dont le récit
mentionne l'absence de Godefroi de Bouillon, et peut, par conséquent, être regardé comme très important en la question. » — HG,
413 ; — Kühne, *Zur Gesch. des Fürstent. Antioch.*, p. 5. — Dans
mon édition des *Gesta* (p. 413), j'ai placé l'expulsion des Provençaux par Boémond dans les premiers jours qui suivirent le départ
du comte Raimond de Marra, sur la foi de Raimond d'Aguilers,
qui, contrairement au dire de Kugler, n'est pas exact quant à
l'ensemble de ces événements. Nous n'hésiterions pas à donner la
préférence au récit de Raymond d'Aguilers, si Raoul de Caen,
généralement bien informé sur les faits relatifs à Tancrède, ne
nommait ce personnage comme l'exécuteur de la mesure ordonnée
par Boémond. On sait que Tancrède quitta Marra avec le comte
Raimond (voy. n° 339), il ne peut donc, après le départ des croisés de Marra, avoir séjourné à Antioche. Au reste, il est possible
d'accorder sa narration avec le récit de Raimond d'Aguilers
puisqu'en fait, Boémond, après être allé à Rugia, savait que le
comte Raimond n'avait plus l'intention de revenir à Antioche,
mais reprendrait, le 13 janvier suivant, la marche sur Jérusalem,
et dès lors pouvait expulser les Provençaux sans craindre que le
comte Raimond lui disputât les postes conquis.

1099, vers le 8 janvier. — Le comte Raimond, avant son départ dé-
finitif de Marra, fait une razzia dans le territoire d'Alep. (338)

> **Sources :** Raimond d'Aguilers (*Hist. occid. d. crois.*, III,
> 272 B-D) : « [Raimundus] in interiora Hispaniae pro victualibus
> populum ire praecepit, et ipse cum militibus praecederet eum...
> Sed hoc non erat gratum quibusdam de suis privatis... Intende-
> bant comiti nimiam levitatem. Ad ultimum tamen, pro causa
> comes profectus pauperum, castella multa obtinuit et captivos et
> maximam praedam cepit. » — Guill. de Tyr, VII, xii.
>
> **Commentaire :** Voy. Wilken, I, 248 ; — Raumer, *Gesch. d.
> Hohenstaufen*, I, 155 ; — Peyré, II, 236 : premiers jours de jan-
> vier 1099 ; — De Smet, *Mém. sur Robert de Jérusalem*, 83 ; —
> HG, 413. — Cette expédition est mentionnée comme ayant eu
> lieu parmi les dernières. Elle se place après le séjour du comte
> Raimond à Rugia et avant son départ de Marra. Elle est men-
> tionnée par Raimond d'Aguilers et, d'après lui, par Guillaume de
> Tyr.

1099, janvier 13. — Le comte Raimond quitte Marra après avoir

brûlé la ville ; il arrive à Kapharda en compagnie de Tancrède.   (339)

Sources : *Gesta*, 156 (XXXIV, 3) : « Videns autem Raimundus
quod nullus seniorum voluisset causa ejus ire in viam S. Sepulcri, exivit nudis pedibus de Marra, xiii[a] die intrante Januario,
et pervenit usque Capharda, fuitque ibi per iii dies. » — Tudebode (*Hist. occid. d. crois.*, III, 95). — *Hist. b. sacri*, c. 93
(*ibid.*, 209) : « in die S. Hilarii. » — Robert le Moine (*ibid.*, 850 E) :
« ibi quatuor diebus perendinatis. » — Baudri de Dol (*ibid.*, IV,
89 F). — Guibert de Nogent (*ibid.*, IV, 214 F). — Orderic Vital
(éd. citée, III, 584). — Henri de Huntingdon (*Hist. occid.*, V,
378 I) : « xiv die Januarii exeuntes. » — Raimond d'Aguilers
(*ibid.*, III, 272 F) : « Igitur proventu rerum et crucis confortati
in castro quodam, quod vocabatur Cafarta et erat itinere longe a
Marra iv leugis, spolia sua dimiserunt..... Constituta itaque die
et incensa civitate [Marra], proficiscebantur [Cafartam]. Sed
comes cum clericis suis et episcopo Albariensi discalciatus ince-
debat, invocantes Dei misericordiam et sanctorum praesidia, et
consecutus est nos Tancredus cum xxxx militibus et peditibus
multis. » — Foucher de Chartres (*ibid.*, 352 E) : « Comes vero
Raimundus, juncto sibi Tancredo cœptum iter tenuit. » — Guillaume de Tyr, VII, xii.

Commentaire : Voy. Wilken, I, 248 ; — Haken, *Gemælde d.
Kreuzzüge*, I, 355 ; — Raumer, *Gesch. d. Hohenstaufen*, I, 155 ; —
Sybel, 462 (390) ; — Peyré, II, 237 ; — Damberger, *Synchron.
Gesch.*, VII, 382 ; — De Smet, *Mém. sur Robert de Jrlm.*, 84 ; —
Muralt, *Essai de chronogr.*, 87 ; — Kohl, *Gesch. d. Mittelalters*,
28 ; — HL, 160 ; — HP, 247 ; — HG, 414. — Henri de Huntingdon
et, d'après lui, Haken se trompent, le premier en faisant partir
Raimond de Marra le 14 janvier, et le second en le faisant partir
seulement le 30 janvier. Aussi bien Foucher de Chartres que
Raimond d'Aguilers font partir le comte Raimond de Marra en
compagnie de Tancrède, qui, venant d'Antioche, avait passé un
ou plusieurs jours avec lui.

1099, janvier 14. — Robert de Normandie fait à Kapharda sa jonction avec le comte Raimond pour marcher en avant.   (340)

Sources : *Gesta*, 156 (XXXIV, 3) : « Illic [*scil.* Kaphardae],
adjunxit se comes Nortmanniae comiti Raimundo. » — Pour les
copistes des *Gesta*, voir au n° 339. — Foucher de Chartres (*Hist.
occid. d. crois.*, III, 352 E) : « Robertus etiam comes Normannus,
die secundo discessionis a Marra urbe, quam ceperant, eidem
exercitui aggregatus est. » — Raimond d'Aguilers (voy. ci-dessus,
n° 339).

Commentaire : Voy. Mailly, *L'Esprit d. crois.*, IV, 335 ; — Wilken, I, 249 ; — Haken, *Gemælde d. Kreuszüge*, I, 356 ; — Raumer, *Gesch d. Hohenstaufen*, I, 156 ; — Michaud, II, 72 ; — Lappenberg, *Gesch. v. England*, II, 225 ; — Sybel, 463, (381) ; — Peyré, II, 237 ; — Muralt, *Essai de chronogr.*, II, 87 ; — Damberger, *Synchron. Gesch.*, VII, 382 ; — HE, 160 ; — HG, 414. — Le « dies secundus discessionis », dans Foucher, est le 14 janvier ; c'est le jour où Robert rejoignit l'armée de Raimond, deux ou plusieurs jours après la jonction de Tancrède avec ce dernier. Si tous deux avaient rejoint Raimond le même jour, ce fait eût été indiqué d'une manière quelconque dans les sources.

1099, janvier 16. — Les croisés, sous la conduite de Raimond de Saint-Gilles et de Robert de Normandie, quittent Kapharda et arrivent à Schaizar. (341)

> **Sources :** *Gesta*, 156 (XXXIV, 3, 5) : « Fuitque ibi [*scil.* Kaphardæ] per III dies [Raimundus]..... Exierunt autem nostri et venerunt hospitari juxta Caesaream super fluvium Farfar. » — Pour les copistes des *Gesta*, voir ci-dessus, no 339. — Raimond d'Aguilers (*Hist. occid. d. crois.*, III, 272 G). — Guill. de Tyr, VII, XII.
>
> **Commentaire :** Voy. *L'Esprit d. crois.*, IV, 336 ; — Wilken, I, 249 ; — Haken, *Gemælde d. Kreuszüge*, I, 356 ; — Raumer, *Gesch. d. Hohenstaufen*, I, 156 ; — Sybel, 463 (391) ; — Peyré, II, 239 ; — HE, 160 ; — HG, 416. — Après une halte de trois jours à Kapharda (13-15 janvier), les croisés reprirent leur marche le 16, et arrivèrent certainement le même jour à Schaizar, localité distante de quatre lieues environ. Ils s'y arrêtèrent un jour (voy. ci-dessous, no 342).

1099, janvier 17. — Les croisés quittent Schaizar et arrivent dans la vallée sise entre Schaizar et Hamah ; ils y séjournent cinq jours. (342)

> **Sources :** *Gesta*, 156 (XXXIV, 6) : « Crastino vero die, misit cum illis duos Turcos, suos videlicet nuntios, qui eis monstrarent fluminis vadum eosque conducerent, ubi invenire possent ad capiendum. Denique venerunt in vallem quandam subter quoddam castrum, ibique depraedati sunt plus quam v animalium milia et satis frumenti atque alia bona...; fuimusque ibi per v dies » ; — Tudebode (*Hist. occid. d. crois.*, III, 95) ; — *Hist. b. sacri*, c. 94 (*ibid.*, 210). — Robert le Moine (*ibid.*, III, 851 BC). — Baudri de Dol (*ibid.*, IV, 90 CD). — Guibert de Nogent (*ibid.*, 214 H-215 B). — Orderic Vital (éd. citée, III, 585).
>
> **Commentaire :** Voy. Peyré, II, 239 ; — HE, 160 ; — HG, 417. — Sur Schaizar, voy. la remarque faite par moi dans mon éd. des *Gesta*. Le séjour des croisés dans cette localité dura jusqu'au 22 janvier. (cf. no 343).

1099, janvier 22. — Les croisés quittent la vallée située entre
Schaizar et Hamah et se dirigent vers un château (Massiyas?)
(343)

Sources : *Gesta*, 156 (XXXIV, 7) : « Egressi inde, pervenimus
gaudentes hospitari ad quoddam Arabum castrum. Exivit igitur
dominus castri et concordatus est cum comite. » — Tudebode
(*Hist. occid. d. crois.*, III, 96). — *Hist. b. sacri*, c. 94 (*ibid.*,
210). — Robert le Moine (*ibid.*, 851 C). — Baudri de Dol (*ibid.*,
IV, 90 E). — Guibert de Nogent (*ibid.*, 215 B). — Orderic Vital
(éd. citée, III, 585).

Commentaire : Voy. Peyré, II, 239; — HG, 418. — « Inde »
indique la vallée entre Schaizar et Hamah, où les croisés s'arrêtèrent pendant cinq jours. Ils poursuivirent leur route le 22 janvier et arrivèrent le même jour au « Arabum Castrum », probablement le château de Massiyas, célèbre par le rôle qu'il joua
dans l'histoire des Assassins. Le mot « hospitari » indique qu'ils
couchèrent en cet endroit.

1099, janvier 23. — Arrivée des croisés à Céphalie.   (344)

Sources : *Gesta*, 156 (XXXIV, 7) : « Exeuntes vero inde, pervenimus ad quandam civitatem pulcherrimam et omnibus bonis
refertam, in quadam valle sitam, nomine Kephaliam. » — Tudebode (*Hist. occid. d. crois.*, III, 96). — *Hist. b. sacri*, c. 95 (*ibid.*,
210). — Robert le Moine (*ibid.*, 852 A-D). — Baudri de Dol (*ibid.*,
IV, 90 F). — Guibert de Nogent (*ibid.*, 215 C). — Orderic Vital
(éd. citée, III, 585).

Commentaire : Voy. Peyré, II, 239; — HG, 418. — Le séjour
des croisés à Céphalie dura trois jours (voy. ci-dessous, n° 345).

1099, janvier 25-27. — Les croisés quittent Céphalie le 25 janvier
et entrent, le 27, dans la plaine de Bukeia par la montagne des
Nasairiés.   (345)

Sources : *Gesta*, 156 (XXXIV, 7) : « Tertia die, egressi ab illa
urbe [*scil.* Kephalia], transivimus per altam et immensam montaneam et intravimus in vallem Desem, in qua erat maxima ubertas
omnibus bonis; fuimusque ibi per dies fere xv. » — Tudebode
(*Hist. occid. d. crois.*, III, 96). — *Hist. b. sacri*, c. 95 (*ibid.*,
210). — Robert le Moine (*ibid.*, 852 E). — Baudri de Dol (*ibid.*,
IV, 90 G) : « ...in vallem uberem descenderunt, ibi dies xv quieverunt. » — Guibert de Nogent (*ibid.*, 215 D). — Orderic Vital
(éd. citée, III, 586). — Henri de Huntingdon (*Hist. occid.*, V,
379 A).

Commentaire : Voy. Peyré, II, 240; — HG, 160; — HF, 419.
Le départ des croisés eut lieu, disent les *Gesta*, « le troisième

14

jour », en comptant probablement le jour de leur arrivée, de Céphalie ne s'arrêtèrent en réalité que deux jours pleins à cette localité et repartirent le troisième jour, soit le 25 janvier. Si l'on ne comptait pas le jour de l'arrivée à Céphalie, on devrait admettre pour leur départ la date du mercredi 26 janvier et celle du 27 janvier pour leur arrivée dans la vallée sus-mentionnée.

1099, vers le 28 janvier. — Attaque infructueuse du château du Krak. Le comte Raimond court les plus grands dangers. (346)

Sources : *Gesta*, 156 (XXXIV, 9) : « Hic [in valle Desem] prope nos erat quoddam castrum, in quo erat congregata maxima paganorum multitudo. Quod castrum adgressi sunt nostri, idque fortiter superassent, nisi Saraceni jactassent foras immensas turmas animalium ; reversi sunt nostri deferentes omnia bona ad sua tentoria. » — Tudebode (*Hist. occid. d. crois.*, III, 96) ; — *Hist. b. sacri*, c. 95 (*ibid.*, 210) ; — Robert le Moine (*ibid.*, 852 E-G) ; — Baudri de Dol (*ibid.*, IV, 90 G) ; — Guibert de Nogent (*ibid.*, 215 EF) ; — Orderic Vital (éd. citée, III, 586) ; — Raimond d'Aguilers (*Hist. occid.*, III, 274 B) : « Itaque circinatis magnis montanis, cum in vallem quamdam opulentissimam venissemus, rustici quidam, multitudine sua et castri sui munitione superbi, neque ad nos mittere pro pace, neque relinquere castrum suum voluerunt... Castellum ipsorum erat in descensu cujusdam maximi montis, et propterea cum volebant refugiebant ad castellum et alii in superiorem montem et sic aliquantulum nobis resistebant... Erant autem tentoria nostra longe a castello quasi x miliaribus... Comes... pene se derelictum a militibus suis reperit... ; erat ardua semita, per quam unus equus post alium vix ire poterat..... Videntes Saraceni nostros secure descendere, nostris incurrunt. Coacti itaque nostri, alii ab equis suis' descenderunt, alii se praecipites per abrupta dederunt, et sic cum maximo periculo evaserunt... Hoc unum certum didicimus, quod numquam fuit in majori periculo vitae suae comes... Mane autem facto, cum venissemus ibi, spolia tantum et castrum vacuum ab hominibus invenimus. » — Raoul de Caen, c. 105 (*ibid.*, 680) : « Pars citra manet, de opibus Crach et Raphaniae oppidorum ac reliquae hujus modi citerioris viciniae facilius alenda. » — Guill. de Tyr, VII, xv.

Commentaire : Voy. Wilken, I, 251 ; — Raumer, *Gesch. d. Hohenstaufen*, I, 157 ; — Peyré, II, 242 ; — Heermann, *Die Gefechtsführung abendländ. Heere im Orient* (Marburg, 1887), p. 109 ; — HG, 420. — J'ai démontré dans mon édition des *Gesta* (p. 420) que le château mentionné ici par les Gesta et par Raimond d'Aguilers était le Krak. L'attaque de cette place doit avoir eu lieu entre le 26 janvier et le 1er février (cf. ci-dessous, nos 347, 348).

1099, vers le 29 janvier. — Les croisés occupent le château du Krak, que ses défenseurs ont abandonné. (347)

> Sources : *Gesta*, 156 (XXXIV, 9) : « Summo autem diluculo, collegerunt nostri suos papiliones et venerunt obsidere idem castrum ...Sed gens pagana omnino dedit se fugae ac dimiserunt castrum vacuum. Intrantes autem nostri, invenerunt ibi omnem abundantiam frumenti, vini, farinae, olei et quicquid eis opus erat. » — Raimond d'Aguilers (*Hist. occid.*, III, 274 B) : « Mane autem facto, cum venissemus ibi, spolia tantum et castrum vacuum ab hominibus invenimus. »
>
> Commentaire : Voy. les ouvrages cités ci-dessus, n° 346. — Ce fut le lendemain de leur attaque infructueuse contre le Krak, que les croisés ayant trouvé ce château abandonné par ses défenseurs, y entrèrent. Les expressions « summo diluculo » des *Gesta* et « mane facto » de Raimond d'Aguilers indiquent, en effet, le matin du jour qui suivit celui de l'attaque.

1099, mercredi 2 février. — L'armée des croisés célèbre en grande solennité au château du Krak, la fête de la purification de la Vierge. (348)

> Sources : *Gesta*, 157 (XXXIV, 10) : « Illic devotissime celebravimus festivitatem Purificationis S. Mariae. » — Pour les copistes des *Gesta*, voir les références indiquées au n° 346.
>
> Commentaire : Voy. Peyré, II, 244; — HG, 422. — « Illic » se rapporte bien au château du Krak, que les croisés avaient occupé après que les défenseurs se furent retirés.

1099, février 2. — Réunion à Antioche des chefs qui n'avaient pas suivi le comte Raimond. On y décide que l'armée s'assemblera à Laodicée avant le 1er mars, pour reprendre de là la marche en avant. (349)

> Sources : Albert d'Aix, V, xxviii : « Conventum vero et colloquium super hac populi querela iv. Non. Februarii decreverunt habere. Collatis itaque in unum et colloquio habito ibidem intra Antiochiam, decretum est ab omnibus, magnis et parvis, ut in Kal. Martii Laodiciam, quae christianae erat potestatis, pariter convenirent, et illic collecto circumquaque robore, nil periculi vitae post hac considerantes, minime ultra differrent insistere in Jerusalem. » — Guill. de Tyr, VII, xvi.
>
> Commentaire : Voy. Mailly, *L'esprit des crois.*, IV, 341; — Raumer, *Gesch. d. Hohenstaufen*, I, 158; — Peyré, II, 252; — Kugler, *Albert v. Aachen*, 190; — HG, 434. — Le renseignement que donne ici Albert d'Aix et que répète d'après lui Guillaume de

Tyr ne figure nulle autre part. Il est certain toutefois que les deux dates fournies par Albert d'Aix sont exactes.

1099, vers le 4 février. — Des envoyés des émirs de Homs et de Tripoli viennent trouver les croisés dans leur camp du Krak, pour conclure une alliance avec eux.   (350)

> **Sources :** *Gesta*, 157 (XXXIV, 10) : « Veneruntque illuc nuntii de Camela [= Homs]. Rex namque illius mandavit comiti equos, aurum, et pactus est cum eo quod christianos nullo modo offenderet, sed eos diligeret et honoraret. Rex autem Tripolis mandavit comiti quomodo cum eo fideliter pactum iniret et amicitiam haberet, si ei placeret, misitque illi equos x et iv mulas et aurum. Sed comes ait nullo modo cum eo pacem se recipere, nisi ille christianus efficeretur. » — Tudebode (*Hist. occid. d. crois.*, III, 97). — *Hist. b. sacri*, c. 96 (*ibid.*, 210). — Robert le Moine (*ibid.*, 853 A-B). — Baudri de Dol (*ibid.*, IV, 91 B-C). — Guibert de Nogent (*ibid.*, 215 F). — Orderic Vital (éd. citée, III, 586). — Anonyme rhénan, *Hist. Godefridi* (*Hist. occid.*, V, 490 EF). — Raimond d'Aguilers (*ibid.*, III, 275 B) : « Erant eo tempore nobiscum legati et ab amirato Camelae et a rege Tripolis... Terruerat enim totam illam regionem castelli expugnatio, quoniam nunquam ante ab aliquibus potuit expugnari. Propterea illius incolae regionis cum multis supplicationibus et muneribus ad comitem mittebant, precantes ut, dum civitates et castella eorum recipi faceret, interim signa et sigilla sua eis dirigeret. » — Guill. de Tyr, VII, xii.
>
> **Commentaire :** Voy. Wilken, I, 250 ; — Haken, *Gemælde d. Kreuzzüge*, I, 356 ; — Raumer, *Gesch. d. Hohenstaufen*, I, 157 ; — Sybel, 464 (392) ; — Peyré, II, 245 ; — Damberger, *Synchron. Gesch.*, VII, 383 ; — HG, 422-424. — Les *Gesta* et Raimond d'Aguilers parlent de ces ambassades immédiatement après avoir raconté l'occupation du Krak par les croisés. Les envoyés des émirs arrivèrent au camp des croisés lorsque ceux-ci étaient déjà en possession du château et avant qu'ils ne l'eussent quitté, c'est-à-dire entre le 30 janvier et les environs du 9 février.

1099, vers le 11 février. — Les croisés lèvent leur camp de la plaine de Bukeia, devant le Krak.   (351)

> **Sources :** *Gesta*, 157 (XXXIV, 8) : « Intravimus in vallem Desem [el-Bukeia], in qua erat maxima ubertas omnibus bonis ; fuimusque ibi per dies fere quindecim. » — Robert le Moine (*Hist. occid. d. crois.*, III, 853 C) : « Itaque xiv diebus explicitis, xv° exierunt de optima valle [el-Bukeia] et abierunt ad quoddam antiquissimum castrum cui Archas erat vocabulum. » — Tudebode (*ibid.*, 97) ; — *Hist. b. sacri*, c. 96 (*ibid.*, 210).

Commentaire : D'après les *Gesta* (XXXIV, 8), les croisés
campèrent quinze jours dans la plaine de Bukeia (Desem). S'ils
y étaient arrivés vers le 27 janvier, comme je l'ai supposé, leur
départ se placerait vers le 11 février. J'avais, dans mon édition
des *Gesta* (pp. 419 et 425), adopté pour ce départ la date du 9 ou
10 février; mais le 11 doit être la date exacte, car on ne peut
admettre que les croisés aient mis plus de quatre jours pour aller
à Arka, la distance à vol d'oiseau entre le Krak et Arka étant à
peine de 40 kilomètres.

1099, vers le 14 février. — Les croisés, conduits par Raimond de
Saint-Gilles, arrivent devant Arka.   (352)

Sources : *Gesta*, 157 (XXXIV, 11) : « Exeuntes autem de
optima valle, pervenimus ad quoddam castrum, quod dicitur
Archae, in die lunae, scilicet ɪɪᵃ feria, mediante Februario, circa
quod tentoria tetendimus. » — Tudebode (*Hist. occid. d. crois.*,
III, 97). — *Hist. b. sacri*, c. 96 (*ibid.*, 210). — Robert le Moine
(*ibid.*, 853 C) : « Itaque xɪv diebus explicitis, xvᵒ exierunt de
optima valle et abierunt ad quoddam antiquissimum castrum, cui
Archas erat vocabulum. » — Baudri de Dol (*ibid.*, IV, 91 D) :
« Exeuntes autem de valle illa optima, transierunt ad quoddam
castrum quod Archa dicitur, pridie idus Februarii (= 12 févr.). »
— Orderic Vital, III, 587, qui donne la même date que Baudri. —
Guibert de Nogent (*Hist. occid.*, IV, 215 C) : « Februariis idibus,
cum esset secunda feria... » (indication erronée, le 13 février tombant cette année-là un dimanche). — Raimond d'Aguilers (*ibid.*,
III, 275 E). — Foucher de Chartres (*ibid.*, 352 E) : « Anno 1099,
profecti sunt ad castrum Archas dictum....; per v fere septimanas
caute illud in obsidione laborantes astiterunt, nihil proficientes. »
— Bartolf de Nangis (*ibid.*, 506 C). — *Hist. Nicaena vel Antioch.*
(*ibid.*, V, 174 D). — Raoul de Caen, c. 105 et suiv. (*ibid.*, III,
680). — Albert d'Aix, V, xxxɪ, xxxvɪɪ : « Per duos enim menses
et dimidium, in circuitu praesidii Archas a principio cum ipso
comite consederant. » — Guill. de Tyr, VII, xxɪɪ : « Post dies
aliquot, regione media cum omni tranquillitate decursa, in campestria urbis antiquae haud longe a mari, quae Archis appellabatur
descenderunt, satis in vicino juxta urbem castra metantes. » —
Henri de Huntingdon (*Hist. occid.*, V, 379 A) : Mediante Februario, obsederunt castrum Archae per III fere menses, ibique Pascha celebratum est. »
Commentaire : Voy. Mailly, *L'esprit d. crois.*, IV, 338 :
« le 15 février 1099. » — Wilken, I, 253 ; — Haken, *Gemælde d.
Kreuzzüge*, I, 357 ; — Raumer, *Gesch. d. Hohenstaufen*, I, 157 ; —
Michaud, II, 721 ; — Sybel, 465 (392) ; — Peyré, II, 247 ; — Damberger, *Synchron. Gesch.*, VII, 383 ; — Gieselbrecht, *Gesch. d. deuts-*

chen Kaiserzeit (1868), III, 684 ; — Kugler, *Albert v. Aachen*,
187 ; — Kugler, *Gesch. d. Kreuzzüge*, 57 ; — Muralt, *Essai de
chronogr.*, II, 87 : « 12 février 1099 » ; — Kohl, *Gesch. d. Mittelalters*, 28 ; — HE, 160 ; — HP, 248, 377 (291) ; — HG, 425 ; —
Ed. Franz, *Das Patriarchat v. Jerusalem im J. 1099* (1885),
p. 12 ; — Kühn, *Gesch. d. ersten latein. Patriarchen v. Jerusalem* (1886), p. 4. — La date exacte de l'arrivée de Raimond
devant Arka est fournie par les *Gesta* et quelques-uns de leurs
remanieurs. Les dates données par Baudri et Guibert sont erronées; et celle que donne Baudri se trouve répétée dans Orderic
Vital et a été adoptée par Muralt. La plupart des autres historiens modernes cités ci-dessus ont passé sous silence la question
de la date.

1099, vers le 16 février. — Quatorze chevaliers, parmi lesquels
Raimond de Taurina et Pierre de Châtillon, font avec succès
une razzia contre Tripoli. D'autres croisés, sous le commandement de Raymond Pilet et de Raimond de Tentoria, en
entreprennent une contre Tortose.   (353)

> **Sources :** *Gesta*, 157 (XXXIV, 12, 13) : « Tunc exeuntes xiv
> ex nostris militibus ierunt contra Tripolim urbem, quae erat secus
> nos. Isti xiv invenerunt circa lx Turcos et alios quosdam, qui
> habebant ante se collectos homines et animalia plusquam md, qui
> signo crucis muniti invaserunt eos et, Deo juvante, mirabiliter
> superaverunt illos et occiderunt vi ex illis, et apprehenderunt vi
> equos. De exercitu vero Raimundi comitis exierunt Raimundus
> Piletus et Raimundus, vicecomes de Tentoria, veneruntque ante
> Tortosam civitatem et fortiter aggrediuntur illam, quae nimis erat
> munita multitudine paganorum. Sero autem facto, secesserunt in
> quendam angulum ibique hospitati sunt, feceruntque innumera-
> biles ignes, quasi tota hostis esset ibi. Pagani vero nocte latenter
> fugerunt et dimiserunt civitatem plenam omnibus bonis, quae
> etiam valde optimum portum secus mare in se retinet. Crastina
> autem die invenerunt nostri illam vacuam et intrantes habi-
> taverunt in ea usque dum obsessio esset ante urbem Archae. »
> — Tudebode (*Hist. occid. d. crois.*, III, 98) : « ..... isti milites
> fuerunt Raimundus de Taurina et Petrus de Castelione... » — *Hist.
> b. sacri*, c. 96, 97 (*ibid.*, 210-211). — Robert le Moine (*ibid.*, 853 D-
> 854 D). — Baudri de Dol (*ibid.*, IV, 91 C-G). — Guibert de
> Nogent (*ibid.*, 215 H-216 E). — Orderic Vital (éd. citée, III, 587,
> 588). — Anonyme rhénan, *Hist. Godefridi* (*Hist. occid.*, V, 490 H-
> 491 A). — Henri de Huntingdon (*ibid.*, 379 B). — Raimond
> d'Aguilers (*ibid.*, III, 276 C) : « Hanc Tortosam enim civitatem
> valde firmissimam pro solo timore nostri exercitus reliquerunt. »
> — Albert d'Aix, V, xxxi : « Dehinc civitate, Tortosa nomine,

expugnata et non multo labore capta et in manu comitis Raimundi
ejusque custodia constituta......... »

Commentaire : Voy. Wilken, I, 255 ; — Haken, *Gemælde d.
Kreuzzüge*, I, 357 ; — Raumer, *Gesch. d. Hohenstaufen* I, 157 :
« Antaradus », c'est-à-dire Tortose ; — Michaud, II, 74 ; — Sybel,
465 (392) ; — Peyré, II, 248 ; — Damberger, *Synchron. Gesch.*,
VII, 383 ; — Arbellot. *Les chevaliers limousins*, 30 ; — HG, 426,
427. — Le mot « tunc » des *Gesta* se rapporte à l'époque où les
croisés commandés par le comte Raimond arrivèrent devant
Arka, événement que les *Gesta* racontent immédiatement avant
l'expédition contre Tripoli et Tortose. Raimond d'Aguilers, lui
aussi, raconte la prise de Tortose immédiatement après avoir
parlé de l'arrivée des Francs devant Arka. Le récit d'Albert
d'Aix montre que cet auteur ne savait pas du tout où Tortose
était située ; car il fait aller les croisés d'abord à Tortose, puis
à Bukeia et enfin à Arka. La chevauchée de Raimond Pilet eut
lieu certainement un des jours qui suivirent l'arrivée des troupes
du comte de Saint-Gilles devant Arka.

1099, vers le 17 février. — Prise de Tortose par Raimond Pilet.
(354)

Source et Commentaires : Voy. les textes et ouvrages indi-
qués ci-dessus, n° 353. — Le lendemain matin (« crastina die »
des *Gesta*) du jour où les croisés arrivèrent devant Tortose et
après la nuit où ils terrifièrent les habitants par des feux allumés
en différents endroits, les gens de Raimond Pilet entrèrent dans
Tortose abandonnée. Ils occupèrent cette place jusqu'en mai 1099.
Les historiens postérieurs mentionnent à peine ce fait ; aucun
n'en fixe la date.

1099, vers le 25 février. — Mort d'Anselme de Ribemont.   (355)

Sources : *Gesta*, 158 (XXXV, 3) : « In illa obsidione [*scil.*
Archae] feliciter acceperunt martyrium plures ex nostris, videlicet Anselmus de Ribodimonte, Willelmus Picardus et alii plures,
quos ignoro. » — Tudebode (*Hist. occid. d. crois.*, III, 100). —
Hist. b. sacri, c. 97 (*ibid.*, 211). — Robert le Moine (*ibid.*,
857 A-B). — Baudri de Dol (*ibid.*, IV, 93 G). — Guibert de Nogent (*ibid.*, 218 H - 219 D). — Orderic Vital (éd. citée, III, 592).
— Henri de Huntingdon (*Hist. occid.*, V, 379 A). — Anonyme
rhénan, *Hist. Godefridi* (*ibid.*, 489 G). — Gilo, lib., V, vers 390
(*ibid.*, p. 788). — Raimond d'Aguilers (*ibid.*, III, 276 E-277 B) :
« Migravit ibi gloriose Anselmus de Riberi Monte...., lapide tor-
menti in capite percussus est. » — Foucher de Chartres (*ibid.*,
353 B) : « In illa tunc obsidione, Anselmus de Ribodimonte, miles
strenuus, ictu lapidis interiit. » — Albert d'Aix, V, xxxi. —

Raoul de Caen, c. 106 (*Hist. occid.*, III, 681). — Guill. de Tyr, VII, xvii.

Commentaire : Voy. Mailly, *L'Esprit des crois.*, IV, 339 ; — Michaud, II, 74 ; — Sybel, 468 (395) ; — Peyré, II, 260 ; — Damberger, *Synchron. Gesch.*, VII, 383 ; — Riant, *Inventaire*, 164 : « Sa mort glorieuse devant Archis (commencement d'avril 1099) a été célébrée par tous les témoins oculaires de l'expédition. » — Reiffenberg, *Le chevalier au Cygne*, II, cxxxviii ; — P. Paris, *La chanson d'Antioche*, Index, II, 359 ; — Le Prévost, dans son édition d'Orderic Vital, III, 592 ; — HG, 435. — Plusieurs raisons prouvent que la mort d'Anselme n'eut pas lieu dans le dernier tiers de février, ni dans les premiers jours de mars, ni, comme le dit Riant, au commencement d'avril : 1° Raimond d'Aguilers raconte la mort d'Anselme avant de parler de l'arrivée d'une armée sarrasine devant Arka, événement qu'il mentionne comme suit : « dum enim, ut diximus, exercitus noster multum laboraret in oppugnatione Archados (il entend par là l'effort qu'avait tenté l'armée des croisés, le jour où Anselme fut mortellement blessé) nuntiatum est, etc. » C'est sur ces entrefaites que le comte Raimond, au commencement de mars (cf. n° 359) se décida à appeler à son secours Godefroi de Bouillon, qui se trouvait à Gibel. — 2° Foucher nous apprend qu'après l'arrivée de Godefroi devant Arka, aucun assaut contre cette place ne fut plus tenté (cf. n° 360). Or, l'arrivée de Godefroi devant Arka eut lieu vers le 14 mars (cf. n° 360). — 3° Albert d'Aix, après avoir parlé de l'arrivée du comte Raimond devant Arka et du premier assaut tenté par les croisés contre le château, mentionne aussitôt la mort d'Anselme et fait ensuite (ch. xxxiv) dire expressément à Godefroi, pendant la délibération que ce prince eut avec les chefs de l'armée réunie devant Gibel, quand les envoyés du comte Raimond l'eurent engagé à secourir les croisés devant Arka : « Si casu adversante nostrorum virtus apud Arkas attrita fuerit. » Il est clair qu'Albert a entendu par là la mort d'Anselme, mentionnée précédemment par lui ; il faut admettre donc que la mort d'Anselme doit être placée au commencement du siège d'Arka, et avant l'arrivée de Godefroi et de Robert de Flandre.

1099, fin février. — Godefroi de Bouillon, Robert de Flandre et Boémond se rendent d'Antioche à Laodicée, pour reprendre, le 1er mars, la marche sur Jérusalem. (356)

Sources : *Gesta*, 157 (XXXV, 1) : « Dux quoque Godefridus et Boamundus, Flandrensisque comes venerunt usque Lichiam civitatem. » — Tudebode (*Hist. occid. d. crois.*, III, 99). — *Hist. b. sacri*, c. 97 (*ibid.*, 211). — Robert le Moine (*ibid.*, 855 B). — Baudri de Dol (*ibid.*, IV, 92 A). — Guibert de Nogent (*ibid.*, 216 G). — Orderic Vital (éd. citée, III, 588). — Anonyme rhénan,

Hist. Godefridi (*Hist. occid.*, V, 491 C). — Albert d'Aix, V, xxxiii : « Interea, kal. Martii, suis in ordine relatis, Godefridus dux, Robertus Flandrensis, Boamundus et universi principes adhuc Antiochiae commorantes, sicut decreverunt, collecto Laodiceae exercitu suorum ad xx milia equitum et peditum, ad civitatem Gibel castra applicuernnt. » — Guill. de Tyr, VII, xvi.

Commentaire : Voy. Mailly, *L'esprit d. crois.*, IV, 341 ; — Wilken, I, 253 ; — Haken, *Gemælde d. Kreuzzüge*, I, 357 ; — Raumer, *Gesch. d. Hohenstaufen*, I, 158 ; — Michaud, II, 73 ; — Sybel, 465 (393) ; — Peyré, II, 253 ; — Le Prévost, dans son éd. d'Orderic Vital, III, 588 ; — Muralt, *Essai de chronogr.*, II, 87 ; — Kugler, *Albert v. Aachen*, 190, 192 ; — HG, 429, 434. — La date résulte du seul témoignage d'Albert d'Aix. Au 1er mars, les princes étaient réunis à Laodicée et y étaient par conséquent arrivés avec leurs gens les derniers jours de février, en exécution de la résolution prise le 2 février 1099 (cf. ci-dessus, no 349).

1099, mars 1. — Godefroi de Bouillon et Robert de Flandre se rendent de Laodicée à Gibel, pour assiéger cette place. Le même jour ou un des jours suivants, Boémond retourne à Antioche. (357)

Sources : *Gesta*, 157 (XXXV, 1) : « Disseparavit enim se Boamundus ab eis, et reversus est Antiochiam. Illi vero venerunt et obsederunt quandam urbem, cui nomen Gibellum. » — Pour les références aux copistes des *Gesta*, voy. le no 356. — Albert d'Aix, V, xxxiii : « Boemundus vero Laodicea regressus, Antiochiam cum suis repedavit, semper sollicitus et suspicans ne urbem ipsam, humanis viribus insuperabilem, aliqua fraude vel odio amitteret. » — Guill. de Tyr, VII, xvi.

Commentaire : Voy. les ouvrages cités au no 356. — La date du 1er mars ressort également du témoignage d'Albert d'Aix (cf. nos 356 et 349). D'après cet auteur (V, xxxiii), Godefroi, Robert de Flandre et Boémond, de concert avec les princes restés à Antioche, avaient résolu dans un conseil tenu le 2 février 1099, de reprendre la marche en avant le 1er mars, de Laodicée. La résolution fut mise à exécution à la date fixée. Le 1er mars donc, Godefroi et Robert se portèrent sur Gibel et campèrent pendant huit jours devant cette ville (« per hebdomadam residentes ») ; cf. ci-dessous, no 359), tandis que Boémond retournait à Antioche. De Gibel, ils marchèrent sur Arka, à l'appel de Raimond et ils arrivèrent devant cette dernière place au plus tôt le 12 mars (cf. ci-dessous, no 360).

1099, du 2 au 11 mars environ. — Siège de Gibel par Godefroi de Bouillon et Robert de Flandre. (358)

Sources et commentaire : Voy. ci-dessus, n°ˢ 356, 357 et plus loin, n° 359. — Seul Albert d'Aix (V, xxxiii) nous apprend que le siège de Gibel dura au moins huit jours (« per hebdomadam residentes »; cf. ci-dessous, n° 359). Godefroi et Robert ayant quitté, le 1ᵉʳ mars 1099, Laodicée pour Gibel, et ayant dû atteindre cette dernière ville le même jour ou au plus tard le lendemain (la distance entre les deux villes est de 19 kilomètres), on doit admettre que le siège commença dès le 2 mars. Le siège dura, ou bien du 2 au 9 mars, ou bien du 2 au 11 mars, suivant qu'on adopte, comme fin de la semaine, le départ d'Arka ou l'arrivée à Gibel de l'ambassade envoyée à Godefroi par le comte Raimond. Nous donnons la préférence à la seconde hypothèse. Cf. ci-dessous, n° 359.

1099, vers le 9 mars. — Le comte Raimond envoie à Godefroi de Bouillon et à Robert de Flandre, qui assiégeaient Gibel, une ambassade pour les appeler à son secours contre une armée turque en marche vers Arka.

(359)

Sources : *Gesta*, 157 (XXXV, 1) : « Audiens itaque Raimundus, comes de S. Aegidio quod innumerabilis gens paganorum rueret super nos ad certum bellum, ilico consilium habuit cum suis ut mandet senioribus qui sunt in obsidione Gibelli, quatinus eis subvenirent. » — *Hist. b. sacri*, c. 97 (*Hist. occid. d. crois.*, III, 211). — Robert le Moine (*ibid.*, IV, 855 D). — Baudri de Dol (*ibid.*, IV, 92 B-D). — Guibert de Nogent (*ibid.*, 216 H). — Orderic Vital (éd. citée, III, 589). — Anonyme rhénan, *Hist. Godefridi* (*Hist. occid.*, V, 491 D). — Raimond d'Aguilers (*ibid.*, III, 277 H) : « Dum, enim ut diximus, exercitus noster multum laboraret in oppugnatione Archados, nuntiatum est nobis quod papa Turcorum veniret contra nos..... Et episcopum Albarae miserunt ad ducem et ad Flandrensem comitem qui Gibellum obsederant. » — Tudebode (*ibid.*, 90). — Foucher de Chartres (*ibid.*, 353 B). — Albert d'Aix, V, xxxiii : «.... [Raimundus] direxit nuntios ad praefatos principes, in circuitu Gybel jam per hebdomadam residentes, quatinus sibi festinato ad auxilium Archas properarent. » — Raoul de Caen, ch. 107 et 135 (*Hist. occid.*, III, 681 G-H ; 701 I). — Guill. de Tyr, VII, xvii.

Commentaire : Voy. Wilken, I, 254 ; — Haken, *Gemælde d. Kreuzzüge*, I, 358 ; — Raumer, *Gesch. d. Hohenstaufen*, I, 158 ; — Sybel, 468 (395) ; — Peyré, II, 256 ; — De Smet, *Mém. sur Robert de Jérusalem*, 86 ; — Kugler, *Albert v. Aachen*, 192 ; — Riant, *Inventaire*, 191 ; — Franz, *Das Patriarchat v. Jerusalem im Jahre 1099* (Sagan, 1885), p. 12 ; — HG, 430. — La distance d'Arka à Gibel est de 95 kilomètres. L'armée de Godefroi la parcourut, d'après Albert d'Aix (V, xxxiii ; cf. ci-dessous, n° 360), en sens inverse, en trois jours. Les messagers de Raimond purent mettre le même temps, peut-être deux jours seulement. La question est de savoir si c'est le départ de ces messagers d'Arka, ou leur arrivée à Gibel qui eut lieu après que le siège de cette dernière place eut duré huit jours. Dans le premier cas, leur arrivée à Gibel se placerait au 11 mars; dans le second cas, leur départ d'Arka aurait eu lieu le 7 mars et leur arrivée à Gibel le 9. J'adopte comme plus vraisemblable la première hypothèse, car les mots d'Albert d'Aix « direxit die septima », semblent désigner le temps employé déjà au siège de Gibel, au moment où les ambassadeurs quittèrent Arka.

1099, mars 12. — Godefroi de Bouillon et Robert de Flandre partent de Gibel pour Arka, qu'ils atteignent vers le 14 mars.
(360)

Sources : *Gesta*, 157 (XXXV, 1) : « Quod illi audientes statim pacti sunt cum ammiralio, facientes pacem cum eo, et acceperunt equos et aurum, dimiseruntque urbem venientes ad nos in adjutorium. Sed illi [Saraceni] non venerunt ad bellum contra nos. Itaque comites praedicti hospitati sunt ultra flumen ibique obsederunt castrum illud. » — Pour les références aux copistes des *Gesta*, voy. le n° 359. — Raimond d'Aguilers (*Hist. occ. d. crois.*, III, 277 H) : « Illi vero, accepto nuntio de bello, relicta obsidione, ad nos celeriter venerunt; interim inventum est falsum et quod Saraceni illud composuerant ut nobis taliter territis, aliquantulum respirare possent obsessi. » — Albert d'Aix, V, xxxiv : « Dux Godefridus, Robertusque Flandrensis cum ceteris omnibus viam insistunt in armis omnique apparatu bellorum, et spatio dierum circiter trium Archas convenerunt ad augendas vires et opem Christianorum consodalium. » — Foucher de Chartres (*Hist. occid.*, III, 353 B). — Raoul de Caen, c. 107 (*ibid.*, 681). — Guil. de Tyr, VII, xvii.

Commentaire : Voy. les ouvrages cités au n° 359.

1099, début d'avril. — Des envoyés de l'empereur Alexis se présentent dans le camp des croisés devant Arka et demandent aux chefs d'ajourner la marche en avant jusqu'à la Saint-Jean, époque à laquelle l'empereur viendra les renforcer de troupes et d'argent. Le comte Raimond se déclare prêt à obtempérer au désir de l'empereur.
(361)

Sources : Raimond d'Aguilers (*Hist. occid. d. crois.*, III, 286 B) : « Venerunt nobis eo tempore legati ab Alexio imperatore cum maximis querimoniis de Boamundo, eo quod retineret civitatem Antiochiae contra juramenta quae imperatori fecerat. Habebat enim Boamundus Antiochiam eo tempore (cf. n° 337)....; propterea mandavit Alexius ad nostros principes, quod donaret aurum et argentum multum eis, et veniret cum eis in Jerusalem et exspectarent eum usque ad festivitatem S. Johannis, et tunc instabat dominicum Pascha. Dicebant ob ea multi, in quibus comes erat : exspectemus imperatorem et habebimus donativa ejus... » — Anne Comnène, *Alexias*, l. XI, 9 (éd. de Bonn, II, 111) : « Εἶτα μεμαθηκὼς ὃ αὐτοκράτωρ καὶ τὴν τῆς Λαοδικείας παρὰ τοῦ Ταγγρὲ κατάσχεσιν πρὸς τὸν Βαιμοῦντον γράμματα ἐκτίθεται οὑτωσὶ περιέχοντα : τὰ ὅρκια οἶδας καὶ τὰς ἐπαγγελίας, ἃς οὐκ αὐτὸς μόνος, ἀλλὰ καὶ ἅπαντες πρὸς τὴν βασιλείαν Ῥωμαίων ἐποιήσαντο... » — Guillaume de Tyr, VII, xx.

Commentaire : Voy. Mailly, *L'esprit d. crois.*, IV, 358 ; — Wilken, I, 264 ; — Haken, *Gemælde d. Kreuzzüge*, I, 367 ; — Raumer, *Gesch. d. Hohenstaufen*, I, 162 ; — Michaud, II, 79 ; — Sybel, 472 (399) ; — Peyré, II, 268 ; — De Smet, *Mém. sur Robert de Jérusalem*, 87 ; — Damberger, *Synchron. Gesch.*, VII, 383 ; — Kugler, *Boemund und Tankred*, 9, 60 ; — Kugler, *Gesch. d. Kreuzzüge*, 57 ; — Kugler, *Albert. v. Aachen*, 196 ; — Muralt, *Essai de chronogr.*, II, 88 : « avant Pâques, avril 10 » ; — Kohl, *Gesch. d. Mittelalters*, 29 ; — Kühn, *Gesch. des Patriarch. Jerusalem*, 5 : « Anfang April » ; — Kühne, *Gesch. d. Fürstent. Antioch.*, 5 ; — Riant, *Inventaire*, 189-192 : « vers le 10 avril. » — Le passage de Raimond d'Aguilers, « tunc instabat dominicum Pascha », montre clairement que l'ambassade de l'empereur grec, ayant probablement passé à Antioche avant de joindre les princes croisés, arriva devant Arka dans les jours qui précédaient immédiatement Pâques. Kugler (*Boemund und Tankred*, loc. cit.) a montré que cette ambassade n'était autre que celle dont parle Anne Comnène comme ayant été envoyée à Boémond par l'empereur. Anne Comnène donne le sommaire de la lettre adressée par l'empereur à Boémond ; et Laodicée s'y trouve mentionnée parmi les localités indûment occupées par Boémond. Or, au printemps de 1099, Laodicée n'était pas encore aux mains du prince normand. Cette indication pourrait donc être une interpolation d'Anne Comnène ; d'autant plus que quelques lignes auparavant, brouillant suivant son habitude l'ordre chronologique des faits, elle rapporte une occupation de Laodicée par les Normands. En ce qui concerne la chronologie d'Anne Comnène, Riant a eu raison de dire (*Inventaire*, p. 190) : « On sait que rien n'est embrouillé comme la chronologie d'Anne Comnène qui, non seulement ne donne jamais une date précise, mais paraît avoir tenu à honneur de grouper les faits en dehors de l'ordre des temps. »

1099, nuit du 5 avril. — Le Christ, accompagné de l'apôtre Pierre, de saint André et d'un troisième personnage, apparaît à Pierre Barthélemy, dans la chapelle du comte Raimond, pendant le siège d'Arka. Il lui dit que les chrétiens doivent être

répartis en cinq catégories, suivant la plus ou moins grande
part prise par eux à la croisade ; il l'invite à demander au
comte Raimond de faire décider dans un conseil de guerre
un assaut général contre Arka, assaut dans lequel se fera la
répartition des combattants dans les cinq catégories.   (362)

    Source : Raimond d'Aguilers (*Hist. occid. d. crois.*, III, 279 A) :
« Anno ab incarnatione Domini 1099, indictione VII^a, epacta vice-
sima VI^a, concurrente quinto, nonis Aprilis, in nocte, cum ego
Petrus Bartholomeus jacerem in capella comitis S. Aegidii, ad
obsidionem Archados.... »
    Commentaire : Voy. Haken, *Gemælde d. Kreuzzüge*, I, 361 ;
— Michaud, II, 76 ; — Kühn, *Gesch. d. ersten lat. Patr. von Jerusalem*, p. 5 ; — Klein, *Raimund von Aguilers*, p. 69. — Parmi les
historiens modernes de la croisade, il en est peu qui mentionnent
cette vision, et, parmi les sources contemporaines de l'événement,
seule la relation de Raimond d'Aguilers en parle, en lui assignant
une date précise, à savoir le 5 avril 1899. Kühn en a très bien
montré l'intérêt.

    1099, avril 6-7. — La vision survenue à Pierre dans la nuit du
5 avril est annoncée au peuple, parmi lequel elle soulève de
vifs débats. Acceptée par beaucoup de croisés, particulièrement par les Provençaux, elle est contestée par d'autres,
notamment par Arnulf, chapelain du duc de Normandie, qui
prétend, entre autres choses, que l'invention de la sainte
Lance n'est qu'un pieux mensonge. Pierre Barthélemy s'offre
à prouver la vérité de son dire par le jugement de Dieu. (363)

    Source : Raimond d'Aguilers (*Hist. occid. d. crois.*, 280 I-
282 I) : « Cum autem haec fratribus ostendissemus, cœperunt
quidam dicere quod nunquam crederent quod hujuscemodi homini
loqueretur Deus, et dimitteret principes et episcopos et ostenderet
se rustico homini : unde etiam de lancea Domini dubitabant. Quapropter convocavimus fratres illos quibus de lancea aliquando
revelatum fuerat, et post haec Arnulfum, capellanum comitis Normanniae, qui quasi caput omnium incredulorum erat, et, quia litte-
ratus erat, credebant ei multi, et quaesivimus ab eo quae dubitaret.
Cumque diceret quia episcopus Podiensis inde dubitavit, respondit quidam sacerdos, nomine Petri Desiderii : Ego vidi......: Accessit alius quidam sacerdos, Ebrardus nomine, et dixit.... Accessit
et alius sacerdos, nomine Stephanus, cognomine Valanti, et dixit.....
Accessit autem et episcopus Attensis, dicens..... Et ego, qui haec
scripsi, dixi.... Die autem constituta, cum venisset vocatus ad consilium Arnulfus, coepit dicere quod bene crederet, sed cum domino
suo volebat loqui antequam veniam faceret. Cum vero haec audis-

set Petrus Bartholomaeus, iratus nimium sicut homo simplex et
qui veritatem optime noverat, dixit : Volo ac deprecor ut fiat ignis
maximus, et cum lancea Domini transibo per medium; et si est
lancea Domini incolumis transeam, sin autem comburar in igne...
Placuerunt haec omnia nobis. » — Guill. de Tyr, VII, xviii.

  Commentaire : Voy. Mailly, *L'esprit d. crois.*, IV, 351, 352 ;
— Wilken, I, 259 ; — Haken, *Gemælde d. Kreuzzüge*, I, 361 ; —
Raumer, *Gesch. d. Hohenstaufen*, I, 160 ; — Michaud, II, 77 ; —
Sybel, 471 (398) ; — Peyré, II, 145, 270 ; — Franz, *Das Patriarchat von Jerusalem*, p. 13 ; — Kühn, *Gesch. d. ersten lat. Patriarchen v. Jrlm.*, 5 ; — Klein, *Raimund von Aguilers*, 69 ; —
HE, 153. — Ces discussions ne peuvent se placer qu'au 6 ou au
7 avril ; car, dès le 8 avril, Pierre Barthélemy s'était soumis au
jugement de Dieu.

1099, vendredi saint, 8 avril, après-midi. — Épreuve du feu subie
 par Pierre-Barthélemy devant Arka.   (364)

  Sources : Raimond d'Aguilers (*Hist. occid. d. crois.*, III, 283-
B-285 B) : « Placuerunt haec omnia nobis, et indicto ei jejunio,
diximus quod eo die fieret ignis, quo Dominus, pro nostra salute
plagatus cum ea in cruce fuit. Et post quartum diem erat Paras-
ceve. Itaque illucescente die constituta, ignis praeparatus est
post meridiem... Factus est ignis de oleis siccis et habuit in longi-
tudine xiii pedes; et erant duo aggeres, et inter utrosque spatium
quasi unius pedis, et in altitudine aggerum erant iv pedes...
Petrus ingreditur in flammam..... Ut vero Petrus de igne egressus
est, ita ut nec tunica ejus combusta fuerit, accepit eum omnis
populus..., et traxit eum per terram,... dum quisque volebat eum
tangere vel accipere de vestimento ejus aliquid. Exspirasset
Petrus ibi animam, sicut nos credimus, nisi Raimundus Pilet irru-
pisset agmine turbae turbatae. » — Foucher de Chartres (*ibid.*,
344 C-345 B) : «... Octavo mense post Antiochiam captam, inventor
lanceae per medium rogi flammantis, sicut ipse pro affirmanda
veritate sua fieri poposcerat, ultro celeriter transmeavit. » — Bartolf de Nangis (*ibid.*, 507 D). — Raoul de Caen, ch. 108, 109
(*ibid.*, 682) : « Datur jejunio triduum, legitime orandi vigilandi-
que induciae : sic disceditur ; at mox postridie iterum conveni-
tur. » — Guibert de Nogent (*ibid.*, IV, 218 A-B). — Albert d'Aix,
V, xxxii. — Guill. de Tyr, VII, xviii.

  Commentaire : Voy. Kohl, *Gesch. d. Mittelalters*, 291 ; —
HG, 386, 436, 450 ; et les ouvrages cités au nᵒ 363. — Seul Raimond d'Aguilers, suivi par Guillaume de Tyr, donne la date
exacte du vendredi saint, 8 avril.

1099, avril 10. — Les croisés célèbrent la fête de Pâques devant
 Arka.   (365)

Sources : *Gesta*, 158 (**XXXV, 3**) : « Ibique [*scil.* Archae] Pascha Domini celebravimus IVᵉ idus Aprilis. » — Tudebode (*Hist. occid. crois.*, III, 100). — *Hist. b. sacri*, c. 97 (*ibid.*, 211). — Robert le Moine (*ibid.*, 856 E). — Baudri de Dol (*ibid.*, IV, 217 E). — Orderic Vital (éd. citée, III, 591). — Raimond d'Aguilers (*Hist. occid.*, III, 186 C). — Guill. de Tyr, VII, xx.

Commentaire : Voy. Peyré, II, 146, 273.

1099, vers le 18 avril. Les croisés dirigent avec succès une attaque contre Tripoli. (366)

Sources : *Gesta*, 157 (**XXXV, 2**) : « Non multo post equitaverunt nostri contra Tripolim, inveneruntque extra civitatem Turcos, Arabes et Saracenos, quos invaserunt nostri et miserunt eos in fugam et occiderunt maximam partem nobilium urbis…. ». — Tudebode (*Hist. occid. d. crois.*, III, 99). — *Hist. b. sacri*, c. 97 (*ibid.*, 211). — Robert le Moine (*ibid.*, 856 B-E). — Baudri de Dol (*ibid.*, IV, 92 F-93 D). — Guibert de Nogent (*ibid.*, 217 B-E). — Orderic Vital (éd. citée, III, 590-591). — Anonyme rhénan, *Hist. Godefridi* (*Hist. occid.*, V, 491 D-F). — Raimond d'Aguilers (*ibid.*, 285 C-286 A) : « Dominus civitatis Tripolis, cum discordiam principum nostrorum didicisset, respondit haec nostris, qui de reddendo tributo eum appellabant : qui sunt Franci… Ecce tertius mensis modo agitur, ex quo exercitus Francorum obsedit castrum Archados, et neque eorum assultum habui, neque armatum aliquem de ipsis vidi, et tamen sunt propre iv leugas. Sed huc veniant et videmus eos, et comprobemus militiam eorum……. Ob hoc itaque convenientes principes nostri in unum, statuerunt ut episcopus Albariensis cum parte exercitus castra servaret, et principes….. usque ad muros civitatis assultarent. Constituta autem die, cum nostri proficiscerentur taliter, egressi Tripolitani obviam illis,….,… ceciderunt ibi de nostris unus vel duo, de hostibus vero usque dcc cecidisse audivimus….. Venerunt nobis eo tempore legati ab Alexio….. ». — Guillaume de Tyr, VII, xx. — Accolti (*Hist. occid. d. crois.*, V, 598).

Commentaire : Voy. Wilken, I, 265 ; — Haken, *Gemælde d. Kreuzzüge*, I, 368 ; — Raumer, *Gesch d. Hohenstaufen*, I, 163 ; — Michaud, II, 81 ; — Sybel, 472 (399) ; — Peyré, II, 272-274 ; — Muralt, *Essai de chronogr.*, II, p. 88 ; — Kugler, *Albert von Aachen*, 197 ; — HG, 432. — Raumer place le jour du combat au 10 avril 1099 et se réfère à Guillaume de Tyr, Baudri, Raimond d'Aguilers et Accolti ; cependant, aucune de ces sources ne donne cette date. Sybel admet également que cette expédition contre Tripoli eut lieu à l'époque où les ambassadeurs de l'empereur grec arrivèrent à Arka (cf., n° 361) ; mais nous ne nous abusons pas en considérant comme décisives les paroles que Raimond d'Aguilers met dans la bouche de l'émir de Tripoli : « Votre

puissance est nulle : depuis trois mois, votre armée s'emploie au
siège d'Arka, et je n'ai pas encore vu un seul de vos soldats en
face de moi. » Les croisés étant arrivés devant Arka le 14 février,
le troisième mois du siège commença donc le 14 avril. Il ne faut
pas interpréter les mots « eodem tempore », de Raimond d'Aguilers,
comme signifiant que le combat de Tripoli eut lieu le jour même
de l'arrivée des ambassadeurs grecs. On doit plutôt les appliquer
au temps qui suivit le jugement de Dieu subi par Pierre Barthélemy, jugement dont Raimond d'Aguilers (et à sa suite Guillaume
de Tyr et la plupart des sources postérieures) parle immédiatement avant l'affaire de Tripoli. Cette expédition doit se placer aux
derniers temps du siège d'Arka, et au plus tôt au 18 avril.

1099, avril 20. — Pierre Barthélemy meurt des blessures qu'il
avait reçues dans l'épreuve du feu subie par lui le 8 avril. (367)

Sources : Raimond d'Aguilers (*Hist. occid. d. crois.*, III, 287-
288 A) : « Interim Petrus Bartholomeus, morbo defatigatus et
conquassatione et vulneribus........., securus in pace, hora sibi a
Deo constituta, migravit ad Dominum, sepultusque est in loco
illo, ubi cum lancea Domini per ignem transierat. » — Foucher
de Chartres (*ibid.*, 345 A) : « Quo transito, illum hominem de
flammis exeuntem tanquam reum in cute crematum conspexerunt,
et in interioris corporis parte laesum morte intellexerunt. Quod
etiam rei exitus declaravit, cum die xii° ipso angore cauteriatus
obiit. » — Bartolf de Nangis (*ibid.*, 507 D) : « Facto igitur tri-
duano jejunio..., per medium flammae vibrantis rogum nudus
pertransiit et vix inde exiit combustusque est, nec postea xv diebus
supervixit, sed xii° die dolore ignis correptus obiit. » — Guibert
de Nogent (*ibid.*, IV, 218 DE). — Raoul de Caen, c. 108 (*ibid.*,
III, 682 E) : « ..... in exitu combustus cadit, postridie exspirat. »
Albert d'Aix, V, xxxii : « Post haec a quibusdam relatum est,
eundem clericum hac exanimis exustione adeo fuisse aggravatum
ut in brevi mortuus ac sepultus fuerit, unde minus in veneratione a fidelibus lancea coepit haberi. » — Guill. de Tyr, VII,
xviii.

Commentaire : Voy. Wilken, I, 263 ; — Haken, *Gemælde d.
Kreuzzüge*, I, 363 ; — Raumer, *Gesch. d. Hohenstaufen*, I, 162 ;
— Michaud, II, 78 ; — Peyré, II, 149. — Franz, *D. Patriarchat
von Jerusalem*, p. 13 ; — Klein, *Raimund von Aguilers*, p. 83 ; —
HE, 153. — Raimond d'Aguilers, qui parle longuement des incidents relatifs à Pierre Barthélemy, n'indique pas la date exacte
de sa mort. Les *Gesta* ne disent rien de l'épreuve du feu. D'après
Raoul de Caen, Pierre Barthélemy serait mort le lendemain de
cette épreuve (« postridie »), donc le 9 avril ; d'après Foucher
son décès aurait eu lieu douze jours après, donc le 20. Nous donnons la préférence à cette seconde date, parce que Raimond

d'Aguilers intercale le récit de divers faits entre la relation de
l'épreuve du feu et celle de la mort de Pierre Barthélemy, et
place la mention de cette mort vers la fin du morceau qu'il con-
sacre au séjour des croisés à Arka. Il semble donc bien qu'un
certain temps se soit écoulé entre le jour de l'épreuve et celui de
la mort du visionnaire.

1099, avril 24-30. — Urbain II tient, à Rome, un synode dans lequel
on s'occupe des affaires de la Terre-Sainte.   (368)

    Sources : Bernold de S. Blaise (*Mon. Germ. SS.*, V, 466) :
« Romae dominus papa generalem synodum CL episcoporum,
abbatumque et clericorum innumerabilium in tertia hebdomada
post Pascha collegit..... De Ierosolymitano itinere multum rogavit,
ut irent et fratribus suis laborantibus succurrerent. »—*Chronique
de Maillezais* (Labbe, *Bibl. nov. mscr.*, II, 296) : « Eo anno fuit
factum Romae concilium, quod novissime tenuit papa, vii Kal.
Maii, in quo confirmavit viam S. Sepulchri domini nostri Jesu
Christi. » — Lambert d'Arras, *De primatu sedis Atreb.* (Migne,
Patr. lat., CLXII, 644).
    Commentaire : Voy. Riant, *Inventaire*, 192; — Pflugk-Hart-
tung, *Acta pontif. Rom.*, II, 167; — Jaffé-Loewenfeld, *Reg.*, I,
699.

1099, fin avril. — Les croisés font une chevauchée dans la plaine
de Desem (el-Bukeia), d'où ils rapportent du butin.   (369)

    Sources : *Gesta*, 158 (XXXV, 2) : « Alia vero die, equitaverunt
nostri ultra Desem et invenerunt boves et oves et asinos mul-
taque animalia; camelos quoque depraedati sunt fere IIIa milia. »
— Pour les remanieurs des *Gesta*, cf. ci-dessus, n° 366.
    Commentaire : Peyré, II, 274; — HG, 433. — Cette chevauchée
est passée sous silence par la plupart des historiens de la croisade.
Elle dut avoir lieu après l'expédition contre Tripoli (cf. ci-dessus,
n° 366), mais non le lendemain même de cette expédition comme
le croit Guibert de Nogent (*Hist. occid.*, IV, 217 D), qui, au lieu
des mots « alia die » qui figurent dans son modèle, a écrit « altera
die ». L'expression « alia die » signifie simplement « un autre
jour », sans détermination précise. Nous pensons que la chose dut
avoir lieu vers la fin d'avril 1099.

1099, début de mai. — Arrivée à Arka d'un ambassadeur du kalife
égyptien, accompagnant des chevaliers francs captifs depuis
un an au Caire. Les propositions que cet envoyé apporte aux
croisés sont repoussées par eux.   (370)

Sources : Raimond d'Aguilers (*Hist. occid. d. crois.*, III, 277 C-G) : « Venit hic [*scil.* Archae] ad nos legatus quidam a rege Babylonis et remiserat ad nos legatos nostros cum ipso, quos tenuerat captos per annum .... Modo vero cum [Babylonicus rex] audisset quod, terram suam ingressi, villas et agros et universa vastaremus, mandavit nobis, ut sine armis cc vel ccc iremus Jerusalem et adorato Domino reverteremur. Sed nos irrisimus haec, nuntiantes quod, nisi gratis redderet Jerusalem nobis, Babyloniam calumniaremur. » — *Hist. belli sacri*, c. 99-103 (*ibid.*, 212-215) : « Per idem tempus legati a Babylonia revertuntur, quos Boamundus aliique principes ab exordio obsidionis Antiochenae illuc direxerant, reddituros ex parte ipsorum responsa congruentia verbis quae eisdem rex Babylonius miserat....... Erat tunc quadragesimalis jejunii tempus. Deinde cum solemnitatis paschalis dies appropinquasset, rex [Aegypti] praedictos captivos advocans ait illis...... Post haec vero, rex Jerusalem aliisque civitatibus praemunitis, praedictos, qui secum [Jerusalem] venerant, captivos liberos abire dimisit..... » — *Hist. b. sacri*, c. 108 (*ibid.*, 216) : « Jam quartus mensis obsidionis inchoabatur, cum principes tantarum morarum poenitet pudetque eos tamdiu frustra excubasse circa oppidolum illud [*scil.* Archam]. — Guill. de Tyr, VII, xix. — Accolti (*Hist. occid.*, V, 597).

Commentaire : Voy. Mailly, *L'esprit d. crois.*, IV, 355 ; — Wilken, I, 264 ; — Haken, *Gemælde d. Kreuzzüge*, I, 366 ; — Raumer, I, 168 ; — Michaud, II, 79 ; — Sybel, 478 (404) ; — Peyré, II, 265 ; — Riant, *Inventaire*, 193 ; — HE, 168-171 ; — HG, 438 ; — Derenbourg, *Ousâma ibn Mounkhid*, p. 64. — Personne, en dehors de Riant, n'a tenté jusqu'ici de déterminer la date de l'ambassade du kalife d'Égypte. Les raisons qui me portent à la placer à la fin d'avril ou au début de mai sont les suivantes : 1° D'après l'*Hist. b. sacri*, les chevaliers francs venus avec l'ambassadeur du kalife se trouvaient encore, à l'époque de Pâques 1099, à Jérusalem, où le kalife les avait transférés. L'auteur de l'*Hist. b. sacri*, en racontant le miracle du feu sacré, qui eut lieu le samedi saint, veut que ce miracle ait provoqué la mise en liberté des chevaliers francs. Quoi qu'il en soit de cette assertion, il est certain que les dits chevaliers étaient à Jérusalem à l'époque de Pâques. Ils ne parvinrent donc à Arka que postérieurement. — 2° On ne saurait objecter à cela que Raimond d'Aguilers rapporte l'arrivée de l'ambassadeur du kalife à Arka, immédiatement après avoir mentionné la mort d'Anselme de Ribemont ; car Raimond ne veut nullement dire que le second événement ait succédé sans intervalle au premier. Seulement, comme il se proposait de rapporter ensuite le siège de Gibel et l'appel adressé à Godefroi de Bouillon, il a tenu à mentionner tout d'abord deux événements importants qui étaient la mort d'Anselme et l'arrivée de l'ambassade égyptienne. — 3° On ne saurait objecter non plus à notre opinion le fait que l'*Historia b. sacri* ne semble pas rapporter l'arrivée de l'ambassade à l'époque où les croisés étaient devant Arka, mais à l'époque où ils étaient déjà parvenus à Rama ; car on peut très bien admettre que les mots : « per idem tempus » par lesquels débute le passage relatif à l'ambassade égyptienne, passage qui suit immédiatement celui dans lequel est relatée l'arrivée des croisés à Rama, que ces mots, dis-je, se rapportent, non pas seulement à la date du 2 juin, jour de l'arrivée des croisés à Rama, mais à toute la période écoulée depuis les derniers jours du siège d'Arka jusqu'au 2 juin. Il est à remarquer que l'*Hist. b. sacri,* après avoir mentionné l'arrivée de l'ambassade, revient sur des faits relatifs au siège d'Arka, et dit expressément que l'armée franque, après être restée quatre mois devant cette dernière ville, avait commencé à murmurer. Enfin Raimond d'Aguilers, témoin oculaire, dit que l'ambassade égyptienne se présenta au camp des croisés alors que ceux-ci étaient encore devant Arka, et son témoignage ne saurait être révoqué en doute sans raison péremptoire.

1099, vendredi 13 mai. — Les croisés partent d'Arka et se dirigent vers Tripoli où ils s'arrêtent pendant trois jours.   (371)

Sources : *Gesta,* 158 (XXXV, 3 ; XXXVI, 1) : « Obsedimus vero castrum supradictum [*scil.* Archam] per III menses minus una die.... Discessimus igitur a castro et pervenimus Tripolim in vi[a] feria, xiv[a] die intrante Maio. » — Robert le Moine (*ibid.,* 856 E) : « Duravit autem illud [castrum] obsidere tribus mensibus, una die minus.... Detensis itaque tentoriis, ad Tripolim pergunt.... » — Id. (*ibid.,* 858 A) : « Erat autem Maii dies quartus cum de Tripoli exierunt. » — Baudri de Dol, ms. G (*ibid.,* IV, 93 E, 94 E) : « ... deinde ventum est ad Tripolim vi[a] feria, iii[o] idus Maii. » — Guibert de Nogent (*ibid.,* 217 E, 222 A). — Orderic Vital (éd. citée, III, 591). — Anonyme rhénan, *Hist. Godefridi* (*Hist. occid.,* V, 491 G). — Raimond d'Aguilers (*ibid.,* III, 289 B, 291 A). — Foucher de Chartres (*ibid.,* 353 D). — Albert d'Aix, V, xxxvii : « ... per ii menses et dimidium in circuitu praesidii Archas a principio cum ipso comite consederant. Comes.... nolens volens simul secutus est ducis vestigia et ceterorum, et in terminos civitatis Tripolis vel Triplae, in littore maris sitae, cum ceteris suum applicuit comitatum. » — Guill. de Tyr, VII, xxi.

Commentaire : Voy. Mailly, *L'esprit d. crois.,* IV, 261 ; — Wilken, I, 265 ; — Haken, *Gemälde d. Kreuzzüge,* I, 368 ; — Raumer, *Gesch. d. Hohenstaufen,* I, 163 : « ....nachdem Raimund 3 Monate und 1 Tag vergeblich Arka belagert. » — Sybel, 475 (401) ; — Peyré, II, 275-283 ; — Muralt, *Essai de chronogr.,* II, 88 ; — Damberger, *Synchron. Gesch.,* VII, 384 ; — Kohl, *Gesch. d. Mittelalters,* 29 ; — Ed. Franz, *Das Patriarchat v. Jerusalem,*

14; — G. Franz, *Peter von Amiens*, 5; — Kugler, *Albert v. Aachen,* 197; — HP, 252, 378 (297); — HG, 434, 438. — Seuls les *Gesta* et les copistes de cette œuvre donnent la date précise du 13 mai 1099. Robert le Moine se trompe certainement en faisant partir les croisés d'Arka pour Tripoli, le 4 mai. De son côté, Albert d'Aix est en contradiction avec lui-même lorsqu'il dit que Godefroi de Bouillon resta pendant deux mois et demi devant Arka, avec le comte Raimond; car il nous apprend d'autre part que Godefroi se trouvait encore à Gibel vers le 11 mars; d'où il résulterait qu'il ne put guère atteindre Arka avant le 14 mars. Si le renseignement d'Albert d'Aix sur la durée du séjour de Godefroi à Arka était exacte, ceux qu'il donne sur la date de son arrivée à Laodicée (1er mars) et sur le siège de Gibel (2-11 mars) seraient alors faux. Les indications chronologiques fournies par les *Gesta* au sujet du départ d'Arka (« vıª feria, xıvª die intrante Maio ») sont contradictoires aussi; car la 6ᵐᵉ férie, c'est-à-dire le vendredi, concordait avec le 13 mai et non avec le 14. Enfin, de nos jours, Raumer s'est trompé, par inadvertance sans doute, en faisant durer le siège d'Arka trois mois et un jour, alors que les *Gesta*, dont il utilise le récit, disent : « trois mois moins un jour. »

1099, lundi 16 mai. — Les croisés quittent Tripoli; le 16 ou le 17 mai ils arrivent à Bethelon (Batrûn), atteignent Gibelet le matin du 17 et poursuivent encore le même jour leur marche jusqu'au fleuve Adonis ou Nahr Ibrahim. (372)

Sources : *Gesta,* 158 (XXXVI, 2) : « Nos autem discessimus ab urbe in ııª feria mensis Maii, transivimusque per viam artam et arduam tota die ac nocte, et pervenimus ad castrum, cui nomen Bethelon [Batrûn], deinde ad urbem, quae dicitur Zebari [Gibelettum, Djebail] secus mare, in qua passi sumus nimiam sitim, et sic defessi pervenimus ad flumen cui nomen Braym [Nahr Ibrahim]. » — Tudebode (*Hist. occid. d. crois.,* III, 101) : « Postea discesserunt a civitate [Tripoli] in ııª feria medii Maii... » — *Hist. belli sacri,* c. 98 (*ibid.,* 211) : « ...discessimus a civitate in ııª feria medii Madii. » — Robert le Moine (*ibid.,* 858 A) : « Erat autem Maii dies quartus cum de Tripoli exierunt... Altera die venerunt ad urbem quae dicitur Zebari.... In crastinum venerunt ad flumen cui nomen Braim. Ibi igitur pernoctaverunt... Nox subsequens fuit dominicae Ascensionis. » — Baudri de Dol (*ibid.,* IV, 94 E). — Guibert de Nogent (*ibid.,* 222 A-C) : « ...ab ea urbe digressi in ııª Maii mensis die... » — Orderic Vital (éd. citée, III, 593) : « ....Maio mediante.... » — Anonyme rhénan, *Hist. Godefridi* (*Hist. occid.,* V, 492 BC). — Albert d'Aix, V, xxxvııı : « Ad civitatem Gybiloth .....pervenerunt. Qua relicta..., super flumen

cujusdam dulcis aquae pernoctaverunt, ubi sequenti die remanserunt. » — Guill. de Tyr, VII, xxi.

Commentaire : Voy. Mailly, *L'esprit d. crois.*, IV, 361; —
Wilken, I, 267; — Raumer, *Gesch. d. Hohenstaufen,* I, 164; —
Sybel, 478 (404); — Peyré, II, 283; — HG, 439, 440. — Les
croisés partirent le lundi 16 mars de Tripoli. Leur première station
fut à Batrûn, éloigné de 25 kilomètres de Tripoli. Dans la matinée
du 17, ils atteignirent Gibelet, puis, dans la même journée, le fleuve
Adonis. Les mots « die ac nocte » des *Gesta* se rapportent à
l'étape de Tripoli à Batrûn et non pas probablement à celle de
Tripoli au fleuve Adonis. Entre ces deux derniers points, la
distance à vol d'oiseau est de 46 kilomètres, et le chemin en comporte environ 60, donc à peu près 15 lieues. Or, comme le disent
les *Gesta*, la route de Tripoli à Batrûn était « arta et ardua »;
il est donc probable que les croisés mirent à la franchir un jour
et une nuit. Le mot « deinde » des *Gesta* semble indiquer, en
effet, que la nuit était passée lorsque l'armée atteignit Gibelet.
Les croisés passèrent la nuit du 17 au 18 sur les bords du fleuve
Adonis, puis se remirent en marche le 18, et arrivèrent à Beyrouth le soir du 19.

1099, mai 18-19. — Marche des croisés du Nahr Ibrahim à Beyrouth, où ils arrivent le soir du 19 mai, jour de l'Ascension.
(373)

Sources : *Gesta*, 158 (XXXVI, 3) : « Deinde transivimus nocte
ac die Ascensionis Domini per montem in quo est via nimis
angusta et illic putavimus inimicos insidiantes nobis invenire; sed,
Deo annuente, nullus eorum audebat properare ante nos.....
Applicuimus ad civitatem juxta mare, quae dicitur Baruth. » —
Tudebode (*Hist. occid. d. crois.*, III, 101). — *Hist. b. sacri,* c. 98
(*ibid.*, 212). — Robert le Moine (*ibid.*, 858 B). — Baudri de Dol
(*ibid.*, IV, 95 A). — Guibert de Nogent (*ibid.*, 222 D-E). — Orderic
Vital (éd. citée, III, 595). — Raimond d'Aguilers (*Hist. occid.*, III,
291 B) : « Cumque ante Tripolim principes nostri moras innecte-
rent, tantum amorem eundi Jherusalem misit Dominus, quod
nullus se nec alium retinere ibi poterat; sed profecti vespere
contra principum decreta, et contra morem nostri exercitus tota
illa nocte perambulantes, sequenti die Berithum devenimus, atque
post haec praeoccupatis ex improviso angustiis quae Bucca torta
nominantur, infra paucos dies et sine impedimento venimus
Achon. » — Foucher de Chartres (*ibid.*, 353 E). — Raoul de Caen,
c. 111 (*ibid.*, 683). — Albert d'Aix, V, xxxix : « Dehinc iii^a die
castra amoventes et viam rursus in litore maris continuantes...,
ad vesperam applicuerunt juxta urbem Baurim vel Baruth hospitati. » — Guill. de Tyr, VII, xii.

Commentaire : Voy. ci-dessus, n° 372; — Peyré, II, 284; — Muralt, *Essai de chronogr. byzantine*, II, 88; — HG, 441. — D'après Raimond d'Aguilers, les croisés partis de Tripoli le soir du 16 mai, seraient arrivés à Beyrouth dès le lendemain, 17. Cela n'est pas possible, car sans compter que les *Gesta* y contredisent formellement, la route de Tripoli à Beyrouth, qui compte environ 18 heures n'a pas pu être franchie en une nuit. Les *Gesta* et Albert d'Aix sont évidemment dans le vrai : l'armée qui avait quitté Tripoli le 16, partit de Nahr Ibrahim trois jours après, donc le 18, elle marcha toute la nuit du 18 au 19 et parvint à Beyrouth le 19, jour de l'Ascension. Là elle campa pendant la nuit du 19 au 20.

1099, mai 20. — Les croisés quittent Beyrouth et arrivent près de Sidon, sur les rives du Nahr el-Auli.   (374)

> **Sources :** *Gesta*, 158 (XXXVI, 3) : « Et inde [*scil.* Baruth] venimus ad aliam urbem quae vocatur Sagitta, dehinc ad aliam quae dicitur Sur, et de Sur ad Acram civitatem. » — Pour les copistes des *Gesta*, voir les références au nᵒ 373. — Foucher de Chartres (*Hist. occid. d. crois.*, III, 353 E). — Raoul de Caen, c. 111 (*ibid.*, 683). — Albert d'Aix, V, xl : « De quibus [*scil.* Baruth] egressi, in planiciem, quae urbem Sagitta nomine continet, descenderunt, ubi super ripam cujusdam dulcis fluvii hospitio remanserunt. »
>
> **Commentaire :** Voy. les ouvrages cités ci-dessus nᵒ 372. — Peyré, II, 286; — HG, 442. — Beyrouth et Sidon sont distantes de 40 kilomètres, si bien que les croisés purent parfaitement atteindre en un jour cette seconde ville. Ils ne s'arrêtèrent au reste pas sous les murs mêmes de la place, mais sur les rives du fleuve Nahr el-Auli, qui se jette dans la mer un peu au nord de Sidon. Ils ne durent donc pas employer plus de 6 h. 1/2 à franchir cette étape.

1099, mai 21-22. — Le chevalier Gautier de La Verne, parti du camp des croisés proche Sidon pour aller razzier la région montagneuse voisine, trouve la mort dans cette expédition.   (375)

> **Sources :** Albert d'Aix, V, xl : « Altera luscente die, quidam confrater Christianorum, Walterus nomine, de Verna castello, adjunctis quibusdam complicibus suis de Comitatu, in montana profectus est, ubi ingentes praedarum contraxit copias, quas armigeris et aliquibus ex sociis commissas misit ad exercitum; ipse vero ampliores explorare undique.... concupivit, per arctum et difficilem aditum ad nimia armenta et res Saracenorum ingressus, ubi, ab eis circumventus, latet in hodiernum diem quo fine perierit. » — Guill. de Tyr, VII, xxii.

Commentaire : Voy. Wilken, I, 267 ; — Peyré, II, 288. — L'« altera dies » d'Albert d'Aix correspond au jour qui suivit l'arrivée des croisés proche Sidon ; c'est-à-dire au 21 mai. Seul Albert d'Aix, suivi par Guillaume de Tyr, parle de cette expédition de Gautier de La Verne.

1099, lundi 23 mai. — Les croisés ayant quitté leur camp des bords du Nahr el-Auli, s'avancent du côté de Tyr, et s'arrêtent un peu au sud de cette ville, à la source du Ras el-Ain.   (376)

Sources : *Gesta*, 158 (XXXVI, 3) ; cf. ci-dessus, n° 374. — Albert d'Aix, V, XLI : « Principes ignorantes cur miles egregius ultra terminum faceret moras, adhuc IIIᵃ die in regione urbis Sidonis remanserunt si forte miles honorificus redierit a montanis (cf. n° 375) ; sed minime eo in prima nec in altera luce reperto, a statione urbis migraverunt. Abhinc ergo camporum planitiem habentes usque Tyrum, quam nunc Sur vocant, cum praeductore suo descenderunt, castris illic per agrorum planitiem ad hospitandum collocatis. Manat enim illic fons, murato et arcuato opere sic exaltatus, ut impetu et abundantia aquarum rivum in origine suâ tantum procreet, ut omnis exercitus illum exhaurire nequiret. — Guill. de Tyr, VII, XXII.

Commentaire : Voy. Peyré, II, 288 ; — HG, 443. — L'arrivée des croisés au Ras el-Ain dut avoir lieu le jour même de leur départ de Sidon, car la distance entre ces deux localités n'est guère que de 40 kilomètres. Ils ne partirent pas du Ras el-Ain dès le lendemain, c'est-à-dire dès le 21 mai, comme le dit par erreur Guillaume de Tyr ; leur départ eut lieu le 23 mai seulement, car le 21 et le 22, ils attendirent dans leur camp le retour de Gautier de La Verne.

1099, mai 24. — Les croisés, partis du Ras el-Ain le 23 mai, arrivent le lendemain au bord du fleuve Belus près d'Acre ; ils y campent deux nuits.   (377)

Sources : Pour les *Gesta* et leurs copistes, voy. ci-dessus, n° 374. — Raimond d'Aguilers (cf. ci-dessus, n° 373). — Albert d'Aix, V, XLI : « Sequenti vero die Sur relicta, ad civitatem Ptolemaidem nomine, quam nunc moderni Accaron vocant, eo quod sit urbs dei Accaron, ventum est, quam ad dextram in litore maris relinquentes, super flumen dulcis saporis quod ibidem mari influit biduo pernoctaverunt. » — Foucher de Chartres (*Hist. occid. d. crois.*, III, 354 A) : « .... Accon...... juxta quam transeuntes.... » — Raoul de Caen, ch. 111 (*ibid.*, 683). — Guill. de Tyr, VII, XXII.

Commentaire : Voy. Wilken, I, 268 ; — Raumer, I, 164 ; — Michaud, II, 84 ; — Sybel, 479 (404) ; — Peyré, II, 289 ; — HG,

443-444. — Le « sequens dies » d'Albert d'Aix est le jour qui suivit le 23 mai, date du départ des croisés du Ras el-Ain, donc le 24 mai. Aucun historien ne s'était occupé jusqu'ici d'établir cette date.

1099, mai 26. — Les croisés ayant quitté Acre le 26 mai, passent auprès de Cayphas et parviennent le même jour à Césarée, où ils campent pendant quatre jours.   (378)

> **Sources :** *Gesta*, 158 (XXXVI, 3) : « De Acra venimus ad castrum, cui nomon Cayphas, ac deinceps hospitati sumus juxta Caesaream, ibique celebravimus Pentecosten iiii[a] die exeunte Maio. » — Tudebode (*Hist. occid. d. crois.*, III, 102). — *Hist. b. sacri*, ch. 98 (*ibid.*, 212). — Robert le Moine (*ibid.*, 856 C). — Baudri de Dol (*ibid.*, IV, 95 F). — Guibert de Nogent (*ibid.*, 222 F). — Orderic Vital (éd. citée, III, 595). — Henri de Huntingdon (*Hist. occid.*, V, 379 C). — Anonyme rhénan, *Hist. Godefridi* (*ibid.*, 492 F). — Raimond d'Aguilers (*ibid.*, III, 291 C) : « Profecti itaque Achon, una die in vespere juxta paludes quae sunt prope Caesaream castra tetendimus. » — Foucher de Chartres (*ibid.*, 354 B). — Albert d'Aix, V, xli : « .... biduo [Accone] pernoctarunt......, civitatem Cayphas praeterierunt, eademque die in terminis Caesareae...... castrametati hospitio remanserunt....; per iv quippe dies ibidem commorantès, sabbatum S. Pentecostes ipsumque diem adventus Spiritus sancti devotissime celebraverunt. » — Guill. de Tyr, VII, xxii.
>
> **Commentaire :** Voy. les ouvrages cités au n° 377. — La distance entre Césarée et le fleuve Belus, près Acre, est d'environ 50 kilomètres, que les croisés parcourent dans l'espace d'un jour. Il n'y a pas sur ce dernier point contradiction entre Raimond d'Aguilers et Albert d'Aix, car les mots « una die in vespere » de Raimond s'appliquent non pas au départ d'Acre, mais à l'arrivée à Césarée; la phrase doit être ponctuée de la façon suivante : « Profecti itaque Achon, una die in vespere ...prope Caesaream castra tetendimus. »

1099, mai 28-29. — Les croisés célèbrent près de Césarée le samedi et le dimanche de la Pentecôte.   (379)

> **Sources :** Les mêmes qu'au n° 378.
>
> **Commentaire :** Voy. Mailly, *L'esprit des crois.*, IV, 366. — Wilken, I, 268; — Haken, *Gemælde d. Kreuzzüge*, I, 270; — Raumer, I, 165; — Sybel, 479 (405); — Peyré, II, 292 ; — Muralt, *Essai de chronogr. byzant.*, II, 88; — Damberger, *Synchron. Gesch.*, VII, 384; — HG, 446. — Albert d'Aix est seul à dire que les croisés se trouvaient à Césarée le samedi précédent la Pentecôte; mais puisqu'ils y étaient arrivés dès le jeudi 26 (cf. n° 378) et

qu'ils s'y trouvaient encore le dimanche 29, jour de la Pentecôte, son renseignement doit être tenu pour bon.

1099, mai 30. — Les croisés partent de Césarée, et passant par Arsuf se dirigent vers Rama, dans les environs duquel ils arrivent le 2 juin. (380)

> **Sources :** *Gesta*, 158 (XXXVI, 4) : « Deinde venimus ad urbem Ramola, quam Saraceni dimiserant vacuam propter metum Francorum. » — Pour les copistes des *Gesta,* voir les renvois donnés ci-dessus, n° 378. — Raimond d'Aguilers (*Hist. occid. d. crois.,* III, 291 F). — Foucher de Chartres (*ibid.,* 354 C). — Bartolf de Nangis (*ibid.,* 508 D) : « Ulterius autem incedentes praeterierunt oppidum quod Assur nominant, etenim maritimam Joppen a dextra relinquentes descenderunt in Ramula. » — Albert d'Aix, V, xlii : « Has itaque urbes praefatas praetereuntes intactas, iia, iiia et iva feria in terminis et spaciosa planicie praenominatae Caesareae Cornelii, in regione Palaestinorum, iter suum continuantes, va feria ad fluvium civitatis Rama, vel Rames castra applicuerunt, et in crepidine alvei ejusdem fluvii tentoria ponentes, pernoctare decreverunt. » — Guill. de Tyr, VII, xxii.
>
> **Commentaire :** Voy. ci-dessus, n° 379 ; — HG, 447. — Les croisés demeurèrent à Césarée quatre jours, à savoir du 27 au 30 mai, suivant le témoignage d'Albert d'Aix. Cet auteur nous apprend qu'ils en partirent le lundi de la Pentecôte, 30 mai (iia feria), et qu'ils arrivèrent le 2 juin (va feria) aux environs de Rama. Ils longèrent tout d'abord la mer jusqu'à Arsuf, passèrent une ou deux nuits aux environs de cette place, puis se dirigèrent vers l'est, et laissant Jaffa à leur droite, parvinrent près de l'actuel Lydda, demeurèrent la nuit au bord du Wadi Djiudâs, et occupèrent le lendemain Rama, abandonné par ses habitants.

1099, juin 2-3. — Les croisés campent sur le Wadi Djiudâs, près de Rama, dont les habitants s'enfuient. (381)

> **Sources :** Albert d'Aix, V, xlii (cf. ci-dessus, n° 380). — Raimond d'Aguilers (*Hist. occid. d. crois.,* III, 291 G ; cf. ci-dessous, n° 382). — Guill. de Tyr, VII, xxii.
>
> **Commentaire :** Voy. au n° 380.

1099, juin 3. — Les croisés entrent à Rama abandonné de ses habitants ; ils y restent jusqu'au 6 juin et y installent comme évêque Robert de Rouen. (382)

> **Sources :** *Gesta,* 158 (XXXVI, 4). — Pour les copistes des *Gesta,* voir les renvois donnés ci-dessus, n° 378. — Raimond

d'Aguilers (*Hist. occid.*, III, 291 G) : « Cum vero audissent Saraceni qui habitabant in Ramulis, quia transieramus fluvium qui prope erat, deseruerunt munitionem et arma et frumentum..... Cumque venissemus eo altera die, cognovimus quia Deus revera pro nobis pugnaret.... Visum est majoribus et omni populo ut episcopum ibi eligeremus, quoniam ecclesiam illam in terra Israel primam inveneramus. » — Foucher de Chartres (*ibid.*, 354 C) : « Tum quidem ad dexteram partem reliquerunt maritimam et Arsuth oppidum, et per urbem nomine Ramatha sive Arimathia perrexerunt, de qua Saraceni incolae aufugerant pridie quam illuc pervenissent Franci...; mora ibi per IV dies facta, cum basilicae S. Georgii episcopum praefecissent, Jerusalem iter protendunt. » — Albert d'Aix, V, XLII : « Neminem in urbe reperientes, quod universi cives a facie christianorum fugientes.... se absconderunt...., peregrini per III dies requiem sibi fecerunt. Episcopum illic quendam Robertum constituerunt. » — Guill. de Tyr, VII, XXII.

Commentaire : Voy. Wilken, I, 268, 269 ; — Raumer, *Gesch. d. Hohenstaufen*, I, 165 ; — Peyré, II, 294 ; — Damberger, *Synchron. Gesch.*, VII, 384 ; — HG, 446. — Les croisés, arrivés près de Rama, passèrent leur première nuit (2-3 juin) sur les bords du fleuve qui coule non loin de cette ville. Le troisième jour ils envoyèrent un détachement aux informations, et ils apprirent que Rama avait été abandonné de ses habitants. Ils y pénétrèrent alors, et y restèrent trois jours, du 3 au 5 juin. Le 6 juin, ils reprirent leur marche vers Jérusalem. Du récit de Raimond d'Aguilers on peut conclure qu'ils entrèrent dans Rama le lendemain de leur arrivée. De celui de Foucher, il ressort qu'ils passèrent quatre jours dans la localité, à savoir une nuit devant la ville et trois jours à l'intérieur, ce qui s'accorde assez bien avec le témoignage d'Albert d'Aix, d'après lequel l'armée aurait pris trois jours de repos dans la place.

1099, lundi 6 juin. — Les croisés quittent Rama et arrivent à Amwas. (383)

Sources : Foucher de Chartres (*Hist. occid. d. crois.*, III, 354 D) : « Mora quippe ibi [*scil.* Ramulae] per IV dies facta, cum basilicae S. Georgii episcopum praefecissent, et in arcibus urbis homines ad custodiendum locassent, Jherusalem iter suum protenderunt. Ipso die usque castellum quod Emaus dicitur ambulaverunt, quod juxta se habet Modin, civitatem Machabaeorum. » — Bartolf de Nangis (*ibid.*, 509 A). — *Hist. Nicaena vel Antioch.* (*ibid.*, V, 174 F). — Anonyme rhénan, *Hist. Godefridi* (*ibid.*, 493 C). — Albert d'Aix, V, XLIII : « Quarta vero dehinc exorta luce, pariter peregrini procedentes, viam insistunt relicta civitate Rames, usque ad locum, quo haec montana incipiunt quae urbem Jerusalem in medio sitam undique circumstant, proficisci statuerunt, unde ad castellum Emmaus... plurima manus armigerorum transmissa est. » — Guill. de Tyr, VII, xxiv.

Commentaire : Voy. Wilken, I, 269 ; — Michaud, II, 86 ; — Sybel, 480 (407) ; — Peyré, II, 300 ; — Damberger, *Synchron. Gesch.*, VII, 385 ; — Petermann, *Geogr. Mittheilungen*, 1867, p. 126 ; — HE, 164 ; — HG, 449. — L'armée des croisés, après être demeurée quatre jours à Rama, en partit la veille du jour de son arrivée à Jérusalem, donc le 6 juin. Le jour même de son départ, elle atteignit Emmaus (auj. Kubeibeh) et y campa. Elle n'avait plus, pour atteindre Jérusalem, à franchir que le quart de la distance entre Ramla et cette dernière ville, et c'est ce qu'elle fit le lendemain 7 juin.

1099, juin 6-7. — Tancrède part le 6 juin d'Emmaus et s'avance plus loin que Jérusalem jusqu'à Bethléem, d'où il revient le lendemain 7 juin à Jérusalem. (384)

Source : Foucher de Chartres (*Hist. occid. d. crois.*, III, 354 E) : « Nocte vero sequenti c milites de probioribus conscenderunt equos, qui aurora clarescente prope Jherusalem transeuntes usque. Bethlehem properaverunt, de quibus erat Tancredus unus, alter vero Balduinus..... Facta autem ilico in basilica B. Mariae supplicatione ad Deum devota..., ad urbem sanctam Jerusalem regressi sunt. » — Bartolf de Nangis (*ibid.*, 509 B). — *Hist. Nicaena vel Antiochena* (*ibid.*, V, 174 F). — Anonyme rhénan, *Hist. Godefridi* (*ibid.*, 893 C). — Raoul de Caen, ch. 111 (*ibid.*, III, 683) : « Tancredus pernox castra movet, antelucanus socios praevenit, Hierusalem pervenit, muros circumvenit ; veniens tamen, Bethlehem ab hostibus liberat, quae obsessa ad eum pridie clamaverat per legatum. » — *Hist. b. sacri*, c. 109 (*ibid.*, 217). — Albert d'Aix, V, xliv, xlv : « Die advesperascente, legatio catholicorum incolarum Bethlehem duci Godefrido innotuit..... quatenus sine aliqua retardatione eis ad subveniendum viam maturaret. Dux vero audita legatione cum precibus..., in eadem nocte c circiter equites de castris et comitatu suo electos praemisit..... in Bethlehem ; qui..... cum festinatione vi miliaribus per totam noctem superatis, in primo diei ortu in Bethlehem pervenerunt..... Maturabant magni et parvi iter in Jerusalem, cum quibus praemissi milites a Bethlehem revertentes in via associati sunt, cum primum solis calore matutini rores in gramine solent exsiccari. » — Guill. de Tyr, VII, xxiv.

Commentaire : Voy. Wilken, I, 270 ; — Haken, *Gemælde d. Kreuzzüge*, I, 370 ; — Raumer, *Gesch. d. Hohenstaufen*, I, 165 ; — Michaud, II, 86 ; — Sybel, 480 (405) ; — Peyré, II, 301 ; — Damberger, *Synchron. Gesch.*, VII, 385 ; — Kugler, *Albert v. Aachen*, 198 ; — HG, 449. — Il semble que Tancrède soit parti pour Bethléem le jour même de l'arrivée des croisés à Amwas (Emmaus), et ait rallié le gros de l'armée dès le 7 juin; mais il n'est pas dit en quel endroit eut lieu la réunion; sans doute ce fut dans le voisinage de Jérusalem et le matin du 7, car dès ce jour-là le gros de l'armée des croisés se mit en devoir de franchir la petite distance qui la séparait encore de Jérusalem, où une partie d'entre eux arriva ce même jour.

1099, mardi 7 juin. — Les croisés arrivent devant Jérusalem qu'ils investissent.   (385)

Sources : *Gesta*, 159 (XXXVII, 1) : « Nos autem laetantes et exsultantes usque ad civitatem Jerusalem pervenimus feria iii^a, viii° idus Junii, eamque mirabiliter obsedimus. » — Tudebode (*Hist. occid. d. crois.*, III, 102) : « ...alii autem laetantes, scilicet Raimundus S. Aegidii et dux Godefridus cum aliis peregrinis exsultantes pervenerunt Hierusalem, iii^a feria, vii° die intrante Junio, eamque robustissime prope muros obsederunt. » — *Hist. b. sacri*, c. 127 (*ibid.*, 224) : « Capta est ergo civitas die iduum Julii, sexta feria (= vendredi 15 juillet), videlicet ab obsidionis exordio xxxix die, ab Incarnatione Christi an. MXCIX°. » — Robert le Moine (*ibid*, 864 B) : « ...iii^a feria hebdomadae Junii secundae, iv° scilicet idus, aggressi sunt Jherusalem christiani. » — Baudri de Dol (*ibid.*, IV, 97 C) : « ...feria iii^a, viii° idus Junii obsederunt. » — Guibert de Nogent (*ibid.*, 223 C) : « ....viii° itaque Junii idus, cum iii^a esset feria... obsessa est civitas. » — Orderic Vital (éd. citée, III, 596) : « ...obsederunt viii° idus Junii Jerusalem. » — *Hist. Nicaena vel Antiochena* (*Hist. occid.*, V, 174 H) : « ...anno Domini MXCIX, vii idus Junii. » — Foucher de Chartres (*ibid.*, III, 355 C) : « Lucis septenae jam humus igne calebat, Jherusalem Franci cum vallant obsidione. » — Bartolf de Nangis (*ibid.*, 509 D) : « Et venientes ad urbem obsidione undique vallant, vii idus Junii. » — Raoul de Caen, c. 135 (*ibid.*, 699) : « Sed ne haec tam festa dies nomine careat, ipsa est qua illustrat Julius annum, idus Julium : ipsa est in serie feriarum sexta, ab obsidionis exordio in quadragenis penultima. » — Hugues de Sainte-Marie (*ibid.*, V, 366 B) : « ...obsessa est viii idus Junii » (= 6 juin). — Albert d'Aix, VI, vi : « Obsessa est autem Civitas sancta iii^a feria in ii^a hebdomada mensis Julii (*sic*, pour Junii). » — Guill. de Tyr, VIII, v.

Commentaire : Voy. Mailly, *L'esprit des croisades*, IV, 371; — Wilken, I, 270; — Haken, *Gemælde d. Kreuzzüge*, I, 373; — Raumer, *Gesch. d. Hohenstaufen*, I, 166, 171; — Michaud, II, 87; — Sybel, 480 (406); — Peyré, II, 305, 309, 331; — Damberger, *Synchron. Gesch.*, VII, 386; — De Smet, *Mém. sur Robert de Jérusalem*, 95; — Kugler, *Gesch. d. Kreuzzüge*, 58; — Id., *Albert v. Aachen*, 201; — Id., *Gottfried von Bouillon* (*Hist. Taschenbuch*, 6te Folge, VI, 31); — Kohl, *Gesch. d. Mittelalters*, 29; —

Rœhricht, *Beitræge*, II, 36 ; — Arbellot, *Les chevaliers limou-sins à la première croisade*, 31 ; — Ed. Franz, *Die Patriarchen von Jerusalem*, 14 ; — HE, 164 ; — HP, 252, 378 (297) ; — HG, 449. — La date de l'arrivée des croisés devant Jérusalem ne peut être que le mardi 7 juin. La date fournie par les *Gesta* n'est pas exacte dans tous ses éléments : la « IIIᵃ feria » est bien le mardi 7 ; mais « VIII° idus » correspond au lundi 6 juin. — Baudri, Gui-bert et Orderic Vital commettent la même erreur. Sont inexactes également la date fournie par Robert le Moine, la leçon « Julii » d'Albert d'Aix, et la date du 17 juin donnée dans Rœhricht, *Beitræge*, l. c.

1099, jeudi 9 juin. — Raimond Pilet et Raimond de Taurina avec un certain nombre de compagnons mettent en déroute une troupe de 200 Bédouins. (386)

Sources : *Gesta*, 159 (XXXVII, 2) : « Tertia vero die ex nostris scilicet Raimundus Piletus et Raimundus de Taurina et alii plures causa proeliandi invenerunt cc Arabes et proeliati sunt Christi milites contra illos incredulos et, Deo juvante, fortiter illos supera-verunt et occiderunt multos ex eis et apprehenderunt xxx equos. » — Tudebode (*Hist. occid. d. crois.*, III, 103). — Robert le Moine (*ibid.*, 863 D). — Baudri de Dol (*ibid.*, IV, 97 F). — Guibert de Nogent (*ibid.*, 223 E). — Orderic Vital (éd. citée, III, 599).
Commentaire : Voy. Sybel, 482 (407) ; — Damberger, *Syn-chron. Gesch.*, VII, 389 ; — Arbellot, *Les chevaliers limousins*, 31 : « le troisième jour du siège (10 juin, 1099). » — HG, 452. — Le « tertia dies » est le troisième jour après l'arrivée des croisés devant Jérusalem, donc le jeudi 9 juin et non le vendredi 10, comme l'indique Arbellot. Seuls les *Gesta* et les remanieurs de ce texte parlent du combat en question. Les historiens postérieurs l'ont, pour la plupart, passé sous silence, le considérant sans doute comme sans grand intérêt. Sybel lui-même n'y fait allusion que dans une courte phrase.

1099, dimanche 12 juin. — Les princes croisés prennent conseil d'un ermite demeurant sur le Mont des Oliviers, en vue d'une attaque contre Jérusalem. (387)

Sources : Raimond d'Aguilers (*Hist. occid., d. crois.*, III, 293 E) : « Posita obsidione una dierum, cum venissent principes ad reclusum qui erat in monte Oliveti dixit eis : Si cras oppugna-veritis civitatem usque ad nonam, tradet eam vobis Dominus..... Itaque comparatis armamentis quae per noctem illam comparari potuerunt, ita fortiter a mane usque ad tertiam diei civitas oppu-gnata est, ut compellerentur Saraceni deserere interiorem murum .....Subrepente desidia et timore, oppugnatio intermissa est et multos de nostris tunc perdidimus. Altera vero die, oppugnatio incepta nulla fuit. » — Raoul de Caen, c. 113 (*ibid.*, 685). — *Hist. b. sacri*, c. 111 (*ibid.*, 217). — Albert d'Aix, VI, vii : « Unde hac sitis pestilentia gravescente, populoque catholico diu in obsidione laborante, visum est primatibus populi ex consilio episcoporum et cleri qui aderant ut consulerent quemdam virum Dei, qui erat in antiqua turri procerae altitudinis in Monte Olivarum solitarius, quid agerent, quid primum insisterent... Vir Dei, audita eorum intentione...., consilium protulit, quatenus primum in afflictione jejuniorum et continuatione orationum devote insisterent et post haec muris et Saracenis, Deo auxiliante, inferrent assultus. » — Id., VI, viii : « Jam ex viri Dei consilio ab episcopis et clero triduanum indicitur jejunium, et via feria processionem universi Christiani circa urbem facientes... »

Commentaire : Voy. Mailly, *L'esprit d. croisades*, IV, 392 ; — Wilken, I, 286 ; — Haken, *Gemælde d. Kreuzzüge*, I, 378 ; — Michaud, II, 93 ; — Sybel, 482 (407) ; — Peyré, II, 332 ; — De Smet, *Mém. sur Robert de Jérusalem*, 96 ; — Kugler, *Albert v. Aachen*, 202 ; — HP, 262 (310) ; — HG, 453. — Le récit de Raimond d'Aguilers montre clairement que l'avis de l'ermite du Mont des Oliviers fut pris dans les premiers jours du siège, et que le lendemain un premier assaut fut donné à la ville. Ce premier assaut est sans doute celui dont parlent les *Gesta* (voy. ci-dessous, n° 389) comme ayant eu lieu le lundi 13 juin. Il serait possible au surplus que l'ermite ait de nouveau été interrogé dans la suite et qu'il ait alors ordonné un jeûne de trois jours, comme le raconte Albert d'Aix. Il est permis aussi de considérer comme controuvé le récit de ce dernier qui ne repose que sur des témoignages auriculaires. Je fais remarquer en outre que même les termes d'Albert : « consulerent quid *primum* insisterent » montrent bien aussi que l'avis de l'ermite fut demandé au commencement du siège, et à un moment où aucun assaut n'avait encore été tenté. C'est également ce à quoi permettent de conclure les récits de Raoul de Caen et de l'*Hist. belli sacri*, qui parlent de l'entretien des princes croisés avec l'ermite aussitôt après avoir mentionné l'arrivée de l'armée chrétienne devant Jérusalem.

1099, nuit du 12 au 13 juin. — Les croisés font leurs préparatifs pour un premier assaut de Jérusalem.　　　　　(388)

Source : Raimond d'Aguilers (*Hist. occid. d. crois.*, III, 293 E ; cf. ci-dessus, n° 387).

Commentaire : Raimond d'Aguilers est seul à dire que les préparatifs du premier assaut de Jérusalem se firent dans la nuit qui suivit la démarche des princes croisés auprès de l'ermite du Mont des Oliviers.

1099, juin 13. — Les croisés tentent sans succès l'assaut de Jérusalem.   (389)

Sources : *Gesta*, 159 (XXXVII, 3) : « Secunda vero veniente
feria aggredimur fortissime civitatem tam mirabiliter, ut si scalae
fuissent paratae in nostra fuisset civitas manu.....; fueruntque
mortui multi ex nostris sed plures ex illis. » — Tudebode (*Hist.
occid. d. crois.*, III, 103). — Robert le Moine (*ibid.*, 864 B) :
« Secunda feria hebdomadae Junii secundae, iv° scilicet idus,
aggressi sunt Jherusalem Christiani, sed eo die non praevaluere. »
— Baudri de Dol (*ibid.*, IV, 97 G) : « .. feria iiª constanter impetie-
runt civitatem... ». — Guibert de Nogent (*ibid.*, 223 G) : « ...alte-
rius hebdomadae secunda illuscente feria.,.. ». — Anonyme rhénan, *Hist. Godefridi* (*ibid.*, V, 494 C-E). — Orderic Vital (éd.
citée, III, 599). — Raimond d'Aguilers (*Hist. occid.*, III, 293 E ;
cf. ci-dessus, n° 387). — Foucher de Chartres (*ibid.*, 357 D) :
« Die vii° sequenti.... mane claro, impetu miro civitatem undique
assilierunt, et, cum usque ad horam diei sextam assiluissent et per
scalas quas aptaverant, eo quod paucae erant introire nequirent,
assultum tristes dimiserunt. » — Raoul de Caen, c. 118 (*ibid.*,
688) : « .... proximae Parasceves auroram muris destinant scan-
dendis... » — *Hist. b. sacri*, c. 114 (*ibid.*, 218) : « ... quaerentes
ligna unde machinae fierent, quibus proximo die Veneris muri
civitatis scandi valerent... » — Albert d'Aix, VI, 1 : « ... quinto
die obsidionis, muros et moenia sunt aggressi... »., — Guill. de
Tyr, VIII, vi : « Quinta die postquam ante urbem noster constitit
exercitus....., indictum est quatinus omnes ad urbem impugnan-
dam se accingerent. »

Commentaire : Voy. Mailly, *L'esprit d. croisades*, IV, 392 ; —
Wilken, I, 281 ; « Schön am 5ten Tage ward die Stadt bestürmt ».
— Haken (*Gemælde d. Kreuzzüge*, I, 378) donne cette même
date. — Raumer, *Gesch. d. Hohenstaufen*, I, 172 : « Am 5ten Tage
der Umlagerung wagten die Pilger einen allgemeinen Sturm. »
— Michaud, II, 93 ; — Sybel, 482 (407) : « Am 13 Juni unternahm
man den ersten Angriff. » — Peyré, II, 332 : « ... le lendemain
vendredi IV des ides, correspondant au 10 juin.... ». — Damber-
ger, *Synchron. Gesch.*, VII, 388 : « Nach frommer sonntäglicher
Feier schritt man Montags 13 Juni zum allgemeinen Sturm. » —
Le Prévost, dans son éd. d'Orderic Vital, III, 599 ; — Kugler
(*Albert von Aachen*, 201, 204) suit le texte d'Albert. — Arbellot,
Les chevaliers limousins, 32 : « .... le lundi 13 juin. » — Kohl,
Gesch. d. Mittelalters, 29 : « am 13 Juni » ; — HE, 165 ; — HG, 452.
— Les principales sources assignent le premier assaut de Jérusa-
lem au lundi 13 juin 1099. L'expression « secunda veniens feria »
des *Gesta* ne peut s'appliquer, en effet, qu'au lundi qui suivit
l'arrivée des croisés devant la ville sainte. Foucher, en disant
« die viiª sequenti », s'accorde avec les *Gesta*, car il fait allusion

au septième jour après l'arrivée des croisés devant Jérusalem.
Ainsi la date fournie par Albert d'Aix (« v° die obsidionis » =
11 juin) est erronée, et c'est pourtant celle qu'ont adoptée Guillaume de Tyr, Wilken, Haken, Raumer et Kugler. Est également
erronée la date indiquée par Raoul de Caen et l'*Hist. b. sacri*
(vendredi 10 ou 17 juin), qu'a adoptée Peyré. Raoul de Caen, il est
vrai, se réfère, dit-il, à un renseignement fourni par Tancrède lui-
même ; mais il a probablement fait quelque confusion, le renseignement s'appliquant peut-être à la procession qui fut organisée
plus tard pour un vendredi, ou au jour de la prise de la ville, qui
eut lieu également un vendredi. Robert le Moine se trompe lui
aussi et, de plus, se contredit, car il donne d'une part, le iv des
ides de juillet, qui est le vendredi 10 juin et, d'autre part, la « ii^a
feria », qui est un lundi. Les indications précises des *Gesta*, de
Tudebode et de Foucher, ne permettent pas d'adopter une autre
date que le 13 juin.

1099, juin 14. — L'armée des croisés reste ce jour-là dans l'inaction. (390)

> **Source :** Raimond d'Aguilers (*Hist. occid. d. crois.*, III, 293 E) :
> « Altera vero die oppugnatio incepta nulla fuit. »
> **Commentaire :** Voy. HG, 453. — Raimond d'Aguilers est seul
> à noter ce fait ; aucun des historiens postérieurs n'a reproduit
> son renseignement.

1099, juin 15. — Conférence des princes croisés, dans laquelle on
décide de construire des machines de siège. (391)

> **Sources :** *Gesta*, 160 (XXXVIII, 1) : « Tunc seniores nostri
> ordinaverunt quomodo ingeniare possent civitatem, ut ad adoran-
> dum nostri Salvatoris intrarent Sepulcrum, feceruntque duo lignea
> castra et alia plura machinamenta. » — Robert le Moine (*Hist.
> occid. d. crois.*, 863 D). — Baudri de Dol (*ibid.*, V, 99 E-100 A).
> — Guibert de Nogent (*ibid.*, 225 H-226 A). — Orderic Vital (éd.
> citée, III, 602). — Raimond d'Aguilers (*Hist. occid.*, III, 297 E) :
> « Praefecerant itaque dux et comites Normanniae et Flandrensis
> Gastonem de Beardo operariis qui machinas construebant et grates
> atque aggeres ad invadendum murum componebant. » — Albert
> d'Aix, VI, ii, iii : « Omnibus utile visum est consilium machinas et
> mangenas arietesque fabricari ; sed deficiebat materia lignorum,
> quorum in illis regionibus magna est penuria. Ad haec quidam
> confrater christianus, natione Syrus, peregrinis locum indicat ubi
> ligna ad construendas machinas reperiri possent, videlicet in qui-
> busdam montibus versus plagam Arabiae. Revelato autem loco
> lignorum, Robertus Flandrensis et Robertus Nortmannorum domi-
> nus, Gerardus quoque de Keresi, assumpta manu equitum et

peditum trans iv miliaria profecti sunt : ubi ligna inventa tergis camelorum imponentes ad sedem sociorum damno reversi sunt. Crastina vero luce primum terris immissa, universi artifices operi machinae mangenarum et arietis instant, alii securibus, alii terebellis, quousque sub spacio iv hebdomadarum opus perductum est, ante turrim David, in aspectu omnium qui in eodem praesidio morabantur.... Vimina et virgulta plurima allata sunt, quibus crates contextae, coriis equinis et taurinis ac camelorum opertae sunt, ne facile hostili incendio cremaretur machina. » — Guill. de Tyr, VIII, vi.

Commentaire : Voy. Wilken, I, 282 ; — Haken, *Gemælde d. Kreuzzüge*, I, 379 ; — Raumer, *Gesch. d. Hohenstaufen*, I, 175 ; — Michaud, II, 94 ; — Sybel, 484 (409) ; — Peyré, II, 340 ; — Damberger, *Synchron. Gesch.*, VII, 388 ; — Kugler, *Albert von Aachen*, 204 ; — HG, 461. — La conférence des princes croisés eut lieu certainement après les premiers assauts infructueux tentés contre la ville, assauts pour lesquels on n'avait point eu de machines. Le renseignement même d'Albert d'Aix, à savoir que la construction de ces machines dura quatre semaines, indique que l'opération n'eut pas lieu dans la dernière semaine avant la prise. Raimond d'Aguilers, il est vrai, ne mentionne la chose qu'à l'endroit de son récit où il parle de la procession du 8 juillet, mais il ressort néanmoins de ses paroles qu'à ce moment les machines étaient déjà en construction et qu'on y travaillait avec ardeur.

1099, juin 17. — Un messager apporte aux croisés devant Jérusalem la nouvelle qu'une flotte génoise a abordé dans le port de Joppe, et que par le moyen de cette flotte leur armée pourra être constamment ravitaillée.   (392)

Sources : *Gesta*, 159 (xxxvii, 4) : « In illa obsidione panes ad emendum invenire non poteramus fere per spatium dierum x, donec venit nuntius nostrarum navium..... » — Tudebode (*Hist. occid. d. crois.*; III, 103). — Robert le Moine (*ibid.*; 864 C). — Baudri de Dol (*ibid.*, IV, 98 C). — Guibert de Nogent (*ibid.*, 224 D). — Orderic Vital (éd. citée, III, 600). — Raimond d'Aguilers (*Hist. occid.*, III, 294 G) : « Inter haec venit nuntius nobis, quod vi naves de nostris applicuerant Joppen, et mandabant nautae ut praesidium mitteretur illuc, quo turris Joppe custodiretur et ipsi securi in portu essent..... » — Id. (*ibid.*, 298 E) : «... sed habebat modo multos adjutores, scilicet Guilelmum Ebriacum et cum eo omnes nautas Januenses, qui naves suas, sicut superius narravimus, apud Joppen perdiderant. » — Cafaro, *Liber. civit. Orientis* (*ibid.*, V, 56 E-57 A). — Guill. de Tyr, VIII, ix.

Commentaire : Voy. Mailly, *L'esprit des croisades*, IV, 396 ; — Wilken, I, 284 ; — Haken, *Gemælde d Kreuzzüge*, I, 380 ; —

Raumer, *Gesch. d. Hohenstaufen,* I, 174 ; — Michaud, II, 96 ; —
Sybel, 484 (409) ; — Peyré, II, 341 ; — Damberger, *Synchron.
Gesch.,* VII, 389 ; — Heyd, *Gesch. des Levantehandels,* I, 149 ;
— Arbellot, *Les chevaliers limousins,* 32 ; — HG, 454. — Sui-
vant les données des *Gesta,* la date de l'arrivée de la flotte
génoise doit être fixée au dixième jour après le commencement
du siège, donc au 17 juin. C'est celle qu'ont adoptée Sybel et
Damberger.

1099, juin 18. — Raimond Pilet et d'autres se rendent à Joppe pour
porter aide aux Génois, et ramener des vivres à l'armée des
croisés. Ils livrent un vif combat à une forte troupe d'Arabes
et de Turcs dans les environs de Ramla.   (393

> **Sources :** *Gesta,* 159 (xxxvii, 5) : « Postquam enim venit nun-
> tius nostrarum navium, acceperunt inter se nostri seniores)
> consilium, quemadmodum mitterent milites, qui fideliter custo-
> dirent homines et naves in portu Japhiae. Summo autem diluculo
> exierunt c milites de exercitu Raimundi, comitis S. Egidii, Rai-
> mundus Piletus et Achardus de Mommellou et Willelmus de Sa-
> bra, et ibant cum fiducia ad portum. Diviserunt se..... » — Tude-
> bode (*Hist. occid. d. crois.,* III, 103). — Robert le Moine (*ibid.,*
> 865 A-F). — Baudri de Dol (*ibid.,* IV, 98 E - 99 B. — Guibert de
> Nogent (*ibid.,* 224 F-225 C). — Orderic Vital (éd. citée, III, 601).
> — Raimond d'Aguilers (*Hist. occid.,* III, 294 H-295 G) : « Audien-
> tes nostri de navibus, omnes gavisi sunt, et misit illuc comes Gau-
> demarum Carpinelle cum xx militibus et peditibus circiter l, et
> post ipsum Raimundum Pelet cum l militibus, et Guillelmum de
> Sabra cum sociis suis. Cum vero venisset Gaudemarus ad cam-
> pestra quae sunt citra Ramulas, occurrerunt ei cccc electi Arabes
> et Turci circiter cc...... Per Dei gratiam et nostri liberati sunt
> et hostes fusi atque fugati et circiter cc ex eis interfecti et plu-
> rima spolia capta sunt. » — Albert d'Aix, VI, iv ; — Guill. de Tyr,
> VIII, ix.
>
> **Commentaire :** Voy. n° 392 et HG, 456. — L'arrivée de la flotte
> génoise à Joppe engagea les princes croisés à envoyer dans cette
> place un détachement de leur armée, pour protéger les vaisseaux,
> et cette résolution dut être prise aussitôt après l'arrivée du mes-
> sager apportant la nouvelle. La disette de vivres dans leur camp
> exigeait au surplus un prompt ravitaillement. Le renseignement
> fourni par les *Gesta,* suivant lequel, au moment de l'arrivée du
> messager, les croisés occupés depuis dix jours au siège de Jéru-
> salem, n'avaient pu encore se procurer du pain, permet de fixer
> au 17 juin cette arrivée et au 18 le départ du détachement
> envoyé à Joppe.

1099, nuit du 18 au 19 juin. — La flotte égyptienne étant apparue devant Joppe, les Génois se voient contraints de lui abandonner leurs vaisseaux ; mais ils ne le font qu'après en avoir emporté tous les objets de quelque utilité. Le 19 juin, ils partent pour Jérusalem avec le détachement envoyé par les chefs croisés à leur secours.   (394)

> **Sources :** Raimond d'Aguilers (*Hist. occid. d. crois.*, III, 295 E) : « Collectis igitur et divisis spoliis, cum venissent nostri milites Joppen, cum tanta laetitia et securitate nautae eos susceperunt, ut navium etiam suarum obliviscerentur, ut vigilias per mare non agerent, et panem et vinum et pisces quae secum detulerant eis communicarent. Sic itaque ex alacritate et securitate nautae negligentes effecti, dum vigilias per noctem non agunt, de improviso per mare ab hostibus circumdati sunt. Cumque vidissent diluculo quia non possent pugnare contra tantam multitudinem, expositis navibus suis, spolia tantum secum detulerunt atque sic victores et victi pariter Jerosolymam reversi sunt. » — Guill. de Týr, VIII, ix.
>
> **Commentaire :** Cf. ci-dessus, n° 392. — La date résulte des renseignements fournis par Raimond d'Aguilers et du fait que le détachement de Raimond Pilet arriva à Joppe le jour même de son départ de Jérusalem. Si l'on suppose que ce détachement n'arriva à Joppe que le 19 — chose possible puisque la distance de cette ville à Jérusalem est d'environ 10 h. 1/2 — il faut admettre alors que le retour de la dite troupe à Jérusalem, en compagnie des Génois, eut lieu le 20.

1099, fin juin et début de juillet. — Les croisés devant Jérusalem souffrent cruellement du manque d'eau et se voient dresser de continuelles embûches par l'ennemi.   (395)

> **Sources :** *Gesta*, 159 (XXXVII, 8) : « In eadem obsidione tanta oppressione sitis fuimus gravati, ut sueremus coria boum et bufalorum, in quibus deferebamus aquas fere per spatium vi miliariorum ; ex illis quippe vasculis foetida utebamur aqua ; et quantum ex olida aqua, et hordeaceo pane in nimia districtione et afflictione eramus cotidie. Saraceni namque in cunctis fontibus et aquis latentes insidiabantur nostris eosque ubique occidebant et dilaniabant ; animalia quoque secum in suas cavernas et speluncas deducebant. » — Tudebode (*Hist. occid. d. crois.*, III, 104). — Robert le Moine (*ibid.*, 865 F). — Baudri de Dol (*ibid.*, IV, 99 B-E). — Guibert de Nogent (*ibid.*, 225 C-G). — Orderic Vital (éd. citée, III, 602). — Anonyme rhénan, *Hist. Gotefridi* (*Hist. occid.*, V, 493 G-494 B). — Raimond d'Aguilers (*ibid.*, III, 294 D-E). — Foucher de Chartres (*ibid.*, 358 B). — Cafaro, *Liberatio civit. Orientis* (*ibid.*, V, 56 D). — Albert d'Aix, VI, vi. — Guill. de Tyr, VIII, vii.

Commentaire : Voy. Mailly, *L'esprit d. crois.*, IV, 402. — Wilken, I, 283 ; — Haken, *Gemælde d. Kreuzzüge*, 1, 381 ; — Raumer, *Gesch. d. Hohenstaufen*, I, 173 ; — Michaud, II, 95 ; — Sybel, 483 (408) ; — Peyré, II, 338 ; — Kohl, *Gesch. d. Mittelalters*, 30 ; — Damberger, *Synchron. Gesch.*, VII, 388 ; — Kugler, *Albert v. Aachen*, 205 ; — HE 165 ; — HG 460. — Le manque d'eau et de vivres se fit sentir dès le début du siège (cf. ci-dessus, n° 391) ; mais ces fléaux sévirent plus vivement vers la fin de juin et le début de juillet. C'est à cette fâcheuse situation que Raimond d'Aguilers fait allusion lorsqu'il dit (éd. citée, 296 C) : « Labor et tribulatio per singulos dies in populo conduplicabatur. »

1099, début de juillet. — Conférences des princes croisés dans lesquelles on s'entretient de l'occupation de l'église de Bethléem par Tancrède et de la nécessité d'élire un roi.   (396)

Source : Raimond d'Aguilers (*Hist. occid. d. crois.*, III, 295 H-296 C) : « Habuimus eo tempore conventus, quia principes male inter se conveniebant, et quaestio habita est de Tancredo, eo quod Bethlehem occupasset, et super ecclesiam Dominicae Nativitatis, quasi super communem domum, vexillum suum posuisset. Quaesitum est etiam ut aliquis de principibus in regem eligeretur, qui civitatem custodiret, ne communis facta, si nobis eam traderet Deus, a nullo custodita communiter destrueretur ; quibus ab episcopis et a clero responsum est : non debere ibi eligere regem ubi Dominus passus et coronatus est....., sed esset aliquis advocatus qui civitatem custodiret. His et aliis multis de causis dilata est electio et impedita donec ad viii^{am} diem post captam Jherusalem..... Labor et tribulatio per singulos dies in populo conduplicabatur. »

Commentaire : Voy. Wilken, I, 301 ; — Raumer, *Gesch. d. Hohenstaufen*, I, 184 ; — Sybel, 486 (411) ; — Peyré, II, 349 ; — HE, 189 ; — HG, 480. — La conférence en question et la déclaration du clergé au sujet de l'élection d'un roi eurent lieu dans la seconde moitié du siège. Raimond d'Aguilers est seul à mentionner ces faits ; aussi les historiens postérieurs les ont-ils presque complètement passés sous silence. Le récit de Raimond nous autorise à croire que la conférence eut lieu au début de juillet, c'est-à-dire à l'époque où la disette était grande dans le camp des croisés, car il le termine en rappelant les souffrances des croisés. De plus, il parle de la conférence immédiatement avant le passage où il relate les circonstances qui préparèrent le dernier assaut contre Jérusalem et qui eurent pour conséquence la prise de la ville.

1099, juillet 6. — Assemblée des princes et du peuple, dans

laquelle on décide d'organiser une procession solennelle autour de Jérusalem.   (397)

Sources : *Gesta,* 160 (XXXVIII, 3) : « Sed antequam invade-
remus, eam ordinaverunt episcopi et sacerdotes praedicando et
commonendo omnes ut processionem Deo in circuitu Hierusalem
celebrarent et orationes atque eleemosynas et jejunia fideliter
facerent. » — Raimond d'Aguilers (*Hist. occid. d. crois.*, III, 296 D-
297 A) : «.Locutus est episcopus Petro Desiderio, dicens : loquere
ad principes et ad omnem populum dicens...... : nudis pedibus cir-
cuite civitatem Jerusalem, invocantes Deum et jejunabitis. Si sic
egeritis et oppugnaveritis civitatem viriliter, usque ad ix dies,
capietur...... Coadunaverunt concilium de principibus et omni
populo, et ideo publice jussum est, ut in vi^a feria, quae in proximo
est, clerici praepararent se ad processionem.... » — Tudebode (*ibid.*,
105) : « Nostri seniores.... fecerunt concilium, in quo episcopi et
presbyteri laudaverunt ut fecissent processionem circa civitatem. » — Albert d'Aix, VI, viii : « Jam ex viri Dei consilio ab
episcopis et clero triduanum indicitur jejunium, et vi^a feria processionem universi Christiani circa urbem facientes.... » — Guill.
de Tyr, VIII, xi.

Commentaire : Voy. Maimbourg, I, 214 ; — Wilken, I, 286 ; —
Haken, *Gemælde d. Kreuzzüge*, I, 386 ; — Raumer, *Gesch. d.
Hohenstaufen*, I, 176 ; — Michaud, II, 98 ; — Sybel, 486 (411) ; —
Peyré, II, 347 ; — Damberger, *Synchron. Gesch.*, VII, 389 ; —
Kugler, *Albert v. Aachen,* 206 ; — Franz, *Das Patriarchat von
Jerusalem,* 14 ; — HE, 165 ; — HP, 257 (302) ; — HG, 464. — La
« sexta feria », dans laquelle on décida d'organiser une procession solennelle autour de Jérusalem, est le vendredi 8 juillet
(cf. ci-dessous, n° 398). Cette décision fut prise à l'instigation
du prêtre Pierre Didier, qui disait avoir vu apparaître l'évêque
Adhémar du Puy, et avoir reçu de lui l'ordre d'exhorter les
princes à faire une procession et à établir un jeûne, après quoi,
au bout de neuf jours, la ville serait prise. Dans mon édition
d'Ekkehard et dans mon *Pierre l'Ermite*, j'avais adopté, pour
la date de l'assemblée, le 7 juillet ; mais il est plus vraisemblable
de penser que Pierre Didier fit sa révélation aux croisés le jour
même qui suivit la nuit où Adhémar lui était apparu, c'est-à-dire
dès le 6 juillet.

1099, vendredi 8 juillet. — Les croisés font une procession solen-
nellé autour de Jérusalem.   (398)

Sources : *Gesta,* 160 (XXXVIII, 3) ; cf. ci-dessus, n° 397. —
Raimond d'Aguilers (*Hist. occid. d. crois.*, III, 297 B-D). —
Tudebode (*ibid.*, 107). — Albert d'Aix, VI, viii. — Guill. de Tyr,
VIII, xi.

Commentaire : Voy. nº 397. — Raimond d'Aguilers seul indique le vendredi comme le jour où eut lieu la procession, et il ressort du texte des *Gesta* que ce vendredi fut le vendredi 8 juillet, car il nous y est dit que la procession eut lieu avant le jour où se fit le transfert du château de bois, donc avant le 10 juillet.

1099, de la nuit du 9-10 juillet au mardi 12 juillet. — Les croisés assiégeant Jérusalem transportent une de leurs machines de siège, avec sa tour, contre la partie de la ville qui s'étend de la porte Saint-Étienne à la vallée de Josaphat.　　　(399)

Sources : *Gesta*, 160 (XXXVIII, 2) : « Videntes autem nostri seniores ex qua parte esset civitas magis languida, illuc in quadam nocte sabbati deportaverunt nostram machinam et ligneum castrum in orientalem partem. Summo autem diluculo erexerunt ea et aptaverunt et ornaverunt castrum in ɪᵃ et ɪɪᵃ et ɪɪɪᵃ feria. Comes namque S. Egidii a meridiana plaga reficiebat suam machinam. » — Tudebode (*Hist. occid. d. crois.*, III, 107). — Robert le Moine (*ibid.*, 866 B). — Baudri de Dol (*ibid.*, IV, 100 B-C). — Guibert de Nogent (*ibid.*, 226 A). — Orderic Vital (éd. citée, t. III, p. 603). — Raimond d'Aguilers (*Hist. occid.*, III, 298 B-F) : « Instante autem jussae oppugnationis die, dux et comes Flandrensis atque Norman-. niae comes, cum vidissent quod Saraceni tanta ac talia munimina argumentorum contra nostras machinas composuissent, tota nocte machinas suas et crates et aggeres transportaverunt contra urbis partem quae est ab ecclesia Beati Stephani usque ad vallem Josaphat. Vos vero, qui haec legitis, non putetis parvum laborem atque industriam ibi fuisse. Etenim fere miliarium ibi est a loco unde machinae dissolutae per membra comportabantur usque ad eum locum ubi construebantur... ». — Albert d'Aix, VI, ɪx : « Dehinc jejunio cum processione' sancta et letania orationeque finita, caelum jam tenebris operientibus, noctis in silentio deportata est machina per partes et universa strues mangenorum ad ipsum locum civitatis ubi situm est oratorium S. Stephani protomartyris versus vallem Josaphat, in die sabbati collocatis tabernaculis in circuitu machinae ab hac statione sublatis.... » —· Id., VI, xɪ : « A die autem sabbati hujus machinae operi et compagi insudantes, usque ad vᵃᵐ feriam protractum opus in vespere consummaverunt. » — Guill. de Tyr, VIII, xɪɪ.

Commentaire : Voy. Mailly, *L'esprit d. croisades*, IV, 406 ; — Wilken, I, 288 ; — Haken, I, 384 ; — Raumer, *Gesch. d. Hohenstaufen*, I, 177 ; — Michaud, II, 102 ; — Sybel, 487 (412) ; Peyré, II, 352 ; — Kohl, *Gesch. des Mittelalters*, 30 ; — Kugler, *Albert v. Aachen*, 207 ; — HG, 463. — Haken et Sybel placent au 8 juillet le transfert de la machine de guerre, ce qui est sûrement inexact. La date du 9 au 10 juillet ressort du texte des *Gesta*, et c'est également cette date qu'indique Albert d'Aix lorsqu'il raconte que, le 9 juillet, on démolit les machines de guerre et les tentes, dans le dessein, évidemment, de les transporter la nuit suivante. Les travaux de reconstruction furent terminés le mardi 12 juillet. Sybel se trompe également en disant que la reconstruction fut terminée le 10 et que le combat recommença ce même jour. Aucun des témoins oculaires ne le laisse entendre. Après que la machine eut été rétablie le mardi 12, on employa probablement encore le mercredi 13 à divers préparatifs de siège. C'est du moins ce que l'on peut conclure du texte d'Albert d'Aix, d'après lequel tous les travaux auraient été achevés le cinquième jour.

1079, juillet 10-13. — Tancrède et le comte Eustache font une chevauchée dans la région de Naplouse d'où ils rapportent un grand butin. (400)

 Source : Baudri de Dol, ms. G (*Hist. occid. d. crois.*, IV, 100, note 13) : « Interim dum haec agerentur, Tancredus et comes Eustachius, frater ducis, die dominica, frumentatum exierunt et totam terram usque Neapolim depraedati sunt; pauca tamen invenerunt. Summo diluculo, die lunae, Neapolim appropinquantes, in valle juxta fluviolum Saracenos fugientes cum multis animalibus conspexerunt, quos usque ad portas urbis persequentes, etiam cum illis urbem intraverunt..... Post rapta victualia civitatis...., scientes fratrum angustias qui in castris remanserant, die Martis usque ad locum qui Machumaria dicitur pervenerunt. Quarta feria, mane, multa animalia secum adducentes et aliis victualibus onusti, cum maximo gaudio ad castra remearunt. »

 Commentaire : Voy. HG, 483. — On n'a aucune raison de révoquer en doute l'expédition de Tancrède et d'Eustache, bien que Baudri de Dol soit seul à la rapporter. Les mots « interim, dum haec agerentur » se rapportent au transfert de la machine de siège, qui, nous venons de le voir (cf. n° 399), eut lieu du 9 au 12 juillet. Le dimanche, où, suivant Baudri, commença l'expédition, doit donc être le dimanche 10. Le lundi 11 juillet, Tancrède et Eustache arrivèrent à Naplouse, d'où ils poursuivirent les Sarrasins fuyant avec leur bétail. Le mardi 12, ils repartirent pour Jérusalem et arrivèrent jusqu'à la Mahomerie ; le mercredi 13, de bonne heure, ils rentrèrent au camp devant la Ville sainte.

1099, juillet 12. — Le matin de ce jour, les Provençaux commencent à remplir de pierres un fossé qui s'étendait entre Sion et le mur de Jérusalem. Ce travail dure trois jours, jusqu'au vendredi 15 dans la matinée. (401)

 Sources : *Gesta*, 160 (XXXVIII, 5) : « At Raimundus comes a meridie conduxit suum exercitum et castellum [ligneum] usque

prope murum. Sed inter castellum et murum erat quaedam fovea
nimis pro unda. Tunc consiliati sunt nostri ut impleant foveam,
feceruntque praeconari, ut, si aliquis in illam foveam portasset
iii petras, unum haberet denarium. Perduravit vero haec imple-
tio per iii dies et noctes. Tandem, plena fovea, conduxerunt castellum [ligneum] juxta murum. » — Tudebode (*Hist. occid. d.
crois.*, III, 108). — Baudri de Dol (*ibid.*, IV, 102 A). — Guibert
de Nogent (*ibid.*, 227 F). — Orderic Vital (éd. citée, III, 604). —
Raimond d'Aguilers (*Hist. occid.*, III, 299 B-C).

Commentaire : Voy. Mailly, *L'esprit d. croisades*, IV, 407 ;
Wilken, I, 289 ; — Haken, *Gemælde d. Kreuszüge*, I, 384 ; —
Raumer, *Gesch. d. Hohenstaufen*, I, 178 ; — Michaud, II, 103 ;
— Sybel, 487 (411) ; — Damberger, *Synchron. Gesch.*, VII, 392 ;
— Kugler, *Albert v. Aachen*, 211 ; — HG, 469. — Suivant Raimond d'Aguilers, la tour de bois ne fut approchée des murs de
Jérusalem que le jour même de la prise de cette ville, c'est-à-dire
le 15 juillet, après que le sol eut été plus ou moins aplani
(« Mane autem facto, tantus ardor nostris incubuit, ut usque ad
muros progrederentur et machinas illuc deducerent..... Haec
dies erat nona, de qua sacerdos dixerat quod usque eam caperetur... »). D'autre part, d'après les *Gesta*, on mit trois jours et
trois nuits à combler le fossé séparant la tour du mur de la ville.
Donc, ce travail dut être commencé le mardi 12 juillet au matin.
Il n'en est parlé que dans les *Gesta* et dans quelques-uns de leurs
remanieurs.

1099, juillet 13, au matin. — Tancrède et le comte Eustache reviennent de leur expédition dans la région de Naplouse. (402)

Source et commentaire : Cf. ci-desus, n° 400.

1099, juillet 13-14. — Attaque générale des croisés contre Jérusalem.   (403)

Sources : *Gesta*, 160 (XXXVIII, 3) : « Nocte vero ac die, in
iv^a et v^a feria, mirabiliter aggredimur civitatem ex omni parte. »
— Tudebode (*Hist. occid. d. crois.*, III, 108). — Baudri de Dol
(*ibid.*, IV, 101 H). — Guibert de Nogent (*ibid.*, 226 C). — Orderic Vital (éd. citée, III, p. 604).

Commentaire : Voy. Sybel, 487 (412) ; — Arbellot, *Les chevaliers limousins à la 1re croisade*, 34 ; — Kugler *Albert v.
Aachen*, 208 ; — HG, 463. — Les *Gesta* indiquent, de la façon la
plus claire, qu'une attaque contre Jérusalem eut lieu dans la
nuit du 13 au 14 juillet. D'autre part, Raimond d'Aguilers (éd.
citée, 299 B ; cf. ci-dessous, n° 404), d'accord en cela avec toutes
les autres sources, rapporte que, le 14 juillet, on combattit du
matin jusqu'au soir ; mais son récit n'implique pas que le combat

ait commencé ce jour-là seulement, sans avoir été précédé dès le 13 de quelques attaques tentées par des corps isolés. Sybel dit : « Man beschloss also am 9 Sonnabends den Angriffspunkt zu ändern ; die Maschinen wurden auseinander genommen (cf. ci-dessus, nº 399), die Stücke während der Nacht auf die Ostseite hinübergetragen und noch vor Tagesanbruch wieder zusammengesetzt. Seitdem dauerte der Kampf hier ohne Unterbrechung mit der grössten Anstrengung auf beiden Seiten. » Mais il n'est guère vraisemblable de supposer que l'on ait combattu sans interruption depuis le dimanche 10. Les *Gesta* disent formellement que, du 10 au 12, les croisés furent occupés des préparatifs de l'assaut général, et que cet assaut ne commença réellement que le 13, et continua le jeudi 14 et le vendredi 15. Kugler se trompe certainement en supposant que les mots d'Albert d'Aix (VI, vi) : « Obsessa est Jerusalem iiiª feria iiªᵉ hebdomadae mensis Julii », doivent s'appliquer au 12 juillet, jour auquel un assaut aurait eu lieu contre la ville. Il est évident qu'en ce passage il faut lire « Junii » et non « Julii », car le contexte indique qu'Albert veut parler de l'époque (7 juin) où, les croisés étant arrivés devant Jérusalem, le siège commença.

1099, juillet 14. — L'assaut contre Jérusalem continue et dure toute la journée. (404)

Sources : *Gesta* et leurs copistes (cf. ci-dessus, nº 403). — Raimond d'Aguilers (*Hist. occid. d. crois.*, III, 297 H) : « Habuerunt principes nostri consilium et dixerunt : omnis homo praeparet se ad pugnam in vª feria ; interim orationibus et vigiliis atque eleemosynis operam demus. » — Id. (*ibid.*, 299 B) : « Acta est itaque pugna ab ortu solis usque ad occasum, die illa, ita mirabiliter, ut nusquam mirabilius aliquid gestum esse credatur..... Nox autem adveniens, utrumque timorem conduplicavit..... Propterea ab utrisque custodiae, ab utrisque labor, ab utrisque insomnes curae..... Quae vero et qualia molimina ab utrisque per noctem facta fuerint, mirabile credite. Mane autem facto (= 15 juillet), etc... » (cf. nº 405). — Foucher de Chartres (*ibid.*, 358 D-E) : « ..... illo die (= 14 juillet) sic agitur ; sequenti quoque die (= 15 juillet), laborem eundem virilius inierunt. » — Bartolf de Nangis (*ibid.*, 514 B-D). — Guill. de Tyr, VIII, xiii.

Commentaire : Voy. Mailly, *L'esprit d. crois.*, IV, 415 ; — Wilken, I, 288 ; — Haken, *Gemælde d. Kreuzzüge*, I, 387 ; — Raumer, *Gesch. d. Hohenstaufen*, I, 178 ; — Michaud, II, 103 ; — Sybel, 488 (413) ; — Peyré, II, 355 ; — Damberger, *Synchron. Gesch.*, VII, 391 ; — Arbellot, *Les chevaliers limousins*, 34 ; — Kugler, *Albert v. Aachen*, 208 ; — HE, 166 ; — HG, 463. — La date de cet assaut général est fournie par les *Gesta*, Raimond d'Aguilers et Foucher de Chartres ; tandis qu'Albert d'Aix ne donne à cet égard aucun point de repère. D'après ce dernier auteur, l'assaut n'aurait eu lieu que le 15 juillet (« vɪᵃ feria »). Cf. ci-dessous, nᵒ 405.

1099, vendredi 15 juillet. — Prise de Jérusalem par les croisés.

(405)

Sources : *Gesta,* 161 (XXXVIII, 4-XXXIX, 4) : « Sexta vero feria, summo mane, undique aggredimur urbem et nihil ei nocere potuimus, eramusque omnes stupefacti ac in nimio pavore. Appropinquante autem hora, scilicet in qua Dominus noster Jesus Christus dignatus est pro nobis sufferre patibulum crucis, nostri milites fortiter pugnabant in castello [ligneo], videlicet dux Godefridus et comes Eustachius, frater ejus. Tunc ascendit quidam miles ex nostris, Lethaldus nomine, super murum urbis..... Intrantes autem civitatem nostri peregrini, persequebantur et occidebant Saracenos..... Haec civitas fuit capta a christianis xvᵒ die Julii, in vɪᵃ feria. » — Tudebode (*Hist. occid. d. crois.,* III, 106-111). — *Hist. b. sacri,* c. 127 (*ibid.,* 224) : « Capta est civitas die iduum Julii, vɪᵃ feria, videlicet ab obsidionis xxxɪxᵒ die, ab incarnatione Domini anno MICᵒ. » — Robert le Moine (*ibid.,* 866 C). — Baudri de Dol (*ibid.,* IV, 103 G). — Guibert de Nogent (*ibid.,* 234 A) : « Civitas eadem capta est a Francis xvᵒ provecti Julii die, cum vɪᵃ esset feria, ipsa fere qua Christus in crucem sublatus est hora. » — Orderic Vital (éd. citée, III, 604, 611). — *Hist. Nicaena vel Antiochena (Hist. occid.,* V, 176 B). — Raimond d'Aguilers (*ibid.,* III, 300 H) : « ...die idus Julii. In hac autem die ejecti apostoli ab Hierosolymis per universum mundum dispersi sunt. » — *Lettre des princes croisés à Urbain II,* dans Ekkehard, *Hierosolymita,* XV, 9 : « ...die quo primitiva ecclesia inde abjecta fuit, cum festum de dispersione apostolorum a multis fidelibus celebratur..... » — Sigebert de Gembloux, an. 1099, copié par l'Anonyme de Florennes (*Hist. occid. d. crois.,* V, 372 D) : « Capta est Jerusalem idus Julii, in vɪᵃ feria. » — Foucher de Chartres (*ibid.,* III, 316 A) : « ...xvᵒ Julio jam Phoebi lumine tacto, Jherusalem Franci capiunt virtute potenti. » — Bartolf de Nangis (*ibid.,* 515 E) : « ...in vɪᵃ feria, xvᵒ die Julii. » — Hugues de Sainte-Marie (*ibid.,* V, 366 B) : « Obsessa est [Hierusalem] vɪɪɪ idus Junii.... firmiter per vɪ hebdomadarum intervallum. Transactis autem jam hebdomadibus vɪ, feria vɪᵃ hebdomadis vɪɪᵃ, hora itidem vɪᵃ.... Primum insiluit in eam dux Godefridus et Eustachius, frater ejus. » — Albert d'Aix, VI, xxvɪɪɪ : « ...vɪᵃ feria in die solenni divisionis Apostolorum, quae est idus Julii. » — *Annales Altimontenses (Analecta Bolland.,* XV, 283) : « 1099 idus Jul. Hierusalem a Christianis capitur interfectis multis milibus Turcorum. » — Cafaro, *Liberatio civ. Orientis (Hist. occid.,* V, 57 C) :

« ...fuit mense Julii, et tunc currebant anni Domini MIC. » — *Emek habacha* (éd. Wiener, p. 18) : « .....11ten Juli 1099. » — Guill. de Tyr, VIII, xxiv.

Commentaire : Voy. Maimbourg, I, 232; — Mailly, *L'esprit d. crois.*, IV, 418; — Wilken, I, 300; — Haken, *Gemælde d. Kreuzzüge*, I, 392; — Raumer, *Gesch. d. Hohenstaufen*, I, 183; — Michaud, II, 110 : « ...un vendredi à 3 heures du soir; c'était le jour et l'heure où Jésus-Christ expira pour le salut des hommes. » — Sybel, 489 (413); — Peyré, II, 371; — Damberger, *Synchron. Gesch.*, VII, 393; — Muralt, *Essai de chronogr.*, II, 89; — Kugler, *Albert v. Aachen*, 216; — Kugler, *Gesch. d. Kreuzzüge*, 60; — Kohl, *Gesch. des Mittelalters*, 30; — Rœhricht, *Beitræge*, II, 37; — Arbellot, *Les chevaliers limousins*, 35; — HE, 167; — HP, 256 (301); — HG, 482. — Plusieurs des historiens modernes de la croisade se sont trompés dans l'indication de l'heure à laquelle les premiers croisés escaladèrent le mur de Jérusalem et pénétrèrent dans la ville, le 15 juillet. D'après les *Gesta*, Lethaldus franchit la muraille à l'heure « in qua Jesus Christus dignatus est pro nobis sufferre patibulum crucis ». Mais cette heure n'était pas 3 heures après-midi, c'est-à-dire l'instant auquel Jésus-Christ avait expiré sur la croix, comme le disent Michaud, Sybel, Kugler et d'autres; c'était 9 heures du matin, c'est-à-dire l'heure à laquelle il avait été fixé sur la croix. En interprétant la phrase des *Gesta* par 3 heures après-midi, on se trouverait en contradiction avec le renseignement très sûr fourni par Raimond d'Aguilers (éd. citée, p. 299 F), suivant lequel les gens du comte de Toulouse, combattaient encore avec l'ennemi, le 15 juillet vers midi, alors que leurs compagnons avaient déjà pénétré dans la ville, où eux-mêmes n'entrèrent, les derniers, que beaucoup plus tard dans la journée. Selon nous, Godefroi de Bouillon y était donc entré dès avant midi. — Dans le courant du xiie siècle on institua à Jérusalem une fête commémorative de la prise de la ville par les croisés. Jean de Würzbourg (éd. Tobler, p. 190) reproduit la liturgie de cette fête.

1099, soir du 15 juillet. — Le comte Raimond permet à la garnison sarrasine de la tour de David de se retirer librement.

(406)

Sources : *Gesta*, 161 (XXXIX, 2) : « Fecit vero comes Raimundus conduci ammiralium et alios qui cum eo erant usque Scalonem sanos et illaesos. » — Tudebode (*Hist. occid. d. crois.*, III, 109) : « Ammiralius, qui erat in turre David, reddidit se Raimundo S. Aegidii eique aperuit portam per quam peregrini dissolvere tributa solebant. » — *Hist. b. sacri*, c. 127 (*ibid.*, 224). — Baudri de Dol (*ibid.*, IV, 102 C). — Guibert de Nogent (*ibid.*, 227 I). — *Hist. Nicaena vel Antiochena* (*ibid.*, V, 176 C). — Anonyme rhénan, *Hist. Godefridi* (*ibid.*, 496 H). — Raimond d'Aguilers (*ibid.*, III, 300 E) : « Repleta itaque cadaveribus et sanguine civitate, confugerunt aliquanti ad turrem David et poposcerunt a comite Raimundo securitatis dexteram, et dederunt ei arcem. » — Foucher de Chartres (*ibid.*, 361 C) : « .... patriarcham decreverunt nondum ibi fieri.... Interea Turci et Arabes, nigri quoque Aethiopes D fere, qui in arcem Daviticam se intromiserant, petierunt a Raimundo comite, qui prope turrim illam hospitatus erat, ut pecunia eorum in arce ipsa retenta, vivos tantum eos abire permitteret. Hoc concessit et hinc Ascalonem adierunt. » — Bartolf de Nangis (*ibid.*, 515 D) : « Ea vero die ita deleti sunt ut de multitudine innumera Saracenorum.... vix pauci superessent, qui in turre David se concluserunt. Illique haud multo post comiti Raimundo turrim reddentes evaserunt....., et expurgata est civitas.... ea die. » — Albert d'Aix, VI, xxviii : « .... nocte ea oculos universorum prae labore aggravante...., viⁱᵃ feria, in die solemni divisionis Apostolorum, quae est idus Julii, comes Raimundus, avaritia corruptus, Saracenos milites, quos in turrim David fuga elapsos obsederat, accepta ingenti pecunia, illaesos abire permisit..., proxima ab hinc die sabbati » (cf. n° 407). — Guill. de Tyr, VIII, xxiv.

Commentaire : Voy. Mailly, *L'esprit d. crois.*, IV, 435 ; — Wilken, I, 299 ; — Haken, *Gemælde d. Kreuzzüge*, I, 397 ; — Raumer, *Gesch. d. Hohenstaufen*, I, 180 ; — Michaud, II, 114 ; — Sybel, 489 (414) ; — Peyré, II, 389 ; — Damberger, *Synchron. Gesch.*, VII, 394 ; — Kugler, *Albert v. Aachen*, 216 ; — HG, 477 ; — Riaut, dans *Hist. occid. d. crois.*, V, 57. — D'après Albert d'Aix et Tudebode, ce fut le soir même de la prise de Jérusalem que Raimond prit possession de la tour où s'était réfugié l'émir sarrasin. Les autres sources n'y contredisent point, sauf peut-être les *Gesta*, qui racontent le fait après avoir rapporté l'enlèvement des cadavres dont la ville était jonchée. Il nous semble toutefois que l'on doit ici accorder la préférence à Tudebode, témoin oculaire, qui avait probablement de bonnes raisons pour ne point suivre aveuglément sur ce point le texte des *Gesta*, et dont le témoignage est confirmé par celui d'Albert d'Aix. La mention que les *Gesta* font de l'événement en question n'occupe pas dans le récit son rang chronologique, mais doit être considérée comme le simple rappel d'une chose survenue antérieurement. Ibn el-Athir, en contradiction avec les sources occidentales, dit que la garnison de la tour de David ne se rendit qu'au bout de trois jours (*Hist. arabes d. croisades*, I, 198), et Cafaro prétend (*Lib. civit. Orient.* [*Hist. occid.*, V, 57]) qu'elle se maintint dans la forteresse pendant vingt jours. Ces deux renseignements sont certainement inexacts.

1099, samedi 16 juillet, au matin. — Massacre de 300 Sarrasins qui s'étaient réfugiés sur le toit du Temple. (407)

Sources : *Gesta*, 161 (XXXVIII, 7) : « Mane autem facto, ascenderunt nostri caute super tectum Templi et invaserunt Saracenos, masculos et feminas, decollantes eos nudis ensibus ; alii vero dabant se praecipites e Templo. » — Tudebode (*Hist. occid. d. crois.*, III, 110). — Robert le Moine (*ibid.*, 869 D-E). — Baudri de Dol (*ibid.*, IV, 102 F). — Guibert de Nogent (*ibid.*, 229 A). — Orderic Vital (éd. citée, III, 610). — Foucher de Chartres (*Hist. occid.*, III, 359 D). — Albert d'Aix, VI, xxviii : « Proxima abhinc die Sabbati clarescente, quidam Saracenorum spe vitae in summitatem tecti domus praecelsae Salomonis ab armis elapsi circiter 300 efugerant ; sed..... ne unus quidem illorum evasit. » — Guill. de Tyr, VIII, xx.

Commentaire : Voy. Maimbourg, I, 230 ; — Mailly, *L'esprit d. crois.*, IV, 430 ; — Wilken, I, 295 ; — Haken, *Gemælde d. Kreuzzüge*, I, 397 ; — Raumer, *Gesch. d. Hohenstaufen*, I, 183 ; — Michaud, II, 113 ; — Sybel, 491 (415) ; — Peyré, II, 388 ; — Kugler, *Albert v. Aachen*, 216 ; — HG, 474. — La date ci-dessus se déduit du texte des *Gesta* et de celui d'Albert d'Aix ; mais il faut rejeter le renseignement de ce dernier, suivant lequel un massacre de Sarrasins aurait encore eu lieu trois jours après la prise de Jérusalem, c'est-à-dire le 17 juillet, massacre dans lequel tous ceux d'entre les Infidèles qui étaient restés dans la ville (.. quod adhuc erat residuum .») auraient été mis à mort sans distinction de sexe ni d'âge. Le récit d'Albert est, sur ce point, légendaire. Aucun des autres historiens contemporains de la croisade ne fait la moindre allusion au massacre en question, et, de plus, les *Gesta* (XXXIX, 1) racontent que ce furent les Sarrasins échappés au massacre du 15 qui furent chargés d'emporter hors de la ville les cadavres des combattants tués ce jour-là. Michaud se trompe grossièrement lorsqu'il prétend que le massacre ne fut terminé qu'au bout de trois semaines.

1099, dimanche 17 juillet. — Conférence des princes croisés touchant l'opportunité de nommer un régent et la nécessité d'emporter hors de la ville les nombreux cadavres qui y répandaient une odeur insupportable.   (408)

Sources : *Gesta*, 161 (XXXIX, 1) : « Tunc nostri tenuerunt consilium, ut unusquisque faceret eleemosynas cum orationibus, quatinus sibi Deus eligeret quem vellet regnare super alios et regere civitatem. Jusserunt quoque Saracenos mortuos omnes ejici foras prae nimio foetore. » — Tudebode (*Hist. occid. d. crois.*, III, 110) : « Alia autem die fecerunt nostri consilium ante Templum Domini, dicentes ut unusquisque faceret eleemosynas, etc.. » — Baudri de Dol (*ibid.*, IV, 103 D). — Guibert de Nogent (*ibid.*, 229 B). — Orderic Vital (éd. citée, III, 611). — Foucher de Chartres (*Hist.*

occid., III, 359 H). — Bartolf de Nangis (*ibid.*, 316 C). — Albert d'Aix, VI, xxx.

Commentaire : Voy. Mailly, *L'esprit d. crois.*, IV, 439 ; — Wilken, I, 302 ; — Haken, *Gemælde d. Kreuzzüge*, I, 398 ; — Michaud, II, 114 ; — Peyré, II, 395 ; — HG, 476. — La date que nous assignons au fait ci-dessus repose sur le texte de Tudebode : « alia die », c'est-à-dire le jour qui suivit le massacre des Sarrasins réfugiés sur le toit du Temple (cf. ci-dessus, nº 407), donc le 17 juillet. Les historiens récents ont presque tous passé sous silence la réunion des princes, dont parlent les *Gesta*. Foucher et Bartolf disent également que l'ensevelissement des cadavres hors la ville eut lieu en vertu d'un ordre. Albert d'Aix, de son côté, parle aussi d'une résolution des princes croisés, prise le 17 juillet, d'après laquelle tous les Sarrasins restés à Jérusalem devaient être mis à mort (cf. ci-dessus, nº 407).

1099, vendredi 22 juillet. — Élection de Godefroi de Bouillon comme défenseur du Saint-Sépulcre et prince de la Ville-Sainte. (409)

Sources : *Gesta*, 161 (XXXIX, 3) : « Octavo die quo civitas fuit capta, elegerunt ducem Godefridum principem civitatis, qui debellaret paganos et custodiret christianos. » — Tudebode (*Hist. occid. d. crois.*, III, 110) : « Octavo die quo civitas fuit capta, celebraverunt festum per omnem civitatem, eademque die fecerunt concilium in quo elegerunt ducem. » — Robert le Moine (*ibid.*, 870 A). — Baudri de Dol (*ibid.*, IV, 105 F). — Guibert de Nogent (*ibid.*, 229 G). — Orderic Vital (éd. citée, III, 612). — *Hist. b. sacri*, c. 130 (*Hist. occid.*, III, 225) : « Post haec ortum est inter proceres consilium, quis eorum in Jerusalem rex haberetur..... Mox omnes uno voto eodemque animo Godefridum in regem eligentes, civitatem ei subdiderunt, » — Raimond d'Aguilers (*ibid.*, 300, I) ; « Peractis igitur vi vel vii diebus, solemniter in octavo die ceperunt agere principes ut aliquis eligeretur in regem........ Pariter elegerunt ducem et obtulerunt eum ad Sepulcrum Domini. » — Foucher de Chartres (*ibid.*, 361 A-C). — Bartolf de Nangis (*ibid.*, 516 E). — Anonyme rhénan, *Hist. Godefridi* (*ibid.*, V, 497 G). — *Hist. Nicaena vel Antiochena* (*ibid.*, 176 B). — Theodorus Palidensis, *Narratio profectionis Godefridi* (*ibid.*, 197 G). — Florent de Worcester, *Chron.* sub an. 1099 (éd. Thorpe, t. II, p. 44) : « ... xi Kal. Augusti (= 22 juillet). — *Narratio Floriac.* (*Hist. occid. d. crois.*, V, 360 A). — Cafaro, *Liberatio civit. Orientis* (*ibid.*, 57 D). — Gilo, v. 368 (*ibid.*, 800) :

> « Divino tandem nutu, procerumque salubri
> Consilio, regimen sortitur dux Godefridus,
> Octava qui regna die suscepit ab urbe
> Capta.......... »

Albert d'Aix, VI, xxxiii : « Hac vero miseranda strage Saracenorum completa, in proximo die dominico..... Godefridus dux,
licet invitus, ad tuendum urbis principatum promovetur. » —
Guill. de Tyr, IX, i : « Decursis in multa laetitia diebus vii,
viiiᵃ die convenerunt principes....., ut aliquem de suo eligant
collegio...... »

Commentaire : Voy. Maimbourg, I, 233 ; — Mailly, *L'esprit
d. crois.*, IV, 442 : « ... le 23 juillet » ; — Wilken, I, 302 ; —
Haken, *Gemælde d. Kreuzzüge*, I, 401 : «... 23 Juli » ; — Raumer, *Gesch. d. Hohenstaufen*, I, 186 ; — Sybel, 492 (416) «.....
23 Juli » ; — Peyré, II, 398 : « ... le dimanche 24 juillet » ; —
Muralt, *Essai de chronogr.*, 89 ; — Damberger, *Synchron. Gesch.*,
VII, 399 : « .... 23 Juli » ; — Riant, *Inventaire*, p. 214 :
« .... 22 juillet » ; et p. 198 : «... 23 juillet » ; — Röhricht, *Beitræge*,
II, 37 ; — Kugler, *Gesch. d. Kreuzzüge*, 60 : « ... 22 Juli » ; —
Kugler, *Albert v. Aachen*, 223 : « ... 24 Juli » ; — Le Prévost,
dans son éd. d'Orderic Vital, III, 612 ; IV, 68 ; — Kohl, *Gesch. d.
Mittelalters*, 30 ; — Kühn, *Gesch. d. ersten lat. Patriarchen*,
p. 8 ; — HE, 173 ; — HP, 269, 378 (319) ; — HG, 478 ; —
Röhricht, *Gesch. d. Kœnigr. Jerusalem*, 1 ; — Guillaume, *Godefroi de Bouillon (Biogr. nation. de Belgique,* II, 815) : « ... 25 juillet. » — « Octavo die » des *Gesta* signifie le huitième jour après
la prise de la ville, en comptant le jour même de la prise, ce qui
nous amène au 22 juillet. Raimond d'Aguilers et Tudebode nous
apprennent que, ce huitième jour, on célébra une fête commémorative de l'entrée des croisés à Jérusalem, et l'on peut admettre
que cette fête fut placée non au samedi 23 ou au dimanche 24,
mais au vendredi qui était le jour de la prise, donc au 22. Les
récits qui ne donnent pas cette date sont presque certainement
dans l'erreur.

1099, vers le 25 juillet. — Seconde expédition de Tancrède à
Naplouse (Sichem).   (410)

Sources : *Gesta,* 161 (XXXIX, 3) : « Interea nuntius venit
Tancredo et comiti Eustachio ut praepararent se et pergerent ad
recipiendam Neapolitanam urbem. Exierunt illi et duxerunt
secum multos milites et pedones et pervenerunt ad urbem. Habitatores vero illius reddiderunt se ilico. » — Tudebode (*Hist. occid.
d. crois.*, III, 111). — Robert le Moine (*ibid.*, 871 A). — Baudri
de Dol (*ibid.*, IV, 105 G). — Guibert de Nogent (*ibid.*, 234 B). —
Orderic Vital (éd. citée, III, 613). — Guill. de Tyr, IX, xi.

Commentaire : Voy. Wilken, II, 4 ; — Haken, *Gemælde d.
Kreuzzüge*, II, 15 ; — Michaud, II, 124 ; — Sybel, 498 (421) ; —
Peyré, II, 416 ; — Damberger, *Synchron. Gesch.*, VII, 400 ; —
Kohl, *Gesch. d. Mittelalters*, 31 ; — HG, 484. — On ne peut
déterminer avec une entière exactitude l'époque où le messager

de Naplouse arriva à Jérusalem et celle du départ pour Naplouse de Tancrède et d'Eustache. « Interea » se rapporte à la période comprise entre le 16 juillet et le 1er août; car, dans les passages précédents, les *Gesta* parlent d'événements survenus dans ce laps de temps. En tout cas, le départ de Tancrède et d'Eustache dut avoir lieu après l'élection de Godefroi; il n'est pas à supposer, en effet, que ces deux personnages n'aient pas pris part à l'élection.

1099, vers le 28 juillet. — Le comte Raimond s'absente de Jérusalem pour aller en pèlerinage au Jourdain. (411)

Sources : Raimond d'Aguilers (*Hist. occid. d. crois.*, III, 301 H) : « Reddita itaque turre, in magnum odium contra suos comes exarsit, dicens se inhonoratum non posse manere in illa patria. Itaque profecti ab Jherosolymis Jericho, acceptis palmis venimus ad Jordanem, et sicut praeceperat Petrus Bartholomaeus, facta rate de viminibus et imposito desuper comite, eum transveximus, quippe cum non haberemus navem, hic nobis melius visum fuit...... ». Hisque peractis, reversi sumus Jherosolymam. Eo tempore, Arnulfus..... in patriarcham eligitur.... » (cf. ci-dessous, n° 413). — Guill. de Tyr, IX, iii.

Commentaire : Voy. Wilken, I, 306; — Haken, II, 14; — Raumer, *Gesch. d. Hohenstaufen,* I, 188 ; — Sybel, 496 (419); — Peyré, II, 406; — HE, 174. — Raimond d'Aguilers raconte le pèlerinage du comte Raimond au Jourdain, immédiatement avant l'élection du patriarche Arnoul. On peut donc admettre que ledit pèlerinage eut lieu avant cette élection, donc avant le 1er août. Il n'est pas possible de fixer exactement l'époque du retour du pèlerin à Jérusalem; mais vraisemblablement Raimond n'était pas encore rentré dans cette ville au moment de l'élection du patriarche; il n'y dut revenir que dans les premiers jours d'août. Les mots « eo tempore », par lesquels Raimond d'Aguilers indique l'époque de l'élection, me paraissent, en effet, se rapporter à la période de l'absence du comte Raimond. Voir aussi ci-dessous, n° 414. — Seuls Raimond d'Aguilers et Guillaume de Tyr, qui le copie, parlent du pèlerinage du comte de Toulouse au Jourdain.

1099, juillet 29. — Mort d'Urbain II à Rome. (412)

Sources : *Chronique* de Bernold de S. Blaise, sub an. 1099 (*Mon. Germ.*, Script., V, 467) : « Romae venerabilis papa Urbanus II, postquam sedem Romanam xi annos et v menses gubernavit, post multas tribulationes tandem iv kal. Augusti de hac luce migravit. Post cujus obitum dominus Paschalis, qui et Rainerus, in ordine clxii papa ordinatur...., post discessum sui praedecessoris die xvia. » — *Gesta Atrebat.* (Baluze, *Miscellanea,*

II, 135 ; Migne, *Patr. lat.*, CLXII, 644). — *Annales S. Albini Andegav.*, sub an. 1099 (*Mon. Germ., Script.*, III, 168). — *Necrol. Casinénse* (Muratori, *RR. Ital. Script.*, VII, 944). — *Necrol. Placent.* (*Neues Archiv. d. Gesellsch. f. æltere deutsche Gesch. Kunde*, V, 441). — Florent de Worcester (éd. Thorpe, II, 43). — *Catal. Tiburtin.* (*Mon. Germ. Script.*, XXII, 356). — *Annales Benevent.*, sub an. 1099 (*ibid.*, III, 183) : «... tertio die stante mense Julio. » — Petrus Pisanus, *Vita Urbani* (Watterich, *Pontif. Romanor. vitae*, I, 574).

Commentaire : Voy. *Hist. des papes*, t. II (1732), p. 546 ; — *Hist. litt. de la France*, VIII, 530 ; — *L'art de vérifier les dates* (3ᵉ éd.), I, 281 ; — Ceillier, *Hist. gén. des auteurs ecclés.*, XXI, 493 ; — Raumer, *Gesch. d. Hohenstaufen*, I, 202 ; — Giesebrecht, *Gesch. d. deutsch. Kaizerzeit*, III, 672 ; — Le Prévost, dans son éd. d'Orderic Vital, I, 187 ; IV, 62 ; — Damberger, *Synchron. Gesch.*, VII, 347 ; — Hefele, *Conziliengesch.*, 2ᵉ éd., V, 252 ; — Stern, *Zur Biographie Urbans II* (1883), p. 81 ; — Lucot, *Le pape S. Urbain II* (1882), p. 16 ; — Gregorovius, *Die Grabmæler der ræm. Pæpste*, 59 ; — Riant, *Inventaire*, 203 ; — Id., dans les *Hist. occid. d. crois.*, V, 348, 627 ; — Ul. Chevalier, *Répertoire des sources historiques. Bio-bibliogr.*, 2260 ; — Jaffé-Löwenfeld, *Reg. pontif. rom.*, I, 701 ; — Röhricht, *Beitræge*, II, 40 ; — HG, 102 ; — Gigalski, *Bruno, Bischof von Segni* (1898), p. 49. — Orderic Vital se trompe en faisant mourir Urbain II le 5 des kal. d'août, c'est-à-dire le 28 juillet 1099 (éd. Le Prévost, IV, 62). Plus éloignée encore de la vérité est la date du 4 août 1099, donnée par Haken (*Gemælde d. Kreuzzüge*, II, 33).

1099, août 1. — Élection d'Arnoul de Rohes au patriarcat de Jérusalem.　　　　　　　　　　　　　　　　　　　　　　(413)

Sources : *Gesta*, 161 (XXXIX, 3) : « Similiter elegerunt patriarcham quendam sapientissimum et honorabilem virum, nomine Arnulfum, in die S. Petri ad Vincula (= 1ᵉʳ août). » — Tudebode (*Hist. occid. des crois.*, III, 111). — Robert le Moine (*ibid.*, 870 D). — Baudri de Dol (*ibid.*, IV, 105 C-E). — Guibert de Nogent (*ibid.*, 233 B). — Orderic Vital (éd. citée, III, 612). — Raimond d'Aguilers (*Hist. occid.*, III, 302 B) : « Eo tempore, Arnulfus, capellanus Normanniae comitis, a quibusdam in patriarcham eligitur, contradicentibus bonis. » — Foucher de Chartres (*ibid.*, 361 C). — Bartolf de Nangis (*ibid.*, 516 F). — *Narratio Floriacensis* (*ibid.*, V, 360 B). — Albert d'Aix, VI, xxxix. — Guill. de Tyr, IX, iv.

Commentaire : Voy. Mailly, *L'esprit d. crois.*, IV, 446 ; — Wilken, I, 306 ; II, 3 ; — Haken, *Gemælde d. Kreuzzüge*, II, 12 ; — Michaud, II, 121 ; — Raumer, *Gesch. d. Hohenstaufen*, I, 187 ; — Sybel, 497 (420) ; — Peyré, II, 408 ; — Kugler, *Albert* *v. Aachen*, 226 ; — Kühn, *Gesch. d. ersten lat. Patriarchen v. Jerusalem*, 14 ; — HE, 173, 264 ; — De Hody, *Description des tombeaux de Godefroy de Bouillon....*, 85 ; — HG, 482. — En 1099, la fête de S. Pierre-ès-Liens (= 1er août) tombait un lundi et non un dimanche comme je l'ai dit par erreur dans mon édition des *Gesta*.

1099, vers le 4 août. — Godefroi envoie un messager vers Tancrède à Naplouse, pour l'inviter à se porter avec lui contre Alafdhal, émir égyptien, dont l'armée se concentrait près d'Ascalon, et qui avait envoyé déjà son avant-garde jusqu'à Ramleh. (414)

> **Sources :** *Gesta*, 161 (XXXIX, 5) : « Denuo mandavit illis [Tancredo et Eustachio] dux ut cito venirent ad bellum, quod admiravisus Babyloniae praeparabat urbi Scaloniae. Illi autem festinando intraverunt montaneam, quaerentes Saracenorum bella, et venerunt Caesaream. Itaque venientes illi juxta mare ad urbem Ramore, illic invenerunt multos Arabes qui praecursores erant belli. » — Tudebode (*Hist. occid. d. crois.*, III, 111). — Robert le Moine (*ibid.*, 872 B-C). — Baudri de Dol (*ibid.*, IV, 105 G). — Guibert de Nogent (*ibid.*, 234 C-D). — Orderic Vital (éd. citée, III, 613). — Guill. de Tyr, IX, II.
>
> **Commentaire :** Voy. les ouvrages cités au n° 410 ; et Mailly, *L'esprit d. croisades*, IV, 449 ; — Kugler, *Albert v. Aachen*, 229 ; — HG, 484. — L'envoi du messager par Godefroi, et l'arrivée de ce personnage à Naplouse, où Tancrède et Eustache se trouvaient depuis le 25 juillet (cf. ci-dessus, n° 410), durent avoir lieu au commencement d'août et probablement vers le 4. Il est à supposer, en effet, que le message de Godefroi à Tancrède et à Eustache fut aussi rapide que possible, et que ceux-ci se mirent immédiatement en route avec leurs gens pour répondre à cet appel. Leur marche les conduisit tout d'abord à Césarée, puis à Ramleh, où ils durent arriver vers le 7 août. Tancrède ayant envoyé de là des messagers à Jérusalem, Godefroi de Bouillon, à la nouvelle de son approche, partit le 9 août (« IIIa feria ») pour le rejoindre et marcher avec lui contre Alafdhal. Les *Gesta*, en indiquant le 9 août comme jour du départ de Godefroi de Jérusalem, nous permettent de fixer approximativement le laps de temps pendant lequel Tancrède et Eustache séjournèrent à Naplouse, l'époque où ils quittèrent cette ville et les dates des divers incidents de leur marche jusqu'à leur jonction avec Godefroi de Bouillon.

1099, août 5. — Invention des reliques de la sainte Croix. (415)

> **Sources :** Raimond d'Aguilers (*Hist. occid. d. crois.*, III, 302 D) : « Nactus itaque Arnulfus hanc potestatem, coepit requi-

rére ab incolis civitatis ubi erat crux quam peregrini ante captam Jerusalem adorare consueverant.... Post haec deduxerunt
eos ad quoddam atrium ecclesiae et ibi effodientes reddiderunt. »
— Tudebode (*ibid.*, 113). — Foucher de Chartres (*ibid.*, 361 D) :
« Placuit tunc Deo quod inventa est particula una Crucis in loco
secreto. » — Bartolf de Nangis (*ibid.*, 516 F). — Ekkehard, *Hierosolymita*, XXIX, 2. — Albert d'Aix, VI, xxxviii : « Hac
sancta revelatione ligni Dominici universi laetati fideles qui aderant. Sexta feria, quae est dies Dominicae passionis, processione
clerus et populus convenerunt ad locum ubi absconditum fuit
lignum venerabile ». — Guill. de Tyr, IX, iv.

Commentaire : Voy. Wilken, II, 2 ; — Haken, *Gemælde d.
Kreuzzüge*, II, 9 ; — Raumer, *Gesch. d. Hohenstaufen*, I, 187 ;
— Sybel, 497 (420) ; — Peyré, II, 407 ; — Kugler, *Albert v.
Aachen*, 226 ; — HE, 263. — L'époque de l'invention de la par-
ticule de la Croix doit être placée après le 1er août, jour de
l'élection du patriarche Arnoul, et avant le jour de la bataille
d'Ascalon. Albert d'Aix disant que l'invention eut lieu un vendredi, on ne peut songer qu'au vendredi 5 août, et non, comme
Kugler le suppose, au vendredi 29 juillet. Ce qui a porté Kugler
à adopter cette dernière date, c'est qu'Albert d'Aix raconte l'invention de la Croix avant l'élection du patriarche. Mais la chronologie d'Albert n'est rien moins que sûre pour les événements
qui suivirent la prise de Jérusalem. Ainsi, il prétend que l'approche d'une armée égyptienne fut connue cinq semaines après
l'élection susdite, alors qu'en réalité la nouvelle en parvint à
Jérusalem deux ou trois jours après cette élection.

1099, vers le 6 août. — Le patriarche Arnoul et le duc Godefroi
écrivent à Manassès, archevêque de Reims, pour lui annoncer
leur élection et pour inviter la chrétienté à demander à Dieu
de donner au nouveau roi la victoire contre ses ennemis et au
patriarche la sagesse dans ses actes à l'égard des Infidèles.

(416)

Source : *Lettre de Manassès de Reims à Lambert d'Arras*
(Baluze, *Miscellanea*, V, 316; HE, 352) : « Commoniti igitur vocati et compulsi, non solum per litteras domini Papae Paschalis,
verum etiam per preces humillimas Godefridi ducis, quem exercitus Christi divina ordinatione in regem sublimavit, necnon et
per domini Arnulfi supplicationes mellifluas, quem in patriarchatum Jerosolymitanae sedis unanimiter elegit, vobis mandamus caritate consimili quatenus per singulas parochiarum vestrarum
ecclesias cum jejuniis et elemosynis indeficienter orare faciatis ut
Rex regum contra hostes christianorum regi impendat victoriam
et contra sectas et deceptiones haereticorum patriarchae religio-
nem et sapientiam. »

Commentaire : Voy. HE, 352 ; — Riant, *Inventaire*, 198 ; — Röhricht, *Regesta*, p. 3, n° 26. — Sur l'époque de la rédaction des lettres de Godefroi et d'Arnoul, voy. ci-dessous, n° 440, où nous nous occupons de la lettre de Manassès à Lambert, qui mentionne celles du roi et du patriarche et qui fut écrite vers la fin de décembre 1099. Röhricht (loc. cit.) fait erreur lorsqu'il dit que lesdites lettres du roi et du patriarche se trouvent citées dans la lettre du pape Paschal II, dont il sera question ci-dessous, n° 434.

1099, août 7. — Tancrède et le comte Eustache arrivent à Ramleh ; ils y rencontrent l'avant-garde de l'armée égyptienne, à laquelle ils font quelques prisonniers. (417)

Sources : *Gesta*, 161 (XXXIX, 6) : « Illic invenerunt multos Arabes, qui praecursores erant belli, quos nostri persequentes apprehenderunt plures ex eis, qui dixerunt omnia belli nova, ubi essent et quos essent. » — Pour les remanieurs des *Gesta*, voy. ci-dessus, n° 414.

Commentaire : Voy. ci-dessus, n° 414 ; — HG, 485. — Par « illic », il faut entendre Ramleh, où Tancrède et Eustache parvinrent très vraisemblablement le 7 août et d'où ils informèrent Godefroi de leur arrivée.

1099, mardi 9 août. — Godefroi, ayant reçu à Jérusalem l'avis de l'arrivée de Tancrède et d'Eustache à Ramleh, se porte à leur rencontre avec le patriarche Arnoul et Robert de Flandre, pour marcher ensuite contre l'armée égyptienne. (418)

Sources : *Gesta*, 161 (XXXIX, 7) : « Quod audiens Tancredus, statim misit nuntium Hierusalem duci Godefrido et patriarchae omnibusque principibus, dicens : Sciatis quod nobis paratum est bellum Scalonae ; venite ergo festinanter..... Dux vero cum patriarcha et Roberto, Flandrensi comite, exivit de urbe in feria IIIª, et Maturensis episcopus cum eis. » — Pour les remanieurs des *Gesta*, voy. ci-dessus, n° 414. — Raimond d'Aguilers (*Hist. occid. d. crois.*, 303 F) : « Profectus est itaque dux et milites ejus, ut certissimum comprobarent si de Amiraius ita res se haberet ut fama ferebatur ; qui cum ad campestria Ramularum pervenisset, causam negotii per episcopum Martronensem Hierosolymis remisit ad comites. »

Commentaire : Voy. Mailly, *L'esprit d. croisades*, IV, 450 ; — Wilken, II, 6 ; — Haken, *Gemælde d. Kreuzzüge*, II, 16 ; — Raumer, *Gesch. d. Hohenstaufen*, I, 188 ; — Sybel, 498 (421) ; — Peyré, II, 418 ; — Damberger, *Synchron. Gesch.*, VII, 401 ; — Kugler, *Albert v. Aachen*, 230 ; — HG, 487. — La date exacte est fournie par les *Gesta*. Il est vraisemblable que la jonction de

Godefroi avec Tancrède et Eustache eut lieu le jour même du départ du premier de Jérusalem.

1099, mercredi 10 août. — Raimond de Toulouse et Robert de Normandie partent de Jérusalem, pour Ascalon. L'évêque de Martorano, revenant de Jérusalem est fait prisonnier par les Sarrasins. (419)

Sources : *Gesta*, 162 (XXXIX, 8) : « Quarta vero feria, illi principes exierunt et militaverunt ad bellum. Episcopus vero Marturanensis rediit, reportans verba missa patriarchae et duci, exieruntque Saraceni obviam ei et apprehensum secum duxerunt. » — Tudebode (*Hist. occid.*, III, 112, 113). — Baudri de Dol (*ibid.*, IV, 107 B). — Guibert de Nogent (*ibid.*, 235 A). — Orderic Vital (éd. citée, III, 715). — Raimond d'Aguilers (*Hist. occid.*, III, 303 G) : « .... remisit ad comites (cf. n° 418). Illi autem certificati de bello, communem pugnandi causam apud omnes qui in civitate remanserant detulerunt..... Profecti sumus ab Jherosolymis et venimus ad campestria die illa (= IVª feria, 10 août); altera autem die (= 11 août)... procedebamus. »

Commentaire : Voy. n° 418. — Le « illa dies » de Raimond d'Aguilers correspond à la « IVª feria » des *Gesta*. La réunion des détachements de Raimond de Toulouse et de Robert de Normandie, d'une part, avec ceux de Godefroi et de Tancrède, d'autre part, eut lieu le jeudi 11 août (cf. ci-dessous, n° 420).

1099, jeudi 11 août. — Réunion des armées de Raimond de Toulouse et de Godefroi à Ybelin. Le soir du même jour, elles capturent de grands troupeaux et mettent en déroute trois cents Arabes sur le fleuve Safiyé. (420)

Sources : *Gesta*, 162 (XXXIX, 10) : « Denique patriarcha et episcopi aliique seniores congregati sunt ad flumen, quod est ex hac parte Scalonae. Illic multa animalia boum, camelorum, ovium et omnium bonorum depraedati sunt. Venerunt autem Arabes fere ccc, irrueruntque nostri super illos et apprehenderunt duos ex eis, persequentes alios usque ad eorum exercitum. » — Pour les remanieurs des *Gesta*, voy. ci-dessus, n° 414. — Raimond d'Aguilers (*Hist. occid. d. crois.*, III, 103 G) : « Altera autem die, conjuncto exercitu per turmas, dispositis praesidiis ab omni parte, procedebamus. In vespere vero, cum venissemus prope fluvium, qui est in itinere euntibus ab Jherusalem Ascalonam, pascebant ibi Arabes greges ovium et armenta boum innumerabilia, et sine numero camelos... Effugatis pastoribus, cepimus praedam.... et aliqui de pastoribus interfecti sunt et pauci capti. » — Foucher de Chartres (*ibid.*, 362 C). — Albert d'Aix, VI, xlii. — Guill. de Tyr, IX, xii.

Commentaire : Voy. Wilken, II, 8; — Raumer, *Gesch. d. Hohenstaufen,* I, 189; — Sybel, 498 (421); — Peyré, II, 421; — Kugler, *Albert v. Aachen,* 230; — HE, 180; — HG, 490. — Sybel se trompe en fixant au 12 août la réunion des armées de Godefroi et de Raimond de Toulouse. Au contraire, Peyré et Kugler sont dans le vrai en assignant à cet événement la date du 11 août.

1099, vendredi 12 août. — Victoire des croisés sur Alafdhal, à Ascalon. (421)

Sources : *Gesta,* 162 (XXXIX, 12) : « Summo vero diluculo, in VI^a feria, intraverunt in vallem nimis pulchram secus litus maris, in qua suas ordinaverunt acies..... » — *Ibid.,* XXXIX, 21 : « Hoc bellum factum est pridie idus Augusti. » — Tudebode, ms. A (*Hist. occid. d. crois.,* III, 117). — Robert le Moine (*ibid.,* 880 D). — Baudri de Dol (*ibid.,* IV, 110 G). — Guibert de Nogent (*ibid.,* 237 E) : « Lux ea sextilis, quae proxima praevenit idus, obtinuit belli tale videre decus. » — Orderic Vital (éd. citée, III, 616). — Albert d'Aix, VI, L : « Sexta feria, pridie idus Augusti mensis, commissum est hoc proelium. » — Tudebode, ms. B (*Hist. occid.,* III, 117) : « Sciant hoc factum esse bellum XIX kal. Septembris, in vigilia S. Dei genitricis [Assumptionis], anno ab incarnatione Domini 1099. » — Sigebert de Gembloux, an. 1099, copié par l'Anonyme de Florennes (*ibid.,* V, 372 E) : « .... IV kal. Augusti (= 29 juillet). — Florent de Worcester, *Chron.,* sub an. 1099 (éd. Thorpe, II, 44) : « ... prius die idus Augusti. »

Commentaire : Voy. Mailly, *L'esprit des crois.,* IV, 458 ; — Wilken, II, 9 : « Es war am Donnerstag den 14ten August, als alle zur Schlacht waffneten. » — Haken, *Gemælde d. Kreuzzüge,* II, 21 : « ... 12 August. » — Raumer, *Gesch. d. Hohenstaufen,* I, 190 : « ... 12 August. » — Michaud, II, 125 ; — Sybel, 501 (424) : « Frühmorgens am 14 August hatte man christlicherseits alle Vorbereitungen zum Schlagen getroffen. » — Peyré, II, 425 : « ... 12 août. » — Weil, *Gesch. d. Chalifen,* III, 174 ; — Damberger, *Synchron. Gesch.,* VII, 402 ; — Muralt, *Essai de chronogr.,* II, 89 : « ... 12 août »; — Beyer, *Vita Godefridi,* 56 ; — . Kugler, *Albert v. Aachen,* 230 ; — Kohl, *Gesch. d. Mittelalters,* 31 ; — Heermann, *Gefechtsführung abendländischer Heere,* 49-58 ; — HE, 179 ; — HP, 272, 378 (321) ; — HG, 492, 502. — La bataille eut lieu le 12 août 1099 ; toutes les indications contraires sont fausses, ainsi celles que donne Tudebode (loc. cit.), suivi par Wilken, Weil, Sybel, Waitz dans les *Mon. Germ. Script.,* VI, 217, Pertz (*ibid.,* XVIII, 44), et Le Prévost, dans l'édition d'Orderic Vital, III, 616. Ce dernier a même cru devoir corriger la date exacte donnée par Orderic Vital en celle du 14 août. D'après Wilken et les éditeurs du tome III

des *Hist. occid. d. crois.* (p. 163), la bataille aurait été livrée
un jeudi ; d'après Sybel, elle l'aurait été un samedi, et d'après
les éditeurs des *Hist. armén. d. croisades* (I, 46), un mercredi.
Or, le 12 août 1099 tombait un vendredi et le 14 un dimanche.
Si la bataille s'était livrée un dimanche, les *Gesta* et Raimond
d'Aguilers l'eussent vraisemblablement noté. D'ailleurs, les *Gesta*
nous fournissent la chronologie suivante, dont l'exactitude est
indiscutable : la « IIIᵃ feria », c'est-à-dire le mardi 9 août, Godefroi part de Jérusalem ; la « IVᵃ feria », c'est-à-dire le mercredi
10 août, Raimond de Toulouse et Robert de Normandie se mettent en route pour le rejoindre ; la « VIᵃ feria », c'est-à-dire le
vendredi 12 a lieu la bataille. De plus, Raimond d'Aguilers nous
apprend que les augures de l'armée égyptienne auraient engagé
l'émir à ajourner leur attaque contre les Francs jusqu'au samedi,
faute de quoi il ne pourrait remporter la victoire ; mais que
les chrétiens auraient prévenu en attaquant eux-mêmes ; donc
l'attaque n'eut lieu ni le dimanche 14, ni le samedi 13, mais bien
le vendredi 12. C'est également cette date du vendredi 12 que
donne Albert d'Aix. Je n'aperçois aucune raison de ne point s'en
tenir à la date donnée par les *Gesta*, leurs copistes et Albert d'Aix.

1099, samedi 13 août. — Les croisés, ayant fait un énorme butin,
quittent le champ de bataille d'Ascalon pour rentrer à Jérusalem. Déjà, dans la nuit du 12 au 13 août, nombre d'entre
eux, chargés des dépouilles de l'ennemi, avaient repris le chemin de leurs foyers.   (422)

Sources : *Gesta*, 162 (XXXIX, 20) : « Reversi sunt nostri cum
gaudio Hierusalem, deferentes secum omnia bona. » — Foucher
de Chartres (*Hist. occid. d. crois.*, III, 363 D-F) : « Ea vero nocte
(12-13 août), illic hospitati sunt et pervigiles bene se conserva-
runt. Nam die sequenti putabant bellum a Saracenis reiterari,
qui tamen timore valde perterriti, nocte ipsa omnes aufugerunt,
quo mane per exploratores comperto, Deum glorificaverunt. Cum
tentoria et tot jacula in campis jacentia arcusque et sagittas ad
Urbem sanctam deferre non possent, haec cuncta incendio commiserunt. Deinde Jerusalem gaudentes redierunt. » — Albert
d'Aix, VI, L : « .... quibus plurimi onusti et refocillati tota nocte
gradientes, in gaudio cordis et voce exultationis Jerusalem reversi
sunt. » — *Lettre des chefs croisés au pape*, dans Ekkehard, *Hierosolymita*, XVIII, 3 : « Celebrata victoria, reversus est exercitus Hierusalem. » — Mathieu d'Édesse (*Hist. armén. d. crois.*,
I, 46). — Guill. de Tyr, IX, XII.
Commentaire : Voy. Wilken, II, 15 ; — Haken, *Gemælde d.
Kreuzzüge*, II, 29 ; — Raumer, *Gesch. d. Hohenstaufen*, I, 191 ; —
Sybel, 507 (429) ; — Peyré, II, 435 ; — Kugler, *Albert v. Aachen*,

235 ; — HG, 500. — Seuls, parmi les contemporains, Foucher et Albert d'Aix donnent la date précise du retour des croisés à Jérusalem. La plupart des historiens récents ne la notent pas. J'ai parlé dans mon édition des *Gesta* (pp. 500 et suiv.) du conflit survenu entre Godefroi de Bouillon et Raimond de Toulouse. D'après le texte du ms. G de Baudri de Dol, il paraît certain que la grande majorité des croisés était de retour à Jérusalem le 14 août, et que le différend de Godefroi et de Raimond à propos d'Ascalon n'éclata ou du moins ne devint aigu qu'après cette date. Cf. ci-dessous, n°s 425 et 426.

1099, août 13. — Pascal II est élu pape ; il est consacré le lendemain 14.   (423)

> **Sources :** *Lettre de Pascal II à Hugues, abbé de Cluny* (Dom Bouquet, XV, 17 ; Mabillon, *Annales ord. S. Bened.*, V, 407 ; Migne, *Patrol. lat.*, CLXIII, 31) : « ... die post Urbani transitum xvi, totius cleri et catholici populi assensu. » — Orderic Vital (éd. citée, IV, 3). — Florent de Worcester, *Chron.*, sub an. 1099. (éd. Thorpe, II, 44) : « Paschalis, vir venerandus, qui ab Hillibrando papa praesbyter fuerat ordinatus, a Romano populo idibus Augusti electus, die sequenti, id est xix kal. Septembris, feria prima, in papam est consecratus. »
>
> **Commentaire :** Voy. *Hist. des papes*, II, 548 ; — Ceillier, *Hist. gén. des auteurs ecclés.*, XXI, 403 ; — *L'art de vérifier les dates*, I, 282 ; — *Hist. litt. de la France*, X, 217 ; — Le Prévost, dans son éd. d'Orderic Vital, IV, 3, 62 ; — Giesebrecht, *Gesch. d. deutschen Kaiserzeit*, III, 673 ; — Damberger, *Synchron. Gesch.*, VII, 348 ; — Watterich, *Pontif Roman. vitae*, II, 1 ; — Jaffé-Lœwenfeld, *Regesta pontif. Roman.*, 2e éd., I, 703 ; — Chevalier, *Rép. des sources histor. du moyen âge*, 1721 ; — Gigalski, *Bruno, Bischof von Segni*, 49.

1099, août 15. — Les croisés, de retour à Jérusalem après la bataille d'Ascalon, célèbrent la fête de l'Assomption de la Vierge.   (424)

> **Source :** Baudri de Dol, ms. G (*Hist. occid. d. crois.*, IV, 110) : « Hoc bellum ingens factum est ij idus Augusti, et christianitas ubique terrarum Deo gratias exaltata est. Itaque ibi [Jerusalem] cum gaudio requieverunt et iv° die Assumptionem beatae Virginis Mariae celebraverunt. »
>
> **Commentaire :** Voy. HG, 502. — Immédiatement avant le passage que nous venons de citer, Baudri raconte que l'armée des croisés était rentrée à Jérusalem. « Ibi » ne signifie donc pas Ascalon, mais Jérusalem. C'est également ce qui ressort de la suite du même texte, où l'on voit que Godefroi de Bouillon et Rai-

mond de Toulouse partirent de nouveau de Jérusalem dans l'intention de se rendre à Ascalon en vue de la reddition de cette place. Voy. ci-dessous, n° 425.

1099, vers le 16 août. — Les habitants d'Ascalon envoient une ambassade au comte Raimond en vue de la reddition de leur ville. (425),

> **Source :** Baudri de Dol, ms. G (*Hist. occid. d. crois.*, IV, 110) : « Postquam admiravisus Babilonis vulneratus clam mare ingressus, aufugit, Ascalonitae.... miserunt ad comitem S. Aegidii et consilio admiravisi, qui ipsi turrem David reddiderat, ut ad Ascalonem recipiendam festinaret mandaverunt. »
> **Commentaire :** Voy. HG, 501. — Il est vraisemblable de supposer que l'ambassade en question arriva à Jérusalem après le 15 août.

1099, vers le 17 août. — Raimond de Toulouse ayant envoyé devant lui une forte troupe de ses gens vers Ascalon, part lui-même pour cette ville avec Godefroi de Bouillon. En route, un différend surgit entre ces deux princes au sujet de la prise de possession de la place. Les habitants d'Ascalon informés du conflit reviennent sur leur détermination et se mettent en état de défense. (426)

> **Source :** Baudri de Dol, ms. G (*Hist. occid. des crois.*, IV, 111) : « Nuntio audito, comes Tolosanus locutus cum rege de suis quot et quos voluit praemisit..... Rex et comes cum multis militibus Jerusalem exierunt et iter erga Ascalonam arripuerunt. Facta est igitur in via altercatio pro urbe... Cognita altercatione, Ascalonitae vexillum comitis reddiderunt civitatemque suam munierunt. Sic neuter urbem illam obtinuit. Exercitus autem ille ita confusus Jerusalem reversus est, ibique requievit. »
> **Commentaire :** Voy. HG, 501. — Le renseignement ci-dessus n'est donné que par le ms. G de Baudri. — Cf. ci-dessus n° 422.

1099, fin août. — Un grand nombre de croisés sous la conduite de Raimond de Toulouse, des deux Robert et du comte Eustache, prennent le chemin du nord de la Syrie pour rentrer en Europe. Arrivés à Haifa, ils prennent congé de Godefroi de Bouillon. (427)

> **Sources :** Foucher de Chartres (*Hist. occid. d. crois.*, III, 363 F) : « His gestis, placuit quibusdam in patriam nationis suae reverti, et cum in Jordane flumine indilate loti fuissent et palmarum ramos apud Jherico in horto Abrahae dicto collegissent,

Robertus, Normannorum comes, et Robertus, comes Flandriae, Constantinopolim navigio appetierunt; deinde Franciam ad propria remeaverunt. Raimundus vero usque Laodiciam Syriae regressus est, exin Constantinopolim, relicta uxore in Laodicia, rediturus. Dux autem Godefridus, retento sibi Tancredo et aliis pluribus, principatum Jherosolymitanum rexit, quem consensu omnium susceperat obtinendum. » — Bartolf de Nangis (*ibid.*, 518 C). — Albert d'Aix, VI, LII : « In regione quae est inter Caesaream et urbem Cayphas, juxta fluvium quemdam dulcis aquae...., Robertus Flandrensis, Robertus, princeps Nortmannorum, Raymundus pariter de Provincia et universi principes reditus sui intentionem duci aperiunt ac benevolum in omnibus quae habebant in animo humili et mansueto habito consilio invenerunt. Dux....., diu colla sociorum amplexans et omnes benigne deosculans, obnixe cum lacrymis precatur, eos in bono commendans ut sui memores existant... » — Id., VI, LIV : « Magni et pusilli, primores et subditi in terram nativitatis suae reditum parant a diutino exilio et palmas victoriae in manu sua referunt, prae nimia pietate lacrymis affluentes super fratribus in exilio relictis. Quibus osculo dilectionis dato, valedicentes viam remensi sunt per easdem civitates et montium difficultates juxta mare Palaestinum, qua et venerant in Jerusalem. » — Cafaro, *Liberatio civitatum Orientis* (*Hist. occid. d. crois.*, V, 57 E) : « Ad Joppen simul convenerunt et Gotofredum, quem dominum regni posuerant, ibi dimiserunt; caeteri autem mare transire cupientes, alii ad portum Simeonis perrexerunt, et ad naves ascendentes mare transierunt. »

Commentaire : Voy Mailly, *L'esprit d. crois.*, IV, 466; — Wilken, II, 19; — Haken, *Gemælde d. Kreuzzüge*, II, 31; — Michaud, II, 134; — Sybel, 507 (429); — Peyré, II, 441; — Damberger, VII, 405; — Arbellot, *Les chevaliers limousins*, 36; — HE, 182. — Dès la fin de juillet, Raimond de Toulouse avait pris la résolution de quitter la Palestine, se disant déshonoré pour avoir dû laisser la tour de David à Godefroi de Bouillon (« dicens se inhonoratum non posse manere illa patria [Raimond d'Aguilers, éd. citée, p. 301 H]). Il se rendit tout d'abord au Jourdain, avec l'intention de partir ensuite pour le nord de la Syrie. Toutefois l'approche de l'armée égyptienne l'obligea à se porter avec les autres croisés vers Ascalon. Mais, aussitôt après la victoire remportée sur les Égyptiens, il mit son projet à exécution, en compagnie d'autres croisés. Comme son arrivée à Laodicée eut lieu en septembre (cf. ci-dessous, n° 429), on doit supposer qu'il quitta Jérusalem vers la fin d'août, après que les croisés qui se disposaient à partir avec lui eurent fait leur pèlerinage au Jourdain et eurent été chercher des palmes à Jéricho, afin de rentrer chez eux munis de ces trophées du pèlerin.

1099, début de septembre. — Daimbert, archevêque de Pise, aborde à Laodicée avec une flotte de 120 vaisseaux et prend part au siège de cette ville qu'avait entrepris Boémond.   (428)

Sources : *Gesta triumphalia Pisanorum* (*Hist. occid. d. crois.*, V, 368 A) : « Anno 1099, Pisanus populus in navibus cxx ad liberandam Jerusalem de manibus paganorum profectus est, quorum rector et ductor Daibertus exstitit. In eodem itinere Laodiceam cum Boamundo et Gibellum cum ipso et Raimundo obsedit. » — *Lettre des croisés au pape* (cf. n° 429). — Albert d'Aix, VII, vi : « Quibus [Boamundo et Balduino] Dagobertus, Pisanus episcopus, cum omni comitatu suo longo tempore trium mensium in regione commoratus Laodiceae, nunc in via hac adjunctus est. »

Commentaire : Voy. ci-dessous, n° 429. — La date de septembre pour le séjour de la flotte pisane à Laodicée ressort du texte d'Albert d'Aix. Cet auteur nous apprend, en effet, que Daimbert se joignit, en décembre 1099, à Boémond pour faire avec lui le pèlerinage de Jérusalem, après que la flotte des Pisans eut séjourné trois mois devant Laodicée. L'arrivée de ladite flotte devant cette ville eut donc lieu à la fin d'août ou au début de septembre. On ne saurait dire exactement à quelle époque elle partit d'Italie ; ce dut être au plus tard au printemps de 1099, peut-être même fut-ce dans l'hiver 1098-1099, car pendant son voyage elle s'empara des îles de Leucate, de Céphalonie, de Zanthe et de Corcyre.

1099, septembre. — Rédaction de la lettre des princes croisés au pape et à l'église d'Occident, lettre que Robert de Flandre apporta au pontife et dans laquelle étaient racontés sommairement les faits et gestes des croisés depuis la prise de Nicée jusqu'à la réunion devant Laodicée de ceux d'entre eux qui rentraient en Occident, avec des détails plus circonstanciés sur la bataille d'Ascalon.   (429)

Source : *Lettre des princes croisés au pape et à l'église d'Occident* (publ. dans : *Centuriae hist. eccles.*, 1re éd. [Basileae, 1567], cent. xi, c. 16, pp. 763-766 ; Reusnerus, *Epistolae Turcicae*, I, 19-21 ; Baronius, *Annales*, sub an. 1100, n° 8, t. XII, col. 5 (Aug. Vind., 1738) ; Dal Borgo, *Diplomi Pisani*, 80-81 ; Martène, *Thesaurus anecdot.*, II, 280 ; Baronius, *Annales*, éd. Mansi, XVIII, 115 ; Migne, *Patr. lat.*, CLXIII, 448-451 ; et dans les éditions d'Ekkehard publiées par Martène, *Ampl. collect.*, V, 520-522, et Hagenmeyer, p. 147.

Commentaire : Voy. *Hist. litt. de la France*, VIII, 620 ; — Sybel, 14 (15), 65 ; — Peyré, II, 494 ; — Kugler, *Boemund und Tankred*, 61 ; — HE, 147 ; — Hagenmeyer, *Brief der Kreuzfahrer an d. Papst u. d. abendländ. Kirche vom Jahre 1099*, dans les *Forsch. zur deutschen Gesch.*, XIII, 400 ; — Riant, *Inventaire*,

201. — La lettre des princes croisés, souvent éditée, a dû être remise au pape par Robert de Flandre vers la fin de l'année 1099. Dès l'an 1100, le moine Frutolf de Bamberg l'avait insérée dans une des recensions (rec. A) de la grande chronique universelle longtemps attribuée par erreur à Ekkehard d'Aura et restituée récemment à son véritable auteur par L. Bresslau (*Bamberger Studien;* dans l'*Archiv d. Gesellsch. d. deutschen Gesch. Kunde*, XXI, 139-234). Ekkehard l'avait de son côté intercalée dans sa Chronique et dans son *Hierosolymita*. On pourra consulter sur cette lettre mon article des *Forsch. zur deutschen Gesch.*, XIII, 400, et Riant, *Inventaire*, p. 201. La date de rédaction peut être déterminée approximativement : 1° par la mention qui y est faite de la rencontre, à Laodicée, de Daimbert et des croisés qui retournaient en Occident ; 2° par le renseignement que fournit Ekkehard, à savoir qu'elle fut portée en Occident par Robert de Flandre, lequel était au nombre de ces croisés. Elle dut être rédigée à Laodicée même, peu de temps avant l'embarquement de Robert et de ses compagnons.

1099, septembre-octobre. — Un grand nombre de croisés se trouvent réunis à Laodicée, d'où ils comptent s'embarquer pour l'Occident. Ils y rencontrent la flotte pisane et l'archevêque Daimbert, ainsi que Boémond alors occupé au siège de la place. D'autres croisés s'étaient rassemblés au port Saint-Siméon pour de là rentrer en Europe.   (430)

Sources : *Lettre des croisés au pape* (Martène, *Thesaurus anecdot.*, I, 281; et dans Ekkehard, *Hierosolymita*, c. xviii, 3) : « Celebrata itaque victoria, reversus est exercitus in Jerusalem, et relicto ibi duce Godefrido, Reginmunt de S. Egidio comes et Ruotpertus, comes Flandriae, et Ruotpertus comes Normanniae, Laodiciam reversi sunt. Ibi classem Pisanorum et Boemundum invenerunt. Cumque archiepiscopus Pisanus Boemundum et dominos nostros concordari fecisset, regredi Jerusalem pro Deo et fratribus Reginmunt disposuit. » — Ekkehardus, *Hierosolymita*, c. xviii, 4 : « Non modica quippe multitudo praeter eos qui cum eodem Boimundo Antiochiae consederant vel cum Baldewino Rohas abierant Tyroque remanserant ac per diversas circumquaque regiones dispersi fuerant, ibidem conventum faciebant. Cumque archiepiscopus Pisanus dudum discordantes concordari fecisset, maxima multitudo repatriare contendit. » — Albert d'Aix, VI, lix : « Circiter xx milia Hierosolymitanorum erat numerus quando, ab Jerusalem reversi, Laodiceae confinia intraverunt, quibus omnium rerum vitae necessariarum copia a vendentibus concessa est. Mensis enim September et autumni tempus erat, quando Laodiceam pervenerunt. » — Cafaro, *Liberatio civit. Orientis* (*Hist. occid. d. crois.*, V, 57 E; ci-dessus n° 427).

Commentaire : Voy. Mailly, *L'esprit d. crois.*, IV, 472 ; — Wilken, II, 21 ; — Raumer, *Gesch. d. Hohenstaufen*, I, 192 ; — Haken, *Gemælde d. Kreuzzüge*, II, 34 ; — Sybel, 511 (432) ; — Damberger, *Synchron. Gesch.*, VII, 405 ; — Muralt, *Essai de chronogr.*, II, 90 ; — Kugler, *Albert von Aachen*, 46, 239 ; — Kühn, *Gesch. d. ersten Patriarchen v. Jerusalem*, 21 ; — HE, 182, 185 ; — Riant, *Inventaire*, 188 ; et *Hist. occid. d. crois.*, V, 259, 388. — Il est impossible d'arriver, pour le rassemblement des croisés devant Laodicée, à une date plus précise que celle fournie par Albert d'Aix : « mensis September et autumni tempus erat. » Il s'ensuit qu'on ne peut fixer non plus d'une façon exacte l'époque de leur arrivée en Occident.

1099, du 15 octobre au 15 décembre. — Siège d'Arsuf par Godefroi de Bouillon.   (431)

Sources : Albert d'Aix, VII, i : « Collocatis ergo undique tentoriis, aptaverunt machinas et instrumenta manganarum spatio vii hebdomadarum, summo studio ea fabricantes.... » — Id., VII, vi : « Nihil his ingeniis duce proficiente, consilio suorum accepto, eo quod civitas Assur hoc tempore gravissimae hyemis inchoante, prae frigore et nive insuperabilis haberetur, Jerusalem Decembri mense mediato rediit. » — Guill. de Tyr, IX, xix.

Commentaire : Voy. Wilken, II, 39 ; — Raumer, *Gesch. d. Hohenstaufen*, I, 191 ; — Haken, *Gemælde d. Kreuzzüge*, II, 44 ; — Michaud, III, 7 ; — Sybel, 513 (434) ; — Kugler, *Albert v. Aachen*, 245 ; — HE, 220. — Albert d'Aix disant que Godefroi retourna à Jérusalem au milieu de décembre après avoir vainement assiégé Arsuf pendant sept semaines, le début du siège doit être fixé vers le milieu d'octobre.

1099, octobre 28. — La flotte vénitienne se rendant en Palestine s'arrête à Rhodes où elle séjourne jusqu'au 27 mai 1100. De Rhodes, ses chefs envoient des lettres au patriarche de Jérusalem, à Godefroi de Bouillon, à Raimond de Saint-Gilles et à Boémond, dont les réponses arrivent avant qu'elle ait quitté son mouillage.   (432)

Sources : *Translation de S. Nicolas à Venise*, par un moine du Lido (*Hist. occid. des croisades*, V, 257 A) : « ..... claram Rhodon usque pervenerunt..... Inde legatos cum litteris patriarchae Jerosolymitano, regi Godfrifo, comiti Raimundo, Boimundo, aliisque principibus transmiserunt, ibique legatos eorum et litteras, priusquam discederent receperunt..... » Id. (*ibid.*, 259 B) : « A Rhodo tandem insula discedentes et stationem a festivitate

apostolorum Simonis et Judae usque in octavam Pentecostes ibi
peractam deferentes, Hierosolymam avidissime properabant. »
   Commentaire : Voy. HE, 374 ; — Simonsfeld, *Andreas Dandolo und seine Geschichtswerke* (1876), p. 96 ; — Riant, *Inventaire*, 204 ; — *Hist. occid. d. crois.*, V, Préface, p. xlvi. — La
flotte vénitienne partit de Venise au printemps de 1099, alors que
Jérusalem n'était point encore au pouvoir des croisés ; elle parvint à Rhodes le jour de la fête des apôtres SS. Simon et Jude,
c'est-à-dire le 28 octobre de la même année, et elle y hiverna
« usque in octavam Pentecostes, c'est-à-dire jusqu'au 27 mai
1100. Ce fut probablement au début de son séjour à Rhodes que
ses chefs, Henri Contarini, évêque de Torcello, et Jean Michiel,
informèrent les princes croisés en Palestine que la flotte se ren-
drait à Joppe au printemps.

1099, novembre. — Boémond ayant invité Baudouin d'Édesse à
aller avec lui à Jérusalem, celui-ci se rend à Valenie (Banias),
où l'attendaient Boémond et l'archevêque Daimbert.   (433)

   Sources : Foucher de Chartres (*Hist. occid. d. crois.*, III,
364 E) : « Cum per legationes eum [Balduinum] Boamundus prae-
monuisset ut Jherusalem ambo cum suis iter nondum expletum
ituri perficerent, Balduinus..... se iturum praeparavit......, et
ingressus iter, Antiochia dexterata venit Laodiciam, ubi stipen-
dio viatico empto et clitellis reformatis abivimus. Mensis November erat. Cumque Gibellum transissemus, Boamundum in tentoriis suis hospitatum ante oppidum quoddam Valenium nominatum
assecuti sumus. Erat cum eo archiepiscopus quidam Pisanus,
nomine Daibertus, qui cum quibusdam Tuscanis et Italis Laodi-
ciae portui navigans applicuerat, et ibi nos exspectabant, nobiscum
ituri. » — Bartolf de Nangis (*ibid.*, 518 E). — Théodore de
Pöhlde, *Narratio profectionis Godefridi* (*ibid.*, V, 195). — Albert
d'Aix, VII, vi : « Boemundus......, Baldewino admonito per legatos,
viam Jerusalem insistere decrevit ad visitandum locum Dominici
Sepulcri, quibus Dagobertus, Pisanus episcopus, cum omni comitatu suo longo tempore [trium mensium] in regione commoratus
Laodiceae, nunc in via hac adjunctus est. » — Guill. de Tyr, IX,
xiv.
   Commentaire : Voy. Wilken, II, 45 ; — Raumer, *Gesch d.
Hohenstaufen*, I, 193 ; — Haken, *Gemælde d. Kreuzzüge*, II, 48 ;
— Michaud, III, 8 ; — Sybel, 531 (450) ; — Damberger, *Synchron.
Gesch.*, VII, 406 ; — Kugler, *Boemund und Tankred*, 14 ; —
HE, 198. — La rencontre de Baudouin d'Édesse et de Boémond
à Valénie dut avoir lieu à la fin de novembre ou au commence-
ment de décembre, en tous cas environ quatre semaines avant
leur arrivée à Jérusalem (cf. ci-dessous, n° 436). Foucher, auquel

nous devons le récit de cette rencontre, se trouvait lui-même parmi les compagnons de Baudouin, dont il était le chapelain.

1099, fin de novembre ou début de décembre. — Pascal II, dans un bref adressé aux archevêques, évêques et abbés de France, invite ces personnages à solliciter des secours pour les croisés restés en Palestine, à organiser de nouveaux départs pour la Terre-Sainte, spécialement de la part de ceux qui n'avaient pas encore accompli leur vœu de croisade et de ceux qui s'étaient lâchement enfuis d'Antioche, sous peine d'excommunication pour ces derniers; il les invite aussi à faire restituer leurs biens aux croisés revenant d'Orient.   (434)

> **Source :** *Lettre de Pascal II au clergé de France*. Début : « Paschalis episcopus, servus servorum Dei..... Omnipotentis Dei miserationibus..... » Fin : « ......studiis reformetur (*Rec. des Hist. des Gaules*, XV, 20; Migne, *Patr. lat.*, CLXIII, col. 43).
>
> **Commentaire :** Voy. Le Prévost, dans son édition d'Orderic Vital, t. IV, p. 118; — Jaffé-Lœwenfeld, *Regesta pontif. Roman.*, n° 5812; — Riant, *Inventaire*, p. 205. — Le contenu de ce bref nous montre qu'il fut écrit à une époque où beaucoup de croisés, après avoir pris part à l'expédition depuis son début, étaient rentrés en Europe. C'étaient probablement ces croisés qui avaient renseigné Pascal II sur les désertions survenues pendant le siège d'Antioche et dont les récits avaient porté le pontife à faire connaître aussitôt son sentiment sur le cas de ces déserteurs qu'il devait savoir rentrés pour la plupart en France. Probablement aussi Pascal II était-il déjà en possession de la lettre des princes croisés, que Robert de Flandre avait été chargé de lui remettre (cf. ci-dessus, n° 429). On ne se trompera donc pas de beaucoup sans doute en plaçant à la fin de novembre ou au début de décembre la rédaction du bref.

1099, milieu de décembre. — Godefroi de Bouillon lève le siège d'Arsuf et rentre à Jérusalem.   (435)

> **Sources et Commentaire :** Voy. ci-dessus, n° 431.

1099, décembre 21. — Boémond, Baudouin d'Édesse et l'archevêque Daimbert arrivent à Jérusalem en compagnie d'un grand nombre de pèlerins.   (436)

> **Sources :** Foucher de Chartres (*Hist. occid. d. crois.*, 365 C) : « Quibus ita amicabiliter glomeratis, aestimati sumus numero xxv milia utriusque sexus tam peditum quam equitum...... » — Id. (*ibid.*,

366 C) : « Die illo quo Jherusalem tunc introivimus, sol retrogradus descensu hiemali peracto, recursum resumpsit ascensibilem…. Die quarto Bethlehem adivimus. » — Bartolf de Nangis (*ibid.*, 518 F). — Lisiard de Tours (*ibid.*, 550). — *Hist. b. sacri*, c. 135 (*ibid.*, 226). — Raoul de Caen, c. 140 (*ibid.*, 704 C) : « Erat autem quadragesimalis diei tempus. » — Albert d'Aix, VII, vi : « Natali autem Domini in proximo facto, praefati principes cum ingenti honore et comitatu Christianorum Jerusalem sunt ingressi, duce Godefrido gloriose eis occurrente et prae gaudio nimioque desiderio eos videndi pia eis oscula faciente. » — Guill. de Tyr, IX, xiv : « Hiems enim erat, mensis December. »

Commentaire : Voy. Mailly, *L'esprit d. croisades*, IV, 477; — Wilken, II, 47; — Raumer, *Gesch. d. Hohenstaufen*, I, 193; — Michaud, III, 8; — Sybel, 531 (450); — Damberger, *Synchron. Gesch.*, VII, 406; — HE, 198. — Foucher étant témoin oculaire, la date qu'il indique pour l'arrivée à Jérusalem de Baudouin, Boémond et Daimbert doit être exacte. Elle concorde au surplus avec celle que fournit Albert d'Aix; car, chez ce dernier, l'expression « Natali Domini » désigne probablement, non le jour même, mais le temps de Noël. Raoul de Caen et l'auteur de l'*Hist. b. sacri*, qui l'a copié, sont dans l'erreur en plaçant l'événement à l'époque du carême de l'an 1100. — Je crois utile de faire ici une observation au sujet du synchronisme que fournit Foucher lorsqu'il dit : « Die illo quo Jherusalem introivimus, sol retrogradus descensu hiemali peracto, recursum resumpsit ascensibilem. » Étant données les irrégularités du calendrier Julien, le solstice astronomique, à la fin du xie siècle, ne tombait plus sur le 21 décembre; il se trouvait avancé de près de sept jours; il tombait donc au 15-16 décembre. Mais il est infiniment probable que Foucher n'a point tenu compte de ce fait. Son synchronisme, malgré les termes dans lesquels il est conçu, ne doit point s'entendre du solstice réel, du solstice astronomique; il s'applique à la date que le calendrier assignait au solstice, à savoir au 21 décembre.

1099, décembre 24. — Les génois Guillaume Embriac et son frère Primus, revenant de Terre-Sainte, arrivent à Gênes, avec des lettres de Godefroi de Bouillon et de l'archevêque Daimbert.

(437)

Source : Cafaro, *Liberatio civit. Orientis* (*Hist. occid. d. crois.*, V, 58 A) : « Guillermus Embriacus et Primus, frater ejus…, cum tota pecunia quam ceperant, cum galea una quam emerunt, mare transierunt, et Januae in vigilia Nativitatis Domini venerunt et litteras de captione Jerusalem et de succursu necessario a Jerusolimitana curia, videlicet a patriarcha Daimberto et a Godefrido, regni Jerusalem domino, detulerunt. »

Commentaire : Voy. Riant, *Inventaire*, 204 : « Caffaro donne bien là à Daimbert le titre de patriarche, que celui-ci ne put prendre que le 25 décembre; mais comme il donne la date exacte (24 déc.) du retour des Embriaco à Gênes, il est certain qu'il s'est seulement trompé sur le véritable titre de l'archevêque de Pise. » D'après Riant, les deux Génois auraient apporté aussi la lettre des princes croisés au pape, dont nous avons parlé ci-dessus, n° 429.

1099, décembre 24. — Boémond et Baudouin d'Édesse se rendent de Jérusalem à Bethléem, où ils passent la nuit de Noël et d'où ils repartent, le 25 décembre avant midi, pour Jérusalem. (438)

Sources : Foucher de Chartres (*Hist. occid. d. crois.*, III, 366 C) : « Die IV° Bethleem adivimus ut nocte dominicae Nativitatis revolutionem celebraturi annuam, praesepio, ubi Jesum Maria venerabilis mater reclinavit, praesentialiter pervigiles in orationibus adsisteremus. Quam noctem cum decentissime, obsequio competenti ab episcopis et clericis decantato, deduxissemus, hora diei tertia, missa quoque tertia celebrata Jerusalem remeavimus. » — Bartolf de Nangis (*ibid.*, 518 H-519 A). — Lisiard de Tours (*ibid.*, 550 F).

Commentaire : Voy. Mailly : *L'esprit d. crois.*, IV, 478; — Wilken, II, 48; — HE, 198. — Le « dies quartus » de Foucher désigne le quatrième jour après l'arrivée de Boémond et de Baudouin à Jérusalem, donc le 24 décembre. La « hora diei tertia », à laquelle, le jour de Noël, les deux pèlerins reprirent le chemin de Jérusalem doit être interprétée par 9 heures du matin.

1099, décembre 26-31. — A Jérusalem, l'archevêque de Pise Daimbert est élu patriarche, en place d'Arnoul, et quatre évêques sont ordonnés. (439)

Sources : Foucher de Chartres (*Hist. occid. d. crois.*, III, 366 E) : « Cum autem et nos et jumenta nostra quiete necessaria aliquantisper vegetati essemus et patriarcham in ecclesia S. Sepulchri tam dux quam ceteri optimates praefecissent, scilicet Daibertum superius memoratum...., regredientes descendimus ad flumen Jordanicum.... » — Bartolf de Nangis (*ibid.*, 519 A) : « .... Bethleem veniunt et noctem dominicae Nativitatis pervigilem duxerunt. Deinde Jherusalem regressi, cum rege Godefrido et clero et populo in templo Salomonis congregati, die quadam de statu regni et ecclesiae Jherosolymitanae tractantes, Daibertum illum Pisanum, annuente Boamundo, in patriarcham elegerunt et ecclesiae Sepulcri, Ernulfo deposito, custodem praefecerunt. » — Raoul de Caen, c. 140 (*ibid.*, 704 D) : « Dagobertus...., Boamundo juvante, in patriarchatum Jerusalem sublimatur....; ordinantur ibi

quatuor episcopi, scilicet Roggerius Tharsi, Mamystae Bartholomaeus, Bernardus Artasii, Benedictus Edessae, qui cum Boemundo et Balduino in presbyteratus officio positi venerant. » —
Hist. b. sacri, c. 135 (*ibid.*, 226). — Albert d'Aix, VII, vii,
viii; — Guill. de Tyr, IX, xv.

Commentaire : Voy. Mailly, *L'esprit d. croisades*, IV, 478;
— Wilken, II, 50; — Haken, *Gemælde d. Kreuzzüge*, II, 50;
— Raumer, *Gesch d. Hohenstaufen*, I, 193; — Michaud, III,
9; — Sybel, 531 (450); — Kugler, *Boemund und Tankred*,
15, 63; — Röhricht, *Syria sacra* (*Zeitschr. d. deutschen Palæst.
Vereins*, IX, 7); — HE, 198; — Kühn, *Gesch. d. ersten lat. Patriarchen von Jerusalem*, p. 21; — Mas Latrie, *Les patriar-
ches latins de Jérusalem* (*Rev. de l'Or. latin*, I, 17). La date
exacte de l'élection de Daimbert et de l'ordination des quatre
évêques n'est donnée par aucun document. La chose eut lieu
en tous cas entre l'époque où Baudouin d'Édesse et Boémond
furent de retour de Bethléem, et l'époque de leur départ pour
Jéricho, donc entre le 25 et le 31 décembre 1099. Raoul de Caen
et l'*Hist. b. sacri* se trompent en indiquant la date de Pâques
1100. — Riant (*Invent.*, p. 203) fixe l'élection au 25 décembre.

1099, fin décembre. — Manassès, archevêque de Reims, écrit à
Lambert, évêque d'Arras, qu'il a prescrit des prières dans les
églises de son ressort pour que Dieu donnât au roi de Jérusalem la victoire sur ses ennemis et au patriarche Arnoul une
parfaite sagesse dans son attitude à l'égard des hérétiques. Il
l'invite à faire en sorte que ceux de ses paroissiens qui n'ont
pas encore accompli leur vœu de croisade le mettent à exécution, et il recommande à ses prières les croisés morts pendant l'expédition.   (440)

Source : *Lettre de Manassès à Lambert d'Arras* (Baluze,
Miscellanea, 1re éd., V, 316; 2e éd., II, 144; *Recueil des
histor. de France*, XV, 189; Gousset, *Actes de la province
ecclésiastique de Reims*, t. II, 1843, pp. 145-146; Migne, *Patr.
lat.*, CLXII, 668; Ekkehard, *Hierosolymita*, éd. Hagenmeyer,
p. 352). Début : « Manasses... Notum vobis sit... » Fin :
« .... in pace defuncti sunt. »

Commentaire : Voy. *Hist. litt. de la France*, IX, 301; —
Michaud, *Biblioth. des croisades*, II, 473; — HE, 352; — Riant,
Inventaire, 206. — Manassès dit clairement dans cet écrit qu'il
avait reçu des lettres de Godefroi de Bouillon et du patriarche
Arnoul. La façon dont il parle de ces lettres permet de détermi-
ner approximativement la date où elles furent écrites. Godefroi
de Bouillon avait été élu le 22 juillet 1099 comme défenseur du
Saint-Sépulcre et Arnoul, le 1er août suivant, comme patriarche

de Jérusalem. Ce dernier avait conservé la dignité patriarcale
jusqu'au 26 décembre, date à laquelle il avait été remplacé par
Daimbert de Pise. Ainsi les lettres mentionnées par Manassès
doivent avoir été rédigées entre le 1er août et le 25 décembre 1099.
De plus, on peut être à peu près certain que lesdites lettres
furent écrites peu de temps après l'élection de Godefroi et d'Arnoul, à une époque où Daimbert ne se trouvait pas encore en
Palestine et où, par conséquent, la situation d'Arnoul était encore
solide, donc avant le mois de septembre 1099 (cf. ci-dessus, n° 416).
Arnoul en tous cas devait, à ce moment, croire sa position tout à
fait assurée, car sans cela sa lettre à Manassès eût reflété des
inquiétudes, ce qui ne paraît pas avoir été le cas. Nous admettons
donc avec Riant que les lettres d'Arnoul et de Godefroi furent
écrites au mois d'août, et probablement même au début de ce
mois, tout de suite après l'élection d'Arnoul (1er août ; cf. ci-dessus, n° 413), et qu'elles arrivèrent à Reims en décembre 1099 au
plus tard, à peu près à l'époque même où parvenait également
en France le bref de Pascal II au clergé de ce royaume (cf. ci-
dessus, n° 434). Ce fut, semble-t-il, sous l'impression immédiate
de ces diverses lettres que Manassès écrivit à Lambert d'Arras ;
sa lettre peut donc avec vraisemblance être datée de la fin de
décembre 1099.

1100, janvier 1. — Baudouin d'Édesse et Boémond quittent Jérusalem et vont en pèlerinage à Jéricho, d'où ils repartent le
2 janvier dans la direction du Jourdain. (441)

> **Source** : Foucher de Chartres (*Hist. occid. d. crois.*, III,
> 367 A) : « Anno ab incarnatione Domini M° C°, die anni prima,
> in Jericho ramis palmarum caesis ad deferendum, ut mos est,
> omnes assumpsimus, et secunda die iter remeabile cepimus. »
> **Commentaire** : Voy. Wilken, I, 49 ; — HE, 198 ; — Kühn,
> *Gesch. d. ersten lat. Patriarchen v. Jerusalem*, 23.

1100, janvier 5. — Réunion des princes croisés sur les rives du
Jourdain, où Boémond et Baudouin d'Édesse prennent congé
de Godefroi de Bouillon et de Daimbert, puis remontent
vers le nord par la vallée du Jourdain, Tibériade, Panéas et
Baalbek, pour rentrer, le premier à Antioche et le second à
Édesse. (442)

> **Sources** : Foucher de Chartres (*Hist. occid. d. crois.*, III,
> 366 F) : « Redintegrato stipendio et jumentis nostris oneratis,
> regredientes descendimus ad flumen Jordanicum... » — Bartolf
> de Nangis (*ibid.*, 519 C) : « Boemundus et Balduinus non eodem
> itinere quo venerant, metuebant enim insidias, sed juxta mare

Galileae per Tyberiadem et Nazareth et per Caesaream Philippi et per castrum quod Balbach nominatur in Syriae fines pervenerunt. » — Raoul de Caen, c. 140 (*ibid.*, 704 E). — *Hist. b. sacri*, c. 135 (*ibid.*, 227). — Albert d'Aix, VII, viii : « Jam Dagoberto in cathedra Hierosolymitanorum sedis patriarcha constituto..., Boemundus, Baldewinus et ipse patriarcha a duce impetraverunt, ut sic iter moderarentur, quatenus ad Jordanis flumen in vigilia Epiphaniae Domini convenirent, ubi Jesus a Johanne baptizari dignatus est. Qui voluntati et desiderio eorum satisfaciens, in omni apparatu et virtute peditum et equitum cum eis ad ipsum flumen descendit, in quo prae gaudio loti sunt et delectati. Post haec, Baldewinus et Boemundus... in regione Jordanis, dato cum lacrymis osculo, ad invicem dissociati sunt : Godefridus cum patriarcha reversus Jerusalem, Boemundus vero et Baldewinus Antiochiam et Rohas reversi sunt. » — Guill. de Tyr, IX, xv.

Commentaire : Voy. Mailly, *L'esprit d. croisades*, IV, 487 ; — Wilken, I, 49 ; — HE, 198. — La « vigilia Epiphaniae » d'Albert d'Aix est le 5 janvier 1100. La rentrée de Boémond à Antioche eut lieu à la fin de janvier 1100 ; celle de Baudouin à Edesse vers le 10 février. Voy. plus loin, sous ces dates.

1100, milieu de janvier. — Godefroi de Bouillon, avec l'aide des marins pisans, commence à rebâtir Joppe, alors en grande partie détruit et abandonné de ses habitants.   (443)

Sources : *Gesta triumphalia Pisanorum* (Muratori, *Script. rer. ital.*, VI, 100 ; *Hist. occid. d. crois.*, V, 368 C) : « Inde igitur digressi venerunt Jerosolymam, quae anno MC° a Christianis capta fuit et retenta fuit ; ibique Pisani morantes per aliquantum temporis et Jopem urbem reaedificantes ad propria regressi sunt. » — *Breve chron. Pisan.* (Ughelli, *Italia sacra*, ed. Coleti, X, p. 121). — Albert d'Aix, VII, xij : « Post haec dux..... Joppen, quae vulgariter Japhet dicitur, antiquo ex termino dirutam, reaedificari murisque muniri constituit, quatinus illic portus navium fieret, et ab hac ceteris gentilium civitatibus locus esset resistendi ac nocendi. Firmata ac munita civitate Japhet, ab omnibus regnis et insulis Christianorum mercatores vitae necessaria adferentes ad eius portum accedebant. » — Ekkehard, *Hierosolymita*, XIX, 1 (*Hist. occid. d. crois.*, V, 26 B) : « Dux magnanimus..... coepit..... Joppen diu destructam portumque ibi jam desolatum renovare. »

Commentaire : Voy. Wilken, II, 39 ; — Heyd, *Gesch. d. Levantehandels*, I, 150 ; — HE, 192, 377, — Kühn, *Gesch. d. ersten Patr. von Jerusalem*, 25 ; — Kugler, *Albert v. Aachen*, 251. — La flotte pisane arriva en septembre 1099 devant Laodicée (voy. ci-dessus nᵒˢ 428 et 430), et elle jeta l'ancre devant Jaffa, dans le courant de décembre de la même année, au moment où l'archevêque Daimbert, avec Boémond et Baudouin, se rendit à Jérusalem, ainsi que le dit Raoul de Caen, ch. 140 (*Hist. occid.*, III, 704 D) : « .... quo videlicet tempore Daibertus, Pisanorum episcopus....., qui in multis navibus Joppen adgressus fuerat, eodem Boamundo juvante, in patriarchatum sublimatur. » Elle resta devant Jaffa, de Noël jusqu'au milieu d'avril, sinon même jusqu'en mai ou juin 1100. C'est avec elle qu'une partie des croisés restés à Jérusalem après Pâques 1100 revint en Occident (voy. n° 456) et l'on peut supposer que, durant son séjour devant Joppe, ses équipages, à l'instigation de Godefroi, travaillèrent à la reconstruction du port et des maisons de la ville.

1100, vers le 18 janvier. — Escarmouche, aux environs de Baalbek, entre 400 cavaliers turcs de Damas et les troupes de Boémond et de Baudouin qui, passant par Tibériade et Panéas, étaient arrivées à Baalbek.   (444)

Sources : Foucher de Chartres (*Hist. occid. des crois.*, III, 367 A-368 B) : « Placuit principibus nostris per urbem Tyberiadem juxta mare Galilaeae transire..... deinde per Caesaream Philippi, quae Paneas lingua syriaca dicitur, ad Libani montis radicem sitam..... Venimus autem ad urbem fortissimam, quam Balbac nuncupant.....; ubi Turci Damasceni nobis obvii venerunt cccc ferme milites. Et quia didicerant nos esse inermes et laboris causa valde fessos, arbitrati sunt nos quoquomodo debilitare. Quod si forte postremos die illo Balduinus sollicite et caute non conservaret, multos de nostris occiderent; inundatione enim pluviarum et arcus et sagittae defecerant eis, quia cum glutine in locis illis adaptantur. Boamundus quippe in primo cuneo praeibat. Itaque, Deo auxiliante, nihil apud nos lucrati sunt. Tunc castra nostra metati sumus ante oppidum praedictum. » — Bartolf de Nangis (*ibid.*, 519 C). — *Hist. b. sacri*, c. 135 (*ibid.*, 227). — Lisiard de Tours, *Secunda pars hist. Jheros.* (*ibid.*, 551 EF). — *Narratio profectionis Godefridi* (*ibid.*, V, 196 E). — Guill. de Tyr, IX, xv. — Accolti (*Hist. occid. d. crois.*, V, 614 F). « Ubi asperitas hyemis cessavit, cum his quas ambo [Boamundus et Balduinus] duxerant copiis, Coelesyriam petiere..»

Commentaire : Voy. Haken, *Gemælde d. Kreuzzüge*, II, 55; — Wilken, II, 49. — Haken se trompe en disant que Boémond et Baudouin demeurèrent à Jérusalem jusqu'au printemps avancé, afin d'avoir moins de danger à courir sur la route de Baalbek. Ainsi qu'on l'a vu ci-dessus (n° 442), dès le 5 janvier 1100, ils avaient repris le chemin de leurs seigneuries et ils ne durent pas mettre plus de deux semaines à atteindre Baalbek. Rien n'indique qu'ils soient restés plus longtemps en voyage; bien au contraire, Foucher donne à entendre qu'ils l'accomplirent le plus rapidement possible.

1100, vers le 26 janvier. — Boémond et Baudouin, partis de Jérusalem, rencontrent à Laodicée le comte Raimond. (445)

> **Sources :** Foucher de Chartres (*Hist. occid. d. crois.*, III, 368 B) : « Sequenti vero die plus mari appropiantes, ante urbem Tortosam et Laodiciam transivimus. Ibi quoque Raimundum comitem repperimus, quem illic reliqueramus. Et quia cara erat annona, nihil ibi ad emendum invenimus, unde vivere possemus. Quapropter usque Edessam properare non cessavimus. » — Lisiard de Tours, *Secunda pars historiae Hieros.* (*ibid.*, 551 G).
>
> **Commentaire :** Voy. Haken, *Gemælde d. Kreuzzüge*, II, 55; — Kugler, *Boemund und Tankred*, 62, 63; — HE, 252. — Boémond et Baudouin, après une nuit passée à Baalbek, avaient franchi le Liban dans la direction de Tripoli; puis, longeant de là la mer, ils avaient passé par Tortose, et huit jours après leur départ de Baalbek, à savoir vers le 26 janvier, ils étaient arrivés à Laodicée, où séjournait encore Raimond, avant son départ pour Constantinople (voy. ci-dessous, n° 460).

1100, fin janvier. — Boémond arrive à Antioche, où il est accueilli avec grande joie. (446)

> **Sources :** Foucher de Chartres (*Hist. occid. d. crois.*, III, 368 D) : « Boamundus igitur Antiochiam primitus advenit, ubi a suis gaudenter est susceptus. » — Lisiard de Tours, *Historia Hieros.* (*ibid.*, 551 G). — *Narratio profectionis Godefridi* (*ibid.*, V, 196 G). — Albert d'Aix, VII, viij. — Guill. de Tyr, IX, xv.
>
> **Commentaire :** Voy. n° 445. — L'arrêt de Boémond à Laodicée ne peut avoir été que de très courte durée, car les vivres y étaient rares. Son arrivée à Antioche eut donc lieu très probablement avant la fin de janvier. De ce que dit Guillaume de Tyr, on pourrait conclure que Baudouin l'accompagna jusque dans cette dernière ville. Pourtant je suis peu disposé à l'admettre, car ce n'était pas le plus court chemin pour se rendre de Laodicée à Édesse. Baudouin dut probablement regagner sa principauté à travers le territoire d'Alep. C'est au surplus par ce territoire que le fait passer Lisiard de Tours, dont le renseignement a été adopté par Wilken.

1100, février 2. — Godefroi de Bouillon cède à l'église du Saint-Sépulcre le quart de la ville de Joppe. (447)

> **Sources :** Guill. de Tyr, IX, xvi : « Interea Hierosolymis, studio et opera quorumdam malignorum, quibus semper cordi est scandalum serere et aliorum invidere tranquillitati, suscitata est quaestio inter dominum patriarcham et dominum ducem, domino

patriarcha reposcente ab eo Civitatem sanctam Deo adscriptam et ejusdem civitatis praesidium, simulque urbem Joppensem cum suis pertinentiis. Cumque aliquandiu agitata esset praesens quaestio, dux, sicuti vir humilis erat et mansuetus, ac timens sermones Domini, in die purificationis beatae Mariae, praesente clero et populo universo, ecclesiae Sanctae Resurrectionis quartam partem Joppe resignavit. » — *Epistola Dagoberti ad principem Antiochenum*, dans Guill. de Tyr, X, iv : « [Godefridus] in die purificationis beatae Mariae virginis de Joppe quartam partem ecclesiae S. Sepulchri dedit. »

Commentaire : Voy. Besoldus, *Hist. urbis et regni Hierosolymitani* (Argent., 1636), p. 144 ; — Haken, *Gemælde d. Kreuzzüge*, II, 53 ; — Wilken, II, 54 ; — Raumer, *Gesch. d. Hohenstaufen*, I, 194 ; — Damberger, *Synchron. Gesch.*, VII, 408 ; — Sybel, 533 (452) ; — Muralt, *Essai de chronogr. byzant.* (1057-1453), p. 90 ; — Kugler, *Boemund und Tankred*, 15, 63 ; — Kugler, *Albert v. Aachen*, 248, 298 ; — Vétault, *Godefroi de Bouillon*, 313 ; — Prutz, *Studien über Wilhelm von Tyrus* (N. Archiv., VIII, 130) ; — Kohl, *Gesch. d. Mittelalters*, 33 ; — Kühn, *Gesch. d. ersten lat. Patr. von Jrlm.*, 24, 59 ; — Wollf, *Balduin I v. Jerusalem*, 2 ; — HE, 194, 214 ; — Röhricht, *Regesta*, p. 4, n° 32 ; — Röhricht, *Gesch. d. Kœnigreichs Jrlm.*, 6 ; — Röhricht, *Gesch. d. Kreuzzüge im Umriss*, 54 ; — Dodu, *Hist. des institut. monarch. dans le royaume de Jrlm.*, 348 ; — Hampel, *Untersuchungen über die lat. Patriarchen v. Jerusalem* (Dissert. 1899), 24. — Quand bien même l'authenticité de la lettre de Daimbert à Boémond, qui mentionne la donation du quart de Joppe au Saint-Sépulcre, serait mise en doute, il ne s'en suivrait pas que l'on dût rejeter le renseignement fourni à ce sujet par Guillaume de Tyr et la date qu'il assigne à la donation. La présence de la flotte pisane dans le port de Joppe pendant l'hiver 1099-1100 (voy. ci-dessus, n° 443) avait contribué à rehausser l'influence de Daimbert, et celui-ci en profita sans doute pour renouveler ses prétentions sur Jérusalem et sur Joppe, sans que Godefroi fût en mesure de s'y opposer. D'ailleurs Godefroi avait des obligations envers les Pisans, en raison de l'aide qu'ils lui avaient donnée pour reconstruire le port et les maisons de cette dernière ville, et ce fut sans doute un des motifs qui l'engagèrent à faire droit aux exigences de Daimbert.

1100, vers le 10 février. — Baudouin, venant de Jérusalem, arrive à Édesse.　　　　　　　　　　　　　　　　　　　　　　　　　　(448)

Sources : Voy. ci-dessus, n° 445.

Commentaire : Voy. Mailly, *L'esprit d. croisades*, IV, 487 ; — Wilken, II, 49. — Foucher rapporte que la disette de vivres obligea Baudouin à accélérer sa marche (« et quia cara erat aunona, nihil ibi ad emendum invenimus, unde vivere possemus : quapropter usque Edessam properare non cessavimus »). Il est donc probable que ce prince, après avoir quitté Laodicée, ne s'arrêta guère en route et que, de cette ville, deux semaines lui suffirent pour gagner Édesse, où il dut arriver par conséquent vers le 10 février. Röhricht se trompe (*Gesch. d. Königr. Jrlm.*, p. 9) en assignant au mois de janvier la date de la prise de Sarudj par Baudouin. A cette époque, celui-ci était encore en Palestine et en Syrie. D'ailleurs, Albert d'Aix, une des sources invoquées par Röhricht, ne place nullement la prise de Sarudj à cette époque; d'après ce chroniqueur, l'événement aurait eu lieu, semble-t-il, vers la fin de 1097, lorsque Baudouin, se rendant dans l'Euphratèse, s'empara de plusieurs châteaux situés à l'ouest d'Édesse (voy. ci-dessus, n° 199). Les passages d'Ibn el-Atir dans son *Kamel-Allevarykh* (*Hist. arabes. d. crois.*, I, 209) et de Sibt ibn el-Djeuzi (*ibid.*, III, 523) qu'allègue également Röhricht sont relatifs non pas à la prise de Sarudj par Baudouin, mais aux tentatives inutiles de Sokman pour recouvrer cette place, dont il dut s'éloigner après quelques rudes combats. Mathieu d'Édesse raconte avec assez de détails l'agression de Sokman (*Hist. armén.*, I, 53), qu'il place entre le 24 févr. 1100 et le 22 févr. 1101. Ibn el-Atir donne la date exacte de janvier 1101.

1100, vers le 14 février. — Godefroi de Bouillon ayant appris, par un transfuge, le jour où les habitants d'Arsuf devaient sortir de leur ville pour travailler leurs vignes, envoie contre eux quarante chevaliers qui en tuent ou en mutilent un certain nombre et en conduisent d'autres prisonniers à Jérusalem.

(449)

Sources : Albert d'Aix, VII, IX : « Dehinc mense Februario mediante, cives Assur, dum secure de die in diem in omnibus negociis studerent et pacifice ad excolendas vineas et agros procederent, quidam Saracenus ex civibus urbis Assur, ut gratiam inveniret in oculis ducis, omnia propalavit, quam securi... ab urbe exirent ad omnia, quae eis erant necessaria....; ab illo traditore dies designata est, qua illos in vineis agrisque laborantes alios occidere, alios posset comprehendere. Eadem itaque die illucescente, Godefridus XL milites armatos juxta Ramos in insidiis constituit. Qui Saracenos ad mille egressos repentino impetu equorum aggressi sunt et eos saevo vulnere interimentes, supra D naribus amputatis et manibus aut pedibus in campo semivivos reliquerunt, ipsi vero victores cum captivis uxoribus eorum et pueris Jerusalem reversi sunt. » — Foucher de Chartres (*Hist. occid. d. crois.*, III, 388 C) : « Dux Godefridus in anno praeterito obsederat [civitatem Assur] nec ceperat; cuius etiam inhabitatores persaepe de nostris occiderant plures, vel reddiderant tristes. »

Commentaire : Voy. Wilken, II, 41 ; — Hasselt, *Les Belges aux croisades*, I (1846), 177 ; — Damberger, *Synchron. Gesch.*, VII, 411 ; — Sybel, 527 (446) ; — D'Exauvillez, *Hist. de Godefroi de Bouillon* (1850), 241 ; — Vétault, *Godefroi de Bouillon*, 321 ; — HE, 219 ; — Kugler, *Albert v. Aachen*, 250 ; — Mailhard de la Couture, *Godefroid de Bouillon*, 154. — Tandis que Kugler admet la réalité du fait rapporté par Albert d'Aix, Sybel le déclare inventé de tous points. Il n'y a cependant pas de raison de le croire tout à fait imaginaire. Ce dont on peut douter seulement, c'est que les quarante chevaliers de Godefroi aient mis en déroute 1,000 Sarrasins, coupé le nez, les mains ou les pieds à 500 d'entre eux, emmené leurs femmes et leurs enfants à Jérusalem. Ces chiffres sont évidemment très exagérés ; car on ne voit pas bien comment 40 chevaliers auraient pu se comporter ainsi envers 1,000 Sarrasins qui, sortis d'Arsuf pour leur travail agricole, devaient être dispersés dans les champs et n'auraient pas eu de peine à se sauver. Foucher qui, dans le passage cité ci-dessus, fait allusion à des combats entre les Francs et les habitants d'Arsuf, non seulement ignore cet éclatant fait d'armes, mais paraît dire que les Francs surtout perdirent du monde dans ces combats. Le passage en question est relatif à la prise d'Arsuf par les croisés en 1101 ; l' « annus praeteritus », dans lequel se seraient livrés lesdits combats, serait donc bien l'année 1100.

1100, vers le 28 février. — L'émir égyptien Al-Afdhal envoie aux habitants d'Arsuf un secours de 100 cavaliers et de 200 fantassins.   (450)

Source : Albert d'Aix, VII, x : « Audito tam crudeli nuntio, Meravis, qui post regem secundus imperat, ... turbatus est vehementer, statimque c equites Arabes et cc^{os} Azopart mittere se promisit ad subveniendum civibus urbemque tuendam ..... Intellecto hoc solamine quod promiserat Meravis, multum gavisi sunt cives Assur et ab illo die portis apertis ipsi et omnia armenta secure in agros procedebant, sed non tamen longe ab urbe. Deinde viii diebus transactis, auxilium et vires regis Babyloniae illis adfuerunt c equites Arabes et cc Azopart, quorum jussione et consolatione longius, quam solebant, ab urbe et porta procedere praesumebant. »

Commentaire : Voy. Haken, *Gemælde d. Kreuzzüge*, II, 46 ; — Wilken, II, 41 ; — Vétault, *Godefroi de Bouillon*, 322 ; — D'Exauvillez, *Hist. de Godefr. de Bouillon*, 241. — Le fait rapporté ici par Albert d'Aix ne peut être daté que très approximativement. Le chroniqueur nous apprend qu'entre la date où les habitants d'Arsuf furent avisés de l'envoi d'un secours et l'arrivée même de ce secours il se passa huit jours. D'autre part, la promesse d'un renfort ne leur parvint probablement que huit jours

au moins après l'agression des 40 chevaliers de Godefroi (voy.
ci-dessus, n° 449), c'est-à-dire vers le 21 février. Les soldats
égyptiens envoyés par Al-Afdhal seraient donc entrés à Arsuf
vers le 28 février.

1100, début de mars. — Quelques chevaliers sortis de Jérusalem
pour se renseigner sur l'importance du renfort envoyé aux
habitants d'Arsuf, rencontrent un détachement de ces soldats
égyptiens envoyé contre eux ; ils le mettent en fuite et lui
tuent trois hommes, dont ils portent les têtes à Jérusalem. (451)

> **Source :** Albert d'Aix, VII, x : « Audito tandem in Jerusalem
> adventu illorum [scil. militum Aegyptiorum], surrexerunt, clam
> duce, x milites christianorum et in termino Ramnetis constituerunt
> ad explorandam rei veritatem, utrum milites Babyloniae adfuissent
> in auxilium urbis Assur. Qui protinus v armigeros direxerunt
> ante moenia urbis ad lacessendos et producendos viros quorum
> fama erat ; ipsi vero decem in campestria Assur descenderant.....
> xxx equites Arabum ab urbe subito exierunt armati..... Armigeri
> vero quantocius equorum velocitate ad x equites Christianorum
> fugam inierunt ; quibus ad subveniendum x domini sui ilico in
> equis et armis adfuerunt, et xxx Arabes in fugam remittentes
> usque ad portas et moenia Assur eos persecuti sunt, iij illorum
> in momento perimentes, quorum capita ab armigeris amputata
> cum equis et spoliis eorum adferentes, Jerusalem cum gaudio
> reversi sunt. »
>
> **Commentaire :** Voy. Wilken, II, 42. — La nouvelle de l'arrivée
> d'un renfort à Arsuf dut être connue très vite à Jérusalem, et
> comme, selon Albert d'Aix, les dix chevaliers francs partirent
> aussitôt (« protinus ») pour aller aux renseignements, on peut
> admettre que leur chevauchée eut lieu vers le début de mars.
> Cette affaire sans grande importance a été complètement passée
> sous silence par la plupart des historiens, anciens et modernes,
> de la croisade : seuls Albert d'Aix parmi les anciens, et Wilken,
> parmi les modernes, en parlent.

1100, milieu de mars. — Garnier de Gray et Robert de Pouille
se rendent avec 140 cavaliers dans la région d'Arsuf ; ils y
livrent un combat heureux à la garnison sortie à leur rencontre, lui tuent un bon nombre d'hommes et rentrent à
Jérusalem chargés d'un riche butin.   (452)

> **Source :** Albert d'Aix, VII, xi : « Comperta hac victoria (cf.
> n° 451) ....., dux et universi sui laetati sunt, unde cxl equites
> convocans in insidiis versus Ramnes conductu Werneri de Greis
> ac Roberti, probi militis, de Apulia ituros constituit..... Manserunt

hi milites ducis juxta Ramnes in insidiis duobus diebus donec cives Assur tertia die egressi fiducia suorum militum, per agros cum gregibus suis, ignari totius infestationis, vagari secure coeperunt.... Ad haec tota manus Christianorum consurgens ab insidiis fortiter adsilierunt : milites quoque Arabum et Azopart omnesque pedites illorum idem fecerunt et utrinque grave comissum est proelium. Tandem Christiani praevalentes plurimam partem illorum occiderunt, praedamque retinentes, cum plurimis equis et captis ibidem militibus, Jerusalem reversi sunt. »

Commentaire : Voy. Wilken, II, 42 ; — Hasselt, *Les Belges aux croisades*, I, 178 ; — D'Exauvillez, *Hist. de Godefroi de Bouillon*, 242. — Albert d'Aix est également le seul à parler de cet engagement, et les historiens postérieurs ne s'en sont guère occupés. L'affaire dut avoir lieu peu de temps après le retour à Jérusalem de la troupe de 10 chevaliers dont nous avons rappelé la chevauchée sous le n° 451, donc, vers le milieu de mars. Les Francs arrivés dans la région d'Arsuf y restèrent deux jours aux aguets, et leur combat avec la garnison eut lieu le troisième jour seulement. On peut estimer que leur expédition, depuis leur départ de Jérusalem jusqu'à leur retour, dura au moins sept jours.

1100, vers le 25 mars. — Arsuf offre à Godefroi de Bouillon de lui payer un tribut que celui-ci accepte et qu'il assigne à Robert de Pouille. (453)

Source : Albert d'Aix, VII, xii : « Sic tandem civitas Assur taedio adfecta nec regis sui auxilio videns se posse resistere, pacem composuit, claves portarum et turrium duci obtulit, facta ei tributaria; cujus tributa Roberto, militi praeclaro de Apulia, pro conventione solidorum a duce concessa sunt. »

Commentaire : Voy. Wilken, II, 42 ; — Hasselt, *Les Belges aux croisades*, I, 178 ; — Damberger, *Synchron. Gesch.*, VII, 411 ; — Vétault, *Godefroi de Bouillon*, 322 ; — D'Exauvillez, *Hist. de Godefroi de Bouillon*, 242 ; — HE, 220 ; — Kugler, *Albert v. Aachen*, 250. — Mailhard de la Couture, *Godefr. d. Bouillon*, 154. — Suivant Albert d'Aix, l'offre d'un tribut, faite par Arsuf à Godefroi, eut lieu immédiatement après l'expédition du milieu de mars, mentionnée sous le n° 452.

1100, printemps. — Synode d'Anse, auquel assistent Hugues, archevêque de Lyon, Anselme, archevêque de Canterbury, les archevêques de Sens, de Tours, de Bourges, et neuf évêques. On y renouvelle le statut de paix, et en ce qui concerne la croisade, on décide que tous ceux qui n'avaient pas accompli leur vœu de pèlerinage seraient excommuniés jusqu'au jour où ils tiendraient leur promesse. (454)

Source : *Chronicon Hugonis, abbatis Flaviniacensis (Mon. Germ. Script.,* VIII, 475) : « Anno ab incarnatione Domini 1100, apud Ansam convenerunt archiepiscopi Lugdunensis, Cantuariensis, Senonensis, Turonensis, Bituricensis et episcopi numero novem......; et pace statuta, de via Jerosolymitana locuti sunt, eos qui voverant et voti exsecutores non fuerant a communione segregantes quoadusque vota complerent. Miserat autem Lugdunensis legatos Romam, per quos velle suum papae ostenderat de via eadem, ut cum sua benedictione et absolutione illo debet ire, et romanus pontifex annuerat, admonens, ut per se iret, ut legationem suam ei committeret in Asia, quam bene rexerat in Burgundia et interim legatos a latere suo mittendos pro posse instrueret, qui vices papae exsequerentur : et ideo illud colloquium quam maxime statutum fuerat, ut reversis missis suis cum litteris absolutoriis, ibi quoque a suffraganeis et diocesi sua viaticum acciperet. »

Commentaire : Voy. Hefele, *Conciliengeschichte,* V (1863), 233. — HE 224; — Riant, *Invent.,* 209, 212. — Ce synode fut sans doute assemblé pour donner satisfaction au bref adressé par Pascal II aux archevêques et évêques de France, dans lequel ce pontife les invitait à excommunier tous ceux qui n'avaient pas exécuté leur vœu de pèlerinage (cf. n° 434). Après l'époque de la publication de ce bref et avant la réunion du synode, se place la correspondance échangée entre l'archevêque de Lyon et le pape, dans laquelle le premier demandait au second de l'autoriser à faire le pèlerinage de Jérusalem, et dans laquelle le pape non seulement lui donna cette autorisation, mais le nomma son légat en Asie. Le bref ci-dessus put arriver à Lyon vers Noël 1099. A supposer que l'archevêque ait écrit au pape en janvier 1100, et que le pape lui ait répondu en février, on peut admettre que le synode d'Anse se tint au printemps suivant. C'est la date qu'a adoptée Riant dans son *Inventaire des lettres historiques d. crois.* Cependant, comme Anselme de Canterbury resta jusqu'en août auprès de son ami Hugues, archevêque de Lyon et ne rentra en Angleterre que le 23 septembre, il est parfaitement possible que le synode ait eu lieu en juillet seulement.

1100, avril 1 (jour de Pâques). — Godefroi de Bouillon prête le serment de vassalité au patriarche Daimbert et lui cède la ville de Jérusalem avec la citadelle, c'est-à-dire la tour de David, et la portion de la ville de Joppe qu'il possédait encore, en se réservant toutefois l'administration et les revenus de ces villes, jusqu'à ce qu'il se fût constitué un nouveau domaine en conquérant d'autres villes, et en déclarant d'autre part que, s'il mourait sans héritiers, les revenus des deux villes cédées deviendraient propriété du patriarche. (455)

Source : *Lettre de Daimbert à Boémond,* dans Guillaume de Tyr, X, iv : « [Godefridus] in die purificationis beatae Mariae Virginis de Joppe quartam partem ecclesiae S. Sepulchri dedit, et post in die Paschalis solemnitatis jam ultra superbe sapere aut in saeculari pompa confidere respuens, divino nutu compunctus, cuncta quae juris erant ecclesiae libera reddidit et homo S. Sepulchri ac noster effectus, fideliter se Deo et nobis amodo militaturum spopondit : reddidit itaque nostrae potestati turrim David, cum tota Hierosolymitana urbe ejusque pertinentiis et quod in Joppe ipse tenebat : sic tamen ut ob rerum temporalium insufficientiam nostra concessione ipse haec tam diu teneret, donec illum Deus in captione Babylonis aut aliarum urbium amplificasset. Si autem absque haerede masculo ille moreretur, haec omnia absque ulla contradictione ecclesiae redderentur. Haec omnia cum in praesentia totius cleri ac populi in die solemni Paschae ante sacrosanctum Sepulchrum confirmasset, etiam in lecto aegritudinis de quo mortuus est coram multis et probatis testibus ipse constituit. » — Voy. aussi Guill. de Tyr, IX, xvj, où se trouve un abrégé de cette même lettre.

Commentaire : Voy. ci-dessus, n° 447. — Nous n'avons aucun motif de révoquer en doute le témoignage de Guillaume de Tyr, quant à la teneur de la lettre de Daimbert.

1100, premiers jours après Pâques. — Au début d'avril, les croisés restés encore à Jérusalem pour les fêtes de Pâques, quittent cette ville et regagnent l'Europe sur la flotte pisane et sur des navires anglais.   (456)

Source : *Lettre de Daimbert à tous les catholiques de la région teutonne* (publ. par Riant, dans *Comptes rendus des séances de l'Acad. des Inscr.*, 1884, t. XII, p. 211) : « Capta sancta civitate....., multi non longe post recesserunt in propria (cf. ci-dessus, n° 427) ; reliqui, qui vel usque ad sanctum Domini Pascha in Jérusalem et in aliis munimentis, quae Dei magna nobis semper comes pietas in manibus nostris tradiderat, remanserant, cum Pisanis et Anglis in eorum devecti navibus ex maxima parte recesserunt; reliquos vero, quos vix retinere potuimus, magnis stipendiis et donativis conducimus. »

Commentaire : Voy. Kühn, *Gesch. d. ersten lat. Patriarchen,* 25. — La plus grande partie des croisés restés à Jérusalem après Pâques 1100, et qui étaient d'ailleurs en petit nombre comparativement à ceux qui étaient déjà partis s'embarquèrent sur des vaisseaux pisans et anglais pour rentrer en Occident. La lettre de Daimbert indique qu'ils partirent tout de suite après Pâques. Il est probable que ces vaisseaux, après les avoir reçus à leur bord, ne séjournèrent plus longtemps dans les ports de Palestine et firent voile directement pour l'Europe. La flotte pisane avait hiverné à

Joppe et ses équipages avaient pris part à la reconstruction du port et des maisons de cette ville (voy. ci-dessus, n°ˢ 443 et 447).

1100, 2ᵉ moitié d'avril. — Le patriarche Daimbert envoie par le clerc Arnoul une circulaire aux Allemands, dans laquelle il se plaint de ne pouvoir retenir en Palestine le petit nombre de croisés qui sont restés, qu'en leur promettant une solde, et il prie les Allemands de lui envoyer des subsides pour qu'il puisse faire face à sa promesse.　(457)

Source : *Epistola Dagoberti, patriarchae Hierosolymitani, ad omnes Theutonicae regionis catholicos* (publ. par Riant, dans *Comptes rendus des séances de l'Académie des Inscr.*, année 1884, t. XII, p. 211). Début : « Dagobertus, dei gratia patriarcha Jerosol..... Multa vobis dilectissimi..... » Fin :..... « in authentico scripto nobis mittite. »

Commentaire : Voy. Riant. *ibid.*, pp. 211 et suiv.; — Kühn, *Gesch. der erst. lat. Patriarchen*, 25; — Kugler, *Albert v. Aachen*, 257; — Röhricht, *Gesch. d. Kœnigr. Jerusalem*, 1 ; — Röhricht, *Gesch. d. Kreuzzüge im Umriss*, 55. — La rédaction de cette lettre doit se placer avant la mort de Godefroi de Bouillon, entre Pâques 1100 et le 18 juillet de la même année, et très probablement dans la seconde moitié d'avril. En voici les raisons. Tout d'abord, le départ des croisés qui étaient demeurés à Jérusalem jusqu'à Pâques avait diminué dans une forte proportion le nombre des défenseurs de la Terre-Sainte. La nécessité s'imposait de faire appel à l'Occident pour de nouveaux envois de troupes et d'argent destiné à la solde des hommes restés en Orient. Et cette nécessité dut se faire sentir tout de suite après le départ de la flotte pisane et des navires anglais qui emmenèrent les croisés après Pâques 1100. D'autre part, on peut supposer qu'à l'époque où la lettre fut écrite les villes de Chaïfa et d'Arsuf n'étaient pas encore tombées aux mains des chrétiens, car Daimbert ne les cite pas au nombre de celles que ceux-ci avaient à défendre. L'une et l'autre ne furent prises qu'après la mort de Godefroi, Chaïfa dans l'été 1100 (cf. ci-dessous, n° 496), Arsuf au début de 1101. Le clerc Arnoul, porteur de la lettre de Daimbert, devait raconter aux Allemands la croisade, la prise de Jérusalem, et surtout leur parler des merveilleuses récompenses attribuées par la bonté divine à l'armée des croisés. On en peut conclure qu'au moment où cet envoyé partit de Palestine, Godefroi de Bouillon n'était point encore décédé ; car sans cela la lettre de Daimbert eût sans doute parlé de sa mort et eût reflété quelque tristesse. Nous pouvons donc placer la rédaction de la lettre tout de suite après Pâques, à une époque où Godefroi vivait et où les Francs n'avaient encore conquis que les places énumérées dans la lettre, c'est-à-dire avant l'été 1100.

1100, avril 28. — Pascal II publie une bulle dans laquelle il exhorte
les croisés à rester en Palestine et leur annonce qu'il envoie
auprès d'eux son légat Maurice.   (458)

> **Source** : *Epistola Paschalis II ad episcopos, clericos et omnem
> populum militiae christianae in Asia triumphantis* (Baronius,
> *Annales eccles.*, sub. an. 1100, n° 28, ed. Iª, t. XII, 12; Id.,
> *Annales eccles.*, cur. Mansi, t. XVIII, 124; Labbe, *Sacrosancta
> concilia*, X, 622; Mansi, *Conciliorum nova et ampliss. collectio*,
> XX, 979; Cozza a S. Laurentio, *Hist. polem. de Graecorum
> schismate*, II, 230; Migne, *Patrol. lat.*, CLXIII, 42; Watterich,
> *Pontif. Rom. vitae*, II, 19). Début : « Quod per prophetam populo
> suo..... » Fin : « ..... et exsilio vestro patriam aeternam retri-
> buat ».
>
> **Commentaire** : Voy. *Hist. litt. de la France*, X, 227; —
> Ceillier, *Hist. gén.*, XXI, 494; — *Hist. des papes*, II, 548; —
> Montalembert, *Les moines d'Occident*, VII, 265; — Riant, *In-
> vent.*, 211; Pflugk-Harttung, *Iter italicum*, 125; — Kühn, *Gesch.
> d. ersten lat. Patr.*, 35; — Jaffé-Löwenfeld, *Regesta pontif. roman.*,
> 5835 (4363); — Röhricht, *Regesta*, n° 29; — Id., *Gesch. d. Kæni-
> greichs Jerusalem*, 10, n° 4. — Dans le ms. du Vatican n° 3832,
> le seul que l'on possède actuellement de la lettre de Pascal II,
> celle-ci porte la date : « iv Kal. Maii = 28 avril [1100]. » Or
> toutes les éditions ou recensions qui ont été données de cette lettre
> entre autres par Jaffé, Riant, Röhricht, lui assignent la date :
> « iv nonas Maii. » Il n'est pas possible de savoir laquelle de ces
> deux indications est exacte, parce que le manuscrit que repro-
> duisent les dites éditions et recensions est aujourd'hui perdu.

1100, mai. — L'assassinat de cinq chevaliers francs envoyés à
Damas oblige Godefroi et Tancrède à entreprendre une
expédition contre cette ville, dont les Francs dévastent pendant deux semaines les environs; après quoi le prince de
Damas se décide à conclure avec eux un traité de paix. (459)

> **Source** : Albert d'Aix, VII, xvij : « Transactis aliquantis die-
> bus, Tancredus vj milites direxit ad principem Turcorum Da-
> masci, quatenus urbem sibi redderet et christianitatis professionem
> adsumeret..... His igitur auditis, princeps Damascenorum vehe-
> menter ira motus est, apprehendensque viros v decollari jussit;
> vjtum autem, quia Turcorum sectam arripuit, vitae reservari prae-
> cepit. Istorum legatorum caede ducis ad aures perlata, vehementer
> una cum Tankredo et omni ecclesia turbatus est..... In terram
> Damascenorum adversus interfectores fratrum descendit, per xv
> dies terram et regionem depopulatus, nemine sibi resistente.
> Videns ergo princeps regionis, Grossus Rusticus, quia a facie
> Christianorum nil sibi nil Turcis intactum remanebat, nolens

volens foedus cum duce et Tankredo percussit, Turcos vero renuit, quorum auxilio stare ante faciem christianissimi ducis prorsus non valebat. Hoc foedere cum principe praedicto confirmato sub ratione tributorum, dux per Ptolemaïdem, Caesaream et Cayphas regredi disposuit..... »

Commentaire : Voy. Wilken, II, 56; — HE, 195; — Kugler, *Albert v. Aachen*, 253. — Dans mon édition d'Ekkehard, j'ai mis en doute l'exactitude du récit d'Albert d'Aix, en le confrontant avec un passage d'Ekkehard (XIX, 2), dans lequel il est dit : « [Godefridus] pacem firmissimam cum Ascalonitis atque Damascenis, gratia commerciorum habuit », ce qui semble indiquer que Godefroi n'aurait point eu de guerre avec les gens de Damas. Kugler, lui, considère les renseignements d'Albert d'Aix sur ce point comme absolument historiques. Si le fait que ce chroniqueur rapporte est authentique, il doit se placer immédiatement avant la maladie de Godefroi qui rentra à Jérusalem en passant par Acre, Césarée et Joppe; on pourrait donc lui assigner approximativement la date de mai.

1100, milieu de mai. — Raimond de Saint-Gilles part de Laodicée pour se rendre à Constantinople.
(460)

Sources : Foucher de Chartres (*Hist. occid. d. crois.*, III, 363 A) : « Raimundus usque Laodiciam Syriae regressus est, exin Constantinopolim, relicta uxore in Laodicia, rediturus. » — Raoul de Caen, ch. 145 (*Hist. occid.*, III, 708 A) : « Diminutio popelli sui Raimundum terret; eadem ipsum transfretare atque imperatore auxilium implorare compellit....., fert suam apocrypham illam cuspidem......, hanc secum asportat Alexio munus. » — Guill. de Tyr, IX, xiii : « Comes S. Aegidii usque Laodiciam Syriae reversus, uxore ibi dimissa, ad eam in proximo rediturus, iterum Constantinopolim ad imperatorem cum honesto comitatu profectus est, ubi ab imperatore susceptus magnifice, benigne tractatus et ingentibus donis et ampla remissus munificentia in Syriam ad uxorem et familiam post biennium sospes reversus est. »

Commentaire : Voy. Haken, *Gemælde d. Kreuzzüge*, II, 55; — Raumer, *Gesch. d. Hohenstaufen*, I, 363; — Dom Vaissette, *Hist. gén. du Languedoc* (1re éd.), t. II, p. 330; — HE, 252, 377; — Hagenmeyer, *Brief der Kreuzfahrer an den Papst vom Jahre 1099* (*Forschungen z. deutsch. Gesch.*, XIII, 404); — Kugler, *Gesch. d. Kreuzzüge*, 66; — Id., *Boemund u. Tankred*, 63; — Röhricht, *Gesch. des Kœnigreichs Jerusalem*, 34. — Il est impossible de déterminer plus exactement l'époque où Raimond partit de Laodicée pour Constantinople. Tout ce que l'on sait à ce sujet, c'est qu'au début de juin 1100, il rencontra les Vénitiens à Paphos (voy. ci-dessous, n° 464), et il est probable qu'il avait quitté Laodicée peu de jours auparavant. Nous ne nous trompons probablement pas en fixant son départ vers le milieu de mai. C'est par erreur que l'*Hist. gén. du Languedoc* dit qu'il ne partit de Laodicée qu'après la mort de Godefroi.

1100, mai 27. — La flotte vénitienne qui, depuis le 28 octobre 1099, était à l'ancre à Rhodes, met à la voile et se dirige vers Myra.   (461)

> **Sources et Commentaire :** Voy. ci-dessus, n° 432 ; — Riant, *Inventaire*, 210.

1100, mai 29. — La flotte vénitienne, comptant 200 voiles, aborde aux environs de Myra, tandis que 500 Turcs parcourent la contrée pour imposer des tributs aux habitants.   (462)

> **Source :** *Translatio S. Nicolai Venetiam* (*Hist. occid. d. crois.*, V, 259 C) : « Secundo flante vento coeptum iter insistebant, cum episcopus..... contra Mirraeam sua vela retorsit. Sicque tota classis reflexa, pluribus invitis, ad littora sancta trahuntur; ubi, cum de qualitate loci inquirerent, dictumque illis fuisset, plusquam 500 Turcos haud procul regionem illam circuire et jam plurima loca sub tributum redegisse, exploratores callidos ad urbem miserunt, qui de singulis providerent, si res esset idonea ad faciendum quod parabant. »
>
> **Commentaire :** Voy. HE, 375 ; — *Acta sanct. Bolland.*, Mai, VII, p. 4, 235 ; — Kohler, dans *Hist. occid. d. crois.*, t. V. Préface, p. xlvi ; — Riant, *ibid.*, V, 280, note. — Dans les *Acta Sanctorum*, l'invention de S. Nicolas par les Vénitiens à Myra est fixée aux 29 et 30 mai. La distance de Rhodes à Myra est d'environ 165 kilomètres, distance que la flotte, favorisée par un bon vent, put parcourir en deux jours. L'invention ayant eu lieu le lendemain des Vénitiens devant Myra, on peut fixer de la façon suivante la chronologie du voyage de Rhodes à Myra : 27 mai, départ de Rhodes ; 29 mai, arrivée à Myra ; 30 mai, invention des reliques de S. Nicolas.

1100, mai 30. — Les Vénitiens emportent de l'église cathédrale de Myra le corps de S. Nicolas.   (463)

> **Source :** *Translatio S. Nicolai* (*Hist. occid.*, V, 260 A-280 A) : « Euntes autem [exploratores] qui missi fuerant vi miliaribus per terram — tantum enim civitas [Myra] distabat a littore, ubi classis [Venetorum] erat —, urbem et ecclesiam ingrediuntur, in qua thesaurus desiderabilis [*scil.* corpus S. Nicolai] jacebat absconditus, quo tunc fate congregatio canonicorum convenerat..... Inquisitis itaque legatis ac denotatis quae volunt, eademque hora redeuntes cuncta prospera et opportuna exercitui retulerunt. Quo

audito, populi multitudo..... certatim arma capiunt ac civitati catervatim irruunt.....; oratione completa..... ad fodiendum ibi remanentes sese praeparaverunt...... » — *Ibid.*, 261 E : « Murum ecclesiae perforant, pavimentum frangunt, aras diruunt....., jamque diei praecedentis partem totamque fere noctem incassum laborando consumpserunt..... » *Ibid.*, 263 E : « Arcam antiquam rumpunt, altare prosternunt, in altari iij capsellas cum magnis patrociniis et in arca duos pontifices cum suis epitaphiis separatim in arcellis cypressinis collocatos, mirisque odoramentis conditos, invenerunt, quorum alter est Theodorus, pretiosus martyr, alter vero Nicolaus, magni Nicolai patruus, ambo magni meriti et illius ecclesiae metropolitani..... » — *Ibid.*, 264 C : « Hos tales tamquam gloriosos patronos cum debita veneratione sublevantes et eos in ipsis arcellis cypressinis extra ecclesiam deferentes, congregata multitudine, cum hymnis et laudibus episcopus et clerici cum tubis et vexillis dux et laici ad classem suam remeabant..... » — *Ibid.*, 280 A : « Horum autem sanctorum pontificum gloriosa inventio iij° kal. Junii, victoriosissima vero translatio de Smirrea in Venetiam viij° idus Decembris celebratur. »

Commentaire : Voy. *Acta sanct. Boll.*, Mai, VII, pp. 4, 235 ; — HE, 377 ; — Riant, dans *Hist. occid. d. crois.*, t. V, 280, note b. — Le jour de l'invention fut le 30 mai, les Vénitiens étaient arrivés la veille à Myra ; ils s'étaient rendus aussitôt à la cathédrale et avaient employé le reste du jour et la nuit du 29 au 30 à la recherche du corps du saint.

1100, vers le 5 juin. — Les Vénitiens qui, partis de Myra, se rendaient en Palestine, rencontrent dans l'île de Chypre Raimond de Saint-Gilles en route pour Constantinople.   (464)

Source : *Translatio S. Nicolai* (*Hist. occid. d. crois.*, V, 271 B) : « Nunc in pelago cum classe dimissa stylo navigantes Hierosolymam adeamus. Euntes nautae, felice Nicolao securi navigantes, Cyprum insulam attingentes comitique S. Aegidii Raimundo, redeunti de Hierosolymis euntique Constantinopolim obviantes, interrogatis de more successibus et recitatis utrimque, cum osculo pacis divisi coeptum iter tenuerunt utrique. »

Commentaire : Voy. n° 460. — La rencontre des Vénitiens et de Raimond de Saint-Gilles eut lieu certainement à Paphos, ville située sur la côte occidentale de Chypre, où d'autres croisés avaient également séjourné (cf. Ekkehard, *Hierosolymita*, XXVI, 3 [*Hist. occid. d. crois.*, V, 32 C]). On ne peut fixer exactement le jour où la flotte vénitienne quitta Myra. Ce ne dut pas être le jour même de l'invention de S. Nicolas, car, après avoir trouvé le corps, les Vénitiens eurent encore des pourparlers avec le clergé grec et envoyèrent de Myra une ambassade à Venise. Mais ce put être le 31 mai ou le 1ᵉʳ juin ; en tous cas, il semble bien que les Vénitiens firent les choses le plus rapidement possible, car l'auteur anonyme de la *Translation* dit (*ibid.*, p. 267 C) : « Collectis sanctis reliquiis collectisque frustris bituminis adhaerentibus ipsis properanter ad littora convolarunt. » La distance entre Myra et Paphos est d'environ 270 kilom.; ils purent la parcourir en 4 ou 5 jours, de telle sorte que l'on peut fixer aux alentours du 5 juin leur rencontre avec le comte Raimond.

1100, vers le 10 juin. — Godefroi de Bouillon, revenant d'Acre, tombe malade à Césarée; il continue néanmoins sa route jusqu'à Joppe, où il loge dans l'hospice fondé par lui.   (465)

Source : Albert d'Aix, VII, xviii : « Dux per Ptolemaidem Caesaream et Cayphas regredi disposuit. Cui ammiraldus Caesareae in occursum veniens benigne prandium obtulit. Sed ille cibum contradicens, tantum de pomo cedri gustans cum omni mansuetudine et gratiarum actione, post modicum gravi infirmitate correptus est, divertensque Joppen, episcopum et ducem. Venetorum in apparatu copioso et armorum multitudine reperit. Cognito autem quod conchristiani essent et non hostilis collectio, secreto hospitium, quod sibi novum construxerat, cum paucis subintravit, nam molestia corporis accrescente premebatur. »

Commentaire : Voy. Mailly, *L'esprit des croisades*, IV, 488; — Wilken, II, 57; — Michaud, III, 12; — Haken, *Gemælde d. Kreuzzüge*, II, 58; — HE, 202; — Kugler. *Albert v. Aachen*, 255. — Le séjour de Godefroi à Joppe fut nécessairement très court, car, d'après le même Albert d'Aix (VII, xix), le duc rentra à Jérusalem trois jours après être arrivé à Joppe. Comme il arriva à Jérusalem vers le 12 juin (voy. ci-dessous, n° 468), il dut partir de Joppe vers le 10.

1100, vers le 10 juin. — Les Vénitiens partis de Chypre arrivent devant Joppe; ils y trouvent Godefroi de Bouillon, le patriarche de Jérusalem et la petite armée qui accompagnait le duc.   (466)

Sources : *Translatio S. Nicolai Venetiam (Hist. occid. d. crois.*, V, 271 C) : « Cumque navium multitudo Terrae Promissionis accessisset, et in Joppem, urbem antiquam et desertam, advenisset, regem S. Civitatis Godefridum et patriarcham, cum toto exercitu suo, pecunia quidem tenui et numero satis parvo, obviam habuerunt ». — Albert d'Aix, VII, xvii : « [Godefridus, de Caesarea] divertens Joppen, episcopum et ducem Venetorum in apparatu copioso et armorum multitudine reperit. »

Commentaire : Voy. Wilken, II, 57; — Haken, *Gemælde*

d. Kreuzzüge, II, 56 ; — Kugler, *Gottfried von Bouillon*, 47 ; — Kugler, *Albert v. Aachen*, 261 ; — HE, 202 ; — Kühn, *Gesch. d. ersten lat. Patr. v. Jerusalem*, 26 : « .... Mitte Juni 1100 die Venetianer auf einer starken Flotte vor Joppe erschienen. » — Hampel, *Untersuchungen über das lat. Patriarchat v. Jerusalem*, 25. — D'après Albert d'Aix, la maladie de Godefroi, jusqu'au jour de sa mort, dura cinq semaines. Comme il mourut le 18 juillet, il dut rentrer à Jérusalem le 11 ou le 12 juin. Sa rencontre à Joppe avec les Vénitiens eut donc lieu au plus tard le 10. Il est difficile de se rendre compte si les Vénitiens arrivèrent dans cette ville avant ou après lui.

1100, vers le 10 juin. — Rodouan, émir d'Alep, part en expédition contre les Francs et se dirige tout d'abord sur el-Atharibe.

(467)

Sources : Kemal ed-Dîn, *Chronique d'Alep* (Röhricht, *Beitr. z. Gesch. d. Kreuzz.*, I, 227 ; *Hist. arabes d. crois.*, III, 588) : « Dans les derniers jours de Redjab (= vers le 10 juin 1100), Rodouan se mit en campagne ; étant arrivé à Athareb, il demeura quelques jours campé devant cette ville, et en partit ensuite le 25 de Schabari (= 5 juillet 1100) pour chasser les Francs de Kella. Mais toutes les troupes cantonnées à Djezr, Zerdana et Sarmin marchèrent à sa rencontre, le battirent et firent main basse sur son armée, qui subit de grandes pertes et leur laissa environ 500 prisonniers, parmi lesquels quelques émirs. Après ce succès, les Francs revenant sur Djezr, prirent le fort de Kefer Thab et le fort de Hadher, de sorte que tout le territoire compris entre ces deux places et tout le pays à l'ouest d'Alep, à l'exception de Tell-Mennès, où se trouvait le corps d'armée de Djenah ed-Dawleh, restèrent en leur pouvoir. Aussitôt après sa défaite, Malik Rodouan alla demander le secours de Djenah ed-Dawleh à Émèse, l'obtint et revint à Alep en compagnie de ce prince. L'armée franque était alors rentrée dans Antioche. » — Ibn el-Djeuzi, *Mirat ez-Zéman* (*Hist. arabes d. crois.*, III, 522) ; cf. ci-dessous, n° 495.

Commentaire : Voy. Wilken, II, 63 ; — Kugler, *Boemund und Tankred*, 16 ; — Röhricht, *Gesch. d. Kœnigr. Jerusalem*, 27. — Kemal ed-Dîn est seul à raconter cette expédition de Rodouan dans la Syrie du nord. Dans les *Beitræge*, de Röhricht, la traduction de Sacy porte : « le dernier jour de Redjab » (= 10 juin) ; dans le *Rec. des hist. d. crois.*, on a traduit : « dans les derniers jours de Redjab (= vers le 10 juin). C'est cette dernière traduction que j'ai suivie. Les garnisons franques des localités menacées durent employer quelque temps à se préparer à la résistance, et d'après Kemal ed-Dîn, la bataille de Kella, livrée par ces garnisons à Rodouan, eut lieu le 5 juillet. Kemal ed-Dîn ne dit pas que Boémond ait pris part à cette campagne ; et une semblable hypothèse contredirait, ce semble, à ce que nous apprend Foucher (cf. ci-dessous, n° 495), d'après lequel le prince d'Antioche, de retour dans sa capitale après son pèlerinage à Jérusalem, resta six mois dans l'inaction. Mais, d'autre part, Sibt ibn el-Djeuzi (cf. n° 495) raconte qu'au mois de Redjab (mai-juin 1100), Boémond ravagea les environs d'Alep et que « lorsqu'il apprit que le Danischmend était arrivé à Melitène à la tête d'une forte armée, il rentra à Antioche où il fit de nouvelles levées de troupes »; puis qu'il en partit de nouveau pour Mélitène, où il fut fait prisonnier. Comme, d'ailleurs, Foucher ne dit pas expressément que Boémond, après son retour de Jérusalem, n'ait jamais rien eu à faire hors d'Antioche pendant six mois, et qu'on peut au contraire admettre avec grande vraisemblance qu'il eut, durant cette période, à combattre les Infidèles, voisins de sa principauté, je crois qu'il y a lieu de tenir compte du renseignement fourni par Sibt ibn ed-Djeuzi, et je ne suis pas éloigné d'admettre que le prince d'Antioche prit part à la bataille de Kella; qu'ensuite, dans la seconde moitié de juillet, il rentra à Antioche pour rassembler de nouvelles troupes, avec lesquelles il reprit le chemin de Mélitène.

1100, vers le 12 juin. — Godefroi de Bouillon, malade et incommodé par le bruit que faisaient les marins à Joppe, part pour Jérusalem.   (468)

> **Source :** Albert d'Aix, VII, xix. « Nocte denique eadem, dolore et languore corporis illius invalescente, a suis propter nimietatem tumultus navalis exercitus Jerusalem se deferri jussit : quoniam hoc tempore sicut pollicitus fuerat peregrinis Venetiarum nulla affabilitate potuit communicare. »
>
> **Commentaire :** Voy. Wilken, II, 58; — Kugler, *Albert v. Aachen*, 261. — Dans mon édition d'Ekkehard, p. 202, j'avais admis que Godefroi de Bouillon n'était tombé malade qu'après son retour à Jérusalem, parce que la *Translation de S. Nicolas* ne dit pas qu'il fût déjà malade lors de sa rencontre avec les Vénitiens à Joppe. Cependant, je reconnais qu'il est difficile de négliger le renseignement très formel fourni à ce sujet par Albert d'Aix. Kugler estime qu'il n'y a aucune raison d'en suspecter la vérité et il déclare que le récit d'Albert sur ce point est un des plus dignes de foi de toute son œuvre.

1100, vers le 17 juin. — A la nouvelle de la maladie de Godefroi, Tancrède accourt de Tibériade à Joppe.   (469)

> **Source :** Albert d'Aix, VII, xx : « Ascenderat autem tunc festinanter Tankredus a Tabaria in Japhet vehemente ducis comperta infirmitate. »

Commentaire : Voy. Kugler, *Albert v. Aachen,* 261. — On ne saurait dire d'une façon certaine si Tancrède arriva à Joppe avant ou après le départ de Godefroi pour Jérusalem. Albert d'Aix mentionne sa présence à Joppe après avoir parlé du transport de Godefroi à Jérusalem, et la *Translation de S. Nicolas* en parle après qu'elle a rapporté le retour à Joppe des Vénitiens qui s'étaient rendus à Jérusalem. Je crois donc que Tancrède arriva à Joppe quelques jours seulement après le départ de Godefroi pour Jérusalem, et que les négociations entamées par les Vénitiens en vue d'un traité entre eux et les Francs commencèrent aussitôt. Dès qu'elles furent terminées Garnier de Grey et Tancrède partirent pour Jérusalem afin de demander la ratification de Godefroi (voy. ci-dessus, n° 475); le 24 juin les Vénitiens y vinrent aussi sur le bruit de la mort du duc (voy. ci-dessous, n° 473). Si l'on admet que Godefroi tomba malade à Césarée vers le 8 juin, que, pendant son séjour à Joppe, soit le 11 juin, un messager alla porter à Tancrède la nouvelle de sa maladie, que ce messager, ayant mis trois jours à gagner Tibériade, y arriva le 14 juin, et que Tancrède partit sur le champ pour Joppe, on pourra fixer au 17 juin environ son entrée dans cette ville.

1100, juin 20. — Aimeri, abbé d'Anchin, donne à son monastère le bras de S. Georges, dont lui avait fait présent le comte Robert de Flandre revenu de Palestine. (470)

Sources : *Narratio quomodo relliquiae martyris Georgii ad Aquicinenses pervenerunt (Acta sanctorum Boll.,* 23 avril, III, pp. 134-136; 2ᵉ éd., III, pp. 135-137; et *Hist. occid. d. croisades,* V, 248-252); — Sigebert de Gembloux, *Auctarium Aquicinense,* sub an. 1100 (*Mon. Germ. Script.,* VI, 395) : « Robertus, comes Flandrensium, ab Hierosolymis repatrians, detulit secum brachium S. Georgii martyris, quod ecclesiae Aquicinensi transmisit, per venerandum Haimericum, abbatem ipsius loci, illatum Aquicincti xii kal. Julii. » — *Historia monasterii Aquicinctini (ibid.,* XIV, 586, 5) : « Tertio decimo anno hujus pastoris [Haimerici] transmissum est brachium beati Georgii ab Ansello, comite Ribbodimontis, ecclesiae S. Salvatoris a partibus transmarinis, a Lydda civitate Palaestinae, quod attulit Robertus, comes Flandrensis, miles emeritae militiae, susceptumque est ab ipso abbate et a cunctis fratribus xii kal. Julii, condigno honore, quod postea pater Haymericus circumdedit auro magna devotione ». — Helinandus, *Chronicon,* sub an. 1101 (Migne, *Patr. lat.,* CCXII, 998). — Albericus, *Chron.,* éd. Leibnitz, 184. — Johannes Longus, *Chron. S. Bertini (Mon. Germ. Script.,* XXV, 786). — *Chron. S. Bavonis (Corpus chron. Flandriae,* I, 570).

Commentaire : Voy. Rayssius, *Hierogazophylacium belgicum, sive Thesaurus sacr. reliqu. Belgii* (Duaci, 1628), p. 87 : « die

28 Junii » ; — Riant, dans *Hist. occid. d. croisades*, V, 251 note; Kohler, *ibid*. Préface, p. XLV : « La plupart des documents qui ont relaté le fait, donnent la date du 20 juin 1100....; il convient d'ajouter un très ancien martyrologe de l'abbaye d'Anchin, suivi d'une table de comput, qui est mentionné par les pères Bollandistes. Le martyrologe, au 12 des calendes de juillet, porte : « Eodem die allatio reliquiarum S. Georgii, martyris, Aquicincti. » La table de comput, à l'année 1100, inscrit la note suivante : « Allatio brachii S. Georgii, martyris, 12 kal. Julii. » On peut tenir pour certain que la translation de la relique dans l'abbaye d'Anchin eut lieu le 20 juin 1100.

1100, été. — La peste sévit en Palestine et y fait un grand nombre de victimes.   (471)

> Source : Ekkehard d'Aura, *Hierosolymita*, c. xx, 2 : « Incalescente posthaec aestate, corrumpitur per Palaestinam aer cadaverum fetore. Sunt etiam qui dicant fontes a barbaris infectos veneno, vel cisternas occisorum sanie, unde exorta pestilentia multos ex nostris, utpote sub aere peregrino militantes, occidit, inter quos ipsum totius ecclesiae catholicae lacrimis plangendum Godefridum populo Dei, quem paterna sollicitudine curabat, materna pietate fovebat, nimis immature subtraxit. »
>
> Commentaire : Voy. HE, 201; — Kugler, *Albert v. Aachen*, 254; — Röhricht, *Gesch. des Königr. Jerusalem*, 1. — Ekkehard, après avoir parlé de la peste qui sévissait en Palestine, dit que Godefroi de Bouillon en mourut. Cette épidémie doit donc bien avoir eu lieu dans l'été de 1100. Comme ce chroniqueur se trouvait dans le pays l'année suivante, il a pu être exactement informé à ce sujet, et il n'y a aucune raison de douter du renseignement qu'il fournit, bien que ce renseignement ne soit confirmé par aucun autre historien contemporain.

1100, du 24 juin au 15 août. — Durée du traité conclu entre les Vénitiens et les Francs, en vue d'un secours mutuel. Aux termes de ce traité les Vénitiens devaient recevoir un tiers de la ville de Tripoli, avec un marché et une église, si cette cité était conquise, et toute la ville, s'ils consentaient à payer une redevance annuelle au Saint-Sépulcre; ils devaient avoir de plus, dans tous les ports chrétiens, entière franchise commerciale et sécurité pour leurs marchandises contre tout droit d'épave en cas de naufrage.   (472)

> Source : *Translatio S. Nicolai Venetias.* (*Hist. occid. d. crois.*, V, 272) : « Constitutum est igitur inter eos foedus, in reditu jurejurando confirmandum et privilegio firmitatis sanciendum :

quod Venetici cum eis a festivitate Johannis Baptistae usque in Assumptionem sanctae Mariae ratione sequenti debeant in Dei servitio laborare...., etc. » Suit le traité, dont le texte se trouve également dans Flam. Cornelius, *Ecclesiae venetae antiq. monum.*, saec. XII, t. IX, p. 19. Début : « Quod Venetici cum eis..... » Fin : «..... pro mercede laboris attribuat. »

Commentaire : Voy. Andr. Dandolo, *Chron. Venet.* (Muratori, *Script. rer. ital.*, XII, 258); — Heyd, *Ital. Handelscolonien*, 9; — Id., *Gesch. des Levantehandels*, I, 151; — Muralt, *Essai de chronogr. byzant.*, II, 91; — HE, 377; — Kühn, *Gesch. d. ersten lat. Patriarchen*, 26; — Röhricht, *Regesta*, p. 4, n° 31; — Id., *Gesch. des Königr. Jerusalem*, 2. — Le traité conclu entre les Vénitiens et les Francs devait durer de la fête de S. Jean-Baptiste à l'Assomption, donc du 24 juin au 15 août. Il fut négocié à Joppe entre les Vénitiens d'une part, et Garnier de Grey et Tancrède d'autre part, porté par les contractants à Jérusalem (24 juin), où Godefroi de Bouillon l'approuva, puis rapporté à Joppe (27 juin), et là, juré par les deux parties (voy. ci-dessous n° 475).

1100, juin 24. — Arrivée à Jérusalem de la moitié des équipages de la flotte vénitienne, sous la conduite de l'évêque de Venise, Henri, et de Jean Michele.

(473)

Sources : *Translatio S. Nicolai Venetiam* (*Hist. occid.*, V, 272 E) : « Quibus ita collaudatis, dux stoli et episcopus simul cum exercitus medietate Hierosolymam petierunt. Alii vero ad classem custodiendam et corpora sanctorum, in portu Joppe, illis redeuntibus ituri, remanserunt, qui in die Nativitatis beati Baptistae Johannis (= 24 juin) circa sextam, nudis pedibus et jejuni, cum summa reverentia ingressi sanctam urbem atque a clero et populo communiter, honestatis pariter et humanitatis obsequio, sunt recepti. » — Albert d'Aix, VII, xx : « Quapropter conturbati universi, tam Venetici quam Galli, relicto omni apparatu obsidionis festinato Jerusalem venerunt, ducemque sic occupatum infirmitate et aggravatum invenerunt, ut vix verbum reddere valeret. Sed tamen quantulumcumque primores consolatus, se ab hac infirmitate fatebatur convalescere. »

Commentaire : Voy. Wilken, II, 58; — HE 378; — Kugler, *Albert v. Aachen*, 261; — Röhricht, *Gesch. d. Königr. Jerusalem*, 2; — Hampel, *Untersuchungen über d. lat. Patriarchat v. Jerusalem*, 25. — Le départ des Vénitiens de Joppe eut lieu certainement la veille de leur arrivée à Jérusalem, donc le 23 juin, et probablement vers le soir. On peut admettre qu'ils se hâtèrent le plus possible, car Albert d'Aix nous dit qu'ils étaient anxieux de savoir si le bruit qui courait de la mort de Godefroi était fondé.

1100, juin, 25. — Henri, évêque de Venise, qui s'était rendu à Jérusalem avec une partie des équipages vénitiens, célèbre la messe dans l'église du S. Sépulcre et y fait un discours en présence d'une grande multitude de peuple. Ensuite, les marins vénitiens visitent les sanctuaires sis à l'intérieur et à l'extérieur de la ville. (474)

> **Sources :** *Translatio S. Nicolai Venetias (Hist. occid. d. crois.,* V, 273 A)* : « Sequenti vero sole, Henricus, venerabilis episcopus, a rege sanctae civitatis et patriarcha rogatus humiliter et invitatus, in ecclesia S. Sepulchri missarum sollemnia cum lacrymosa compunctione celebravit, ubi, post evangelicam lectionem ad innumerabilem populum conversus, ore sacro talem edidit collocutionem : Hodie, dilectissimi fratres........ Cumque Dei sacerdos pabulo divini verbi suas oves et eucharistia nostrae salutis refecisset, omnia loca sancta, quae peregrini quærere solent et debent et intra civitatem et extra cum summa devotione ac lacrymabili compunctione visitaverunt, eaque largis muneribus et honestis donaverunt. » — Albert d'Aix, VII, xx.
> **Commentaire :** Voy. Wilken, II, 59; — HE, 378; — Röhricht, *Gesch. d. Kœnigr. Jerusalem,* 2. — L'expression « sequenti sole » de la *Translatio S. Nicolai* indique, sans doute possible, le lendemain de la fête de S. Jean Baptiste, donc le 25 juin.

1100, vers le 27 juin. — Les marins vénitiens quittent Jérusalem et retournent à Joppe en compagnie du patriarche Daimbert, de Tancrède et de Garnier de Grey, pour permettre à leurs compagnons d'accomplir à leur tour le pèlerinage dans la Cité sainte. (475)

> **Sources :** *Translatio S. Nicolai Venetiam (Hist. occid.,* V, 274 E)* : « Peracta satis siquidem digne satisque religiose peregrinatione dominica, rege Godofrido Hierosolimis jam infirmante, ad portum cum patriarcha redierunt. Socii vero..... » — Albert d'Aix, VII, xx : « Ad hanc ducis consolationem adorato a Venetis Sepulcro Dominico et locis sanctis visitatis, Tankradus et Wernerus, una cum patriarcha Dagoberto, in Joppen reversi sunt, apparatum suum sine otio ad unguem iterantes. »
> **Commentaire :** Voy. Wilken, II, 59; — HE, 202; — Kugler, *Albert v. Aachen,* 261; — Röhricht, *Gesch. d. Kœnigr. Jérusalem,* 3. — Les Vénitiens avaient employé la journée du 25 juin à visiter les lieux saints de Jérusalem (cf. ci-dessus, n° 474) et partirent, selon toute vraisemblance, le 26 au soir. Leur arrivée à Joppe peut donc être fixée au 27 environ.

1100, vers le 29 juin. — Séjour à Jérusalem de la seconde escouade

des marins vénitiens qui étaient restés à Joppe pour la garde
des vaisseaux, pendant le pèlerinage de leurs compagnons.   (476)

> **Source :** *Translatio S. Nicolai (Hist. occid. d. croisades*, V,
> 274 E) : « Socii vero, qui remanserant, ad adorandum Hierusalem
> ascenderunt, qui sanctis locis similiter peragratis aliisque ope-
> ribus pietatis adimpletis, cum gaudio spirituali ad suos principes
> remearunt. »
>
> **Commentaire :** Voy. Röhricht, *Gesch. d. Kœnigr. Jerusalem*,
> 3. — On peut tenir pour certain que les marins vénitiens restés à
> Joppe pour la garde des vaisseaux pendant le pèlerinage de leurs
> compagnons à Jérusalem, partirent à leur tour pour la Ville sainte
> sitôt le retour de ces derniers, à savoir le 28 juin probablement.
> Ils purent donc y célébrer la fête des SS. Pierre et Paul, le
> 29 juin.

1100, juillet. — La flotte pisane rentre à Pise.   (477)

> **Sources :** *Epistola Dagoberti patriarchae Hierosolymitani
> ad omnes Teutonicae regionis catholicos* (*Comptes rendus des
> séances de l'Académie des Inscriptions*, 1884, t. XII, p. 211) :
> « Reliqui qui vel usque ad sanctum Domini pascha in Jerusalem
> et in aliis munimentis, quae Dei magna nobis semper comes pietas
> in manibus nostris tradiderat, remanserant, cum Pisanis et Anglis
> in eorum devecti navibus ex maxima parte recesserunt. » —
> *Lettre de Pascal II aux consuls de Pise* (Dal Borgo, *Diplomi
> Pisani*, 83-84).
>
> **Commentaire :** Voy. Kühn, *Gesch. d. ersten lat. Patr. v.
> Jerusalem*, 28 ; — Röhricht, *Gesch. d. Kreuzzüge im Umriss*,
> 55. — La date de la rentrée de la flotte vénitienne à Pise peut se
> déduire approximativement de ce que dit la lettre de Daimbert,
> à savoir que les croisés, restés à Jérusalem jusqu'à Pâques 1100,
> s'embarquèrent sitôt après sur cette flotte pour retourner chez
> eux. On la peut également déterminer d'après la lettre de Pascal II
> aux consuls de Pise. Cette lettre fut écrite entre le 14 et le
> 25 août 1100, et confiée par le pape à des ambassadeurs que les
> consuls de Pise avaient envoyés à Rome. Ces ambassadeurs
> avaient été chargés sans doute de renseigner le pontife sur les
> actes de leurs concitoyens revenus de Palestine, et il est probable
> que ces derniers étaient arrivés à Pise peu de temps avant leur
> départ pour Rome, par conséquent au mois de juillet 1100 (cf. ci-
> dessous, n° 494).

1100, vers le 2 juillet. — Le traité conclu entre les Vénitiens et
les mandataires de Godefroi est juré par les deux parties à

Joppe. Les contractants décident d'assiéger tout d'abord
Acre.   (478)

> **Source :** *Translatio S. Nicolai Venetiam* (*Hist. occid. d.
> crois.*, V, 274 E) : « Cumque Joppem et Venetici simul et Franci-
> genae convenissent, pactum supradictum et sacramento et pri-
> vilegio utrimque confirmaverunt. Qui simul associati ac fraterna
> caritate unanimiter conventi, se ituros Acaron collaudaverunt
> obsidendam. »
>
> **Commentaire :** Voy. Kugler, *Albert v. Aachen*, 261 ; — Ham-
> pel, *Untersuchungen über d. lat. Patriarchat zu Jerusalem*, 27.
> — Ce fut seulement à la fin de juin et dans la ville de Joppe, où
> les Vénitiens et les mandataires de Godefroi étaient réunis, que
> l'on décida d'une façon formelle de mettre le siège devant Acre.
> Cela ressort des termes précis de la *Translatio S. Nicolai*. Kugler
> se trompe donc en plaçant cette résolution à une date antérieure.
> On hâta le plus possible les préparatifs de l'expédition, et au bout
> de deux semaines tout fut prêt (voy. ci-dessous, n° 481).

1100, juillet 5. — Rodouan, émir d'Alep, est complètement battu
à Kella par les Francs, commandés à ce qu'il semble par Boémond, et ils subissent de grandes pertes. Les Francs leur font
500 prisonniers, et occupent les jours suivants la région sise
à l'ouest d'Alep.   (479)

> **Source et Commentaire :** Voy. ci-dessus, n° 467.

1100, vers le 12 juillet. — Garnier de Grey étant tombé malade à
Joppe se fait transporter à Jérusalem.   (480)

> **Source :** Albert d'Aix, VII, xx, xxi : « Sed Wernerus Japhet
> remansit eo quod subito infirmitate fuerit correptus et abhinc in
> gestario Jerusalem advectus est. Post quatuor dies, allato Wernero
> in Jerusalem, dux vehementius infirmitate coepit laborare. »
> Voy. aussi ci-dessus n° 475, et ci-dessous n°ᵉˢ 481 et 486.
>
> **Commentaire :** Albert d'Aix est seul à parler de la maladie de
> Garnier. Celui-ci était arrivé depuis quatre jours à Jérusalem
> lorsque la maladie de Godefroi de Bouillon empira de telle façon
> qu'il ne tarda pas à mourir. On ne voit pas bien d'après les termes
> d'Albert s'il veut parler d'une aggravation qui se serait produite
> le jour même de la mort du duc. Je serai plutôt porté à croire
> qu'il s'agit du commencement de l'agonie. Comme le transport de
> Garnier, de Joppe à Jérusalem, put se faire en deux jours, et que
> la mort de Godefroi eut lieu le 18 juillet, je pense que Garnier
> partit de Joppe vers le 12 juillet.

1100, juillet 17. — L'armée franque, sous la conduite du patriarche

Daimbert et de Tancrède, part de Joppe pour aller assiéger Acre, tandis que la flotte vénitienne se prépare de son côté à aller attaquer cette place du côté de la mer.   (481)

Sources : *Translatio S. Nicolai* (*Hist. occid. d. crois.*, V, 275 A). « Qui simul associati ac fraterna caritate unanimiter conventi se ituros Acaron collaudaverunt obsidendam. Francigenae vero, quia plures eorum pedites erant et Veneticorum naves velocius ire poterant, trium dierum itinere per terras Veneticos praecesserunt, in quo spatio, Veneticis iter suum praeparantibus, nuntiatum est Godefridum regem, ensiferum militem et egregium, morti debitum persolvisse. » — Albert d'Aix, VII, xx : « Tankradus et Wernerus una cum Dagoberto in Joppen reversi sunt, apparatum suum sine otio ad unguem iterantes, et post dies xv cum omni opere machinarum et ballistarum profecti, mari et terra Cayphas applicuerunt. Sed Wernerus Japhet remansit, eo quod subito infirmitate fuerit correptus, et abhinc in gestario Jerusalem advectus est. »

Commentaire : Voy. Kugler, *Albert v. Aachen*, 261. — L'armée franque, commandée par Tancrède et Daimbert, quitta Joppe trois jours avant la flotte vénitienne. Tandis qu'elle se dirigeait vers Acre en longeant la mer, la nouvelle de la mort de Godefroi de Bouillon arriva à Acre d'où la flotte vénitienne n'était pas encore partie. Godefroi étant décédé le 18 juillet (voy. ci-dessous nº 482), la nouvelle de sa mort put être connue dès le 19 à Joppe (voy. nº 483). Le départ des troupes franques pour Acre ne put donc pas avoir lieu avant le 17 juillet. D'après le passage d'Albert, que nous reproduisons ci-dessus, les préparatifs de l'expédition contre Acre avaient commencé aussitôt après le retour à Joppe des Vénitiens qui s'étaient rendus en pèlerinage à Jérusalem, et ils auraient duré 15 jours. Cette indication nous amène, elle aussi, à fixer au 17 juin le départ des croisés francs pour Acre ; puisque, comme on l'a vu, ce fut le 2 juillet probablement que fut prise la décision de mettre le siège devant cette ville. On verra plus loin (nº 487) pourquoi les croisés modifièrent leur résolution sur ce point et allèrent tout d'abord assiéger Chaifa.

1100, juillet 18. — Godefroi de Bouillon meurt à Jérusalem, cinq semaines après y être arrivé malade.   (482)

Sources : Foucher de Chartres (*Hist. occ. d. crois.*, III, 370 A) : « Nuntius veniens ab Jherosolymis, intulit Balduino quia dux Godefridus, germanus eius, xv kal. Augusti diem clauserat extremum apud Jherusalem. » — Bartolf de Nangis (*ibid.*, 520 A) : « Obiit enim dux Godefridus post urbem captam Jherusalem secundo anno xvº kalendas Augusti. » — Lisiard de Tours (*ibid.*, 552 G) : « Apud Jerusolimam xv Kal. Aug. diem extremum clausisse didicit ». — Raoul de Caen (*ibid.*, 705 E) : « Gottifredus, rex optimus et timens Deum, capto mox Boamundo, ex hac luce migravit. » — *Hist. b. sacri*, c. 137 (*ibid.*, 227). — *Hist. Nicaena vel Antiochena* (*ibid.*, V, 177 B). — Anonyme rhénan, *Hist. Godefridi* (*ibid.*, 502 A) : « Post urbem captam Jherusalem secundo anno, xv kal. Augusti obiit dux Gotfridus. » — Ekkehard, *Hierosolymita*, c. xx, 2 : « Sunt etiam qui dicant fontes a barbaris infectos veneno vel cisternas occisorum sanie : unde exorta pestilentia multos ex nostris, utpote sub aere peregrino militantes, occidit, inter quos ipsum totius ecclesiae catholicae lacrymis plangendum Godefridum... Uno tantum anno populo Dei praefuit, languore superatus producto xv kal. Augusti plenam fide bonisque operibus praesentem vitam in Christo finivit ». — Cafaro, *Liberatio civ. Orientis* (*Hist. occid. d. crois.*, V, 58 E) : « Gotofreum, regni Jerusalem dominum, mortuum anno Domini MC circa natale Domini... cognoverunt. » — Orderic Vital, *Eccles. hist.* (éd. le Prévost, IV, 68) : « Anno Dom. M°XC°IX° mense Augusto, Godefridus... regnum David in Jerusalem suscepit et tribus annis regnavit. » — *Kalendarium Necrol. monast. Visbeccensis*, dans Böhmer, *Fontes rer. germ.*, IV, 498. — Albert d'Aix, VII, xxi. « Post iv dies allato Wernero in Jerusalem, dux vehementius infirmitate coepit laborare. Qui confessione delictorum suorum in vera cordis compunctione et lacrymis peracta, dominici quoque corporis et sanguinis communione percepta, sic spirituali scuto munitus et protectus, ab hac luce subtractus est. » — *Idem*, VII, xxij : « Gloriosissimo duce infirmitate curriculo v hebdomadarum Jerusalem laborante..... » — *Narratio Floriacensis* (*Hist. occid. d. crois.*, V, 360 F) : « Post expletum vero Hierosolymitanae captionis annum defunctus est gloriosus dux Godefredus. » — Guill. de Tyr, IX, xxiii : « Obiit autem xv kal. Augusti, anno ab incarnatione Domini MC. »

Commentaire : Voy. Ceillier, *Hist. gén. des auteurs sacrés*, XXI, 147 ; — Maimbourg, *Hist. d. croisades*, I, 248 : « Il se fit transporter à Jérusalem, où il mourut le 8 de juillet, en la 40° année de son âge et la première de son règne. » — *Hist. litt. de la France*, VIII, 610 ; — De Guignes, *Gesch. d. Hunnen und Türken*, trad. Dähnert, IV, 524 : « Gottfried regierte ein Jahr, starb den 8 Juli 1100, vierzig Jahre alt. » — Wietrowski, *Historia de bello sacro* (Prag, 1724), p. 62 : « Obiit die viij° Julii, anno aetatis xl° et regni primo. » — Mailly, *L'esprit d. crois.*, IV, 488 ; — Haken, *Gemælde d. Kreuzzüge*, II, 58 ; — Michaud, III, 12 : « Godefroid rendit le dernier soupir le 17 juillet, un an après la prise de Jérusalem. » — Wilken, II, 59 : « Am 17 August verblich der tapfere Kämpfer für den Herrn. » — Raumer, *Gesch. d. Hohenstaufen*, I, 195 ; — Sybel, 534 (453) ; — Damberger, *Synchron. Gesch.*, VII, 429 ; — Muralt (*Essai de chronogr.*, II, 91) fait mourir Godefroi à Joppe. — Giesebrecht, *Gesch. d. deutschen*,

Kaiserzeit, III, 686 : « Am 15 Juli 1100, starb König Gottfried. » — Collin de Plancy, Godefroid de Bouillon, 94 ; — Sepp, *Jerusalem und das heilige Land*, 2ᵉ éd., II, 542 : « Am 27 August 1100 sei Gottfried verschieden. » — Beyer, *Vita Godefridi*, p. 64 : « Mortem obiit Godefridus die xvᵒ mensis Augusti » — Stählin, *Würtemb. Gesch.*, II, 35 ; — Vétault, Godefroi de Bouillon, 327 ; — Kohl, *Gesch. d. Mittelalters*, 33 ; — Le Prévost, dans son éd. d'Orderic Vital, IV, 130 : « ... le 17 juillet 1100. » — Vion, *Pierre l'Hermite*, 392 : « Godefroid mourut à l'âge de 41 ans, le 17 juillet 1100, une année après son avènement. » — Maillard de la Couture, *Godefroi de Bouillon*, 161 ; — Kugler, *Albert v. Aachen*, 254, 261 ; — Id., *Gottfried v. Bouillon*, 48 ; — Id. *Gesch. de Kreuzzüge*, 69 ; — HE, 203 ; — HG, 108 ; — Ranke, *Weltgeschichte*, VIII, 98 ; — Chevalier, *Répertoire des sources hist. du moyen âge : Bio-bibliogr.*, 891 ; — Heyd, *Gesch. d. Levantehandels*, I, 151 ; — Wolff, *Balduin I v. Jerusalem*, 2 ; — Kühn, *Gesch. d. ersten lat. Patriarchen v. Jerusalem*, 27 ; — Riant, dans les *Hist. occid. d. crois.*, V, 58, n. ; — Röhricht, *Beiträge z. Gesch. d. Kreuzzüge*, II, 39 ; — Id., *Gesch. d. Königr. Jerusalem*, 1. — Id., *Gesch. d. Kreuzzüge im Umriss*, 55 ; — Hampel, *Untersuchungen über d. lat. Patriarchat zu Jerusalem*, 27. — La date de la mort de Godefroi de Bouillon est indiquée, mais pas toujours exactement, dans nombre d'histoires du moyen âge et de manuels scolaires. La date exacte est le 18 juillet 1100. Cafaro se trompe donc en la plaçant aux environs de Noël. Sont également dans l'erreur ceux qui, comme Le Prévost, le font régner trois ans, ou comme Stählin, deux ans. Son règne dura du 22 juillet 1099 au 18 juillet 1100, donc pas tout à fait une année. Il fut cinq semaines malade à Jérusalem, et trois jours environ à Joppe (cf. ci-dessus, nᵒ 465). Il mourut de la peste à Jérusalem, et non à Joppe comme le dit Muralt. Tous les renseignements contraires sont inexacts. Voir, sur ce point, mon édition d'Ekkehard, p. 203.

1100, juillet 19. — Les Vénitiens reçoivent, à Joppe, la nouvelle de la mort de Godefroi de Bouillon. (483)

Source et Commentaire : Voy. nᵒ 481.

1100, juillet 19-20. — Les Vénitiens, à la nouvelle de la mort de Godefroi de Bouillon, dépêchent des messagers vers l'armée franque qui marchait sur Chaifa, pour savoir de Tancrède et de Daimbert si l'on poursuivrait le dessein de mettre le siège devant Acre. (484)

Source : *Translatio S. Nicolai* (*Hist. occid. d. crois.*, V, 275 B) : « Unde nimium tristes effecti et quidnam acturi essent dubietate suspensi, cum tribus navibus viros discretos patriarchae et Tancredo, militiae principi, legaverunt, qui quod contigerat eis nuntiarent et de singulis quidquid agere vellent, certitudinem reportarent. »

Commentaire : La décision des Vénitiens d'envoyer des messagers vers Tancrède et Daimbert dut être prise aussitôt après l'arrivée de la nouvelle de la mort de Godefroi, puisqu'elle fut motivée par l'incertitude où cet événement les plongea en ce qui touchait la poursuite de leur entreprise contre Acre.

1100, vers le 20 juillet. — Boémond, revenant de la région d'Alep avec ses gens, rentre à Antioche, où il fait des préparatifs pour aller attaquer Mohammed ibn-Danishmend. (485)

Source : Sibt Ibn el-Djeuzi, *Mirát ez Zèmán* (*Hist. orient. d. crois.*, III, 522) : « Boémond rentra à Antioche, où il fit de nouvelles levées de troupes..... » (voy. ci-dessous n° 495). — Kamal ad-Dîn, *Chronique d'Alep* (Röhricht, *Béitræge zur Gesch. d. Kreuzzüge*, I, 227; *Hist. orient. d. crois.*, III, 588) : « L'armée franque était alors rentrée dans Antioche.....» (voy. ci-dessus, n° 467).

Commentaire : Voy. ci-dessus, n° 467.

1100, juillet 22. — Garnier de Grey meurt à Jérusalem. (486)

Source : Albert d'Aix, VII, xxi : « Wernerus deinde cognatus ducis et miles illustris pariter obiit et in valle Josaphat in porticu basilicae S. Mariae virginis et matris Domini nostri Jesu Christi honorifice et catholice humatus est, viiiᵃ die obitus nobilissimi ducis et principis sanctae civitatis Jerusalem. » — Guill. de Tyr, X, 3 : « Garnerus, cognomento de Gres, miles acerrimus, dominorum ducis et comitis consanguineus, confestim mortuo duce praedictam turrim David invadens diligenter communierat, miseratque ad dominum comitem Balduinum occulte nuntios, ignorantibus aliis, ut velocissimus et sine dilatione veniret..... Accidit enim quod infra v dies idem comes casu vita decessit, omnibus ducentibus pro miraculo et domini patriarchae meritis ascribentibus, quod hostis et persecutor ecclesiae ita subita morte defecerat. » — *Lettre de Daimbert à Boémond* (dans Guill. de Tyr, X, 4) : « Quo [Godefrido] defuncto, comes Garnerius, ut hostis contra ecclesiam Dei insurgens, fidem pactumque justitiae nihili pendens.... judicio Dei percussus, ivᵒ post obitum ducis die obiit. »

Commentaire : Voy. Wilken, II, 74; — Haken, *Gemælde d. Kreuzzüge*, II, 62; — HE, 201; — Kugler, *Albert v. Aachen*, 261; — Kühn, *Gesch. d. ersten lat. Patr. v. Jerusalem*, 28; — Hampel, *Untersuchungen über d. lat. Patriarchat v. Jerusalem*, 28. — D'après Albert d'Aix, Garnier de Grey aurait été enseveli huit jours après la mort de Godefroi de Bouillon, c'est-à-dire le 25 juillet en comptant comme premier jour le jour même de la mort de Godefroi. Albert d'Aix, il faut le remarquer, donne expressément non la date de la mort, mais celle de l'ensevelissement seul, et sans doute il ne considérait pas les deux faits comme ayant eu lieu le même jour. Suivant Guillaume de Tyr, Garnier de Grey serait mort cinq jours après Godefroi de Bouillon; suivant la lettre de Daimbert quatre jours. Il est probable que Guillaume de Tyr comptait le jour de la mort de Godefroi, tandis que Daimbert ne le comptait pas. Nous pouvons donc fixer au 22 juillet la mort de Garnier.

1100, juillet 23. — Les Vénitiens reçoivent de Daimbert et de Tancrède, par l'intermédiaire des courriers qu'ils leur avaient envoyés et qui revinrent à Joppe, un message disant que, malgré la mort de Godefroi de Bouillon, on ne renoncerait pas à l'entreprise projetée, mais qu'avant d'assiéger Acre, on irait d'abord attaquer Chaifa. Là dessus, les Vénitiens lèvent l'ancre et se dirigent vers cette ville.   (487)

Source : *Translatio S. Nicolai Venetias* (*Hist. occid. d. croisades*, V, 275 C) : « Quo nuntio tam lacrymabili tamque damnoso Francigenis tristibus atque turbatis inter ceteros Tancredus, consilio providus belloque strenuus, talia Veneticis respondisse fertur : De damno siquidem talis personae, tam sapientis, tam metuendae humanum est ut condoleamus; sed pro morte unius hominis ignaviae ascriberetur, si a proposito nostro desistamus. Consilium est. etiam et utile nobis ad praesens, civitatem Acaron declinare et Caypham totius paganismi caput et superbiam, obsidere; quocirca, quia non praecepto terreni domini, nec timore, sed desiderio caelestis regni et amore militamus, regi saeculorum immortali, libentius et securius quam terreno principi servientes, salutaris militiae laborem studiosius atque devotius impleamus. His auditis, legati citissime redierunt atque suos statim sequi Francigenas monuerunt, qui subito navigantes, Gallorum exercitum super Caypham in montanis residentem eminus aspexerunt. »

Commentaire : Voy. Kugler, *Albert v. Aachen*, 266; — Kühn, *Gesch. d. ersten lat. Patr. v. Jerusalem*, 27. — Du texte de la *Translatio S. Nicolai* on peut conclure que la réponse de Daimbert et de Tancrède au message des Vénitiens dut être envoyée à ces derniers avec la plus grande promptitude. La distance entre Joppe et Chaifa étant de 20 heures 'environ, le voyage des messagers, aller et retour, dut se faire en trois jours, qu'ils l'aient accompli par terre ou par mer. Nous ne nous tromperons pas de beaucoup en fixant au 23 juillet le jour où la réponse de Daimbert et de Tancrède parvint à Joppe.

1100, vers le 25 juillet. — Commencement du siège de Chaifa par la flotte vénitienne et par les troupes que conduisaient Daimbert et Tancrède.   (488)

Sources : *Translatio S. Nicolai Venetias (Hist. occid. d. crois.*, V, 276 B) : « Accedentes igitur alii per terram atque alii per aquam ad urbem Caypham numquam antea superatam, eam prius more hostium obsederunt..... » — Albert d'Aix, VII, xxij : « Gloriosissimo duce infirmitate curriculo v hebdomadarum Jerusalem laborante, sicut decretum erat ante ejus obitum, Patriarcha, Tancredus et omnis apparatus Venetorum cum duce et episcopo illorum ab Joppe profecti sunt per mare et aridam ad civitatem quae dicitur Cayphas, quam a mari et sicco obsederunt in machinâ mirae et procerae altitudinis et in tormentis lapidum septem, quae vocant mangenas, ad expugnandos urbis defensores eiusque habitatores. »

Commentaire : Voy. Wilken, II, 71 ; — Funck, *Gemælde aus dem Zeitalter d. Kreuzzüge*, I, 115-118 ; — Kühn, *Gesch. d. ersten lat. Patr. v. Jerusalem*, 27 ; — Hampel, *Untersuchungen über d. lat. Patriarchat v. Jerusalem*, 27 ; — Röhricht, *Gesch. d. Königr. Jerusalem*, 3. — Les Vénitiens, partis de Joppe le 23 ou le 24 juillet (cf. n° 487), avaient dû arriver le 24 ou le 25 à Chaifa, où les Francs, sous le commandement de Daimbert et de Tancrède, se trouvaient déjà depuis 4 ou 5 jours. C'était là, en effet, qu'était parvenue à ces derniers, vers le 19-20 juillet, la nouvelle de la mort de Godefroi.

1100, vers le 27 juillet. — Une ambassade des partisans du chancelier Arnoul, formée de Robert, évêque de Rama, et des chevaliers Robert et Günther, part de Jérusalem pour Édesse, afin d'inviter Baudouin à recueillir la seigneurie de Jérusalem, vacante par la mort de son frère Godefroi.   (489)

Sources : Albert d'Aix, VII, xxx : « Robertus, episcopus Rames, et Robertus miles, Gunterus similiter, hujus legationis fuere nuntii, missi a Geldemaro Carpenel, Roberto, filio Gerhardi, Rudolfo de Mozon, Josfrido, camerario ducis, Winrico Flandrense, Matthaeo, dapifero illius, Wickero Alemanno, et Arnolfo, praelato Templi Domini, in hunc modum nuncia deferentes : ..... Frater tuus Godefridus, dux et princeps Jerusalem, ab hac luce subtractus est, quapropter [milites et principes regni Jerusalem] unanimiter te invitant ut festinato venias et loco fratris regnum suscipias et in throno ejus sedeas. » — Raoul de Caen, ch. cxliii (*Hist. occid. d. crois.*, III, 706 A) : « Sed interim sepulto ante Golgata rege praescripto [Godefrido], mittitur Edessam nuntius, cujus accitu Balduinus Jherosolimam veniat, germani sceptro successor creandus. » — Guibert de Nogent (*ibid.*, IV, 254 G) : « Hierosoly-

mitani Godefridi Germanum, ducem Edessenum, missis interpre-
tibus ad regia jura compellant. » — Guill. de Tyr, X, III. — Cf.
ci-dessous, n° 499.

   Commentaire : Voy. Wilken, II, 74 ; — Haken, *Gemælde d.
Kreuzzüge*, II, 59 ; — Michaud, III, 13 ; — Kugler, *Boemund
und Tankred*, 18 ; — Kugler, *Albert v. Aachen*, 269 ; — Kühn,
Gesch. d. ersten lat. Patriarchen v. Jerusalem, 28 ; — Wolff,
Kœnig Balduin I, 3 ; — Röhricht, Gesch. des Kœnigr. Jerusalem, 8, 10. — Il est impossible de déterminer d'une façon tout à
fait précise la date du départ de l'ambassade envoyée à Baudouin.
D'après Guillaume de Tyr, l. X, ch. iij, Garnier de Grey, parent
de Godefroi, aurait, à l'insu de tous, dépêché un messager à Baudouin sitôt après la mort du duc, pour l'inviter à venir sans retard
à Jérusalem. D'autre part, Albert d'Aix, en parlant de l'ambassade envoyée à Édesse par les partisans d'Arnoul, ne nomme pas
Garnier de Grey parmi les personnages à l'instigation desquels
cette ambassade fut désignée. On en pourrait conclure que les
messagers ne furent choisis qu'après la mort de Garnier de Grey,
survenue le 22 juillet 1100 (cf. ci-dessus, n° 486). D'autre part, on
doit supposer qu'avant l'envoi de ces messagers, des pourparlers
avaient eu lieu entre les seigneurs francs au sujet de la succession de Godefroi et que la décision d'offrir cette succession à
Baudouin ne fut prise qu'un certain nombre de jours après la
mort du duc. En tenant compte de ces diverses circonstances,
il me semble que l'on peut fixer vers la fin de juillet, au plus
tôt le 27, la date du départ des ambassadeurs pour Édesse.

1100, fin de juillet. — Boémond, avec 300 chevaliers, se dirige
vers Mélitène pour porter secours au prince Gabriel contre
Gumuchtekin ibn-Danischmend.   (490)

   Sources et Commentaire : Voy. ci-dessus, n° 467, et ci-dessous, n° 495.

1100, début d'août. — Daimbert envoie par son secrétaire Morel,
une lettre à Boémond. Il y décrit la situation difficile dans
laquelle il se trouve et le prie de venir à Jérusalem pour sou-
tenir les droits de l'Église. Il l'invite aussi à défendre à Baudouin d'Édesse de venir en Palestine sans la permission du
patriarche, et il l'exhorte à s'opposer au besoin à la marche
du prince d'Édesse vers Jérusalem.   (491)

   Sources : Albert d'Aix, VII, xxvij : « Patriarcha autem Dagobertus et Tankradus, ibidem [Caiphac] mortem ducis audientes,
in unum conspiraverunt nihil de civitate Cayphas Geldemaro
Carpinel se daturos, sed de ea ad velle acturos, de Jerusalem
quoque, regno Godefridi ducis, similiter per omnia pro velle dein-

ceps licenter consulere ac disponere. Unde consilium inierunt in civitate Cayphas, quatenus avunculo Tancradi Boemundo legationem Antiochiam mitterent, ut in terram Jerusalem proficisceretur cum omni apparatu suo, regnumque illic obtineret, priusquam aliquis heres Godefridi ducis thronum ejus praeoccuparet. Legatio haec denique patriarchae et Tankradi sine mora directa est. Verum eiusdem legationis portitor, Morellus nomine, secretarius patriarchae, quia in dolo missus est et contra jusjurandum....., ira Dei adversante, Laodiceae in manus Reimundi comitis irruit et sic tota legatio litterarum irrita fuit et perfidia ubique patefacta. » — Guill. de Tyr, X, iij : « Dominus patriarcha sciens comitem vocatum esse et ejus formidans adventum, volens ejus promotionem quocumque modo impedire, domino Boamundo, Antiochenorum principi, epistolam rei seriem plenius continentem dirigit, cujus rescriptum ad majorem rei evidentiam, praesenti inserere curavimus lectioni..... »; suit au chap. iv la lettre de Daimbert à Boémond. Début : « Scis, fili carissime, quoniam me ignorantem..... » Fin : « ..... quem ad te mitto nuntium, mihi carissime, manifesta ».

Commentaire : Voy. Wilken, II, 75; — Raumer, *Gesch. d. Hohenstaufen*, I, 353 ; — Damberger, *Synchron. Gesch.*, VII, 432; — Michaud, *Biblioth. d. croisades*, I, 138; — Sybel, *Gesch. des ersten Kreuzz.*, 141 (137) ; — Id., *Gesch. d. König'r's. Jerusalem* (dans la *Zeitschr. f. Geschichtswissenschaft*, de Schmidt, III, 53) ; — HE, 214 ; — Kühn, *Gesch. d. ersten lat. Patriarchen v. Jerusalem*, 31, 59-67; — Kugler, *Boemund und Tankred*, 15, 18-19, 62-65; — Id. *Albert v. Aachen*, 248-250, 254-263; — Prutz, *Studien über Wilh. v. Tyrus* (*Neues Archiv f. ältere deutsche Geschichtskunde*, VIII, 130); — Röhricht, *Regesta regni Hierosol.*, p. 4, nº 32; — Id., *Gesch. d. Kœnigr.'s Jerusalem*, 5-7 ; — Wollf, *Balduin I*, p. 1; — Riant, *Inventaire des lettres des crois.*, p. 213, nº 156; — Dodu, *Hist. des instit. monarchiques dans le royaume de Jérusalem*, 349-351; — Hampel, *Untersuchungen über d. lat. Patriarchat v. Jerusalem*, 29 et suiv. ; — Kühne, *Gesch. d. Fürstentum Antiochia*, 8. — L'envoi de Morel à Boémond par Daimbert et Tancrède dut avoir lieu au début d'août et non à la fin de juillet comme le pensait Riant. En effet, Daimbert ne se décida probablement à cette démarche qu'après avoir appris qu'une ambassade avait été envoyée à Baudouin par les partisans d'Arnoul et de Garnier de Grey (cf. ci-dessus, nº 489), et il ne put guère en être informé avant le commencement d'août.

1100, août 1. — La flotte génoise part de Gênes, pour se rendre en Palestine, ayant à son bord Maurice, évêque de Porto et légat du pape. (492)

Sources : Cafaro, *Annales* (*Mon. Germ., Script.,* XVIII, 11 ; *Hist. occid. d. crois.,* V, 59, note f) : « Anno dimidio transacto, galeae xxvi et naves vi in kal. Augusti a Januensi urbe recedentes, Jerusalem perrexerunt et ad portum Laudiciae cum exercitu venerunt. » — Id., *Liberatio civitatum Orientis* » (*Hist. occid. d. crois.,* V, 58 B) : « Postquam Januenses litteras ammonitionis succurrendi Sepulcrum Domini audierunt....., tanti eorum crucem susceperunt, quod xxvj galeas et naves iv de peregrinis oneratas usque ad portum Laudiciae pro servitio Dei et S. Sepulcri viriliter conduxerunt. »

Commentaire : Voy. Wilken, II, 75 : — Kugler, *Albert v. Aachen*, 278 ; — Riant, *Inventaire des lettres des crois.*, 211 ; — Id., dans les *Hist. occid. d. crois.*, V, 58, note c ; — Kohler, *ibid.*, Préface, p. xxv. — Cafaro est seul à donner la date exacte du départ de la flotte génoise pour la Palestine. Elle arriva vers le 25 septembre à Laodicée, où le légat Maurice débarqua (voy. ci-dessous, nº 502).

1100, vers le 12 août. — Morel, secrétaire de Dagobert, se rendant à Antioche vers Boémond, est arrêté par les gens de Raimond de Toulouse. Sa mission se trouve par là interrompue. Boémond, parti pour Mélitène, n'était d'ailleurs plus à Antioche ; peut-être même était-il déjà prisonnier du Danischmend.   (493)

Sources : Albert d'Aix, VII, xxvij (cf. ci-dessus, nº 491). — Guill. de Tyr, X, v : « Hanc tamen epistolam ad dominum Boamundum minime credimus pervenisse, nam eodem mense quo dominus bonae memoriae dux carne dissolutus migraverat ad Dominum modico ante vel postea captus erat ab hostibus. »

Commentaire : Voy. ci-dessus, nº 491. — La distance entre Chaifa et Laodicée est de 320 kilomètres. Si Morel a quitté Chaifa dans les premiers jours d'août, et s'il a voyagé par mer, il a pu atteindre Laodicée au bout de 4 ou 5 jours, et un peu plus tard s'il a pris la route de terre. Comme, de toute façon, il a dû faire la plus grande diligence, on peut fixer aux environs du 12 août son arrivée à Laodicée.

1100, entre le 14 et le 25 août. — Pascal II, dans une lettre aux consuls de Pise, exprime sa reconnaissance pour les services rendus par la flotte pisane à l'église d'Orient, et il leur promet de prendre en main l'affaire de leur ancien archevêque Daimbert contre le simoniaque Arnoul. Il les prie, en outre, de faire bon accueil à ses ambassadeurs se rendant à Gênes et en Corse, s'ils passent par Pise, et de leur fournir tout ce qui pourra leur être nécessaire.   (494)

Source : *Lettre de Pascal II aux consuls de Pise* (Martini, *Theatrum basilicae Pisanae*, Romae 1705. Appendix, 1723, p. 141 ; Dal Borgo, *Raccolta di scelti diplomi pisani*; Pisa, 1765, pp. 83-84). Début : « Paschalis episcopus..... Gloria in altissimis Deo et in terra voces..... » Fin : «..... Vobis nunquam defuturum pollicentes. Datum Romae, pontificatus nostri, anno secundo. »

Commentaire : Voy. Dal Borgo, *op. cit.*, p. 83 ; — Migne, *Patrol. lat.*, CLXIII, 44 ; — Riant, *Inventaire des lettres d. crois.*, 218 ; — Jaffé-Lœwenfeld, *Regesta pontif.*, I, p. 707, n° 5857 ; — Kugler, *Albert v. Aachen*, 285 ; — Kühn, *Gesch. d. ersten lat. Patriarchen*, 28 ; — Hampel, *Untersuchungen über d. lat. Patriarchat v. Jerusalem*, 12. — La lettre du pape, datée de Rome, la seconde année de son pontificat, doit avoir été écrite entre le 14 et le 25 août 1100. La flotte pisane était partie d'Orient au printemps de cette année, après Pâques, car elle avait ramené en Occident des croisés restés à Jérusalem pour assister aux fêtes pascales et qui s'embarquèrent sitôt ces fêtes terminées. Elle dut arriver en juillet 1100 à l'embouchure de l'Arno, et, peu après sa rentrée, les Pisans envoyèrent une ambassade au pape. La seconde année du pontificat de Pascal II va du 14 août 1100 au 13 août 1101, et la lettre aux consuls de Pise semble avoir été écrite à une époque où l'on ignorait à Rome la mort de Godefroi, dont la nouvelle put arriver peu après le 14 août. Elle ne serait donc pas de beaucoup postérieure à cette date, et, d'autre part, elle est probablement antérieure au 25, car le 30, Pascal II se trouvait à Salerne (Pflugk-Hartiung, *Acta*, II, 169 ; Jaffé-Lœwenfeld, *Regesta*, n° 5837), et il avait par conséquent dû quitter Rome au moins cinq jours auparavant.

1100, vers le 15 août. — Boémond et Richard du Principat sont faits prisonniers près de Mélitène par Gumuchtekin ibn-Danischmend, en un combat dans lequel les évêques arméniens Cyprien d'Antioche et Grégoire de Marasch perdent la vie. (495)

Sources : Foucher de Chartres (*Hist. occid. d. crois.*, III, 368 D) : « Boamundus Antiochiam primitus advenit, ubi a suis gaudenter est susceptus (cf. ci-dessus, n° 446), deinceps regnum suum per vj menses ut prius obtinuit. Sed cum, Julio mense sequente, urbem Melitiniam vocatam cum pauca gente appeteret (quam ei, qui urbis ejusdem patronus erat, Gabriel nomine, redditurus erat, jam per legationes amicitiae mutuae conventione facta), obvius illi fuit admiratus quidam, nomine Danisman, cum gente Turcorum magna, moliens Boamundum imprudenter sic ambulantem intercipere. Et non longe ab urbe praefata insiluerunt in eum undique gens illa nefaria, quae in insidiis latitabat, et non audentes nostri proeliari, quia pauci erant, statim fugientes in dispersionem fugati sunt; de quibus Turci multos occiderunt et pecuniam eorum totam habuerunt. Boamundum vero comprehensum in captionem secum abduxerunt. » — Bartolf de Nangis (*ibid.*, 519 E). — Lisiard de Tours (*ibid.*, 551 H). — Raoul de Caen, c. 141 (*ibid.*, 705 A-D) : « Boamundus ipse, cum audisset a relatoribus urbem Meletaniam Turcorum armis circumdatam esse, quae x dierum itinere aut plus ab Antiochia distabat, coacto in unum exercitu ad liberandum eam ire conatur. Verum Turci cognoscentes illum jam in proximo adesse, obsidionem ex industria dimittentes, ut eorum est consuetudo, recesserunt..... Ivit post Turcos eosque inveniens, cum eis proelium, quod utinam nunquam iniisset, mox inchoavit. Cumque hi et illi simul proeliarentur, Boamundus retinetur, ligatur : Mahummicolis magnum gaudium, vae miserabile Christianis facturus. » — *Narratio profectionis Godefridi* (*ibid.*, V, 196 H-197 C). — *Li estoire de Jerusalem et d'Antioche* (*ibid.*, V, 639 D). — *Hist. b. sacri*, c. 136 (*ibid.*, III, 227). — Ekkehard, *Hierosolymita*, XXXIII (*ibid.*, V, 37, note). — Cafari, *Liberatio civitatum Orientis* (*ibid.*, 58 E) : « Januenses qui ad portum Lauriciae venerunt, per totum hyemem ibi steterunt, et Gotofredum, regni Jerusalem dominum, mortuum a. D. MC circa natale Domini, et Boiamundum, dominum Antiochiae, in captione Corricanae esse cognoverunt. » — Albert d'Aix, VII, xxvii : « Boamundus eo tempore divino judicio in mense Augusto, adunatis CCC[is] equitibus, versus Malatinam urbem descenderat, invitatus ad auxilium christianorum ex litteris et legatione Gaveras, Armeniae ducis, principis et domini ejusdem civitatis, eo quod Donimanus, princeps Turcorum, urbem hanc in manu gravi angustiatam obsedisset. Hic itaque audito adventu Boemundi et eius copiarum, nec illum longe ab urbis obsidione abesse, D militibus ab exercitu suo assumtis, illi in planitie regionis occurrit, proelium cum eo commisit intolerabili grandine sagittarum, donec Boemundi virtus attrita et universa societas succubuit interemta aut fugitiva facta ac dispersa. Ex hac alii subito sunt detruncati, alii vivi capti et retenti una cum principe suo Boemundo et in exilium in Nixandria civitate eiusdem Turci abducti et ferreis vinculis alligati sunt. » — Orderic Vital (éd. le Prévost, IV, 140) : « Boamundus expeditionem in Turcos egit super quem Dalimannus ex inspirato cum ingenti multitudine irruit, multos occidit et Boamundum cum Richardo de Principatu aliisque nonnullis nobilibus viris comprehendit vinctosque catenis in carcere longo tempore tenuit. » — Guill. de Tyr, IX, xxi, et X, v : « Eodem mense quo dominus bonae memoriae dux carne dissolutus migraverat ad Dominum, modico ante vel postea captus erat [Boamundus] ab hostibus. » — Mathieu d'Edesse (*Hist. armén. d. crois.*, I, 51) : « Le commandant de Mélitène Khoril envoya prier Boémond de venir à son secours, promettant de lui donner cette ville. Aussitôt Boémond et Richard s'avancèrent à la tête de leurs troupes contre Danischmend..... Boémond et Richard cheminaient sans précaution et dans une sécurité complète..... Tout à coup les gens de Danischmend fondirent sur eux, et une lutte acharnée s'engagea. Les Francs et les Arméniens furent exterminés, et Boémond et Richard faits prisonniers. Dans cette journée, deux prélats arméniens, Cyprien, évêque d'Antioche, et Grégoire, évêque de Marasch, perdirent la vie. Boémond les avait auprès de lui par suite de la haute estime qu'il professait pour eux. » — Sibt Ibn el-Djeuzi, *Miràt es-Zémàn* (*Hist. orient. d. crois.*, III, 522) : « Année 493, au mois de redjeb (mai-juin 1100), Boémond.... ravageait le territoire d'Alep, lorsqu'il apprit que le Danischmend était arrivé à Malatya à la tête d'une forte armée composée de Turcs et des troupes de Soleiman, fils de Koutloumich. Boémond rentra à Antioche, où il fit de nouvelles levées de troupes; mais, attaqué par les Musulmans, il fut fait prisonnier après avoir perdu un grand nombre des siens. » — Kamal ad-Dîn, *Chronique d'Alep* (Röhricht, *Beitræge*, I, 228; *Hist. orient. d. crois.*, III, 589). — Abou'l-feda, *Annales* (*ibid.*, I, 5). — Ibn al-Atyr, *Kamel-Altevarykh* (*ibid.*, I, 203) : « An 493, au mois de doulcada [septembre], un combat eut lieu aux environs de Malathia, entre Kemeschtekyn, fils du Danischmend, et Boémond, l'un des chefs des Francs... Le prince de Malathia, arménien d'origine, avait écrit à Boémond et l'avait appelé à son secours. Boémond se rendit à son appel avec v mille guerriers. Le fils de Danischmend marcha à la rencontre des chrétiens et les mit en déroute; Boémond lui-même fut fait prisonnier. » — Ibn Khaldun (Rœhricht, *Quellenbeitræge*, 7).

Commentaire : Voy. Besoldus, *Hist. urbis et regni Hieros.*, 453 : « Anno MCI (Boamundus) a Turcis captus fuit nec ante tertium annum, promissa certa pecuniae summa, liberatus ». — Maimbourg, *Hist. d. crois.*, 1re éd., I, 249 ; — Haken, *Gemælde d. Kreuzzüge*, II, 70 ; — Michaud, III, 13 ; — Funck, *Gemælde aus dem Zeitalter d. Kreuzzüge*, I, 126 ; — Rehm, *Gesch. d. M. alters*, I, 85 ; — Sybel, *Ueber d. Kœnigr. Jerusalem* (dans la *Zeitschr. f. Geschichtswissenschaft*, de Schmidt, III, 53); — Wilken, II, 64 ; — Raumer, *Gesch. d. Hohenstaufen*, I, 353 ; — Sybel, 550 (467) ; — Damberger, *Synchron. Gesch.*, VII, 432 ; — Le Prévost dans son éd. d'Orderic Vital, IV, 140, note : « C'est vers le mois d'août 1100 que Boémond et son cousin Richard de la Principauté tombèrent dans les mains de l'ennemi turcoman Danischmend » ; — Mordtmann (*Zeitschr. d. d. morgenl. Gesellschaft*, XXX, 475); — Muralt, *Essai de Chronogr.*, II, 93 : « 15 août 1101 » ; — Dulaurier, *Recherches arméniennes*, I, 52 ; — Kugler, *Boemund u. Tankred*, 16, 64 ; — Kugler, *Gesch. d. Kreuzzüge*, 68 ; — Kugler, *Albert v. Aachen*, 268 ; — Hopf, dans la *Realencyclopaedie* von

Gruber und Ersch, t. LXXXV, p. 153 : « im Jahre, 1103 » ; — Kohl, *Gesch. d. Mittelalters*, 37 ; — HE, 203, 292, 330 ; — HG, 133, 147-149. — Riant, *Inventaire*, 213, et dans les *Hist. occid. d. crois.*, V, 58 n. ; — *Hist. grecs d. crois.*, II, 138 C, 141 D ; — Giesebrecht, *Gesch. d. Hohenstaufen*, III, 686 ; — Kühn, *Gesch. d. ersten lat. Patr. v. Jerusalem*, 31 ; — Rey, *Résumé chronol. de l'hist. d. princes d'Antioche (Rev. de l'Or. lat.*, IV, 329) ; — Röhricht, *Gesch. d. Kœnigr's. Jerusalem*, 9 ; — Gigalski, *Bruno, Bischof von Segni*, 56 : « Im Kampfe mit den Saracenen, fiel Boemund bald darauf im Jahre 1101 ». — Hampel, *Untersuchungen über d. lat. Patriarchat v. Jerusalem*, 29 ; — Kühne, *Zur Gesch. d. Fürstentums Antiochia*, 8. — La date de 1101, et même de 1103, assignée, à la capture de Boémond, par divers historiens modernes, comme Besoldus, Muralt, Gigalski et Hopf, est certainement inexacte : aucun document contemporain ne la confirme. Boémond fut fait prisonnier par le Danischmend en 1100, au mois de juillet selon Foucher, au mois d'août suivant Albert d'Aix, au mois de septembre suivant Ibn al-Atyr. On a vu ci-dessus (n° 446) que Boémond revenant de Jérusalem était rentré à Antioche en janvier 1100. Foucher nous apprend qu'après son retour dans cette ville il resta six mois dans sa principauté, puis partit en expédition contre Mélitène. Cette expédition doit donc se placer à la fin de juillet. La distance entre Antioche et Mélitène est, à vol d'oiseau, de 320 kilom., de dix jours de marche et même plus d'après Raoul de Caen. On peut donc conjecturer que Boémond mit un peu moins de deux semaines à franchir cette distance avec son armée, de telle sorte que sa rencontre avec les troupes du Danischmend put avoir lieu vers le 15 août. La date de septembre fournie par Ibn al-Atyr ne me paraît pas devoir être préférée à celles que donnent Foucher et Albert d'Aix et que paraît confirmer Sibt ibn el-Djeuzi. Celui-ci dit, en effet, que Boémond était en train de ravager le territoire d'Alep en mai-juin 1100, quand il apprit l'arrivée du Danischmend à Mélitène avec une forte troupe, qu'il rentra alors à Antioche où il fit de nouvelles levées de soldats avec lesquels il marcha sur Mélitène.

1100, vers le 20 août. — Prise de Chaifa par les forces réunies des Vénitiens et des Francs.   (496)

Sources : *Translatio S. Nicolai Venetias* (*Hist. occid. d. crois.*, V, 277 D) : « Videntes itaque fortes agonistae suos hostes diutius gloriam et urbis expugnationem per mensem fere continuum prolongari, ut major insit audacia Veneticis, cum Francigenis, fide et sacramentis sibi colligatis, castrum ligneum ascenderunt et per hostes confertissimos viam ferro pandentes unam turrim civitatis intraverunt..... Christiani a tergo instantes ense feriunt nec ulli penitus aetati nec sexui parcunt ; ubi tandem

Christi. virtute et ingenio virorum superata civitas antichristiana christianis patuit, in omnibus viis et plateis urbis, vel a cruore, vel a cadavere paganorum nullus pedem transferre potuit. » — Albert d'Aix, VII, xxij : « Christiani variis plagis gravati, per dies xv prorsus diffisi, manus suas ab omni impetu continuerunt, nec mirum : Tancredus enim non ut solebat viriliter auxilium cum suis ferebat prae invidia, quae praecordia illius mordebat, eo quod dux Godefridus, dum adhuc viveret, et grabato aegre cubaret, Geldemaro, cognomento Carpinel, urbem in beneficio concesserit, si forte caperetur..... » — Id., VII, xxiij : « Patriarcha, cognita illius invidia..., Tankradum adgressus est, quem demulcere coepit et iram ejus lenire....., et dicebat : Vides quomodo dux Venetorum cum tota manu sua bello victus et fatigatus abscessit, nec ultra vires adhibet, sui quoque perterriti jam classem usque in medium maris a civitate reduxerunt..... Tancradus audiens haec verba patriarchae milites admonuit, quatenus assultum circa urbem intermissum repeterent..... » — Id., VII, xxiv : « Subito arreptis bipennibus, securibus et ferreis ligonibus oppositam turrim fortiter cavantes infregerunt..... » — Id., VII, xxv : « Die altera, Judaei et Sarraceni videntes christianos insuperabiles ipsam turrim mox relinquentes nec eam amplius retinere valentes, fugam inierunt..... ; post quos universa civitas pariter in fugam conversa est. Ad haec milites christiani cives per mediam urbem insecuti et eos crudeliter perimentes victoresque facti, portas civitatis aperientes totum christianum exercitum intromiserunt. » — Foucher de Chartres (*Hist. occid. d. crois.*, III, 377 D) : « Jam possidebat oppidum Caypham dictum Tancredus, quod ipso anno jam viri Jherosolymitae comprehenderant ». — Bartolf de Nangis (*ibid.*, 523 G). — Lisiard de Tours (*ibid.*, 554 F). — Raoul de Caen, ch. cxxxix (*ibid.*, 704 B) : « Quibus plagis Caiphas afflicta, quamvis mari et turribus septa civitas fatiscit tamen : primo quidem tormentis balearibus obruta, mox per funes, per pontes, per scalas, immissos mucrones passa ». — *Hist. b. sacri*, ch. cxxxiv (*ibid.*, 226). — Baudri de Dol (*ibid.*, IV, 111 E) : « Tancredus cum suis Caesaream transiens et loca adjacentia vastans, quadam die summo diluculo ad Caiphas oppidum pervenit, quod subito invasit. Inveniens vero habitatores oppidi immunitos, primo die maximam ejus partem sumpsit. Sequenti nocte Saraceni fugientes, alii Caesaream, alii Acaron cum uxoribus et filiis pervenerunt ; sicque Tancredus oppidum totum munivit. » — Dandolo, *Chron. Venet.*, liv. IX, ch. x, n. 1-8 (Muratori, *Script. rer. ital.*, XII, 256-258). — Da Canale, *Chronica veneta* (*Archivio stor. ital.*, VIII, 294). — Ibn al-Atyr (*Hist. arabes d. crois.*, I, 208, 690). — Ibn Khallican, *Dictionnaire biographique*, éd. de Slane, I, 160 : « During the administration of al-Afdal, the Franks became masters of many towns on the Syrian coast : the took Caifa in the month of

Shawwâl, a. H. 493. [= 9 août-7 sept. 1900], and Kaisàrîya
in 494 ».

Commentaire : Voy. Wilken, II, 71 : « Nachdem Chaifa um die
Zeit da Herzog Gottfried starb auf solche Weise erstürmt war ».
— Haken, *Gemælde d. Kreuzzüge*, II, 61 ; — Michaud, III, 12 ;
« [Godefroi] apprit sur son lit de douleur la reddition de Caiphas ;
ce fut sa dernière victoire, sa dernière joie dans cette vie. » —
Raumer, *Gesch. d. Hohenstaufen*, I, 353 ; — Funck, *Gemælde
aus dem Zeitalter d. Kreuzzüge*, I, 118 ; — Heyd, *Gesch. d.
Levantehandels*, I, 151 ; — HE, 202 ; — HG, 445 ; — Derenbourg,
Vie d'Ousâma, 60 ; — Id., *Les croisades d'après Jakout*, 74 ; —
Wüstenfeld, *Gesch. d. Fatimiden Chalifen (Abhandl. d. k.
Geseslłch. d. Wissensch. zu Gættingen*, 1881, *Hist. phil. Classe*,
XXVII, 3, p. 53) : « In demselben Jahre [1101] nahmen die
Franken Besitz von der Stadt Haifa, und zwar im Sturm, dann
auch Arsuf durch Kapitulation, so dass die Besatzung freien
Abzug erhielt ». — Kugler, *Albert von Aachen*, 266 : « Die
Eroberung erfolgte gegen Ende Sommers. » — Kühn, *Gesch. d.
ersten lat. Patriarchen v. Jerusalem*, 30 ; — Röhricht, *Gesch.
d. Kænigr.'s Jerusalem*, 4 ; — Riant, dans les *Hist. occid. d.
crois.*, V, 277, 278 n., 368 : « mense septembri Tancredus
Caypham cepit ». — La durée du siège de Chaifa est indiquée
par la *Translatio S. Nicolai* : « per mensem fere continuum ».
En admettant que l'investissement de la place par les Vénitiens
et les Francs ait commencé le 25 juillet 1100 (voy. ci-dessus,
n° 488), la prise devrait être placée vers le 20 août de la même
année. Le texte d'Ibn Khallican, cité ci-dessus, confirme le
renseignement fourni par la *Translatio*. De ce que dit la *Translatio*, à savoir que « jam enim hiems navibus imminebat » (cf.
ci-dessous, n° 521), on ne doit point conclure que l'occupation de
Chaifa aurait eu lieu tout près du début de l'hiver. Le rédacteur
a simplement donné à entendre que les Vénitiens tenaient à être
rentrés à Venise avant l'hiver, et qu'aussitôt Chaifa pris ils firent
leurs préparatifs de retour.

1100, vers le 21 août. — Baudouin d'Édesse ayant appris la cap-
tivité de Boémond se rend à Mélitène dans le dessein de le
délivrer.   (497)

Sources : Foucher de Chartres (*Hist. occid. d. crois.*, III,
369 B) : « Cumque hoc infortunium ab illis qui evaserant divulga-
retur, orta est genti nostrae grandis inde desolatio. Verumtamen
dux urbis Edessae Balduinus, congregatis Francis quotcumque
potuit, Edessenis scilicet et Antiochenis, hostes praedictos, ubi
eos esse audivit, quaerere non distulit. Boamundus etiam, cincinno
capitis sui absciso, mandavit hoc intersigno Balduino praedicto ut
ei citato auxilio pro amore Dei succurreret. » — Bartolf de Nangis

(*ibid.*, 519 F). — Lisiard de Tours (*ibid.*, 552 B). — *Hist. Nicaena vel Antiochena* (*ibid.*, V, 177 A). — *Narratio profectionis Godefridi ducis* (*ibid.*, V, 197 B). — Albert d'Aix, VII, xxix : « Inter haec nuntia Boemundus totius vitae et salutis diffisus particulam capillorum capitis sui, signum captivitatis suae et doloris clam per Syrum quempiam Baldewino misit, omnibus hoc Turcis ignorantibus, quatenus sine dilatione sibi subveniens a manibus Turcorum eum eriperet, priusquam ad ignotas et barbaras nationes illorum perveniret. Baldewinus, jam tertia luce captivitatis Boemundi transacta, adsumtis cxl loricatis equitibus descendit in campos Malatinae civitatis ad excutiendum Boemundum, confratrem in Christo, si prosperante Deo, aliquo nisu in loco opportuno cum Turcis committere valeret. » — Mathieu d'Édesse (*Hist. armén. d. crois.*, I, 52) : « Baudouin, comte d'Édesse, ainsi que les Franks d'Antioche, ayant appris ce fatal événement, se mirent à la poursuite de Danischmend. Celui-ci conduisit Boémond et Richard, chargés de chaînes, à Neo-Caesarea. Comme ils étaient déjà partis, Baudouin s'en retourna à Édesse.

Commentaire : Voy. Wilken, II, 66; — Haken, *Gemælde d. Kreuzzüge*, II, 71; — Michaud, III, 14; — Funck, *Gemælde aus d. Zeitalter d. Kreuzzüge*, I, 127; — Röhricht, *Gesch. d. Königr. Jerusalem*, 10. — Il n'est pas impossible que, quatre jours déjà après la prise de Boémond « jam tertia luce captivitatis », Baudouin ait pu connaître cet événement, car la distance à vol d'oiseau entre Mélitène et Édesse est de 150 kilomètres, soit d'environ 30 heures de marche, et un courrier peut bien l'avoir parcourue en trois ou quatre jours, d'autant plus que Boémond avait dû lui recommander de se hâter. Si donc on tient pour exact le renseignement fourni par Albert d'Aix, Baudouin serait parti d'Édesse vers le 21 août, et il arriva aux environs de Mélitène vers le 27 (voy. ci-dessous, n° 498).

1100, de la fin d'août au début de septembre. — Baudouin poursuit Gumuchtekin ibn-Danischmend pendant trois jours. A son retour à Mélitène, Gabriel lui cède cette ville. (498)

Sources : Foucher de Chartres (*Hist. occid. d. crois.*, III, 369 C) : « Quod cum audisset Danisman (cf. n° 497), metuens horum animositatem, non est ausus ulterius ante urbem Melitiniam morari, quam obsidione cinxerat; sed paulatim ante nos fugiendo ad propria sua remeare curavit, unde multum doluimus, cum per tres dies illos ultra urbem praedictam persecuti sumus, qui libentissime contra eos dimicassemus. Cumque sic regrederemur, praedictus Gabriel urbem Melitiniam Balduino reddidit. » — Bartolf de Nangis (*ibid.*, 519 G) : « Balduinus tamen itinere dierum trium eum [Danismanum] persequitur, sed nihil proficit. Rediens autem de persecutione, civitatem praedictam [Melitiniam]

sibi subjecit, et facti sunt amici, ipse et Gabriel. » — Lisiard de
Tours (*ibid.*, 552 D) : « Danisman urbem quam obsederat relin-
quit et insequenti se per triduum Balduino nullam congrediendi
copiam fugitans facit..... Regredienti Balduino Gabriel occurrit,
et se et urbem illi dedens. » — *Hist. Nicaena vel Antiochena*
(*ibid.*, V, 177 B). — *Narratio profectionis Godefridi* (*ibid.*,
197 C). — Albert d'Aix, VII, xxix : « Sed Donimanus, Baldewini
adventantis audacia et plurima virtute illius militari territus, sine
mora ab obsidione castra movit, et versus mare Russiae in terram
suam fugiendo, cum omni equitatu suo divertit....., metuens ne
viribus aut arte Christianorum Boamundum amitteret. Baldewinus vero fugam ejus intelligens persecutus est spatio trium dierum, quem tamen longius persequi dubitans propter dolos falso-
rum Christianorum aut insidias hostium, et quia non multos
habebat milites, Malatinam reversus est. Gaveras itaque princeps
civitatis benigne eum suscipiens et in fide, in manu et tutamine
illius urbem reddidit. » — Guill. de Tyr, X, v.

Commentaire : Voy. ci-dessus, nᵒ 497. — Baudouin, ainsi
qu'on l'a vu ci-dessus (nᵒ 497), arriva vers le 27 août à Mélitène.
Il se mit aussitôt, sans doute, à la poursuite de Gumuchtekin, et
le suivit pendant trois jours, donc jusqu'au 30 août. Son retour à
Mélitène doit avoir pris trois ou quatre jours, de telle sorte qu'il
y arriva vers le 4 septembre. Probablement s'y arrêta-t-il quelques jours avant de repartir pour Édesse, où il dut arriver vers
le 12 du même mois (voy. ci-dessous, nᵒ 499).

1100, vers le 12 septembre. — Baudouin, revenant de Mélitène,
reçoit à Édesse l'ambassade que lui envoyaient les Latins de
Jérusalem pour lui annoncer la mort de son frère Godefroi et
lui offrir la succession au trône. Il accueille favorablement
cette ouverture.   (499)

Sources : Foucher de Chartres (*Hist. occid. d. crois.*, III,
369 D) : « Edessam urbem Balduinus rediit. Cum autem frue-
retur sua prosperitate, ecce nuntius veniens ab Jherosolymis,
intulit ei quia dux Godefridus, germanus ejus, xv kal. Augusti
diem clauserat extremum apud Jherosolymam..... » Id. (*ibid.*,
373 A) : « Cum igitur intimatum esset domno Balduino quod
omnis populus Jherosolymitanus eum in regni principem substi-
tuendum heredem expectarent, dolens aliquantulum de fratris
morte, sed plus gaudens de hereditate, accepto consilio terram
suam quam possidebat locavit, cuidam Balduino comiti, cognato
suo, eam committens. » — Bartolf de Nangis (*ibid.*, 520 A) : « Et
factum est in mense Augusto, postquam Balduinus Edessam
rediit, nuntius ei festinus de Jherusalem occurrit, qui nuntiavit ei
obitum fratris sui Godefridi et regnum sibi hereditario jure ab
eodem fratre dimissum. » — Lisiard de Tours (*ibid.*, 552 E). — *His-*

toria Nicaena vel Antiochena (ibid., V, 177 C). — Narratio profectionis Godefridi (ibid., 198 A). — Li estoire de Jerusalem et d'Antioche (ibid., 640 A). — Albert d'Aix, VII, xxx : « Interea Baldewino Rohas a Malatina regresso, crudelis legatio ad eum facta est : scilicet quia frater ejus uterinus Godefridus Jherusalem obierit..... Hac tristi legatione audita, in nimios ploratus et lamenta cor Balduini defluxit.... (voy. n° 489). Baldewinus benigne legationi et verbis eorum aurem adhibuit, promittens se post non multum temporis, rebus suis ordinatis, Jherusalem velle descendere et, Deo prosperante, regnum consilio eorum suscipere atque disponere. » — Guill. de Tyr, X, v.

Commentaire : Voy. ci-dessus, n° 497. — On ne peut établir de façon tout à fait précise la date de l'ambassade envoyée à Édesse par les Latins de Jérusalem. Baudouin, lorsque plus tard il se rendit à Jérusalem avec son armée, mit trente-huit jours à faire la route, soit du 2 octobre au 9 novembre 1100 (cf. ci-dessous, n°s 503, 504). C'est également cette même durée environ que nous avons attribuée à son voyage quand, en janvier-février 1100, il s'était rendu de Jérusalem à Édesse (voy. ci-dessus, n° 448). On peut donc admettre que l'ambassade venant de Jérusalem mit elle aussi trente-huit jours approximativement à parcourir cette route. Suivant Foucher, elle arriva à Édesse alors que Baudouin était déjà de retour de Mélitène. Il ne dut toutefois pas s'écouler beaucoup de jours entre le moment de la rentrée de Baudouin et le moment de l'arrivée de l'ambassade. Ces deux faits peuvent donc se placer aux alentours du 12 septembre. Mais alors il faudrait supposer que l'ambassade fut un peu plus de trente-huit jours en route, puisqu'elle était partie de Jérusalem vers le 27 juillet.

1100, septembre 13. — Anselme de Buis, archevêque de Milan, part pour l'Orient avec un grand nombre de Lombards. (500)

Sources : *Notae S. Mariae Mediolanensis (Mon. Germ. Script., XVIII, 385)* : « Idibus septembris anni Domini 1100, iter Anselmi archiepiscopi in Corrociana ». — Ekkehard d'Aura, *Hierosolymita, XXII, 3* : « Mox profectio populosa et quae paene priori posset numero dumtaxat aequari subsequitur.....; primum ab episcopis Mediolanensi, Papiensi, caeterisque Longobardorum populis ad ʟ milia signatis. » — Cafaro, *Liberatio civitatum Orientis (Hist. occid. d. crois., V, 58 C)* : « Praedictas vero litteras Jerusalem per civitates et locos Lombardiae Januenses miserunt. Quapropter Lombardiae viri clerici et laici, Mediolanensis episcopus et comes Brandionensis [= comes de Blandrate] una cum multis comitibus et marchionibus cum magno exercitu militum et peditum usque Constantinopolim perrexerunt. » — Landulphus, *Historia Mediolanensis (Muratori, Script. rer. ital., V, 471)* : « Rege igitur regno deficiente, supradictus Ansel-

mus de Buis, Mediolanensis archiepiscopus, quasi monitus apos-
tolica auctoritate, jam dicto presbytero volente, studuit congregare
de diversis gentibus exercitum, cum quo caperet Babylonicum
regnum, et in hoc studio permonuit praeelectam juventutem
Mediolanensem cruces suscipere, et cantilenam de Ultreja, Ultreja
cantare. Atque ad vocem hujus prudentis viri, plures viri cujus-
libet conditionis per civitates Longobardorum, villas et castella
eorum cruces susceperunt et eandem cantilenam de Ultreja
Ultreja cantaverunt. » — Albert d'Aix, VIII, 1 : « Eodem tempore
quo bellum hoc mense Septembri actum est et cruenta victoria a
rege Balduino habita, anno regni ejus primo, gens Longobardorum
incomputabilis de regno Italiae post captionem Antiochiae et Jerusalem, audita insigni Christianorum victoria, e diversis regionibus
Italiae collecta, per regnum Ungariae prospero itinere transeuntes
profecti sunt usque in regnum Bulgarorum, volentes conchristianis
fratribus auxilio augeri et prodesse. Affuerunt in eodem voto et
comitatu viri nobilissimi episcopus Mediolanensis, Albertus, comes
illustris de Blandraz, Wido frater ipsius....., qui circiter xxx milia
conglobati terram et regnum Bulgarorum, ut praediximus, in
manu forti ingressi sunt. » — Orderic Vital (éd. Le Prévost, IV,
119) : « Mediolanenses quoque archiepiscopus et Albertus de
Blandreia, potentissimus Italorum, cum catervis Ligurum, iter
Jerosolymitanum adgressi sunt. »

Commentaire : Voy. Wilken, II, 115 ; — Raumer, *Gesch. d.
Hohenstaufen*, I, 362 ; — Damberger, *Synchron. Gesch. d. Mittelalters*, VII, 434 ; — Kohl, *Gesch. d. Mittelalters*, 33 ; —
Kugler, *Gesch. d. Kreuzzüge*, 74 ; — Tononi, *Actes constatant
la participation des Plaisançais à la 1re croisade* (*Arch. de l'Or.
lat.*, I, 397) ; — HE, 225 ; — *Hist. occid. d. crois.*, III, 709 note ;
— Giulini, *Memorie di Milano*, IV, p. 435, sub an. 1100 ; —
Riant, *Inventaire des lettres hist. d. crois.*, I, 195 ; — Riant,
dans les *Hist. occid. d. crois.*, V, 58, note ; — Röhricht, *Gesch.
d. Kœnigr. Jerusalem*, 29. — Les *Notae S. Mariae Mediolanensis* sont seules à donner la date du départ des croisés lombards.
— Albert d'Aix raconte la chose au milieu d'événements appar-
tenant à l'année 1101 ; il paraît donc avoir ignoré l'époque exacte
où les croisés se mirent en route. Parmi les relations plus
récentes de la 1re croisade, aucune ne donne d'indication chronologique touchant le pèlerinage d'Anselme de Buis et de ses
compagnons.

1100, du milieu de septembre au 1er octobre. — Baudouin d'Édesse
ayant promis d'accepter la couronne de Jérusalem, l'ambassade hiérosolymitaine venue auprès de lui retourne dans la
Cité sainte. Baudouin se prépare, de son côté, à partir pour
Jérusalem ; il convoque une assemblée de ses féaux afin de

se consulter avec eux, et il mande d'Antioche son cousin Baudouin de Bourg, auquel il cède la principauté d'Édesse.

(501)

Sources : Voy. nᵒˢ 489, 499. — Albert d'Aix, VII, xxxɪ : « Legatis dehinc in omni amoris dulcedine commendatis et Jerusalem repedantibus, Baldewinus, dux civitatis Rohas, in brevi omnium fidelium suorum conventum habuit, cujusque voluntatem eundi Jérusalem singulatim requirens, cujusque etiam remanendi in regione Rohas. Similiter Baldewino de Burg, viro nobili generis sui, filio Hugonis de Rostet castello, litteras direxit, quatenus ab Antiochia, et conventione solidorum sequestratus, descendat ad terram Rohas et civitatem hanc in beneficio accipiat, loco ejus dominaretur et hostes debellaret. » — Mathieu d'Édesse (*Hist. armén. d. crois.*, I, 52) : « Baudouin retourna à Édesse et remit cette ville à un autre Baudouin surnommé de Bourg, qui avait été précédemment page de Boémond. Après avoir soumis les habitants d'Édesse à toutes sortes d'exactions et leur avoir extorqué des sommes énormes, il acheta à Jérusalem la couronne de son frère Godefroy et devint roi. »

Commentaire : Voy. nᵒˢ 489, 499. — On ne peut déterminer exactement la date des divers événements relatés ici, soit le retour de l'ambassade hiérosolymitaine à Jérusalem, la convocation d'une assemblée des barons de la principauté d'Édesse et l'appel de Baudouin de Bourg ; mais on peut les fixer approximativement au 15 septembre et admettre que les préparatifs de Baudouin avant son départ pour Jérusalem durèrent jusque vers le 1ᵉʳ octobre.

1100, vers le 25 septembre. — La flotte génoise, partie de Gênes le 1ᵉʳ août, arrive à Laodicée. Le légat du pape, Maurice, voyant que Jérusalem et la principauté d'Antioche étaient sans chefs, cherche à entrer en rapports avec Baudouin d'Édesse et Tancrède, pour les engager à prendre possession l'un de la seigneurie de Jérusalem, et l'autre de celle d'Antioche.

(502)

Sources : Cafaro, *Liberatio civit. Orientis* (*Hist. occid. des croisades*, V, 58 E) : « Januenses vero qui ad portum Laudiciae venerunt per totum hyemem ibi steterunt...; cum orientalem terram sine rege et principe, ut viduam, invenerunt, tale consilium cum Mauritio, Portuensi episcopo et Romanae curiae legato, habuerunt, quod ad civitatem Edessae, quam Balduinus, frater ducis Gotofredi, per se ceperat, ut ad eos veniret, mandaverunt, et sine mora venit. » — Id., *Annales* (*Mon. Germ. Script.*, XVIII, 11) : « ..... et ad portum Laudiciae cum exercitu venerunt ibique per hiemem totam steterunt et orientales partes Jerosolimitano rege et Antiocheno principe carentes invenerunt.

Statim cum legato Romanae curiae consilium fecerunt, et nuntios ad Balduinum in Rogas et ad Tanclerium in Tabariam, ut venirent, miserunt. Et Tanclerius sine mora venit et in ordinatione legati et Januensium principatum Antiochiae suscepit. »

Commentaire : Voy. Wilken, II, 75 ; — Heyd, *Gesch. des Levantehandels*, I, 151 : « Da trat eben zur guten Zeit im Herbst 1100 ein genuesisches Heer in Laodicea ein. » — Röhricht, *Gesch. d. Kœnigr. Jerusalem*, 10. — Parmi les modernes, Heyd est seul à donner la date de l'arrivée de la flotte génoise à Jérusalem. Cafaro ne fournit pas d'indication précise à ce sujet; mais on en peut tirer de divers synchronismes. On a vu que la flotte génoise avait mis à la voile le 1er août 1100. Elle arriva à Laodicée alors que le trône de Jérusalem était vacant et que Baudouin d'Édesse n'était pas encore parvenu dans cette ville, et peu de temps probablement avant son arrivée à Laodicée. Peut-être l'ambassade que lui envoya le légat Maurice ne le trouva-t-elle plus à Édesse, mais sur la route de Jérusalem, ce que l'on pourrait induire des termes dont se sert Cafaro : « et sine mora venit ». Nous ne nous tromperons pas beaucoup sans doute en fixant l'arrivée de la flotte génoise à Laodicée, vers le 25 septembre au plus tôt, et en admettant par conséquent qu'un laps de temps de trois semaines environ s'écoula entre ce moment et l'arrivée de Baudouin dans cette même ville, vers le 16-18 octobre (cf. ci-dessous, n° 506).

1100, octobre 2. — Baudouin, avec 200 chevaliers et 700 hommes de pied, part d'Édesse pour Jérusalem. (503)

Sources : Foucher de Chartres (*Hist. occid. d. crois.*, III, 373 A) : « Et colligens exercitulum suum cc^is fere militibus et peditibus dcc^is, iter Jherosolymitanum vj nonas octobris incepit. » — Bartolf de Nangis (*ibid.*, 520 B). — Lisiard de Tours (*ibid.*, 552 F). — *Hist. Nicaena vel Antiochena* (*ibid.*, V, 177 C). — *Li estoire de Jerusalem* (*ibid.*, 640 A). — Ekkehard d'Aura, *Hierosolymita*, ch. XXI (*ibid.*, 27 E) : « Audito tamen obitu fratris Godefridi, Balduino minori, cognato suo, civitatem et populum committit, ipseque cum ccc^is fere viris Hierosolymam tendit. » — Albert d'Aix, VII, xxxi : « His ita dispositis et Baldewino de Burg statuto tempore ab Antiochia recepto, jamque in throno et majestate civitatis Rohas collocato, Baldewinus cccc^is equitibus egregiis contractis cum mille peditibus, regia via primum Antiochiam profectus est. » — Guill. de Tyr, X, v. : « Sexto nonas octobris versus Hierusalem iter arripuit. »

Commentaire : Voy. Maimbourg, *Hist. d. crois.*, I, 249 ; — Wilken, II, 77 : « in den ersten Tagen des Octobers ». — Michaud, III, 14 ; — Haken, *Gemælde d. Kreuzzüge*, II, 63 ; — Raumer, *Gesch. d. Hohenstaufen*, I, 351 ; — Damberger, *Synchron. Gesch.*, VII, 432 ; — Le Prévost, dans son éd. d'Orderic Vital, III, 570. —

— Muralt, *Essai de chronogr. byzant.*, II, 91 ; — HE, 215 ; — Kohl, *Gesch. d. Mittelalters*, 38 ; — Wolff, *Kœnig Balduin I von Jerusalem*, 3 ; — Kühn, *Gesch. d. erst. lat. Patr. v. Jerusalem*, 32 ; — Kugler, *Albert v. Aachen*, 270 ; — Kugler, *Gesch. d. Kreuzzüge*, 70 ; — Umlauff, *Balduin 1, Kœnig v. Jerusalem*, 4 ; — Röhricht, *Gesch. d. Kœnigr. Jerusalem*, 11 ; — Id., *Gesch. d. Kreuzzüge im Umriss*, 56. — Seuls Foucher de Chartres et Guillaume de Tyr donnent la date précise du départ de Baudouin d'Édesse pour Jérusalem : « vi nonas octobris ». La plupart des historiens modernes l'ont indiquée exactement d'après eux.

1100, vers le 8-12 octobre. — Baudouin d'Édesse arrivé à Antioche y séjourne trois jours avec ses gens. De là, il envoie sa femme et la plus grande partie de ses bagages par mer à Jaffa. Les habitants d'Antioche lui offrent la seigneurie de leur ville, qu'il refuse.   (504)

Sources : Foucher de Chartres (*Hist. occid. d. crois.*, III, 373 C) : « Tunc per Antiochiam ivimus ». — Bartolf de Nangis (*ibid.*, 520 B). — Lisiard de Tours (*ibid.*, 552 G). — *Li estoire de Jerusalem et d'Antioche* (*ibid.*, V, 640 A). — Anonyme rhénan, *Hist. Godefridi* (*ibid.*, 502 C). — Albert d'Aix, VII, xxxi : « Baldewinum cccc^is equitibus egregiis contractis, cum mille peditibus regia via Antiochiam primum profectus est, cui milites universi civitatisque custodes ad salutandum occurrentes, urbem ei obtulerunt, si princeps aut dominus illius fieri voluisset. Illic quidem per tres dies in gloria et laetitia requiescens, universos cives et custodes benigne super omnibus audivit et sapienter respondit, plurimumque eos desperatos ex amissione Boemundi consolatus, ex toto civitatem vice illius suscipere contradixit. » — Guill. de Tyr, X, v. : « Cum autem pervenisset Antiochiam, uxorem cum ancillis quae ei famulabantur, cum onerosa supellectile et plurima parte sarcinarum praecepit ad mare descendere, ubi et navigium jusserat praeparari, quo illa honeste usque Joppen devehi posset. »

Commentaire : Voy. Wilken, II, 77 ; — Haken, *Gemælde d. Kreuzzüge*, II, 63 ; — Raumer, *Gesch. d. Hohenstaufen*, I, 354 ; — Damberger, *Synchron. Gesch. d. Kirche im Mittelalter*, VII, 433 ; — HE, 216 ; — Kühn, *Gesch. d. erst. lat. Patr. v. Jerusalem*, 32 ; — Kugler, *Albert. v. Aachen*, 270 ; — Röhricht, *Gesch. d. Kœnigr.'s Jerusalem*, 11 ; — Id., *Gesch. d. Kreuzzüge im Umriss*, 56. — La date exacte du séjour de Baudouin d'Édesse à Antioche n'est donnée par aucun chroniqueur, mais on peut l'établir approximativement. La distance d'Édesse à Jérusalem, en passant par Antioche, est d'environ 800 kilomètres, et, d'Édesse à Antioche, de 260 kilom., donc un peu moins du tiers. Baudouin, entré le 8 nov. 1100 à Jérusalem, resta environ 38 jours en route. Si l'on en retire 10 jours d'arrêts, dont 3 à Antioche et 2 à Laodicée, il aurait fait les 800 kilom. de marche en 28 jours, et par conséquent 28 1/2 kil. en moyenne par jour, ce qui fait qu'il aurait mis 9 jours à franchir les 260 kilom. qui séparent Édesse d'Antioche. Cependant il est à présumer qu'il traversa rapidement le territoire d'Alep, où il risquait de rencontrer des ennemis. On peut donc admettre qu'il franchit cette distance en 7 jours seulement. Par conséquent, il serait arrivé à Antioche le 8 octobre, et y serait resté jusqu'au 11 ou 12.

1100, octobre 14. — Pascal II écrit à Alphonse, roi d'Espagne, qu'il a donné l'ordre à des soldats espagnols, qui se proposaient d'aller à Jérusalem, de rester chez eux. Dans un bref de même date il défend aux évêques d'Espagne de laisser partir pour la croisade des soldats espagnols.   (505)

Sources : *Lettre de Pascal II à Alphonse, roi d'Espagne* (*España sagrada*, XX : *Hist. compostellana,* p. 29) : « Sicut de tua, ut nosti, prosperitate gaudemus, sic profecto tua de adversitate afficimur. Unde regni tui et proximorum tuorum finibus providentes, milites tuos quos vidimus ire Jerosolymam prohibuimus. Literas insuper hoc ipsum prohibentes et peccatorum veniam pugnatoribus in regna vestra comitatusque mandavimus.... Datum Melfiae, ij idus Octobris ». — *Lettre de Pascal II à Pierre, évêque de Lucques, Alphonse, évêque de Tuy, et Gonzalon, évêque de Dume* (*ibid.,* p. 28) : « .... Porro sicut militibus ita etiam clericis vestrarum partium interdicimus ne occasione Jerosolymitanae visionis ecclesiam et provinciam suam deserere praesumant quam Moabitarum feritas tam frequenter impugnat. Datum Melfiae, ij idus Octobris. »

Commentaire : Voy. Navarette, *Diss. sobre las cruzadas,* 58 ; — Jaffé-Löwenfeld, *Regesta pontificum roman.,* I, n⁰ˢ 5839, 5840 ; — HE, 93, 224 ; — Riant, *Inventaire d. lettres histor.,* 217-218 ; — Kugler, *Gesch. d. Kreuzzüge,* 73 ; — Röhricht, *Gesch. d. Kœnigr.'s Jerusalem,* 31. — Le 25 mars 1101, Pascal II renouvela ces défenses (Jaffé-Löwenfeld, *Regesta,* n⁰ 5861).

1100, vers le 16-18 octobre. — Baudouin d'Édesse arrivé à Laodicée s'y arrête trois jours. Il s'y entretient avec le légat du pape, Maurice, au sujet de la seigneurie de Jérusalem. Il y apprend que des troupes arabes et turques se sont rassemblées pour lui barrer la route. A cette nouvelle, une partie de son escorte prend la résolution de ne pas s'avancer plus loin.   (506)

Sources : Foucher de Chartres (*Hist. occid.,* III, 373 C) :

« Tum quidem per Antiochiam ivimus, dehinc ante Laodiciam et Gibellum, Maracleam et Tortosam, Archas et Tripolim perreximus. » — Bartolf de Nangis (*ibid.*, 520 B). — Lisiard de Tours (*ibid.*, 552 G). — *Li estoire de Jerusalem et d'Antioche* (*ibid.*, V, 640 A). — Albert d'Aix, VII, xxxii : « Quarta vero die, ab Antiochia procedens, in omni jucunditate Laodiciam pacifice cum omni apparatu descendit, ubi biduo requie fruens, retardati et subsequentis populi praestolabatur adventum. Adunata siquidem universa virtute suorum, fama ad aures ipsius perlata est quomodo copiosa gentilitas tam Turcorum quam Saracenorum e diversis locis et terris congregata, ad resistendum illi in facie adfutura esset et quomodo illi viam ulterius procedendi prohibere decrevisset. Ex sola enim Damascenorum civitate xx milia Turcorum illuc in armis convenisse ferebantur.....; quapropter pars exercitus Baldewini formidine concussa vitaeque diffisa, in silentio noctis fugam iniit, alii simulata infirmitate minime se abhinc sequi posse asserebant. » — Cafaro, *Liberatio civit. Orientis*, c. XII (*Hist. occid.*, V, 59 C); « Postea vero Balduynus cum militibus cc et peditibus ccc ad colloquium cum Januensibus ad portum Laudiciae venit, ibique a legato [Mauritio, Portuensi episcopo et Romanae curiae legato] et a Januensibus monitus et precatus ut regnum Jerusolimi acciperet, ita promisit et dixit : Si auxilium vestrum in hac aestate michi dare promiseritis ad duas scilicet capiendas civitates Sarracenorum quas voluero, ad capiendum regnum ad praesens ire promittam. Januenses statim quod rex petierat procul dubio facere promiserunt. Illico Balduynus regnum accipere promisit, et dixit : Ego pro fiducia Dei et vestra ad capiendum regnum iter incipiam. Et post iij dies cum praedictis militibus et peditibus iter incepit ». — Guill. de Tyr, X, v.

Commentaire : Voy. Wilken, II, 78; — HE, 216; — Kohl, *Gesch. d. Mittelalters*, 38; — Wollf, *Kœnig Balduin I v. Jerusalem*, 3; — Kühn, *Gesch. d. erst. lat. Patr. v. Jerusalem*, 32; — Kugler, *Albert v. Aachen*, 270; — Id., *Gesch. d. Kreuzzüge*, 70; — Umlauff, *Balduin I, Kœnig v. Jerusalem*, 4; — Röhricht, *Gesch. d. Kœnigr. Jerusalem*, 11; — Id., *Gesch. d. Kreuzzüge im Umriss*, 56. — D'Antioche à Laodicée la distance, à vol d'oiseau, est de 90 kilomètres. D'après le calcul que nous avons fait ci-dessus (n° 504) de la rapidité de la marche de Baudouin et de sa petite armée (= 28 1/2 kilom. par jour), cette distance a pu être parcourue en 4 ou 5 jours. Donc, si Baudouin partit d'Antioche vers le 12 octobre (cf. ci-dessus, n° 504), il dut arriver à Laodicée vers le 16. Albert d'Aix et Cafaro disent l'un et l'autre qu'il y resta trois jours.

1100, vers le 21 octobre. — Arrivée de Baudouin à Tripoli, dont l'émir le pourvoit lui et ses gens d'une grande abondance de vivres, et le met en garde contre les attaques des Turcs qui l'attendent au passage. (507)

Sources : Foucher de Chartres (*Hist. occid. d. croisades*, III, 373 C) : « Tunc per Antiochiam ivimus, dehinc ante Laodiciam et Gibellum, Maracleam et Tortosam, Archas et Tripolim perreximus. Tunc rex Tripolitanus legavit Balduino ad tentorium suum panes, vinum, mel silvestre, id est chucrum, vervecesque ad edendum. Et mandando innotuit illi quod Ducath [Dekak], rex Damascenorum, et Ginahadoles, rex Calipti [Genah ed-Daule d'Émèse], cum Turcis multis et Saracenibus Arabibusque in via per quam nos ituros sciebant, congregati exspectabant, quod licet non omnino certum esse crederemus, postmodum verum esse persensimus ». — Bartolf de Nangis (*ibid.*, 520 B). — Lisiard de Tours (*ibid.*, 552 G). — Anonyme rhénan, *Historia Godefridi* (*ibid.*, V, 502 D). — *Li estoire de Jerusalem et d'Antioche* (*ibid.*, 640 A-B). — Albert d'Aix, VII, xxxiii : « Dehinc Tortosam civitatem praeteriens, Tripolim pervenit. Quem princeps urbis fideliter et jucunde suscepit in omni administratione ciborum, quibus indigebat exercitus. Illic innotuit ei, quomodo Damascenorum rex et Geneadoil, Saracenorum princeps, de regione amplissima, quam a camelis vocant Camollam, cui idem praeerat Geneadoil, et de universis civitatibus, quae in littore maris Palaestinae erant et a montanis diversisque locis convenissent ad resistendum sibi in angustis faucibus et asperrimis scopulis civitatis Baruth vel Baurim. Baldewinus his minis et tam saevo rumore imperterritus omnia in Christi nomine se tolerare profitetur ». — Guill. de Tyr, X, v.

Commentaire : Voy. Wilken, II, 78 ; — HE, 216 ; — Röhricht, *Gesch. d. Kœnigr.'s Jerusalem*, 11. — Aucune narration ne donne la date de l'arrivée de Baudouin à Tripoli. De Laodicée à cette ville, il y a 130 kilomètres ; cette distance put être parcourue en 4 jours ; de sorte que Baudouin dut arriver à Tripoli vers le 21 octobre. Il ne paraît pas s'y être arrêté longtemps, et en repartit probablement sinon le même jour, du moins le lendemain, 22 octobre.

1100, vers le 23-26 octobre. — Baudouin livre de violents combats à des bandes turques et sarrasines dans un défilé voisin de Beyrouth, près du Fleuve du chien. (508)

Sources : Foucher de Chartres (*Hist. occid. d. crois.*, III, 374 A) : « Erat quippe non longe a Beritto urbe sed quasi miliariis quinque distans juxta mare in via publica meatus artissimus, nobis et omnibus illac transeuntibus penitus inevitabilis, quem si hostes praemuniti viantibus prohibere voluerint, nullatenus c milia militum transire poterunt, quin c aut LX viri armati introitum illum violenter contra illos obtineant exspectantes. Ideo inimici nostri illic undique intercipere et occidere nos arbitrabantur. Nos autem illuc usque pervenimus...; signis levatis paulatim adversus eos progressi sumus...; de quibus aliquanti confestim occisi sunt, de nostris vero IV milites vitam amiserunt..... Die illo nihil boni, nihil quietis habuimus, nec jumenta nostra quamvis sitibunda adaquata sunt. Ego quidem vel Carnoti vel Aurelianis mallem esse; alii quoque. Nocte ipsa tota extra papiliones nostros pervigiles languimus. Diluculo autem summo, cum aurora terris umbras dimovere coepisset..., regredi per viam qua iveramus elegimus..... Cum illi nefandi viderent nos ita summo mane reverti, confestim descenderunt ad persequendum nos tamquam fugitivos.....; sed Deus....., motus pietate, qua rite semper praesens suis subvenit, tantae probitatis audaciam militibus nostris praestitit ut recursu repentino per viam trifurcam fugarent eos fugientes, ut nunquam animum defendendi se haberent..... Tunc tabernacula nostra displicari et extendi jussa sunt, ubi ante Balduinum plures Turci locupletes vivi capti adducti sunt..... Nocte autem illa sequenti transacta, mane....., retro secessimus IV millium itinere, ubi cum rapinam praefatam princeps noster divisisset, nocte superveniente in castello quodam depopulato sub olivis quievimus. Summo autem mane, Balduinus..., sumtis de militibus suis aliquantis, usque ad angustias meatus equitavit, scrutaturus, si adhuc inibi Sarraceni essent, qui nobis viam ante vetuerant. Qui cum nullum invenisset, quoniam..... omnes aufugerant, laudes dedit Deo..... Qui in castris nostris remanseramus....., celeriter secuti sumus eos et viam nostram invenientes liberam, desideratum carpsimus iter. Die illo prope urbem Berittum hospitati sumus. » — Bartolf de Nangis (*ibid.*, 520, 521). — Lisiard de Tours (*ibid.*, 553 A-554 E). — *Narratio profectionis Godefridi* (*ibid.*, V, 198 B-E). — Anonyme rhénan, *Hist. Godefridi* (*ibid.*, 502 E-503 G). — Ekkehard d'Aura, *Hierosolymita*, c. XXI (*ibid.*, 28 A) : « Balduinus...... ccc[is] fere viris Hierosolymam tendit, insidiantium sibi paganorum milia delusit, congreditur, vicit, onustusque spoliis cum triumpho Jherusalem intravit. » — Albert d'Aix, VII, XXXIII-XXXV : « Balduinus..... viam per diem insistens, nocte imminente ad radicem difficilium montium hospitandi gratia pernoctavit..... Crastina luce exorta, dux Baldewinus..... iter inceptum pergit, quousque ad locum multitudinis adversariorum perventum est, ubi omnes vires illorum in occursum sibi paratae erant..... Media die flagrante....., obviam per angustas fauces gentilibus turmis contendunt, diu cum illis proelia conferentes in locis arctissimis.....; quoniam nox incumbebat utrinque manus a proelio continuerunt. Eadem nocte, Baldewinus a radice montis aliquantulum remotus......, suis inibi consilium dedit..... Crastina die sollerti providentia quodque periculum tutius inirent..... in ipsa nocte per montana mille ignes Turci et Saraceni suscitaverunt..... Dum aurora diei fuerit diffe-

ramus, qua nobis providere usquequaque possimus...... Altera
autem die orta, Baldewinus totum fidelium reduxit exercitum ac
si fugam iniisset. Quod gentiles videntes....., graviter eos equis
secuti sunt....; et Balduinus cernens hostes se graviter insequi et
jam per totam planiciem plurimum exercitus descendisse, sine
mora cum universis catholicis militibus iu freno equis reductis,
Turcos velociter incurrit, duroque certamine commisso, circiter
cccc Turcorum illic occisi sunt..... Finito autem hora nona tam
gravi proelio, Baldewinus in praedicta planicie remanens tentoria fixit..... Rex Damascænorum Geneadoil et universi principes gentilium..... tota nocte diffugium fecerunt..... Baldewinus
orto sole cum praeda equorum, cum captivis Turcis et spoliis castra movit ad Sidonem civitatem..... » — Cafaro, *Liberatio civitatum orientis* (*Hist. occid. d. crois.*, V, 60 A). — Guill. de
Malmesbury, *Gesta reg. Angliae* (éd. Hardy, II, 581-582). —
Guill. de Tyr, X, v.

Commentaire : Voy. Wilken, II, 79; — Haken, *Gemælde d.
Kreuzzüge*, II, 64-66 ; — Michaud, III, 14 ; — Raumer, *Gesch. d.
Hohenstaufen*, I, 354 ; — Damberger, *Synchron. Gesch. d. Mittelalters*, VII, 433 ; — H E, 216 ; — Kohl, *Gesch. d. Mittelalters*, 38 ;
— Wolff, *Kœnig Balduin I v. Jerusalem*, 3 ; — Kugler, *Albert v.
Aachen*, 270 ; — Röhricht, *Gesch. d. Königr.'s Jerusalem*, 12. — Les
deux relations principales des combats livrés par Baudouin près
du Fleuve du chien sont celles de Foucher et Albert d'Aix ; mais
ni l'une ni l'autre n'en donne la date exacte. Elles indiquent seulement que Baudouin fut arrêté plusieurs jours à ce passage. A
supposer que son départ de Tripoli ait eu lieu vers le 22 octobre
(voy. ci-dessus, n° 507), voici de quelle façon peut s'établir la
chronologie des événements qui se passèrent dans les quatre jours
suivants : Après son départ de Tripoli, Baudouin marche pendant
un jour (« per diem insistens », dit Albert d'Aix). A l'entrée de
la nuit, donc le 22 octobre au soir, il était déjà parvenu près de
l'entrée du défilé voisin de Beyrouth. Le lendemain 23, il continue
d'avancer et rencontre l'ennemi vers le milieu du jour (« media
die flagrante » [Alb. d'Aix]), et combat jusqu'au soir (« nox incumbebat » [*ibid.*]). Dans la nuit du 23 au 24, il bat en retraite afin
d'échapper au danger qu'il court dans le défilé. Le matin du 24, il
continue de se porter en arrière (« viderent nos ita summo mane
reverti » [Foucher] ; « altera die orta » [Albert d'Aix]); alors les
ennemis abandonnent leur position dans la montagne et le poursuivent. Quand Baudouin les a de cette façon attirés en plaine, il
fait volte-face, fond sur eux, et, vers trois heures après midi, le
combat s'achève par la défaite complète des Infidèles. Le lendemain 25, au matin (« nocte transacta, mane » [Foucher]), les
Franks se portent vers un château inhabité, situé à 4 milles de
là (« iv millium itinere » [Foucher]), et ils y emploient la journée
à se partager le butin. Ils y passent encore la nuit du 25 au 26

(« summo autem mane » [Foucher]), puis ils reprennent la route du défilé abandonné par les Turcs et les Sarrasins, le franchissent et vont camper près de Beyrouth. Les historiens modernes qui ont rapporté ces incidents, n'ont point cherché à leur assigner de date précise. Même Röhricht, le plus complet et le plus exact de tous, ne donne aucune chronologie sur ce point.

1100, vers le 25 octobre. — Tancrède, arrivé devant Jérusalem, forme le projet de se mettre en possession de cette ville. Mais les habitants refusent de le laisser entrer parce qu'il déclare ne point vouloir prêter serment de fidélité à Baudouin. Il se retire alors, plein de colère.   (509)

Sources : Albert d'Aix, VII, xxxv : « Tancredus omnia ignorans de adventu Baldewini Jerusalem, profectus fuerat ad corrumpendos principes et custodes turris David, quatenus avunculus ejus Boemundus aut ipse regnum obtineret. Omnia autem instinctu, auxilio et consensu patriarchae faciebat...... Tancredus ab Jerusalem in ira reversus, quia urbem intrare non potuit.... ». — *Historia b. sacri*, ch. cxxxviii (*Hist. occid. d. crois.*, III, 227) : « Tancredus nesciens quod Balduinus in regnum electus fuisset, Jerusalem reversus est. Qui antequam portae civitatis appropinquasset, ea sibi continuo clauditur, nec valuit ingredi. At ille ammirans dixit : Quid sibi vult quod porta mihi seratur? Commisi ergo aliquid propter quod intrare non debeam? Mox ergo sibi responsum est quod non ob aliud aditus ei negatus est, nisi quia Balduinum elegerant, eique fidelitatem jurejurando firmatam fecerant : Nunc ergo, si tibi intrare placuerit, securitatem prius sacramento roboratam Baldoyno, cui omnes juravimus, facias. Alioquin civitatis hujus introitum non obtinebis. At ille indignans potius intrare neglexit quam Baldoyno sacramento subjiceretur. Quod utique non casu, sed divina voluntate hoc actum esse cernitur. »

Commentaire : Voy. Wilken, II, 80 ; — Kugler, *Boemund und Tancred*, 19, 66 ; — Id., *Albert v. Aachen*, 271 ; — Röhricht, *Gesch. d. Kœnigr.'s Jerusalem*, 13 ; — Kühn, *Gesch. d. erst. lat. Patr. v. Jerusalem*, 32. — Tancrède était parti de Chaïfa pour Jérusalem peu de jours avant que Baudouin, se rendant d'Édesse à Jérusalem, fût arrivé lui-même à Chaïfa (voy. ci-dessous, n° 510). Baudouin ayant atteint cette dernière ville vers le 30 octobre, on peut supposer que Tancrède parut devant Jérusalem vers le 25. N'ayant pu y entrer, il se rendit à Joppé, devant laquelle il mit le siège. C'est là que le trouvèrent Robert, évêque de Rama, et le chevalier Hugues de Falkenberg, envoyés de Chaïfa à Jérusalem par Baudouin. Ces personnages ayant rencontré en chemin, près de Césarée, Rodolphe Geldemar et Rodolphe de Montpizon, chevaliers de la suite de Godefroi de Bouillon, se rendirent avec eux à Joppé. Ils durent arriver dans cette dernière ville à l'épo-

que même où Baudouin quittait Chaifa, c'est-à-dire vers le 2 novembre (voy. ci-dessous, n°s 510, 512).

1100, vers le 30 octobre. — Baudouin d'Édesse arrivé devant
Chaifa y demeure quelques jours ; mais il n'entre pas dans la
ville, bien que Tancrède ne s'y trouvât pas.   (510)

> **Sources :** Foucher de Chartres (*Hist. occid. d. crois.*, III,
> 377 D) : « Similiter de civitatibus aliis, ante quas transivimus, fece-
> runt, scilicet Sidonem et Tyrum atque Accon, hoc est Ptolemai-
> dam, fingentes amicitiam, sed cor habentes nequam. Jam pos-
> sidebat oppidum Caipham dictum Tancredus, quod ipso anno jam
> viri Jherosolymitae comprehenderant, et quia Tancredus Bal-
> duino tunc malivolus erat, non illud introivimus. Ipse vero tunc
> ibi non erat, sed cives ejus panem et vinum nobis vendiderunt. » —
> Albert d'Aix, VII, xxxiv : « Baldewinus igitur fugam universorum
> intelligens, orto sole cum praeda equorum cum captivis Turcis et
> spoliis castra movit ad Sidonem et Gibeloth, quo pertransiens...,
> Sur declinavit, ubi commode hospitio et alimonia cum suis refec-
> tus est. Post haec Ptolemaidem, quae est Accaron, praeteriens,
> nihil contradictionis ab ea vel ab urbibus illis pertulit, propter
> victoriam et famam quam de illo audierant. Sic pacifice Cayphas
> perveniens, in ea diebus aliquot moratus est. » — Guill. de Mal-
> mesbury, *Gesta regum Angliae* (éd. Hardy, II, 584). — Guill. de
> Tyr, X, vi.
>
> **Commentaire :** Voy. Wilken, II, 80 ; — Raumer, *Gesch. d.
> Hohenstaufen*, I, 354 ; — HE, 217 ; — Kühn, *Gesch. d. erst.
> lat. Patr. v. Jerusalem*, 32 ; — Kugler, *Albert v. Aachen*, 272 ;
> — Röhricht, *Gesch. d. Kœnigr.'s Jerusalem*, 13. — De Beyrouth
> à Chaifa, la distance est de 130 kilom. Or nous avons vu que Bau-
> douin ayant passé à Beyrouth la nuit du 26 au 27 octobre, en
> était parti le 27 ; il dut donc arriver à Chaifa le 29 ou le 30. Il s'y
> arrêta quelques jours (« aliquot dies » [Albert d'Aix]), en repar-
> tit probablement vers le 3 novembre, et arriva à Jérusalem vers
> le 9, après avoir séjourné deux jours à Jaffa (voy. ci-dessous,
> n°s 513 et 514).

1100, vers le 30 octobre-2 novembre. — Tancrède se porte avec
ses gens devant Joppe, dont les habitants refusent de le recevoir. Il avait mis le siège devant la place, quand, apprenant
par Raoul Geldemar, Wicher l'Allemand et Raoul de Montpizon, que Baudouin d'Édesse approchait, il prit le parti de se
retirer.   (511)

> **Source :** Albert d'Aix, VII, xxxvi : « Quidam probi milites de
> domo ducis Godefridi, Rudolfus Geldemarus, Wicherus Alema-

nus, Rudolfus de Montpizon in via civitatis Caesareae, qua Saracenos persequebantur, adventum Baldewini penitus ignorantes, tunc primum a praemissis fratribus [*scil.* Roberto, episc. Rames, et Hugoni de Falkenberg ; cf. n° 512] rem cognoverunt, quomodo scilicet Baldewinus loco fratris sui Jerusalem obtinere advenisset atque Cayphas adhuc hospitio moraretur. Nec mora, audito tam egregii principis adventu, gavisi sunt universi, commixtisque sociis et armis Japhet, quae est Joppe, contenderunt, ubi Tankradum ab Jerusalem in ira reversum, quia urbem intrare non potuit, in obsidione reperientes, nuntiaverunt ei Baldwinum adesse et regnum Jerusalem velle obtinere. Tankradus, audito tam proximo adventu Baldewini, statim ab obsidione Joppe surrexit, per aliam viam Cayphas reversus, nolens recto itinere Baldewino a Cayphas revertenti, occurrere.

Commentaire : Voy. ci-dessus, n°ˢ 509, 510.

1100, vers le 31 octobre. — Baudouin envoie, de Chaifa, le chevalier Hugues de Falkenberg et Robert, évêque de Rama, à Jérusalem, pour déjouer les intrigues de Tancrède qui s'était porté devant cette ville dans l'espoir d'en prendre possession.
(512)

Source : Albert d'Aix, VII, xxxv : « Audito itaque ibidem in urbe Cayphas dolo et versutia Tancradi, quae fiebat consensu Dagoberti patriarchae, Baldewinus, vir illustris et providus, Hugonem de Falkenberg et Robertum, episcopum civitatis Rames, super his compellat, eosque ex consilio suorum Jerusalem sine dilatione direxit, ut praevenirent universum dolum, metuens ne turrim David et regnum Jerusalem aliqua perfidia seu promissione pecuniae amitteret. »

Commentaire : Voy. Wilken, II, 80 ; — Röhricht, *Gesch. d. Kœnigr. Jerusalem,* 13.. — L'envoi de ces deux personnages à Jérusalem dut avoir lieu tout de suite après l'arrivée de Baudouin devant Chaifa, Baudouin s'étant mis aussitôt (« sine dilatione ») en devoir de prévenir les machinations de Tancrède. Si donc Baudouin atteignit Chaifa le 30 octobre, le départ des messagers put avoir lieu sinon le jour même, du moins dès le lendemain 31.

1100, vers le 6-8 novembre. — Séjour de Baudouin à Joppe. (513)

Sources : Foucher de Chartres (*Hist. occid. d. crois.,* III, 377 E-378 A) : « Transeuntes autem Caesaream Palaestinam et Arsuth castrum, quod nos tunc ignari Azotum esse putabamus..... et, Antipatrida transita, tandem venimus Joppen civitatem, quae est in tribu Dan, maritimam, ubi Franci nostri domnum Balduinum ut regem jam suum gaudenter susceperunt ; et non mora ibi facta Jherusalem properavimus ». — Anonyme rhénan, *Historia Gode-*

fridi (*ibid.*, V. 503 G). — Albert d'Aix, VII, xxxvj : « Balduinus a Caipha procedens, praedictos milites de domo ducis Godefridi in occursum habuit, qui omnia sibi de Tancredo retulerunt, et post haec cum eo Joppen accelerantes duobus diebus continuis illic remorati sunt ». — Guill. de Tyr, X, vi.

Commentaire : Voy. Wilken, II, 81 ; — Röhricht, *Gesch. d. Kœnigr.'s Jerusalem*, 13. — Albert d'Aix dit que Baudouin s'arrêta à Joppe pendant 2 jours ; Foucher dit qu'il ne s'y attarda pas (« non mora ibi facta »). Ces deux renseignements peuvent à la rigueur se concilier. Nous admettrons donc qu'arrivé à Joppe le 6, Baudouin en repartit le 8. Son entrée à Jérusalem eut lieu en effet vers le 11, probablement même dès le 9 (voy. ci-dessous, n° 514).

1100, vers le 9 novembre. — Entrée de Baudouin d'Édesse à Jérusalem.   (514)

Sources : Foucher de Chartres (*Hist. occid. d. crois.*, III, 378 A) : « Cumque ad urbem appropinquassemus, exierunt ei obviam tam clerici quam laici omnes, Graeci quoque ac Syri cum crucibus et cereis, qui cum ingenti gaudio et honorificentia vocibus altisonis laudes agendo usque in ecclesia Dominici Sepulcri deduxerunt. Huic autem celebritati patriarcha Daibertus non interfuit, qui de quibusdam apud Balduinum erat insimulatus, et discordes ad invicem habebantur, quem etiam major cleri pars exosum tunc habebat. » — Bartolf de Nangis (*ibid.*, 522 A) : « Nocte illa securius et tranquillius quievit quam fecisset a die qua de Edessa iter agere coepit ; erat enim tunc mensis Novembris. » — Lisiard de Tours (*ibid.*, 554 G). — *Hist. b. sacri*, ch. cxxxix (*ibid.*, 228). — *Narratio profect. Godefridi ducis* (*ibid.*, V, 198 F). — Anonyme rhénan, *Hist. Godefridi* (*ibid.*, 503 G). — Albert d'Aix, VII, xxxvi : « Deinde ordinatis rebus in Joppe, cum omni clientela et praeda quam abduxit de Baruth, quae est Baurim, cum xlv captivis militibus Turcorum Jerusalem descendit, quos in praesidio turris David repositos caute jussit custodiri.... » Id., VII, xxxvij : « Erat tempus mensis Novembris circa festum beati Martini, Turonici pontificis, quando Baldewinus Jerusalem veniens, ab omnibus parvis et magnis rex et dominus est constitutus. » — Cafaro, *Liberatio civit. Orientis* (*Hist. occid.*, V, 60 D) : « Balduinus..... ad Jerusalem cum praedicto triumpho ivit, ibique a patriarcha Damberto et ab omnibus Jerusalem habitantibus cum gaudio receptus est et in regali cathedra positus regni coronam accepit. » — Guill. de Tyr, X, vi.

Commentaire : Voy. n° 513 ; — Wilken, II, 82 : « Es war im November, um das fest des h. Martins, als Balduin in die heilige Stadt einzog. » — Haken, *Gemælde d. Kreuzzüge*, II, 66 : « im November. » — Raumer, *Gesch. d. Hohenstaufen*, I, 355 : « im

November. » — Damberger, *Synchron. Gesch.*, VII, 433 : « Ende October. » — Muralt, *Essai de chronogr. byzant.*, II, 92 : « le 18 Octobre. » — HE, 217 : « zu Anfang Novembers. » — Kohl, *Gesch. d. Mittelalters*, 38; — Wolff, *Kœnig Balduin 1 von Jerusalem*, 3 : « Um den 11 November. » — Kugler, *Albert von Aachen*, 272 : « Anfang November 1100. » — Röhricht, *Gesch. d. Kœnigr.'s Jerusalems*, 14 ; — Umlauff, *Balduin I, Kœnig. v. Jerusalem*, 4 : « und erreichte am 11 November Jerusalem. » — D'après Albert d'Aix, Baudouin entra à Jérusalem vers le 11 novembre (« circa festum b. Martini), et rien n'empêche d'admettre cette date approximative, qu'ont adoptée la plupart des historiens postérieurs. Nous l'avons prise pour base dans notre calcul des étapes de Baudouin pendant son voyage d'Édesse à Jérusalem. L'entrée n'eut probablement pas lieu le 11 même ; du moins le texte d'Albert d'Aix exclut ce jour-là. Nous la fixons conjecturalement au 9 (cf. ci-dessous, n° 515). Muralt et Damberger se trompent certainement en la plaçant en octobre.

1100, vers le 13 novembre. — Baudouin d'Édesse est intronisé à Jérusalem et reçoit le serment de fidélité de ses nouveaux sujets.   (515)

Sources : Albert d'Aix, VII, xxxvij : « Quarta denique die postquam ascendit Jerusalem, congregatis universis magnis et parvis de universo coetu Christianorum, requiescit de suppellectile fratris sui Godefridi, de armatura ejus, de pecunia, de beneficiis cujusque militis ac praepotentis..... Ipse omnia responsa illorum patienter accipiens...., ab omnibus jurejurando firmatus, in throno Jerusalem potenter exaltatus glorioso resedit. » — Ekkehard d'Aura, *Hierosolymita*, ch. XXI, 4, 5 (*Hist. occid. d. crois.*, V, 28 A) : « Onustusque spoliis cum triumpho Jerusalem intravit. Rogatus et collaudatus ab omnibus ut princeps esset eorum, consensit, nec multo post inclinans caput suum super Dominici Sepulcri tumbam, ipsius se servituti perpetualiter subjugavit. » — Cafaro, *Liberatio civit. Orientis* (*ibid.*, V, 60 D).

Commentaire : Voy. Wilken, II, 82 ; — HE, 217, 218 ; — Wolff, *Kœnig Balduin 1 v. Jerusalem*, 4 ; — Kugler, *Albert v. Aachen*, 273 : « Balduin empfing in feierlicher Handlung den Treueid seiner neuen Unterthanen. Es geschah dies um den 11 November, circa festum b. Martini, ein Datum welches sich offenbar auf diesen Akt und nicht schon auf Balduins Ankunft in Jerusalem bezieht ». — Röhricht, *Gesch. d. Kœnigr. Jerusalem*, 14 ; — Id., *Gesch. d. Kreuzzüge im Umriss*, 57 : « 11 November ». — D'après Kugler, la date fournie par Albert d'Aix (« circa festum b. Martini ») se rapporterait à l'intronisation de Baudouin et non à son entrée à Jérusalem. Mais nous ne voyons pas sur quoi l'on pourrait appuyer cette affirmation. L'entrée et l'intronisation

eurent lieu vers le 11 novembre, et celle-ci quatre jours après l'entrée. Si l'un ou l'autre des événements s'était passé le 11 novembre même, Albert d'Aix l'eût probablement indiqué de façon précise, et si l'un et l'autre avaient eu lieu avant ou après le 11, il
l'aurait noté également, au lieu d'employer l'expression, « circa
festum b. Martini ». On peut donc admettre que l'entrée eut lieu
avant le 11, soit vers le 9, et l'intronisation quatre jours après,
soit vers le 13.

1100, vers le 15 novembre. — Le roi Baudouin entreprend une
expédition dans le sud et l'ouest de son royaume. Il rentre à
Jérusalem le 21 décembre. (516)

> **Sources :** Foucher de Chartres (*Hist. occid. d. crois.*, III,
> 378 C). « Sed cum per vj dies quiete opportuna in Jherusalem
> labore alleviati essemus, et rex de negotiis suis aliquantis expe
> diretur, iter resumptum in expeditionem ituri renovavimus. Opus
> est omnibus inimicos habentibus (quod secundum hominem dico)
> ut frequentissime illos enixe coerceant, quatinus certaminis taedio
> vel vi superent vel ad pacis pactionem pertrahant. Igitur domnus
> Balduinus, gente sua regregata, profectus est Ascalonem... » —
> Id. (*ibid.*, 381 D) : « Itaque die quo solstitium hiemale accidit,
> Jherusalem sane pervenimus. » — Bartolf de Nangis (*ibid.*, 522 B-
> 523 C) : « Erat enim mensis Novembris, et quia instabat nativitas
> Salvatoris et quia ipse Balduinus et ipse patriarcha Daimbertus
> invicem aliquatenus obliqui erant propter quasdam suspiciones et
> populi submurmurationes, de ejus coronatione atque regni intro
> nizatione usque ad festum dilatum est. Interim Balduinus nosse
> volens terram sibi destinatam et hostes contiguos praetentare,
> cum aliquantis diebus Jherosolymis se et suos quiete refecisset,
> profectus est Ascalonam... » — Lisiard de Tours (*ibid:*, 555 A-
> 556 E). — *Hist. Nicaena vel Antiochena* (*ibid.*, V, 177 E-178 B).
> Anonyme rhénan, *Hist. Godefridi* (*ibid.*, 504 B-505 B). — *Li
> estoire de Jerusalem et d'Antioche* (*ibid.*, 640 E-G). — Albert
> d'Aix, VII, xxxviij : « Consiliis suorum auditis, Baldewinus ter
> ram Jerusalem et civitatis in circuitu muniens custodia fideli,
> CL militibus et ccccc peditibus assumtis, ab urbe Jerusalem
> processit nona hora diei..... » — Id., VII, xliij : « Dehinc per
> castellum quod dicitur S. Abraham repedantes, via qua venerant
> Jerusalem reversi sunt, tertia die ante natalem Domini Jesu
> Christi. » — Guill. de Tyr, X, viij : « Cum autem per dies ali
> quot comes moram fecisset in urbe, ut sibi et equis aliquam indul
> geret requiem, ordinatis regni negotiis, quantum ad illud praesens
> videbatur sufficere..... subitus et ex improviso ante urbem astitit
> Ascalonam...... Tandem videns..... quod nativitatis Dominicae
> immineret solemnitas, eamdem viam qua venerat remensus, xii

kalendas Januarii, die festo S. Thomae apostoli, Hierosolymam ingressus est. »

Commentaire : Voy. Wilken, II, 87-89; — Raumer, *Gesch. d. Hohenstaufen*, I, 355; — Michaud, III, 15; — Robinson, *Palæstina*, III, 119; — Damberger, *Synchron. Gesch. d. Mittelalters*, VII, 434; — HE, 218; — Kugler, *Albert v. Aachen*, 273-275; — Kohl, *Gesch. d. Mittelalters*, 38; — Wollf, *Kœnig Balduin I von Jerusalem*, 4; — Kühn, *Gesch. d. ersten lat. Patr. v. Jerusalem*, 33; — Röhricht, *Gesch. d. Kœnigr.'s Jerusalem*, 14-15; — Hampel, *Untersuchungen über d. lat. Patriarchat von Jerusalem*, 33. — Le meilleur récit de cette expédition se trouve dans l'*Histoire du royaume de Jérusalem*, de Röhricht, qui s'est appliqué à déterminer, d'après Foucher et Albert d'Aix, la durée des séjours de Baudouin dans les diverses localités qu'il traversa. La chose n'est point facile, comme on va le voir : le premier jour, soit le 15 novembre vers trois heures après midi, le roi arrive près d'une source et y assied son camp. C'était peut-être dans la localité de Bittîr, située au sud-ouest de Jérusalem sur la route d'Ascalon. Cinq jours plus tard, donc vers le 20 novembre, il atteint les environs d'Ascalon (Albert d'Aix, VII, xxxvij : « post haec vᵃ die ab hinc exsurgens ad urbem Ascalohem descendit »), après avoir laissé sur sa droite Hébron et Jamnia et avoir traversé Asdod (cf. Foucher de Chartres). Il reste deux jours devant Ascalon ; le troisième jour, il en vient aux mains avec la garnison, forte de 1,000 hommes (cf. Albert d'Aix : « duobus diebus sine assaltu consederunt, ab die tertia milites Arabes..... crebra cum eis proelia conseruerunt »). Ce « dies IIIᵃ » était le 23 novembre. Le jour suivant (cf. Foucher : « sequenti die »; Alb. d'Aix : « post duos dies »), les croisés partent d'Ascalon et se portent vers les cavernes d'Azopart, donc le 24 novembre. Combien de temps restèrent-ils là pour attirer hors de leurs cavernes et tuer les 100 (Foucher) ou 230 (Alb. d'Aix) habitants de cette localité ? On ne saurait le dire exactement. Supposons que l'opération ait duré trois jours. Ils se seraient alors portés, en passant par Hébron, vers le fleuve Gher (Albert d'Aix, VII, xli : « flumina foetentia Sodomae et Gomorrae »), puis de là, le 28 novembre dans la « montana Arabiae », où ils restèrent six jours, donc jusqu'au 4 décembre. Ensuite ils se dirigèrent sur un village fort riche (Albert d'Aix, VII, xlij : « per diem continuum in equis residentes planiciem pertransierunt et vespere in villa quadam opulentissima castrametati sunt »), où ils demeurèrent cinq jours, donc jusqu'au 9 décembre. De là, ils se rendirent à Susumus, où ils s'arrêtèrent huit jours (Alb. d'Aix : « per octo dies secura quiete corpora sua curaverunt »), donc jusqu'au 17 décembre. Enfin, le 21 décembre, ils rentrèrent à Jérusalem, après avoir passé par Hébron et Bethléem (Foucher, 381 D). Certaines des localités nommées par Albert d'Aix, ainsi la « villa opulentissima », et Susumus n'ont pu être identifiés. Suivant Foucher, Baudouin serait allé aussi dans la région sud de la mer Morte, du côté de Petra, du Wadi Musa et du monastère de S. Aaron, « ubi Moses et ipse cum Deo loqui soliti erant », monastère près duquel il demeura trois jours, et qui fut le point extrême de son excursion. Voy. ci-dessous, n° 520.

1100, novembre 18. — Synode de Poitiers. Les deux légats que le pape Pascal II y a envoyés, Jean et Benoît demandent une nouvelle croisade. Sur leurs exhortations Guillaume, comte de Poitou et d'autres comtes et prélats, avec une grande multitude de peuple, prennent la croix.   (517)

> **Sources** : Geoffroy, prieur du Châlard, *Dictamen de primordiis ecclesiae Castaliensis* (*Hist. occid. d. crois.*, V, 348 D) : « Papa Paschalis...... misit dominum Johannem et socium ejus Benedictum, cardinales Romanae ecclesiae, in Galliarum partes. Qui, accelerantes implere injunctum sibi officium, Lemovicas venerunt, inde vero Pictavium, peragrantes prius Galliae urbes; ibique celebrarunt concilium, commonentes quam obnixe populos, ut fidelibus, qui in expeditione Dei erant, citissime succurrerent. In illo quoque interfui concilio, unde dux Pictavorum Guillermus, caeterique comites et praesules et innumerabiles populorum fidelium greges, omnibus mundi regionibus commoti, signum crucis Christi adsumebant; carorum quoque pignorum, patrum videlicet et fratrum atque matrum uxorumque carissima postponentes consortia, omnes properabant implere dominica praecepta..... Celebratum est concilium in octavas festivitatis beati Martini [= 18 novembre 1100]. » — Labbe, *Sacrosancta concilia* (1672), t. X, 720-726. — *Vita b. Gaufridi* (*Soc. des sciences archéol. de la Creuse*, t. III, 1858, pp. 91-93). — *Fragment historique du b. Geoffroy du Châlard* (Arbellot, *Les chevaliers limousins à la 1re croisade*, 1881, p. 69).
>
> **Commentaire** : Voy. Mansi, *Sacr. concil. collectio*, XX, 1115, 1125; — Hefele *Conciliengeschichte*, 1re éd. V, 234-236; — Damberger, *Synchron. Gesch.*, VII, 425; — Arbellot, *Les chevaliers limousins*, 56; — Riant, dans les *Hist. occid. d. crois.*, V, 348, 349 n; — Ch. Kohler, *ibid.*, Préface, p. LXXIX. — D'autres documents encore mentionnent le concile de Poitiers; Kohler, les a indiqués dans la Préface du t. V des *Hist. occid. d. crois.* Mais le seul dans lequel il soit dit que ce concile s'occupa d'une nouvelle croisade est le *Dictamen* de Geoffroy, prieur du Châlard. Arbellot fait remarquer que ce synode s'ouvrit le jour même où cinq ans auparavant avait commencé le concile de Clermont (cf. ci-dessus, n° 9).

1100, vers le 23 novembre. — Le roi Baudouin campe avec son

armée dans la région d'Ascalon, et livre un combat à la garnison de cette ville sortie pour l'attaquer. N'ayant toutefois aucun espoir de pouvoir s'emparer de la place, il prend le parti de se retirer. (518)

Sources : Foucher de Chartres (*Hist. occid. d. crois.*, III, 378 E) : « Ante Ascalonem autem cum venissemus, qui foras contra nos exierant, usque ad moenia vehementer impulsi sunt, et quia non fuit nobis utile majus incipere, ad tentoria nostra jam extensa hospitaturi redivimus. » — Pour les copistes de Foucher, qui racontent également ce fait, voy. ci-dessus, n° 516. — Albert d'Aix, VII, xxxviij : « Die tertia milites Arabes cum civibus erumpentes, crebra cum eis proelia conseruerunt, donec tandem utrinque non modicam contritionem suorum pertulerunt. Post duos dehinc dies et plurimam stragem Sarracenorum gravemque vulnerationem Gallorum, Balduinus ab urbis obsidione prudenti consilio suos revocavit. » — Guill. de Tyr, x, viii : « [Balduinus] subitus et ex improviso ante urbem astitit Ascalonem, ubi cum egredi cives contra eum formidarent, videns quod non multum proficeret, campestria secutus quae inter montes et mare media interjacent..... »

Commentaire : Voy. les ouvrages cités ci-dessus, n° 516. — Wolff (*König Balduin I*, p. 4) dit : « Das verlockende Itinerar welches Albert uns bietet, wage ich nicht anzunehmen, denn seine ganze Erzählung steht so voller Widersprüche mit dem Augenzeugen Fulcher, dass sie auf historischen Treue keinen Anspruch machen darf. » — Je ne partage pas l'opinion de Wolff. Foucher passe rapidement sur les opérations de Baudouin devant Ascalon, parce que probablement il ne lui a pas plu de raconter, comme premier fait d'armes du nouveau roi, une opération qui en somme se termina par un échec. Il ne dit rien non plus des pertes assez sérieuses qu'éprouvèrent les Franks dans cette affaire. On ne peut dire qu'il y ait contradiction entre le récit d'Albert d'Aix et celui de Foucher. Seulement, tandis que Foucher se borne à parler rapidement du combat livré par Baudouin à la garnison d'Ascalon et du départ de l'armée franque, Albert donne des détails plus circonstanciés sur ce qui se passa dans les trois jours que le roi campa aux alentours de la place.

1100, vers le 24-26 novembre. — Baudouin massacre des Troglodytes, près de Beit-Djibrîn. (519)

Sources : Foucher de Chartres (*Hist. occid. d. crois.*, III, 379 A) : « Euntes ergo, invenimus villas, ubi Saraceni incolae regionis illius in cavernis propter nos se occultaverunt cum bestiis et rebus suis. De quibus cum nullum extrahere possemus, accenso igne ad cavernae orificium, mox propter fumum et calo-

rem intolerabilem, alius post alium foras ad nos exierunt. Erant
quidam ex eis latrunculi, qui rite inter Ramulam et Jherusalem
insidiantes, Christianos nostros occidere solebant..... Mox cum
de caverna exibant decollabantur. Syris autem et eorum conju-
gibus pepercimus; de Saracenis quippe e ferme occidimus. » —
Pour les copistes de Foucher relatant le même fait, voy. ci-dessus, n° 516. — Albert d'Aix, VII, xxxix : « Cum haec consilia
inter se fierent, innotuit Baldewino quomodo inter deserta Asca-
lonis et Babyloniae, in caveis subterraneis, Azopart, gens foedis-
sima, latens accubuisset ad disturbandos et perimendos peregrinos
qui Hierosolymam proficisci desiderabant. Qui mox hac gentis
impietate cognita, castra movit ab Ascalone et cava suo exercitu
obsedit..... » Id., VII, xl : « Sic et sic illusi vanis spebus ccxxx
processerunt, omnes sine dilatione jussu principis decollati, eo
quod maxima mala peregrinis Hierosolymam transeuntibus intu-
lissent..... Tandem fumi et caloris nimietate unanimiter oppressae
matres cum pueris... processerunt ac statim militibus in praedam
dati sunt et divisi, quorum cum matribus alii pretio redempti, alii
vero pariter decollati sunt. »

Commentaire : Voy. ci-dessus, n° 516. — Ces Troglodytes
que massacra Baudouin habitaient probablement la région de
Beit-Djibrîn, l'Eleutheropolis des anciens (cf. Robinson, *Palæstina*, II, 695 ; Baedeker, *Palæstina und Syrien*, 1ʳᵉ éd., p. 323).
L'affaire se passa dans le premier tiers de l'expédition, donc vers
la fin de novembre 1100. Nous lui assignons approximativement la
date du 24-26 de ce mois. — Cf. ci-dessous, n° 520.

1100, novembre 28 à décembre 17. — Baudouin parcourt la région
située au sud de la Mer Morte, soit l'Arabie Pétrée ; il atteint
le Wadi Musa et se rend jusqu'à la Fontaine de Moïse et au
monastère de Saint-Aaron, sur la montagne de Hor.   (520)

Sources : Foucher de Chartres (*Hist. occid. d. crois.*, 381 A-D) :
« Tunc Arabiae montana ingressi sumus..... Invenimus vallem
unam de frugibus terrae cunctis uberrimam, in qua etiam sanctus
Moyses, Domino insinuante virga silicem bis percussit, unde
fons vivus emanavit..... Invenimus insuper in montis apice
monasterium S. Aaron, ubi Moyses et ipse cum Deo loqui soliti
erant... Per iii dies in valle illa bonis omnibus opima otio habito...
hora circiter secunda, die in quarto..... tramitem resumere jussum est. » — Pour les copistes de Foucher qui ont rapporté ces
mêmes faits, voy. ci-dessus, n° 516. — Albert d'Aix, VII, xli :
« Exsurgentes, ad montana Arabiae pervenerunt, quibus superatis
inter ii apices montium hospitati sunt. Haec montana spatio v dierum superaverunt gravi et inaestimabili labore. Sexta die montanis permensis in extremo illorum cacumine maxima pertulerunt pericula... ; ad xxx homines pedites prae frigore mortui sunt. »

— Id., VII, xlıj : « Post montium difficilia pericula in vallem descendentes per diem continuum planitiem pertransierunt et vespere in villa quadam opulentissima castra metati sunt... Quinta die a villa praedicta exiens ad civitatem Susumus vespere Balduinus descendit... ; in hac per octo dies corpora sua curaverunt..... ; nona die ex praecepto Baldewini urbs Susumus attrita et combusta est..... Tandem post dies vııı reditum paraverunt. » — Guill. de Tyr, X, vııj.

Commentaire : Voy. n° 516. — On ne saurait dire si les données fournies par Albert d'Aix sur la durée du séjour de Baudouin dans la « villa opulentissima » et à Susumus sont bien exactes. Ces deux localités n'ont pu d'ailleurs être identifiées. Ce que dit Foucher au sujet de la marche de Baudouin jusqu'à la Fontaine de Moïse et au couvent de Saint-Aaron ne peut être mis en doute. Albert d'Aix mentionne le même fait. Mais sur la date exacte de l'arrivée du roi dans ces deux endroits, on en est réduit à des conjectures.

1100, décembre 6. — La flotte vénitienne, avec l'aide de laquelle les Francs avaient occupé Chaifa, rentre à Venise où elle est reçue triomphalement. (521)

Source : *Translatio S. Nicolai Venetias (Hist. occid. des croisades*, V, 278 B-279 E) : « Gemina palma peregrinationis et victoriae triumphantes ad patriam, pacis semper amicam, remeabant. Jam enim hiems navibus imminebat eisque sanctos Venetiam apportandi desiderium incumbebat... Deinde vero propere navigantes, cursu citissimo et secundo in ipsius die festivitatis miraculosi praesulis [S. Nicolai] quem gestabant, ipso gubernante, portum Rivoalti, circa horam diei primam feliciter intraverunt. Visa eminus cornuta classe Venetiae, clerus et populus de suorum reditu et sanctorum adventu exsultantes et laeti, sonantibus ubique prae gaudio campanis, comitante duce cum patriarcha, nec non simul coepiscopis suis triumphatoribus, eorum votum adhuc ignorantes, obviam processerunt. »

Commentaire : Voy. HE, 382 ; — Riant, dans les *Hist. occid. d. crois.*, V, 278, n. ; — Röhricht, *Gesch. d. Kœnigr.'s Jerusalem,* 4. — La fête de S. Nicolas tombe le 6 décembre. C'est donc ce jour-là que la flotte vénitienne rentra à Venise.

1100, décembre 17. — Othon, abbé d'Ilsenburg, faisant le pèlerinage de Terre-Sainte, meurt à Andrinople. (522)

Sources : *Annales Rosenveldenses (Mon. Germ. Script.,* XVI, 102). — *Annalista Saxo (ibid.,* VI, 733).
Commentaire : Voy. HE, 225 ; — Röhricht, *Die deutschen im*

heiligen Lande, 15 ; — Id., *Gesch. d. Kœnigr.'s Jerusalem*, 31. — Ce qu'on sait de la mort de l'abbé Othon ne permet pas de dire si l'événement eut lieu alors qu'il se rendait en Terre-Sainte ou pendant son voyage de retour.

1100, décembre 21. — Le roi Baudouin rentre à Jérusalem, après son expédition dans la région d'Ascalon et dans l'Arabie Pétrée.   (523)

Sources et Commentaire : Voy. ci-dessus, n° 516.

1100, décembre 25. — Baudouin est couronné roi à Bethléem par le patriarche Daimbert, avec lequel il s'était réconcilié. Le lendemain, 26 décembre, il rentre à Jérusalem.   (524)

Sources : Foucher de Chartres (*Hist. occid. d. crois.*, III, 381 D-382 A) : « Itaque die quo solstitium hiemale accidit, Jherusalem sane pervenimus et praeparatis ornamentis quae regi competunt coronando, pacificatoque Daiberto cum domno Balduino et cum canonicis ecclesiae S. Sepulcri aliquantis, quia viri sensati de hoc tractaverunt, cessavit contentio eorum. Anno ab incarnatione Domini M.C.I, in basilica Beatae Mariae apud Bethlehem, die Nativitatis Domini a patriarcha memorato, una cum episcopis cleroque ac populo adsistentibus, in regem honorifice sub sacra unctione sublimatus et coronatus est rex Balduinus. » — Bartolf de Nangis (*ibid.*, 523 D). — *Narratio profectionis Godefridi* (*ibid.*, V, 505 C). — *Li estoire de Jerusalem et d'Antioche* (*ibid.*, 640 G). — Ekkehard d'Aura, *Hierosolymita* (*ibid.*, 28 B) : « Post haec, quo major paganis christianorum timor incuteretur, per legatum Apostolicae sedis accepta regali benedictione coronatur. » — Albert d'Aix, VII, xlij : « Dehinc per castellum quod dicitur ad S. Abraham repedantes, via qua venerant Jerusalem reversi sunt, tertia die ante natalem Domini nostri Jesu Christi. Illic cum patriarcha et cunctis optimatibus suis habito consilio, Bethlehem natalem Domini celebrare decrevit, ubi eadem die sancta et solemni consecratus et in regem Jerusalem unctus in gloria magna coronatus est. » — Guill. de Tyr, X, ix.

Commentaire : Voy. Wilken, II, 90 ; — Haken, *Gemælde d. Kreuzzüge*, II, 67 ; — Raumer, *Gesch. d. Hohenstaufen*, I, 356 ; — Michaud, III, 17 ; — Damberger, *Synchron. Gesch. d. Mittelalters*, VII, 433 ; — Le Prévost, dans son éd. d'Orderic Vital, III, 570 ; IV, 131 ; — Muralt, *Essai de chronogr. byzant.*, II, 92 ; — IIE, 219 ; — Kugler, *Albert. v. Aachen*, 275 ; — Wolff, *Balduin I v. Jerusalem*, 4 ; — Kühn, *Gesch. d. erst. lat. Patriarchen v. Jerusalem*, 33 ; — Kohl, *Gesch. d. Mittelalters*, 38 ; — Riant, dans les *Hist. occid. d. crois.*, V, 28, 60. — Umlauff, *Balduin I, König v. Jerusalem*, 7 ; — Röhricht, *Gesch. d. Kö-*

nigr.'s Jerusalem; — Id., *Gesch. d. Kreuzzüge im Umriss,* 57; — Hampel, *Untersuchungen über d. lat. Patriarchat v. Jerusalem,* 34. — Si Foucher indique, pour le couronnement de Baudouin, la date 1101, c'est qu'employant le style de Noel, il faisait commencer la nouvelle année au 25 décembre.

NOTE ADDITIONNELLE

N° 319* (ci-dessus, p. 191). **Commentaire :** La lettre des princes croisés, citée sous ce numéro, parle du traité de paix conclu entre Alexis Comnène et les croisés, ainsi que des événements survenus depuis l'arrivée de ces derniers dans le pays des Sarrasins. Comme elle mentionne la prise de Nicée, mais ne dit rien de celle d'Antioche, elle doit avoir été écrite avant l'occupation de cette dernière ville par les croisés, donc avant le 3 juin 1098, probablement à l'époque où la nouvelle des armements des Perses était parvenue dans la ville, vers la fin d'avril ou le commencement de mai. Riant (*Inventaire,* p. 176) pense qu'il s'agit de la victoire des croisés sur Kerbogha dans la phrase suivante de la lettre : « Apud Antiochiam magnum bellum fecimus quod multum viriliter devicimus adeo quod ex eis 70,000 occisi sunt, ex nostris vero 10,000 in pace defuncti sunt. Quis tale gaudium vidit ? » A notre avis cette opinion est erronée. Si le rédacteur de la lettre avait eu seulement en vue la bataille contre Kerbogha, il eût employé le terme « proelium », comme il l'a fait à propos de la bataille livrée sous Nicée (« in fine mensis Maii proelium cum Turcis fieri stabilivimus »). D'autre part, le mot « multum » doit avoir là un sens analogue à celui qu'il a dans l'expression cicéronienne « longe multumque superare » : il signifie « à plusieurs reprises ». La phrase en question doit donc se traduire ainsi : « nous avons fait une grande guerre près d'Antioche, de telle sorte que nous avons plusieurs fois remporté la victoire. » De plus le chiffre de 10,000 croisés tués ne peut s'appliquer à la bataille contre Kerbogha, dans laquelle les chrétiens perdirent fort peu de monde. Le mot « bellum » s'applique par conséquent aux divers combats livrés devant Antioche jusqu'au moment où la nouvelle des armements des Perses arriva au camp des croisés, c'est-à-dire jusqu'en avril ou mai 1098. A cette époque on pouvait supposer que la lutte durerait encore jusqu'en novembre. Le rédacteur de la lettre, parlant de la prise de Nicée, dit : « Nicaenam ingentem civitatem virtute forti comprehendimus ». Pourtant Nicée n'avait été prise qu'avec le concours des troupes grecques. A plus forte raison eût-il mentionné la prise d'Antioche, dont l'honneur revenait aux seuls croisés, si cette prise avait été déjà un fait accompli. Je crois donc que l'on peut en toute certitude fixer la rédaction de la lettre antérieurement au 3 juin 1098. Cette lettre dut parvenir à Hugues de Grenoble dans l'automne 1098 et être envoyée par lui à Tours vers le milieu d'octobre de la même année. La fête (festum), dont il parle dans son avis d'envoi, est presque certainement la Toussaint et non la saint Martin (11 nov.), à laquelle on pourrait songer. Comme je l'ai indiqué ci-dessus, cette conclusion s'impose, si on rapproche son allusion à ladite « fête » des termes de la lettre des princes croisés.

ERRATUM

N° 243 (ci-dessus, p. 133). Au lieu de « 1096, mars 6 », lisez : 1098, mars 6.

Le Puy. — Imprimerie R. Marchessou, boulevard Carnot, 23.